「令和４年版 労働経済の分析」（労働経済白書）の発表に当たって

　新型コロナウイルス感染症との闘いは３年目に入っています。厳しい状況下で、職場で工夫を重ねながら日々働いている皆様、生産性の向上や賃金の向上などに向け、企業経営に努力されている皆様に対し、深く敬意を表し、改めて御礼を申し上げます。

　我が国の雇用情勢は、2020年の感染拡大以降、厳しい状況が続いていますが、感染症を踏まえた働き方や事業活動が定着していく中で、2021年においては求人等について回復に向けた動きがみられています。他方で、有効求職者数については高止まりの状態にあり、2021年の有効求人倍率は緩やかな回復にとどまりました。

　政府としては、感染拡大後、働く方の雇用や生活を守るため、雇用調整助成金等による前例のない規模・内容の対策を行い、失業率の大幅な悪化は避けられましたが、2021年に入って、人手不足感が再び高まる中で、転職者数の大幅な減少が続くなど労働市場の動きには課題もみられます。他方で、高齢化や人口減少にも直面する我が国の経済社会は、デジタル化や脱炭素化などの大きな変革を求められています。このような中、ＤＸ（デジタルトランスフォーメーション）を支える人材や、医療、介護や保育など人が担うべきサービスに関わる人材の需要が高まりつつあります。こうした労働力需要の変化に対応し、将来にわたって雇用の安定を図りつつ、次世代において国際的な産業の競争力を維持するには、人への投資の強化とともに、労働市場の基盤整備を行い、労働力の需給調整機能を高め、自分の意思で仕事を選択することが可能な環境をつくることが重要です。

　また、「成長と分配の好循環の実現」に向けて、多様な人材の一人ひとりがより良い将来展望をもち、意欲をもって生き生きと働くことができるよう取り組んでいますが、持続的な賃金上昇に向けては、労働生産性と労働分配率の一層の向上が必要です。これらの向上を図るべく、デジタルなど成長分野を支える人材育成の強化等の「人への投資」に取り組むとともに、労働力や技術力により生み出される付加価値が適正な価格に反映される環境づくりを通じ、一層の賃上げが行われるよう政府一体となって取り組んでいるところです。

今年の白書では「労働者の主体的なキャリア形成への支援を通じた労働移動の促進に向けた課題」と題して、今後の労働市場を見据え、我が国における労働移動の重要性や、主体的なキャリア形成を行うための環境整備とその課題について分析を行いました。

　具体的には、転職者の実態から、転職希望の実現、他分野へのキャリアチェンジに向けて重要な要素について分析しました。その結果、キャリアコンサルティング等を通じた主体的なキャリア形成の意識付けや、自己啓発によるスキルの向上といったことが、転職などのキャリア形成の希望をかなえる重要な要素であることが明らかになりました。

　また、現在、多くの行政分野において、根拠に基づく政策形成（EBPM：Evidence Based Policy Making）が求められています。今回の白書においては、この一環として、厚生労働省が保有する行政記録情報を用いて、公共職業訓練の効果や課題に関する分析も行い、公共職業訓練の受講による再就職効果を明らかにし、介護・福祉分野やＩＴ分野における課題についても詳細な分析を行いました。

　今回の分析が、我が国の労働者の主体的なキャリア形成への支援を通じた労働移動の促進に向けた課題について理解を深め、国民の皆様が職業生活を通じたキャリア形成について考えていただく一助となれば幸いです。

　令和４年９月

　　　　　厚生労働大臣　　加藤勝信

令和4年版 労働経済の分析 〔概要〕
―労働者の主体的なキャリア形成への支援を通じた労働移動の促進に向けた課題―

「令和4年版 労働経済の分析」のポイント

【2021年の労働経済の推移と特徴】

○　2021年の我が国の労働市場では、緊急事態宣言等が発出された1月～9月の間、雇用情勢は一進一退の動きとなったが、10月以降は回復に向けた動きがみられた。

○　雇用者数は、女性の正規雇用労働者数で堅調に増加したが、産業別にみると、「宿泊業，飲食サービス業」などの対人サービス業では回復が弱い。
　※　女性の正規雇用労働者数　　　　　：前年差29万人増（2019年 1,169万人、2020年 1,204万人→2021年 1,233万人）
　※　「宿泊業，飲食サービス業」の雇用者数　：前年差21万人減（2019年 365万人、2020年 340万人→2021年 319万人）

○　感染拡大前から続く人手不足の状況が再びみられる中、転職者数は前年に続き大幅に減少するなど、労働市場の動きには停滞がみられる。
　※　転職者数　：前年差31万人減（2019年 353万人、2020年 321万人→2021年 290万人）

○　労働時間は感染症の影響による前年の大幅減から持ち直して前年差プラスとなり、実質賃金は3年ぶりに前年比プラスとなった。
　※　月間総実労働時間　　　：前年差0.9時間増（2019年 139.0時間、2020年 135.1時間→2021年 136.0時間）
　※　現金給与総額（実質）　：前年比＋0.6％（2019年 －0.9％、2020年 －1.2％）

【我が国の労働力需給の展望と労働移動の動向】

○　我が国の労働市場では、生産年齢人口や新規学卒者の減少による労働力供給の制約が見込まれる中、介護・福祉分野やIT分野など労働力需要の高まりが見込まれる分野があり、外部労働市場を通じた労働移動による労働力需給の調整が今後重要となる。

○　我が国の転職入職率は近年一般労働者では横ばいであり、「情報通信業」や「医療，福祉」への労働移動が活発になっている傾向はみられない。
　※　転職入職率（一般労働者）　：　1991年 8.9％　→　2019年 8.4％

○　労働移動の活発化は、全要素生産性（TFP）や労働生産性の上昇を通じて経済成長や賃金の増加にもつながる可能性。

【主体的な転職やキャリアチェンジの促進において重要な要因】

○　転職希望者について、正社員や中堅の役職者では転職活動への移行や転職の実現がしにくい傾向がある。一方、転職希望者について、自己啓発を行っている場合や、キャリアの見通しができている場合は転職活動への移行がしやすく、特に正社員や中堅の役職者でキャリアの見通しができていると転職の実現がしやすい傾向がある。

○　キャリアチェンジ（職種間移動）をする場合、能力活用、仕事内容への満足、賃金が高いといった積極的な理由の場合に転職後の満足度は高くなりやすい。キャリアの見通しや自己啓発が転職後の能力活用や仕事の満足度の向上を通じて賃金の増加にもつながる可能性。

【主体的なキャリア形成に向けた課題】

＜キャリアコンサルティングや自己啓発の促進＞
　※　キャリアコンサルティングや自己啓発により労働者の主体的なキャリア形成意識を高めることで、転職の有無に関わらず、目的意識を持って日々の業務等に取り組むことにつながり、企業や社会全体の生産性の向上が期待できる。

○　キャリアコンサルティングを受けた者は、キャリア設計において主体性が高い者が多く、幅広い分野でキャリアを形成している傾向。）

○　労働者が自己啓発について抱えている課題は、時間が取れない、費用がかかるといったものが多い。企業が費用面での支援や就業時間の配慮等を行っている場合、自己啓発を行っている社員の割合が高い傾向がある。

＜公共職業訓練の効果と課題＞

○　公共職業訓練の受講により再就職しやすくなる効果が認められるとともに、介護・医療・福祉分野の訓練では、他分野からの労働移動を促進する効果がある可能性。

○　介護・福祉分野の訓練では介護・福祉職と類似性が低い職種の経験者も含め、幅広く受講者を募ることが有効である可能性。IT分野の訓練では、女性の受講者は事務職に就職する傾向が強く、情報技術者に就職しにくい傾向があり、女性の情報技術者への就職を更に促進するためには、女性の情報技術者への就職に対する関心を高める必要性。

> ➢ 2021年の我が国の労働市場では、緊急事態宣言等が発出された1月～9月の間、雇用情勢は一進一退の動きとなったが、<u>10月以降は経済社会活動の活発化にしたがい、回復に向けた動きがみられた。</u>
> ➢ 雇用者数は、男女ともに<u>非正規雇用労働者数の回復が弱いが、女性の正規雇用労働者数は堅調に推移している。</u>一方、産業別にみると、多くの産業で雇用者数に持ち直しの動きがみられる中、特に<u>「宿泊業，飲食サービス業」「生活関連サービス業，娯楽業」で回復が弱い。</u>

①感染症の影響下における雇用情勢の推移

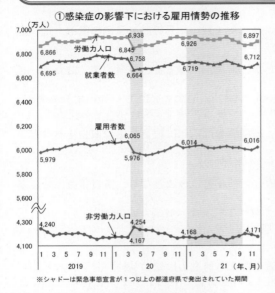

※シャドーは緊急事態宣言が1つ以上の都道府県で発出されていた期間

資料出所　①及び③は総務省統計局「労働力調査（基本集計）」、②は「労働力調査（詳細集計）」をもとに作成。

②男女別・雇用形態別にみた雇用者数の動向

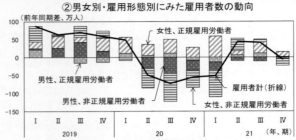

③産業別にみた雇用者数の動向（2019年同月差）

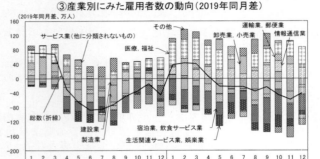

> ➢ 雇用人員判断D.I.をみると、多くの産業で「不足」超で推移し、「宿泊・飲食サービス」でも12月調査では「不足」超に転じるなど、<u>2021年の労働市場は、再び感染拡大前から続く人手不足の状況となった。</u>
> ➢ 他方で、<u>転職者数は2020年に引き続き大幅に減少する</u>とともに、長期失業者の増加、高齢者層の非労働力人口の増加といった動きがみられ、労働市場の動きが停滞している傾向がみられる。

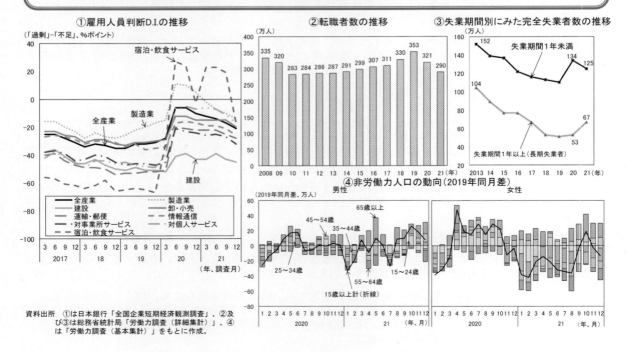

資料出所　①は日本銀行「全国企業短期経済観測調査」、②及び③は総務省統計局「労働力調査（詳細集計）」、④は「労働力調査（基本集計）」をもとに作成。

労働経済の推移と特徴　－労働時間・賃金等の動向－

> 2021年の労働時間・賃金の動きをみると、<u>労働時間は感染症の影響による前年の大幅減からの持ち直しの動きがみられプラスとなり</u>、実質賃金は３年ぶりに前年比プラスとなった。
> また、「働き方改革」の取組の進展もみられ、<u>中小企業を中心に年次有給休暇の取得率が上昇した</u>ほか、「同一労働同一賃金」を背景に、<u>2020年以降パートタイム労働者の特別給与の増加</u>もみられている。

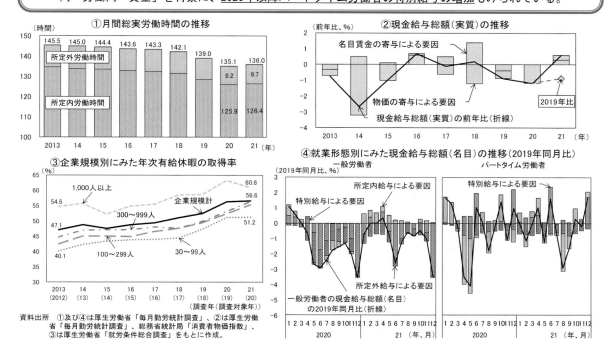

①月間総実労働時間の推移

②現金給与総額（実質）の推移

③企業規模別にみた年次有給休暇の取得率

④就業形態別にみた現金給与総額（名目）の推移（2019年同月比）

資料出所　①及び④は厚生労働省「毎月勤労統計調査」、②は厚生労働省「毎月勤労統計調査」、総務省統計局「消費者物価指数」、③は厚生労働省「就労条件総合調査」をもとに作成。

Ⅱ. 労働者の主体的なキャリア形成への支援を通じた労働移動の促進に向けた課題　我が国の労働力需給の展望と労働移動の動向①

> 我が国の<u>生産年齢人口は当面減少していく見通し</u>である一方、介護・福祉分野やＩＴ分野など労働力需要の高まりが見込まれる分野があり、<u>外部労働市場を通じた労働移動</u>による<u>需給調整</u>が今後重要になる。

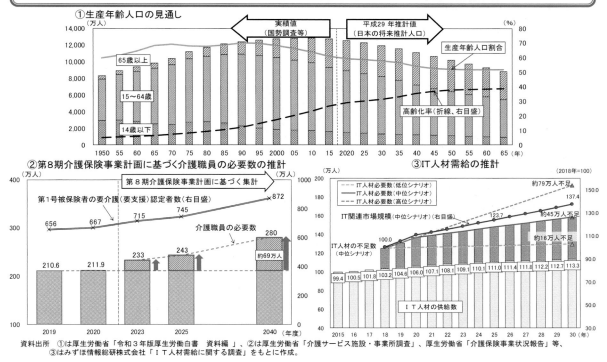

①生産年齢人口の見通し

②第８期介護保険事業計画に基づく介護職員の必要数の推移

③IT人材需給の推計

資料出所　①は厚生労働省「令和３年版厚生労働白書　資料編」、②は厚生労働省「介護サービス施設・事業所調査」、厚生労働省「介護保険事業状況報告」等、③はみずほ情報総研株式会社「ＩＴ人材需給に関する調査」をもとに作成。

Ⅱ　我が国の労働力需給の展望と労働移動の動向②

> 転職入職率は、女性やパートタイム労働者では高まっているものの、男性や一般労働者を含めた労働者全体では大きく高まってはいない。また、我が国の労働者の勤続年数は英米や北欧と比較して長い者が多い。
> 「情報通信業」や「医療，福祉」といった労働力需要が高まる分野への労働移動が近年大きく活発になっている傾向はみられない。

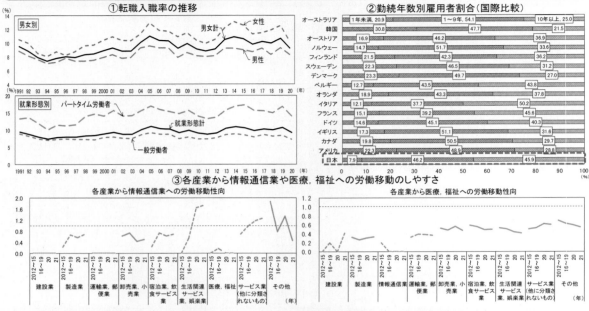

資料出所　①は厚生労働省「雇用動向調査」、②は（独）労働政策研究・研修機構「データブック国際労働比較2019」、③は総務省統計局「労働力調査（詳細集計）」をもとに作成。
注）　③の労働移動性向はある産業からある産業への移動しやすさを示す指標であり、1を超えていると相対的に当該産業間の労働移動をしやすいことを示す。対象期間における転職者数が少ない場合は破線で示している。

Ⅱ　我が国の労働力需給の展望と労働移動の動向③

> 我が国の実質賃金の変動要因をみると、欧米と比較して労働分配率の寄与度が比較的高い一方で、労働生産性の寄与度が小さく、今後の実質賃金の増加には、労働生産性の上昇が重要。
> ＧＤＰ成長率と全要素生産性（ＴＦＰ）上昇率、ＴＦＰ上昇率と労働生産性上昇率には正の相関がある。また、ＴＦＰ上昇率と失業のフロー（失業プールの流入出率）からみた労働移動の活発さには正の相関があり、労働移動が我が国の生産性向上に重要である可能性。

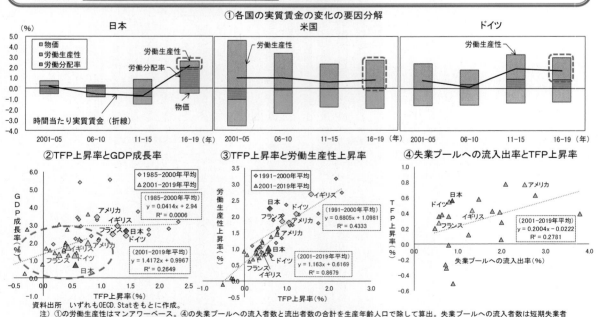

資料出所　いずれもOECD. Statをもとに作成。
注）　①の労働生産性はマンアワーベース。④の失業プールへの流入者数と流出者数の合計を生産年齢人口で除して算出。失業プールへの流入者数は短期失業者数（失業期間1か月未満）より概算した数値。

主体的な転職やキャリアチェンジの促進において重要な要因①

> - 転職を希望する者や、転職希望者でその後転職を実現する者の割合は、年齢とともにおおむね低下する傾向があり、また男性より女性でおおむね高い傾向がある。
> - 特に男性で、「係長・主任クラス」「課長クラス」といった中堅層で、転職希望者のうち転職活動に移行する者や転職を実現する者が少ない傾向がある。

①男女別・年齢階級別転職希望者等の割合

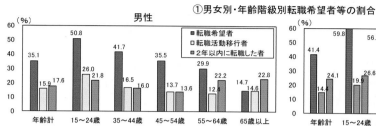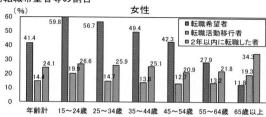

②男女別・役職別転職希望者等の割合

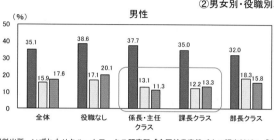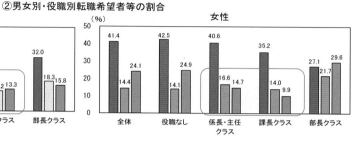

資料出所　いずれもリクルートワークス研究所「全国就業実態パネル調査2019」「全国就業実態パネル調査2021」をもとに作成。
注）「転職希望者」は、2019年調査において「あなたは今後、転職（会社や団体を変わること）や就職することを考えていますか。」に対して（1）「現在転職や就職をしたいと考えており、転職・就職活動をしている」（2）「現在転職や就職をしたいと考えているが、転職・就職活動はしていない」（3）「いずれ転職や就職をしたいと思っている」のいずれかを回答した者の就業者に占める割合。「転職活動移行者」は、（1）の転職希望者に占める割合。「2年以内転職者」は、2019年調査における転職希望者のうち、2021年調査（2020年12月時点）において「直近1,2年以内に転職した者」に該当した者の割合。

主体的な転職やキャリアチェンジの促進において重要な要因②

> 転職希望者について、正社員や中堅の役職者の場合、転職活動への移行や転職の実現がしにくい傾向がある。一方、転職希望者について、キャリア見通しができている場合や自己啓発を行っている場合は転職活動に移行しやすく、正社員や課長クラスの役職者ではキャリアの見通しができていると転職の実現がしやすい傾向がある。

①キャリア見通しや自己啓発等が転職活動への移行に及ぼす影響

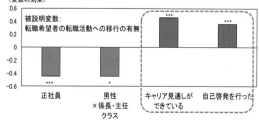

②雇用形態や役職が転職の実現に及ぼす影響

③雇用形態や役職ごとのキャリア見通しの状況が転職の実現に及ぼす影響

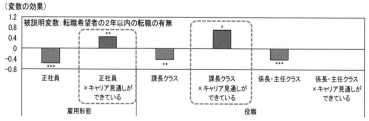

資料出所　いずれもリクルートワークス研究所「全国就業実態パネル調査2019」「全国就業実態パネル調査2021」をもとに作成。
注）1）図中の***は有意水準0.1％未満、**は有意水準1％未満、*は有意水準5％未満を示す。白抜きは5％水準で統計的に有意ではないことを示す。
　　2）①は2019年調査時点における転職希望者が実際に転職活動を行ったか否かを被説明変数としており、②及び③は2019年調査時点における転職希望者がその後2年以内に転職したか否かを被説明変数としている。

主体的な転職やキャリアチェンジの促進において重要な要因③

> キャリアチェンジ（職種間移動）を伴う転職はワークライフバランスを理由とする場合にしている傾向がある。一方、能力活用、仕事内容への満足、賃金が高いといった積極的な理由でキャリアチェンジする場合も転職後の満足度は高くなりやすい。

> キャリアチェンジする場合、転職の準備としてキャリア相談（キャリアコンサルティング）や自己啓発を行っている場合は仕事内容や自らの能力活用といった目的での転職を行いやすく、前職でキャリアの見通しができている者は転職後の仕事の満足度も高くなりやすい傾向がある。

①転職先を選ぶ理由と職種間移動の関係

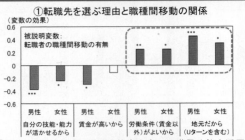

②転職先を選ぶ理由と職種間移動をした場合の仕事の満足度

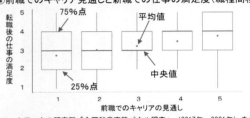

③キャリア相談や自己啓発と仕事内容への満足や能力活用の関係（職種間移動の場合）

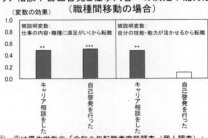

④前職でのキャリア見通しと新職での仕事の満足度（職種間移動）

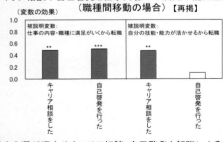

資料出所　①～③は厚生労働省「令和２年転職者実態調査（個人調査）」、④はリクルートワークス研究所「全国就業実態パネル調査」（2017年～2021年）をもとに作成。
注）１）①～③の***は有意水準0.1％未満、**は有意水準1％未満、*は有意水準5％未満を示す。白抜きは5％水準で統計的に有意ではないことを示す。
　　２）④は2017年～2020年の間に転職した者のうち、前職と現職の職種（中分類）が異なる者について集計。

主体的な転職やキャリアチェンジの促進において重要な要因④

> 職種間移動をする場合、「専門的・技術的な仕事」から「販売の仕事」「管理的な仕事」など、専門性をいかして転職する場合や、「サービスの仕事」「事務的な仕事」から「専門的・技術的な仕事」「管理的な仕事」といった職種にキャリアアップする場合に転職後の賃金が増加する者の割合が高い。

> 職種間移動をする場合、仕事内容や自らの能力活用といった目的での転職を行っている場合や、自己啓発を行っている場合は転職後の賃金が増加しやすい傾向がある。

①職種間移動による賃金変動D.I.

②キャリア相談や自己啓発と仕事内容への満足や能力活用の関係（職種間移動の場合）【再掲】

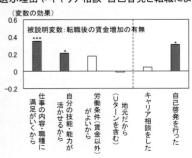

③転職先を選ぶ理由やキャリア相談・自己啓発と転職による賃金増加

資料出所　いずれも厚生労働省「令和２年転職者実態調査（個人調査）」をもとに作成。
注）１）①は、転職の前後で賃金が増加した者（「３割以上増加」「１～３割増加」「１割未満増加」の合計）の割合から、賃金が減少した者（「３割以上減少」「１～３割減少」「１割未満減少」の合計）の割合を引いて算出。「前職業」「現職業」の組み合わせごとに転職者数が20人以上の場合について集計。
　　２）②及び③の***は有意水準0.1％未満、**は有意水準1％未満、*は有意水準5％未満を示す。白抜きは5％水準で統計的に有意ではないことを示す。

➤ キャリアコンサルティングを受けた者はキャリアを設計する上で主体性が高い者が多く、一つの分野に限らず幅広い分野でキャリアを形成している傾向がある。

➤ 自らの能力が社外でも通用すると考える者においては、企業外でキャリア相談を受けている者の割合が高い傾向があり、また、企業外でキャリアコンサルティングを受けた者は自己啓発への意識が高い者が多い傾向がある。

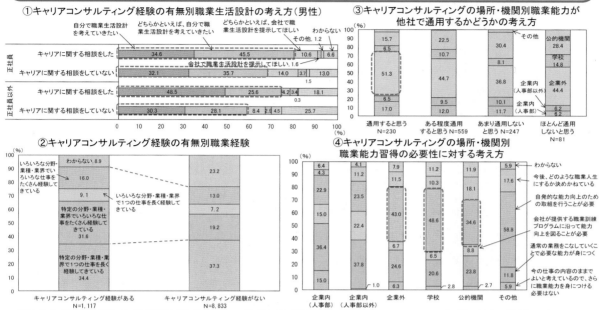

①キャリアコンサルティング経験の有無別職業生活設計の考え方（男性）

②キャリアコンサルティング経験の有無別職業経験

③キャリアコンサルティングの場所・機関別職業能力が他社で通用するかどうかの考え方

④キャリアコンサルティングの場所・機関別職業能力習得の必要性に対する考え方

資料出所　①は厚生労働省「令和2年度能力開発基本調査（個人調査）」、②～④は（独）労働政策研究・研修機構「キャリアコンサルティングの実態、効果および潜在的ニーズ—相談経験者1,177名等の調査結果より」（2017年）をもとに作成。

➤ 労働者が自己啓発について抱えている課題は仕事が忙しくて時間が取れない、費用がかかりすぎるといった課題や、女性の場合は家事・育児が忙しくて時間が取れないというものが多い。企業のOFF—JTや自己啓発の費用面の支援をみると、特段支援を行っていない企業が半数程度存在する。一方、企業が費用面での支援や就業時間の配慮等を行っている場合、自己啓発を行っている社員の割合は高い。

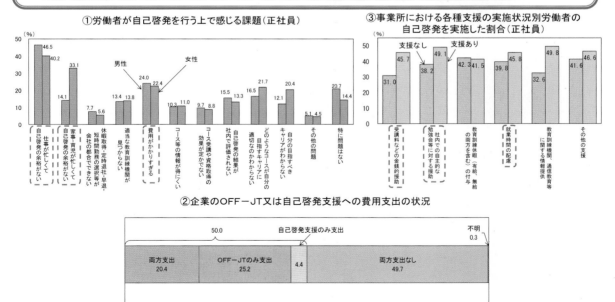

①労働者が自己啓発を行う上で感じる課題（正社員）

③事業所における各種支援の実施状況別労働者の自己啓発を実施した割合（正社員）

②企業のOFF—JT又は自己啓発支援への費用支出の状況

資料出所　いずれも厚生労働省「令和2年度能力開発基本調査（企業調査・事業所調査・個人調査）」をもとに作成。

主体的なキャリア形成に向けた課題（公共職業訓練の効果と課題①）

> 公共職業訓練の受講により、訓練分野を問わず再就職しやすくなる効果が認められる。
> 介護・医療・福祉分野の訓練については、受講することで他分野からの労働移動を促進する効果がある可能性が示唆される。

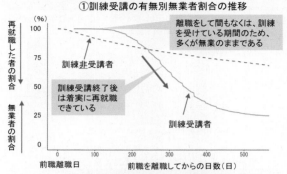

①訓練受講の有無別無業者割合の推移

②訓練分野別無業者割合の推移

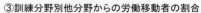

③訓練分野別他分野からの労働移動者の割合

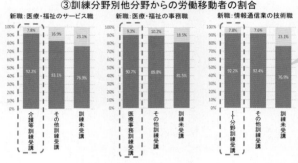

青色部分は前職の産業又は職業が新職と異なる場合

資料出所　いずれも厚生労働省行政記録情報（雇用保険・職業紹介・職業訓練）をもとに作成。
注）1）①及び②はKaplan-Meyer法によってグラフを表示している。
　　2）①については訓練受講者、訓練非受講者のいずれも前職離職日からの推移を示している。②については訓練受講者は訓練終了日からの推移を示している。
　　3）③の「その他訓練受講」は、新職に関連する分野の訓練以外の訓練を受講した場合を指す。

主体的なキャリア形成に向けた課題（公共職業訓練の効果と課題②）

> 介護・福祉分野の訓練については、応募倍率や定員充足率が低い（人が集まらない）ことが課題であるが、介護・福祉職と類似度が低い前職の経験者でも、訓練を受講すればある程度介護・福祉職に就職できており、幅広い職種の経験者が対象となり得る可能性がある。

①公共職業訓練の応募倍率・定員充足率（2020年度）

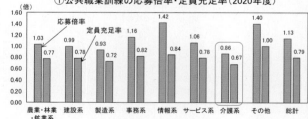

②介護・福祉分野の訓練を受講する割合が高い前職職種

	離職前職業小分類	職業訓練受講者数	訓練受講者に占める割合	福祉職との距離
1	看護助手	13	0.066	3.488
2	ビル・建物清掃員	7	0.048	6.313
3	福祉施設指導専門員	6	0.021	1.983
4	他に分類されないサービスの職業	5	0.018	2.703
5	施設介護員	16	0.016	1.323
6	保育士	6	0.009	1.227
7	医療・介護事務員	7	0.008	4.771
8	小売店販売員	18	0.008	2.965
9	総合事務員	24	0.008	4.190
10	調理人	6	0.008	3.209
11	営業・販売事務員	6	0.006	3.066

③前職と介護・福祉職との類似度（タスク距離）と介護・福祉職への就職の関係

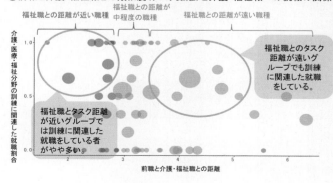

資料出所　①は厚生労働省資料、②及び③は厚生労働省行政記録情報（雇用保険・職業紹介・職業訓練）をもとに作成。
注）③は前職の職種と介護・福祉職とのタスクの距離に対して、「介護・医療・福祉分野」の訓練に関連した仕事に就職をした者の割合を縦軸にプロットしたもの。円の大きさは訓練受講者数を示す。介護・福祉職と前職とのタスク距離は、JILPT資料シリーズNo240「職業情報提供サイト（日本版 O-NET）のインプットデータ開発に関する研究（2020年度）」よりダウンロードした職種別の「仕事の内容」41項目のスコアを使用し、ユークリッド距離により算出。

➤ ＩＴ分野の訓練受講者の就職先をみると、女性の場合事務職になりやすく、情報技術者に就職しにくい傾向がある。受講内容をみると女性はユーザーレベルのスキルを学ぶ「情報ビジネス科」の受講者が多く、情報技術者のスキルを学ぶＩＴ専門訓練を受講した場合でも事務職に就職する傾向が強い。

➤ 他方で、ＩＴ専門訓練を受講した場合、性別に関わらず情報技術者への就職確率は高まることから、女性の情報技術者への就職を更に促進するために、女性の情報技術者への就職に対する関心を高める必要性。

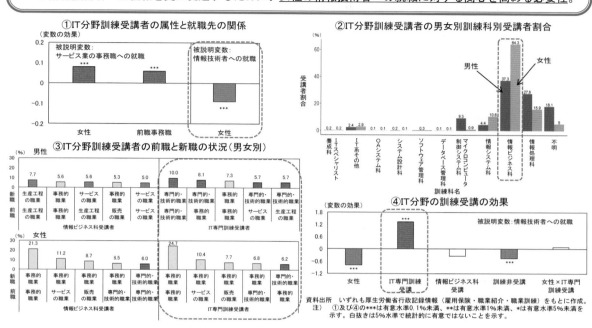

①IT分野訓練受講者の属性と就職先の関係

②IT分野訓練受講者の男女別訓練科別受講者割合

③IT分野訓練受講者の前職と新職の状況（男女別）

④IT分野の訓練受講の効果

資料出所　いずれも厚生労働省行政記録情報（雇用保険・職業紹介・職業訓練）をもとに作成。
注）　①及び④の***は有意水準0.1%未満、**は有意水準1%未満、*は有意水準5%未満を示す。白抜きは5%水準で統計的に有意ではないことを示す。

令和4年版

労働経済の分析

―労働者の主体的なキャリア形成への支援を通じた労働移動の促進に向けた課題―

厚 生 労 働 省

目次

令和4年版
労働経済の分析
―労働者の主体的なキャリア形成への支援を通じた労働移動の促進に向けた課題―

コラム索引

はじめに

　我が国の経済は、2020年から続く新型コロナウイルス感染症（以下「感染症」という。）の影響が続く中、感染症を踏まえた暮らしや働き方、事業活動が定着してきた。ワクチン接種の進展などの感染症対策の取組の成果が現れており、経済社会活動が徐々に活発化し、持ち直しの動きがみられている。しかし、2021年は新たな変異株の出現などによる感染再拡大や、それに伴う緊急事態宣言（新型インフルエンザ等特別措置法（平成24年法律第31号）第32条に基づく「新型インフルエンザ等緊急事態宣言」をいう。以下同じ。）やまん延防止等重点措置（同法第31条の4第1項の既定に基づく「新型インフルエンザ等まん延防止等重点措置」をいう。以下同じ。）の発出期間の長期化から、感染状況に応じて経済情勢にも停滞がみられるなど、感染症による景気の下振れリスクは依然として残った。2021年の雇用情勢は、緊急事態宣言下となった1月～9月は一進一退の動きとなったが、9月末に緊急事態宣言等が解除されて以降は、就業者数、雇用者数や求人について回復に向けた動きがみられ、労働市場においては再び人手不足に戻りつつある状況となった。他方で、高年齢層の非労働力化の動きがみられたほか、転職者数は2020年に続き、2年連続で大幅減となった。

　「令和4年版労働経済の分析」では、第Ⅰ部「労働経済の推移と特徴」において、2021年の労働経済をめぐる動向を分析するとともに、第Ⅱ部において、「労働者の主体的なキャリア形成への支援を通じた労働移動の促進に向けた課題」と題し、今後、労働者一人ひとりの持つ能力を最大限発揮することが求められる我が国における、労働者の主体的なキャリア形成への支援を通じた労働移動の促進に向けた課題を分析している。

　我が国では人口減少局面を迎えていることから、生産年齢人口や新規学卒者の減少などによる労働力供給の制約が見込まれている。一方、介護・福祉分野やIT分野における人材不足が見込まれるなど、社会の変遷に伴い変化する労働力需要への対応が求められており、転職等の外部労働市場を通じた労働移動が労働力需給の調整において重要となると考えられる。2020年以降の感染症の影響下において、雇用調整助成金等及び緊急雇用安定助成金（以下「雇用調整助成金等」という。）の拡充による雇用の下支え政策がとられてきた中で、完全失業者数の大幅な増加はみられなかったものの、転職等を通じた外部労働市場における労働移動には停滞がみられている。今後の雇用情勢の回復状況に応じて、こうした状況を解消し、労働者の主体的なキャリア形成への支援を通じて労働移動を促進することが求められている。

　第Ⅱ部では、このような問題意識に基づき、第1章「我が国の労働力需給の展望と労働移動をめぐる課題」では、我が国の今後の労働力需給の展望を見据えた上で、労働市場が抱える課題を概観しつつ、それらに取り組む上での労働移動の重要性を確認する。第2章「我が国の労働移動の動向」では、我が国の労働移動の概況を確認し、産業間・職種間での移動など、いわゆるキャリアチェンジを伴う転職の動向や転職に伴うキャリアアップの動向について分析を行っている。第3章「主体的な転職やキャリアチェンジの促進において重要な要因」では、転職やキャリアチェンジを希望する者が円滑に転職を実現する上での課題について分析している。第4章「主体的なキャリア形成に向けた課題」では、労働者の主体的なキャリア形成やそれを通じた労働移動を促進する上で、労使や行政に求められる取組について考察した。ここでは、根拠に基づく政策形成（EBPM：Evidence Based Policy Making）の一環として厚生労働省が保有する行政記録情報を用いた公共職業訓練の効果と課題に関する分析も行っている。

凡例

○本分析は、原則として2022年5月末までに入手した2021年12月までのデータに基づいている。

○年（年度）の表記は、原則として西暦を使用している。

○産業（業種）、職種（職業）の表記について

　引用元の調査等における用語をそのまま用いているため、類似の産業（業種）、職種（職業）について表記が異なることがある。

○雇用形態の表記について

　本文においては、「非正規雇用のビジョンに関する懇談会」とりまとめ（望ましい働き方ビジョン）（2012年3月厚生労働省職業安定局）を参考に、以下の整理に従って、雇用形態の異なる労働者について言及している。（図表においては、各種統計調査で用いられている表記（正社員、正社員以外など）を原則として使用している。）

　なお、これらは一定の価値観をもって整理しているわけではないことに留意する必要がある。

（正規雇用労働者）

　①労働契約の期間の定めがない（無期雇用）、②フルタイム労働、③直接雇用の3つを満たす者や、勤め先での呼称が「正規の職員・従業員」あるいは「正社員」等である者。

　なお、正規雇用労働者と同様に無期労働契約でありながら、勤務地、職務、労働時間などが限定的な者を「限定正社員」としている。

（非正規雇用労働者）

　上記①～③のいずれかを満たさない者や、統計上の「非正規の職員・従業員」（勤め先での呼称が、「パート」「アルバイト」「労働者派遣事業所の派遣社員」「契約社員」「嘱託」等である者）。

第 I 部

労働経済の推移と特徴

第I部 労働経済の推移と特徴

　2020年から続く感染症の影響が長期化する中で、2021年の日本経済は、感染状況を受けて一進一退の動きとなった。ワクチン接種の進展等の感染症対策に加え、感染症を踏まえた人々の暮らしや働き方、企業の事業活動が定着してきたことから、9月末の緊急事態宣言等の解除以降は、徐々に経済社会活動が活発化し、個人消費や企業収益に持ち直しの動きがみられた。しかし、経済社会活動の抑制措置が集中的に行われた「宿泊業，飲食サービス業」などの対人サービス業では厳しい状況が続き、産業ごとにみると様相が異なっている。

　2021年の雇用情勢は、緊急事態宣言等の発出が長期にわたって続いたことから、停滞した期間もみられたが、経済社会活動が徐々に活発化していく中で、就業者数や求人数に回復傾向がみられ、完全失業率は年平均で2020年から横ばいの2.8%、有効求人倍率は年平均で前年差0.05ポイント低下の1.13倍と底堅さがみられた。雇用情勢が徐々に持ち直していく中で、感染拡大前から続く人手不足の状況を背景に、多くの産業では再び人手不足の状況に転じており、新規求人も緩やかな回復傾向にある。一方、2020年に引き続いて転職者数の減少がみられたほか、長期失業者の増加や高年齢層での非労働力人口の増加といった感染症の影響もみられた。

　労働時間・賃金の動向をみると、感染症を踏まえた働き方や事業活動が広がる中で、労働時間や賃金は持ち直しがみられたが、現金給与総額の水準としては2019年の水準には戻っておらず、長期にわたって続いた経済社会活動の抑制措置の対象となった産業では厳しい状況がみられた。また、年次有給休暇の取得率の上昇や長時間労働者の割合の低下、いわゆる「同一労働同一賃金」によるパートタイム労働者の待遇改善など、「働き方改革」による取組の進展もうかがわれた。

　第I部では、感染症の影響が長引いたものの、経済社会活動が徐々に活発化していく中で持ち直しの傾向もみられた2021年の一般経済、雇用・失業情勢、労働時間・賃金、消費・物価の動向について概観する。

　2021年の日本経済は、長引く感染症の影響下にあるものの、ワクチン接種の進展等も相まって、9月末の緊急事態宣言等の解除以降は徐々に経済社会活動が活発化し、持ち直しの動きがみられた。

　本章では、感染状況により一進一退の動きとなった一般経済について、2021年の動向を概観していく。

第1節　一般経済の動向

● 2021年の実質ＧＤＰは、感染拡大による厳しい状況の中で、全体として成長は一進一退の動きとなったものの、おおむね感染拡大前の水準まで回復した

　一般経済の動向を概観するに当たり、2020年の感染拡大以降、世界と我が国の経済社会活動の足かせとなっている感染症の状況と対策の主な動きを振り返る[1]。

　新型コロナウイルス感染症は、2020年1月に国内で最初の症例が確認されて以降、感染拡大と収束が繰り返され、その対策は、疫学的調査の進捗やその時々の感染状況、医療提供体制、ワクチン接種の進展等に応じて変遷してきた。感染拡大初期は、未知のウイルスへの対応であったこともあり、人流を抑制し新規感染者の増大を防ぐため、全国的に様々な分野に対する経済社会活動の抑制措置が講じられてきたが、その後、感染症との闘いが長期化する中で、感染症を踏まえた人々の働き方や消費行動、企業の事業活動等が変化していき、感染症対策と経済社会活動の両立が図られるようになっていった。

　ここから、感染拡大初期からの感染状況とそれに伴う緊急事態宣言等の発出による経済社会活動の抑制の状況を確認する。

　2020年4月、新規感染者数の増加を受け、最初の緊急事態宣言が発出された。発出当初、対象地域は首都圏を含む7都府県のみであったが、その後、対象地域が全国に拡大され、外出自粛要請や小中学校、高校等の臨時休校の延長等の経済社会活動の抑制措置が全国的に様々な分野において講じられることとなった。この間、感染拡大防止対策に加え、雇用調整助成金等の大幅な拡充等による雇用維持対策や、全国民を対象とする特別定額給付金の給付等の経済対策が併せて行われるなど、雇用や生活の下支えのための取組が講じられてきた。最初の緊急事態宣言は5月下旬に全面的に解除され、解除後は一時的な感染状況の落ち着きにより経済社会活動が徐々に再開したが、その後も感染者数の増減やそれに伴う医療提供体制のひっ迫状況等から緊急事態宣言の措置や解除が繰り返され、その都度経済社会活動の抑制・再開が繰り返された。

　2021年は、2020年秋以降の新規感染者数の増加や地域レベルでの医療提供体制のひっ迫

1　付1-（1）-1表では、新型コロナウイルス感染症をめぐる主な動きと、それに伴う緊急事態宣言及びまん延防止等重点措置の適用地域・期間について一覧表としてまとめている。また、新規感染者数の推移については付1-（1）-2図を参照。

を受け、一部地域を対象に１月に緊急事態宣言が発出された。2021年の緊急事態宣言は、対象地域が限定的であったことに加え、飲食店に対する営業時間短縮要請等、特定の産業分野に対する集中的な経済社会活動の抑制措置が中心であったことが特徴的であった。また、2021年は、緊急事態宣言に加え、まん延防止等重点措置など、感染状況等に応じた段階的な措置が行われたため、経済社会活動の抑制措置が長期間にわたって行われた。１月に発出された緊急事態宣言は３月末には解除されたものの、新規感染者数の再度の増加等から、４月には４都府県を対象に再び緊急事態宣言が発出され、その後も各地域の感染状況や変異株の出現等から、対象地域の拡大や期間の延長、まん延防止等重点措置への移行などが行われ、９月末に全面解除となるまで断続的な経済社会活動の抑制措置が続いた。

この間の政府のワクチン接種事業の進展から、９月にはワクチンの２回目接種率が全国民の50％を超え、10月以降は経済社会活動が徐々に活発化した。しかし、年末にかけて新たな変異株が出現し、外国人の入国制限が実施されるなど、その後も感染症の動向により我が国の経済社会活動が影響を受ける状況が続いた。

ここまでみてきたように、2021年においては、2020年の緊急事態宣言下のように、経済社会活動の抑制措置が全国的に様々な分野において講じられたわけではなく、感染状況により、地域の限定や特定の産業分野に対する断続的な経済社会活動の抑制措置が行われた。また、一部の地域では緊急事態宣言等の発出が長期間にわたるなど、地域によっても状況が異なった。

ここから、これまで確認した感染症の状況を踏まえつつ、一般経済の動向を概観する。

第１-（１）-１図により名目・実質ＧＤＰの推移について、第１-（１）-２図により実質ＧＤＰ成長率について需要項目別の寄与度をみると、名目ＧＤＰ、実質ＧＤＰともに、最初の緊急事態宣言が発出され、全国的に経済社会活動が抑制された2020年第Ⅱ四半期（４-６月期）に急激に落ち込んだ後、経済社会活動が徐々に再開する中で、2020年第Ⅳ四半期（10-12月期）まではプラス成長が続いた。

2021年は、首都圏を含む一部地域が緊急事態宣言下となった影響もあり、第Ⅰ四半期（１-３月期）は、名目・実質ともにマイナス成長となった。需要項目別にみると、「民間最終消費支出」がマイナスに寄与しており、緊急事態宣言下での消費の落ち込みがうかがわれた。

2021年第Ⅱ四半期（４-６月期）は、緊急事態宣言等の対象地域においては経済社会活動の抑制措置が講じられていたものの、長引く自粛の中で旺盛な消費意欲がみられ、個人消費がプラスとなったこと等を受け、名目・実質ともに小幅なプラス成長となった。需要項目別にみても「民間最終消費支出」「民間総資本形成」がプラスに寄与していることが分かる。

一方、第Ⅲ四半期（７-９月期）は、緊急事態宣言下であったことに加え、半導体不足等の供給面での制約が影響し、名目・実質ともマイナス成長となった。需要項目別にみても「民間最終消費支出」「民間総資本形成」がいずれもマイナスに寄与しており、長期間にわたった緊急事態宣言下における個人消費や設備投資の落ち込みが表れている。

第Ⅳ四半期（10-12月期）は、緊急事態宣言の全面解除に加え、ワクチン接種の進展等に伴い経済社会活動が徐々に活発化し、実質ＧＤＰは大きくプラス成長となった。需要項目別にみると「民間最終消費支出」がプラスとなったことに加え、「純輸出」のプラス寄与もみられた。

四半期ごとのＧＤＰの動きをみてきたとおり、2021年は感染状況により繰り返された経済社会活動の抑制等の影響を受け、名目・実質ともに一進一退の動きが続いた。その結果、年平均でみるとプラス成長と持ち直しの動きがみられ、実質ＧＤＰはおおむね感染拡大前の2019年第Ⅳ四半期（10-12月期）の水準まで回復した。なお、今後の感染状況の動向に加え、半

導体不足等の供給面での制約や原材料価格の高騰など、下振れリスクも存在することから、今後も注視していく必要がある。

第1-(1)-1図	名目・実質ＧＤＰの推移

○　2021年のＧＤＰは、緊急事態宣言の発出等に伴う経済社会活動の抑制や半導体不足等の供給面の制約により、名目・実質ともに第Ⅰ四半期（1-3月期）はマイナス成長、第Ⅱ四半期（4-6月期）は小幅なプラス成長、第Ⅲ四半期（7-9月期）には再びマイナス成長と、一進一退の動きとなった。全ての都道府県での緊急事態宣言が解除された後の第Ⅳ四半期（10-12月期）は、ワクチン接種の進展等に伴い経済社会活動が徐々に活発化し、実質ＧＤＰは大きくプラス成長となり、おおむね感染拡大前の2019年第Ⅳ四半期（10-12月期）の水準まで回復した。

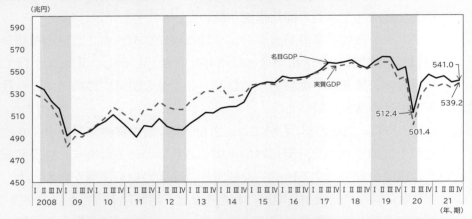

資料出所　内閣府「国民経済計算」（2022年第Ⅰ四半期（1-3月期）1次速報）をもとに厚生労働省政策統括官付政策統括室にて作成
（注）　1）名目ＧＤＰ、実質ＧＤＰはともに季節調整値。
　　　　2）グラフのシャドー部分は景気後退期を表す。なお、2019年第Ⅰ四半期～2020年第Ⅱ四半期は暫定である。

第1-(1)-2図	実質ＧＤＰ成長率の寄与度分解

○　2021年の実質ＧＤＰ成長率について需要項目別の寄与度をみると、緊急事態宣言等の影響から第Ⅰ四半期（1-3月期）、第Ⅲ四半期（7-9月期）四半期では「民間最終消費支出」がマイナス寄与となったが、宣言解除後の第Ⅳ四半期（10-12月期）はプラスに寄与した。その結果、年平均でみるとプラス成長となった。

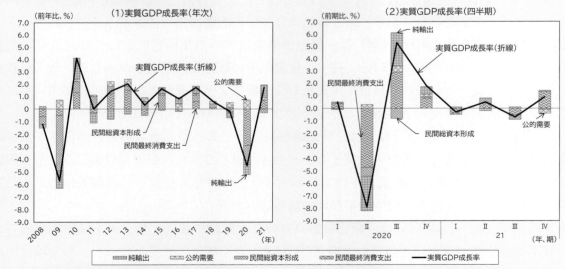

資料出所　内閣府「国民経済計算」（2022年第Ⅰ四半期（1-3月期）1次速報）をもとに厚生労働省政策統括官付政策統括室にて作成
（注）　1）純輸出＝輸出-輸入
　　　　2）民間総資本形成＝民間住宅＋民間企業設備＋民間在庫変動
　　　　3）需要項目別の分解については、各項目の寄与度の合計と国内総生産（支出側）の伸び率は必ずしも一致しない。

第2節　企業の動向

●**企業の業況判断は業種別、企業規模別ともに全体として回復傾向がみられたが、「宿泊・飲食サービス」等の非製造業を中心に厳しい状況が続いた**

次に、企業活動の動向がどのように推移したのか、日本銀行「全国企業短期経済観測調査」（以下「短観」という。）により、企業の業況判断についてみてみる。

第1-(1)-3図の（1）により、製造業・非製造業別に業況判断D.I.をみると、世界的な感染拡大に伴う景気減速を背景に2020年6月調査で大幅に「悪い」超となった後、製造業・非製造業いずれも改善傾向が続いた。「製造業」は2021年6月調査では「良い」超に転じ、その後の9月調査及び12月調査でも「良い」超で推移した。他方で「非製造業」では2021年は3月調査から9月調査までは持ち直しの傾向がみられたものの、「悪い」超で推移し、緊急事態宣言の全面解除後の12月調査では、「良い」と「悪い」が均衡する業況まで持ち直した。

同図の（2）により、企業規模別に製造業・非製造業の業況判断D.I.をみると、（1）と同様に、2020年6月調査でいずれの業種・企業規模でも大幅に「悪い」超となった後は持ち直しの傾向が続いた。製造業では、「大企業製造業」は2021年3月調査には「良い」超に転じ、6月調査では感染拡大前の2019年の水準を上回る水準となった一方で、「中小企業製造業」は、持ち直しの傾向が続いたものの2021年を通じて「悪い」超で推移した。

非製造業は、「大企業非製造業」では2021年6月調査で「良い」超に転じたものの、緊急事態宣言の全面解除後の12月調査時点でも2019年の水準を大きく下回った。「中小企業非製造業」では2021年3月調査から9月調査まで横ばいで推移し、12月調査で改善がみられたものの、年間を通じて「悪い」超で推移した。

また、第1-(1)-4図により、主要産業別に業況判断D.I.をみると、2021年は、全体としては改善がみられたが、2020年に落ち込みの大きかった「宿泊・飲食サービス」「対個人サービス」「運輸・郵便」では、緊急事態宣言下において飲食店への営業時間短縮要請や行動制限が長期にわたって断続的に続き、12月調査では改善がみられたものの、「悪い」超で推移した。他方、「建設業」「対事業所サービス」「情報通信」では「良い」超で推移するなど堅調な動きが続いたほか、「製造業」でも2021年6月調査で「良い」超に転じるなど、業種により異なる業況となった。

第1-(1)-3図　産業別・企業規模別にみた業況判断D.I.の推移

○　業況判断D.I.をみると、2021年は全体として改善傾向がみられたものの、産業別にみると「非製造業」、企業規模別にみると「中小企業非製造業」を中心に依然として厳しさが残っている。

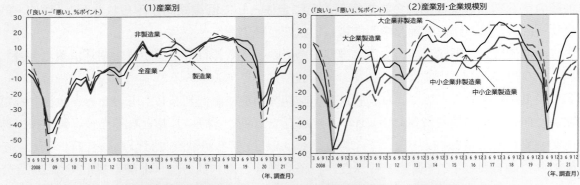

資料出所　日本銀行「全国企業短期経済観測調査」をもとに厚生労働省政策統括官付政策統括室にて作成
（注）　グラフのシャドー部分は景気後退期を表す。なお、2019年第Ⅰ四半期～2020年第Ⅱ四半期は暫定である。

第1-(1)-4図　主要産業別にみた業況判断D.I.の推移

○　業況判断D.I.を主要産業別にみると、2021年は全体としては改善がみられたものの、2020年に落ち込みの大きかった「宿泊・飲食サービス」「対個人サービス」「運輸・郵便」では「悪い」超で推移した。
○　一方、「建設業」「対事業所サービス」「情報通信業」等で堅調な動きとなるなど、業種により異なる業況となった。

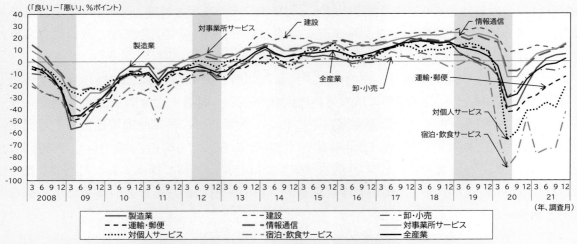

資料出所　日本銀行「全国企業短期経済観測調査」をもとに厚生労働省政策統括官付政策統括室にて作成
（注）　1）「対事業所サービス」には「デザイン業」「広告業」「技術サービス業（他に分類されないもの）（獣医業を除く）」「産業廃棄物処理業」「自動車整備業」「機械等修理業」「職業紹介・労働者派遣業」「その他の事業サービス業」が含まれる。
　　　　2）「対個人サービス」には「洗濯・理容・美容・浴場業」「その他の生活関連サービス業」「娯楽業」「専修学校、各種学校」「学習塾」「教養・技能教授業」「老人福祉・介護事業」「その他の社会保険・社会福祉・介護事業」が含まれる
　　　　3）グラフのシャドー部分は景気後退期を表す。なお、2019年第Ⅰ四半期～2020年第Ⅱ四半期は暫定である。

●鉱工業生産指数は供給面の制約から持ち直しに足踏みがみられ、第3次産業活動指数は断続的な経済社会活動の抑制が続く中で低水準となったが、10月以降には回復傾向がみられた

　第1-(1)-5図により、鉱工業生産指数及び第3次産業活動指数の推移をみると、世界的な感染拡大による景気減退の影響から、2020年4月～5月にかけて大幅に水準が低下した。そ

の後、いずれも回復傾向にあったが、鉱工業生産指数は従来から続いていた半導体不足に加え、2021年半ばには東南アジアの感染拡大を背景とした部品供給不足のほか、外需の回復の鈍化により持ち直しに足踏みがみられた。2021年10月以降は部品供給不足の影響が緩和されたことで回復したものの、感染拡大前の2019年を下回る水準となった。

第3次産業活動指数及び全産業活動指数は2021年の年初から飲食店への営業時間短縮要請や行動制限が緊急事態宣言等の下で断続的に行われたことから、飲食店や宿泊業がマイナスに寄与し、2020年に続いて低調な動きとなったが、10月以降は緩やかな回復傾向がみられた。

第1-（1）-5図	全産業活動指数・鉱工業生産指数・第3次産業活動指数の推移

○　鉱工業生産指数の推移をみると、半導体等の供給面での制約に加えて、外需の回復の鈍化により、感染症の影響からの持ち直しの動きに足踏みがみられた。

○　第3次産業活動指数及び全産業活動指数は、2021年は年初から飲食店への営業時間短縮要請や行動制限が緊急事態宣言等の発出下で断続的に行われたことから、2020年に続く低調な動きとなったが、10月以降は緩やかな回復傾向がみられた。

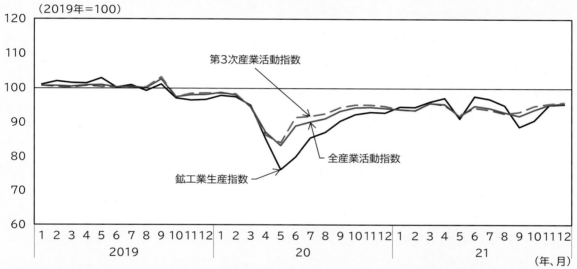

資料出所　経済産業省「鉱工業指数」「第3次産業活動指数」「全産業活動指数」をもとに厚生労働省政策統括官付政策統括室にて作成
　（注）　1）データは季節調整値。「全産業活動指数」は2010年＝100とする指数を2019年1月～12月を100とした指数に変換したもの。
　　　　　2）全産業活動指数は、2020年7月分まで公表をしており、2020年8月以降は、「鉱工業生産指数」及び「第3次産業活動指数」をもとに作成した統合指数の変化率により外挿した推計値。

●製造業の経常利益は全ての資本金規模で持ち直しの動きがみられ、感染拡大前の水準を上回った

第1-（1）-6図の（1）により、製造業の経常利益をみると、世界的な感染拡大に伴う景気減速の影響から2020年第Ⅱ四半期（4-6月期）に大きく減少したが、その後の海外景気の持ち直しによる輸出等の改善を背景に、第Ⅳ四半期（10-12月期）以降は増加傾向となった。2021年第Ⅱ四半期（4-6月期）には感染拡大前の2019年第Ⅳ四半期（10-12月期）の水準を上回り、第Ⅲ四半期（7-9月期）及び第Ⅳ四半期（10-12月期）でも増加した。

同図の（2）により、資本金規模別にみると、2021年は、全ての資本金規模で持ち直しの動きがみられた中で、資本金「1億円以上10億円未満」「10億円以上」の増加幅が特に大きく、2021年第Ⅱ四半期（4-6月期）に2019年同期の水準を上回った。その後、増加幅は縮小したものの、第Ⅳ四半期（10-12月期）まで増加傾向となった。他方、資本金「1千万円

以上1億円未満」でも同様に増加傾向がみられたが、他の規模と比較すると緩やかな動きとなり、2021年第Ⅳ四半期（10-12月）に2019年同期を上回った。

第1-（1）-6図　企業の経常利益の推移①（製造業）

○　製造業の経常利益をみると、世界的な感染拡大に伴う景気減速の影響から大きく減少したが、その後は持ち直しの動きが続き、2021年第Ⅱ四半期（4-6月期）以降は感染拡大前の水準を上回って推移した。
○　資本金規模別に製造業の経常利益をみると、2021年は、全ての資本金規模で持ち直しの動きがみられ、資本金「1億円以上10億円未満」「10億円以上」の増加幅が特に大きかった。

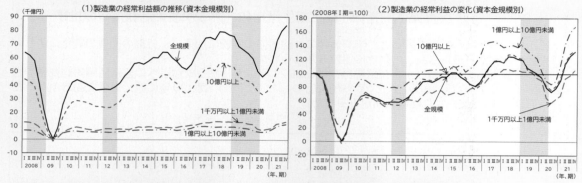

資料出所　財務省「法人企業統計調査」（季報）をもとに厚生労働省政策統括官付政策統括室にて作成
（注）　1）図は原数値の後方4四半期移動平均を算出したもの。
　　　　2）金融業、保険業は含まれていない。
　　　　3）グラフのシャドー部分は景気後退期を表す。なお、2019年第Ⅰ四半期～2020年第Ⅱ四半期は暫定である。

●**非製造業の経常利益は、改善傾向で推移したものの、経済社会活動の抑制を背景に一部の産業では依然として厳しさがみられた**

第1-（1）-7図により、非製造業の経常利益をみると、2020年第Ⅱ四半期（4-6月期）に製造業と同様に大きく落ち込み、その後も減少が続いた。2021年に入ると、非製造業でも改善傾向がみられたものの、飲食店への営業時間短縮要請や行動制限が断続的に行われた影響を受け、全規模では第Ⅳ四半期（10-12月期）時点では、依然として2019年同期を下回る水準となった。

資本金規模別にみると、2021年は全ての資本金規模で改善傾向がみられたが、いずれも第Ⅲ四半期（7-9月期）は低い伸びとなった。緊急事態宣言等が全面解除となった第Ⅳ四半期（10-12月期）では、資本金「1億円以上10億円未満」は感染拡大前の2019年同期と同水準程度まで回復したが、その他の規模では2019年同期の水準を下回った。特に、資本金「10億円以上」では第Ⅳ四半期（10-12月期）時点でも感染拡大前の水準を大きく下回り、依然として厳しさがみられた。

第1-（1）-8図により、非製造業の経常利益の推移を主要産業別にみると、2020年第Ⅱ四半期（4-6月期）以降、おおむね全ての産業で減少傾向がみられた。その後、「建設業」「卸売業，小売業」などでは持ち直しの動きがみられ、2021年は2019年同期の水準まで回復した。一方、緊急事態宣言下において断続的な行動制限が続いたことから、「運輸業，郵便業」や「生活関連サービス業，娯楽業」「宿泊業，飲食サービス」などの対人サービス業では、2020年に続き厳しい状況となった。

第1-(1)-7図　企業の経常利益の推移②（非製造業）

○　非製造業の経常利益をみると、2020年第Ⅱ四半期（4-6月期）に大きく減少したが、2021年は製造業と異なり、飲食店への営業時間短縮要請や行動制限が断続的に行われた影響を受け、2019年同期を下回る水準となった。

○　資本金規模別に非製造業の経常利益をみると、2021年は全ての資本金規模で改善傾向となったが、特に資本金「10億円以上」で持ち直しに厳しさがみられた。

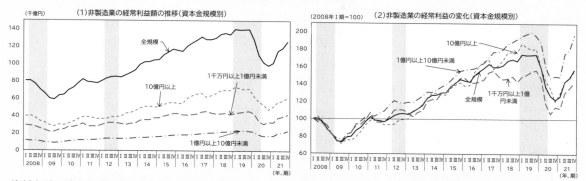

資料出所　財務省「法人企業統計調査」（季報）をもとに厚生労働省政策統括官付政策統括室にて作成
　（注）　1）図は原数値の後方4四半期移動平均を算出したもの。
　　　　　2）金融業、保険業は含まれていない。
　　　　　3）グラフのシャドー部分は景気後退期を表す。なお、2019年第Ⅰ四半期～2020年第Ⅱ四半期は暫定である。

第1-(1)-8図　非製造業の主要産業別にみた経常利益の推移

○　非製造業の経常利益の推移を主要産業別にみると、2020年第Ⅱ四半期（4-6月期）以降、おおむね全ての産業で減少傾向がみられた。その後、「建設業」「卸売業，小売業」などでは持ち直しの動きがみられ、2021年には2019年同期の水準まで回復した。一方、緊急事態宣言下において断続的な行動制限が続いたことから、「運輸業，郵便業」や「生活関連サービス業，娯楽業」「宿泊業，飲食サービス」などの対人サービス業では厳しい状況が続いている。

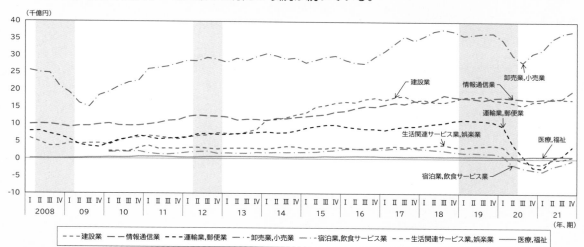

資料出所　財務省「法人企業統計調査」（季報）をもとに厚生労働省政策統括官付政策統括室にて作成
　（注）　1）図は原数値の後方4四半期移動平均を算出したもの。
　　　　　2）「宿泊業，飲食サービス業」及び「生活関連サービス業，娯楽業」は2010年第Ⅰ四半期（1-3月期）から表章している。
　　　　　3）グラフのシャドー部分は景気後退期を表す。なお、2019年第Ⅰ四半期～2020年第Ⅱ四半期は暫定である。

●**企業の設備投資額は企業収益の回復に支えられ、いずれの業種でも緩やかに増加し、設備の過剰感は特に製造業において弱まった**

　第1-（1）-9図の（1）により、設備投資額の推移をみると、2021年は企業収益の回復に支えられ、「製造業」「非製造業」ともに緩やかな上昇傾向となった。「製造業」では感染拡大前の2019年の水準には至らなかったが、「非製造業」では2019年と同水準程度まで回復した。

　同図の（2）により、短観の生産・営業用設備判断D.I.を業種別にみると、感染症の影響により、2020年6月調査で「製造業」「非製造業」いずれも設備投資の過剰感は急速に高まった。その後、「製造業」では、2020年12月調査以降、「過剰」超は縮小傾向で推移し、2021年12月調査では2019年12月調査と同じ水準となった。「非製造業」では、「製造業」と同様に2020年12月調査で、過剰感は弱まり、その後、2021年は3月調査、6月調査と横ばいとなったが、2021年12月調査では「不足」超に転じた。

　同図の（3）により、設備投資計画をみると、2020年度は実績がマイナスとなったが、2021年度は、前年度比が例年に近い水準で推移しており、計画ベースでの増勢は維持されている。

第1-（1）-9図	設備投資額の推移等

○　設備投資額の推移をみると、2021年は企業収益の回復に支えられて、「製造業」「非製造業」ともに緩やかに上昇し、生産・営業用設備判断D.I.の推移をみると、「製造業」「非製造業」ともに「過剰」超は縮小傾向で推移し、2021年12月調査では「非製造業」で「不足」超に転じた。
○　設備投資計画の前年度比は、2020年度は実績がマイナスとなったが、2021年度は例年に近い水準で推移した。

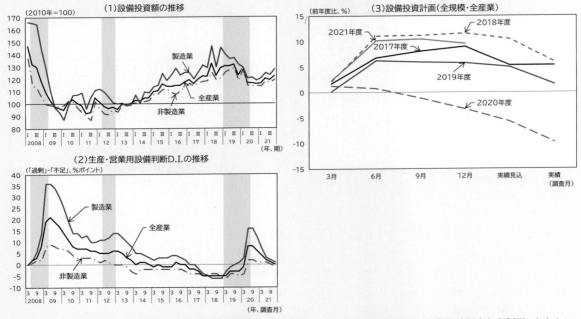

資料出所　（1）、（3）は日本銀行「全国企業短期経済観測調査」、（2）は財務省「法人企業統計調査」（季報）をもとに厚生労働省政策統括官付政策統括室にて作成
（注）　1）（1）（2）のシャドー部分は景気後退期を表す。なお、2019年第Ⅰ四半期～2020年第Ⅱ四半期は暫定である。
　　　　2）（1）の設備投資額は、ソフトウェア投資額を除き、金融業、保険業を除く名目の季節調整値を使用した。
　　　　3）（3）の設備投資は、ソフトウェア投資額を含み、土地投資額、研究開発投資額を含まない。

●企業の倒産件数は減少傾向で推移しており、57年ぶりの低水準となった一方で、いわゆる「『新型コロナウイルス』関連破たん」のうちの倒産件数は増加した

本章の最後に企業倒産の動向をみていく。

第1-（1）-10図の（1）により、（株）東京商工リサーチによる調査データをみると、企業の倒産件数は2009年以降減少傾向で推移し、2021年は6,030件と2年連続で前年を下回り、1964年の4,212件に次ぐ57年ぶりの低水準となった。この背景には、感染症の発生に伴って経済対策として講じられた各種支援策による下支えがあったものと考えられる。

続いて、同図の（2）により、人手不足関連倒産の件数の推移をみると、2021年は前年の2020年を下回ったものの、近年の件数は増加傾向にあり、倒産件数全体に占める人手不足関連倒産の割合は上昇が続いた。要因別でみると、2021年は「後継者難型」が最も多く、次いで「従業員退職型」「求人難型」となった。「求人難型」は、2020年以降減少傾向にあり、感染拡大後の人手不足の状況の改善がうかがえるが、今後の経済活動の回復次第では再び人手不足の状況となり、「求人難型」の倒産が増加する可能性もあるため、今後の情勢を注視する必要がある。

第1-（1）-11図の（1）により、いわゆる「『新型コロナウイルス』関連破たん」のうちの倒産件数をみると、2021年の月別件数は増加傾向となり、2021年の1年間では1,670件と、2020年2月～12月の799件を大幅に上回る件数となった。

同図の（2）により、「『新型コロナウイルス』関連破たん」のうちの倒産件数を主要産業別にみると、「卸売業，小売業」「宿泊業，飲食サービス業」が2020年と同様に最も多く、特に、「宿泊業，飲食サービス業」は、短観の業況判断D.I.や経常利益の推移においても他の産業に比べて回復に遅れがみられていることから、引き続き注視する必要がある。

第1-（1）-10図　企業倒産の状況①

○　企業の倒産件数は、2009年以降減少傾向で推移しており、2021年は57年ぶりの低水準となった。

○　人手不足関連倒産件数の推移をみると、2021年は前年の2020年を下回ったものの、近年は増加傾向にあり、倒産件数全体に占める人手不足関連倒産の割合は上昇している。また、人手不足関連倒産の要因は、「後継者難型」が最も多い。

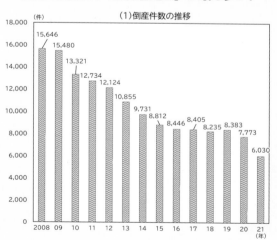

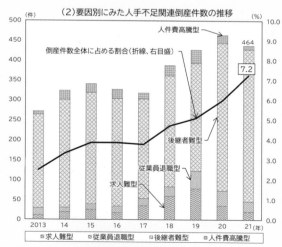

資料出所　（株）東京商工リサーチ「全国企業倒産状況」をもとに厚生労働省政策統括官付政策統括室にて作成
（注）　1）負債額1,000万円以上を集計したもの。
　　　　2）（2）は倒産件数の総計に占める人手不足関連倒産件数の割合を表したもの。

第1-(1)-11図 | 企業倒産の状況②

○　2021年のいわゆる「『新型コロナウイルス』関連破たん」のうちの倒産件数は、1,670件であった。主要産業別でみると、「卸売業，小売業」「宿泊業，飲食サービス業」で多く発生している。

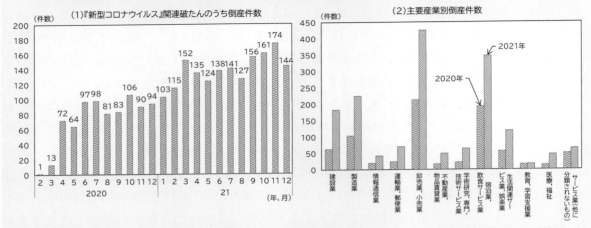

資料出所　（株）東京商工リサーチ「『新型コロナウイルス』関連破たん」をもとに厚生労働省政策統括官付政策統括室にて作成
　　（注）　1）「『新型コロナウイルス』関連破たん」は原則として担当弁護士、当事者から要因の言質が取れたものなどを集計しており、2020年2月から集計を開始している。
　　　　　　2）本図は「『新型コロナウイルス』関連破たん」のうちの倒産の件数について集計したものである。
　　　　　　3）負債額1,000万円以上を集計したもの。
　　　　　　4）主要産業別倒産件数は、件数が10件以上の産業を示したもの。

● 倒産件数が減少した一方で、「休廃業・解散企業」件数は高水準が続いた

　　第1-(1)-12図により、「休廃業・解散企業」の件数の推移をみると、倒産件数が近年減少傾向にあるのに対し、「休廃業・解散企業」の件数は増加傾向にある。2021年は44,377件と2年ぶりに前年を下回ったが、2000年の統計開始以降で3番目となる高水準となった。

第1-(1)-12図 | 企業の休廃業・解散の状況

○　「休廃業・解散企業」件数の2013年以降の推移をみると、倒産件数が減少傾向にあるのに対し、「休廃業・解散企業」は増加傾向にあり、2021年は2年ぶりに前年を下回ったものの、過去3番目の高水準となった。

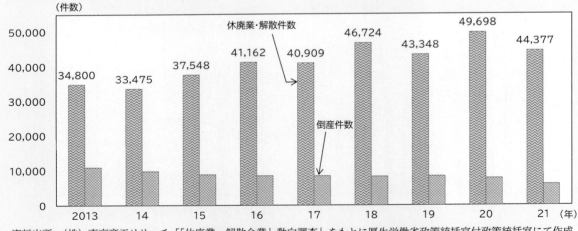

資料出所　（株）東京商工リサーチ「「休廃業・解散企業」動向調査」をもとに厚生労働省政策統括官付政策統括室にて作成

コラム1-1　持続可能な事業活動に向けた製品の価格設定について

　第1章では、企業の動向についてみてきたが、ここでは、企業が持続可能な事業活動を行う上での財・サービスの価格設定について考察する。

　まず、日本企業の販売価格の動向について、短観の販売価格判断D.I.を仕入価格判断D.I.と併せてみることで確認する。コラム1-1-①図により、大企業と中小企業に分けて販売価格判断D.I.と仕入価格判断D.I.の動きをみると、大企業、中小企業ともに2008年以降のいずれの期間においても仕入価格判断D.I.が販売価格判断D.I.を上回っており、仕入価格判断D.Iの上昇局面において、仕入価格判断D.Iの上昇幅と比較して販売価格判断D.Iの上昇幅は小さい。このことから、一定数以上の企業においては、仕入価格の変動に合わせた販売価格の設定（以下「価格転嫁」という。）ができていない状況がうかがわれ、その傾向は中小企業において顕著に表れている。

　この要因としては様々考えられるが、コラム1-1-②図により、日本企業を取り巻く状況を推察すると、多くの日本企業が「価格競争」に直面していると感じていることが分かり、過度な「価格競争」の存在が日本企業の販売価格の設定に影響している可能性がある。

【コラム1-1-①図　仕入れ価格D.I.と販売価格D.I.の推移】

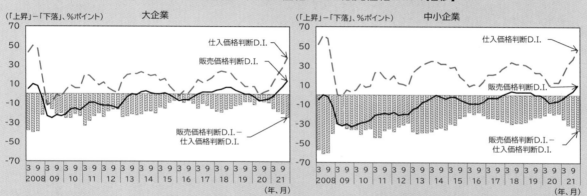

資料出所　日本銀行「全国企業短期経済観測調査」をもとに厚生労働省政策統括官付政策統括室にて作成

【コラム1-1-②図　価格競争に巻き込まれていると感じている企業の割合】

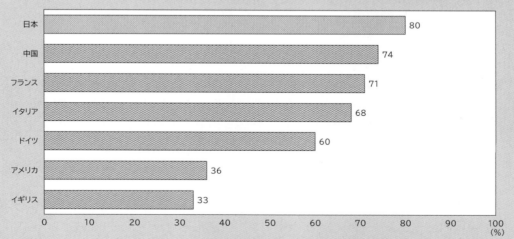

資料出所　サイモン・クチャー＆パートナーズ"Steigender Preisdruck, sinkende Gewinne – und was Schweizer Unternehmen dagegen tun"、経済産業省「平成29年版通商白書」をもとに厚生労働省政策統括官付政策統括室にて作成
（注）　数値は2014年時点のもの。

17

　企業が「価格競争」に直面している場合、適切な価格転嫁は行われないのであろうか。

　経済学における理論上、商品の販売価格は市場による取引を通じて調整され、市場に「価格競争」が存在している場合、競合他社に対する商品の優位性を持つ一部の企業（プライス・リーダー）を除き、多くの企業は市場で取引される所与の価格の受容者（プライス・テイカー）として行動することとなる。プライス・テイカーとして行動する企業は、原材料費の高騰などの外生的な要因による仕入価格の上昇が起こったとしても、市場による価格調整を待たずに価格転嫁を図ることは難しく、仕入価格の上昇局面においては販売量1単位当たりの企業利潤が減少することとなる。

　製品の販売量1単位当たりの利潤の状況を確認するため、マークアップ率の水準をみてみる。マークアップ率とは利幅を意味し、販売価格を商品の生産コストで除した数値である。

　コラム1-1-③図により、企業のマークアップ率の国際比較をみると、我が国のマークアップ率は国際的にみて低水準であり、1単位当たりの販売量に対する企業の利幅が小さいことが分かる。多くの日本企業は「価格競争」に直面していると感じていることから、マークアップを上乗せして利潤を獲得することが比較的難しい環境となっており、そうした市場環境が反映されたマークアップ率の水準となっている状況がうかがえる。

【コラム1-1-③図　マークアップ率の国際比較】

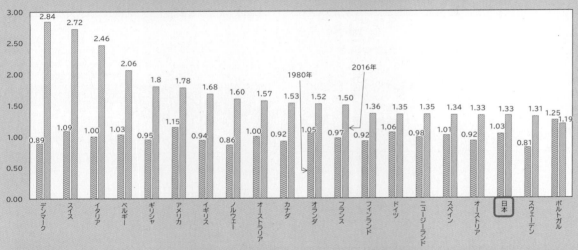

資料出所　Jan De Loecker Jan Eeckhout (2018) "GLOBAL MARKET POWER" NBER Working Paper 24768をもとに厚生労働省政策統括官付政策統括室にて作成

　価格転嫁を図ることが難しく、マークアップ率が低い企業では、自社の利潤を最大化するために、「企業努力」を通じて、徹底したコスト抑制を図り、原価水準を低下させ、販売量1単位当たりの利幅の拡大を図ることが合理的な行動として選択されることとなる。

　商品の生産に要するコストは、資本ストックを所与のものとすると、大きく「原材料費」と「人件費」に分けて考えられる。「原材料費」の水準は比較的外生的に決定される一方で、「人件費」の水準は比較的内生的に決定される[2]ため、ここでは、「人件費」についてみることで企業のコスト抑制の状況をおおまかに確認することとする。

　コラム1-1-④図は、単位労働費用上昇率の水準を国際比較したものである。単位労働費用（ＵＬＣ、ユニット・レーバー・コスト）とは、生産量1単位当たりに要する人件費の水準を示す指標である。同図により、単位労働費用の上昇率を国際比較すると、我が国の単位労働費用の上昇率は、国際的にみて低水準であることが分かる。これは、「価格競争」に直面している日本企業の経営合理化等によるコスト抑制の取組の結果が一部に表れているためととらえることができるであろう。

【コラム1-1-④図　単位労働費用（ＵＬＣ）上昇率の国際比較】

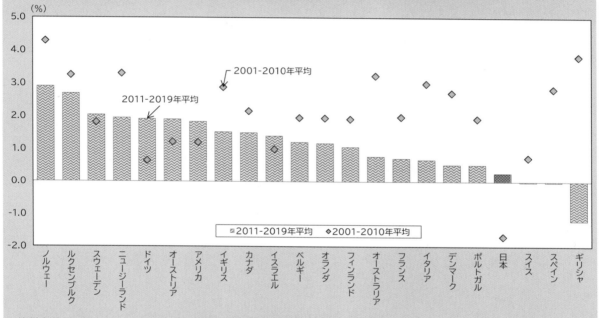

資料出所　OECD.Statをもとに厚生労働省政策統括官付政策統括室にて作成

　一方、価格競争下で利潤を確保するための過度なコスト抑制は、経済全体からみたときには望ましくない結果となることがある。

2　ここでいう人件費の水準とは、労働力需給の状況や労使間の交渉等により決定される賃金水準ではなく、企業の経営戦略に基づく予算制約により決定される生産コストとしての賃金総額を指す。そのため、労働力の削減やより安い労働力の確保等により、企業が内生的に水準を減少させることが可能となる。

　経済学においては「合成の誤謬（fallacy of composition）」という言葉で表現されるが、コストに含まれる人件費の抑制は、個々の企業にとっては合理的な利潤極大化行動である一方で、経済全体からみると合理的な行動とは言いがたい。経済全体からみると、企業による人件費の抑制は、家計部門への分配が抑制されている状態であり、家計部門が備える購買力の低下、民間消費の減少を招き、経済全体の総需要不足を引き起こす可能性がある[3]。

　また、低水準のマークアップ率で持続的な事業活動が行えるだけの利潤を確保するために、いわゆる「薄利多売」方式で販売量を増やしていく企業戦略も考えられるが、人口減少局面を迎え、人口増による内需の自然増加が見込めず、労働力供給の減少も予測される今後の我が国においては、その有効性が限定的となる可能性もある。

　そのため、今後の我が国において企業が持続可能な事業活動を行うためには、過度なコスト抑制による利潤の確保ではなく、適切な価格転嫁による製品のマークアップ率を高めることが重要であり、製品の差別化やブランド価値の向上により市場での優位性を築いていく必要があると考えられる。

3　一国で生み出された付加価値の総額であるＧＤＰ（国内総生産）には、生産面、分配面、支出面のいずれから算出しても同じ値になるという原則（三面等価の原則）があり、以下の式で示される。（詳細な定義は、内閣府「国民経済計算」を参照。）
　　・三面等価の原則：
　　　　生産面からみたＧＤＰ（生産額-中間投入額）
　　　＝分配面からみたＧＤＰ（企業所得＋家計所得）
　　　＝支出面からみたＧＤＰ（消費＋投資）
　　このとき、分配面からＧＤＰをみると、個々の企業が人件費の抑制（家計所得の減少）によって企業所得を増加させたとしてもＧＤＰの増加には繋がらない上に、支出面からＧＤＰをみたときに、家計所得の減少は民間消費の減退を招きＧＤＰの縮小をもたらす可能性もある。

第2章　雇用・失業情勢の動向

　2020年の雇用・失業情勢は、感染症の影響により幅広い産業で経済活動が抑制されたことで、有効求人倍率の大幅な低下、就業者数の大幅な減少、完全失業率の上昇のほか、非労働力人口の増加などの動きがみられた。2021年に入り、経済社会活動が徐々に活発化し、日本経済が感染症の影響から持ち直しつつある中、完全失業率は2021年平均で2020年から横ばいの2.8%、有効求人倍率は前年差0.05ポイント低下の1.13倍となった。一方、経済社会活動や個人消費は一進一退の状況が続いており、雇用・失業情勢の改善状況も一定ではない。また、経済社会活動の抑制措置が「宿泊業，飲食サービス業」など、特定の産業分野に集中的に行われてきたことなどから、その改善状況は産業ごと、職種ごと等に細分化してみると様相が異なる。

　本章では、こうした2020年から続く感染症の影響からの改善状況を含め、2021年の雇用・失業情勢について概観する。

第1節　雇用・失業情勢の概観

●雇用・失業情勢は長期的に改善傾向で推移していたところ、2020年は感染症の影響により弱い動きとなったが、2021年は新規求人に持ち直しの動きがみられた

　雇用・失業情勢の改善傾向と感染拡大後の動向について概観する。

　第1-（2）-1図は、新規求人倍率、有効求人倍率、正社員の有効求人倍率及び完全失業率の推移である。リーマンショック後の2009年以降、新規求人倍率、有効求人倍率、正社員の有効求人倍率は長期的に上昇傾向、完全失業率は低下傾向が続いており、2019年平均で有効求人倍率は1.60倍、完全失業率は2.4%であった。しかし、2020年の感染症の影響による景気減退から、いずれの数値も悪化し、2020年平均では有効求人倍率は1.18倍、完全失業率は2.8%となった。

　2021年は、完全失業率は2%台後半を横ばいで推移し、年平均2.8%と、2020年に続き2019年より高い水準で推移した。また、有効求人倍率は年平均で1.13倍と、2019年平均及び2020年平均と比べて低い水準となり、雇用情勢に厳しさがみられた。一方、経済社会活動が徐々に活発化する中、長期的に続く人手不足の状況も背景に、新規求人に持ち直しがみられ、新規求人倍率は年平均で2.02倍となった。

第1-(2)-1図　有効求人倍率と完全失業率の推移

○　2009年以降、新規求人倍率、有効求人倍率、正社員の有効求人倍率は上昇傾向、完全失業率は低下傾向で推移していたが、2020年に感染症の拡大による景気減退の影響を受け、いずれも水準が悪化した。

○　2021年は、経済社会活動が徐々に活発化する中、長期的に続く人手不足の状況も背景に、新規求人倍率に持ち直しの動きがみられ、有効求人倍率は年平均で1.13倍となった。また、完全失業率は横ばいで推移し、年平均で2.8％となった。

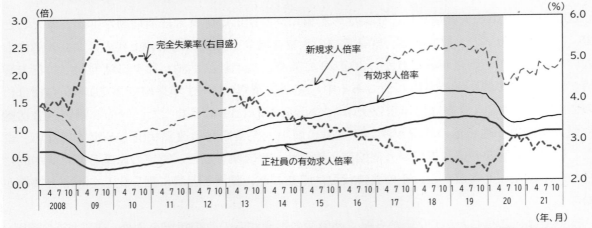

資料出所　厚生労働省「職業安定業務統計」、総務省統計局「労働力調査（基本集計）」をもとに厚生労働省政策統括官付政策統括室にて作成
（注）　1）データは季節調整値。
　　　　2）完全失業率は、2011年3月～8月の期間は、東日本大震災の影響により全国集計結果が存在しないため、補完推計値（新基準）を用いている。
　　　　3）グラフのシャドー部分は景気後退期を表す。なお、2018年11月～2020年5月の期間は暫定である。

●雇用・失業情勢の持ち直しの状況は地域によって異なる

有効求人倍率及び完全失業率の状況を地域別にみていく。

第1-（2）-2図の（1）により、地域別の有効求人倍率の推移をみると、2020年第Ⅰ四半期（1-3月期）以降、いずれの地域でも有効求人倍率は大きく低下したが、2021年にはおおむね持ち直しの動きがみられた。一方、「北海道」「南関東」「近畿」は持ち直しの動きが弱く、横ばい圏内で推移した（付1-（2）-1表）。

同図の（2）により、地域別の完全失業率の推移をみると、2020年第Ⅰ四半期（1-3月期）以降、完全失業率はいずれの地域でも上昇した。2021年に入ると、おおむね低下傾向に転じたものの、「北海道」「南関東」「近畿」は、他の地域と比較して高い水準で推移した（付1-（2）-2表）。

第1-（2）-2図	地域別にみた有効求人倍率と完全失業率の推移

○　地域別の有効求人倍率の推移をみると、感染症の拡大による景気減退の影響を受け、2020年第Ⅰ四半期（1-3月期）以降、いずれの地域でも大きく低下した。2021年にはほとんどの地域で上昇傾向がみられる中、「北海道」「南関東」「近畿」は横ばい圏内で推移した。

○　また、地域別の完全失業率の推移をみると、2021年はいずれの地域においてもおおむね低下傾向で推移しているものの、「北海道」「南関東」「近畿」では他の地域と比較して高い水準で推移した。

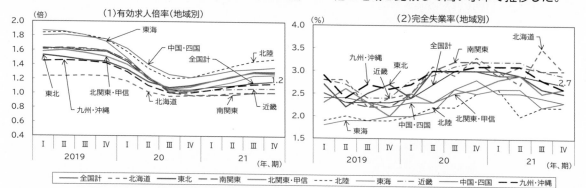

資料出所　厚生労働省「職業安定業務統計」、総務省統計局「労働力調査（基本集計）」をもとに厚生労働省政策統括官付政策統括室にて作成

（注）　1）（1）の数値は四半期の受理地別有効求人倍率（季節調整値）。
　　　　2）（2）の全国計の数値は月次の季節調整値を四半期に単純平均したもの。
　　　　3）各ブロックの構成の都道府県は、以下のとおり。
　　　　　　北海道：北海道
　　　　　　東北：青森県、岩手県、宮城県、秋田県、山形県、福島県
　　　　　　南関東：埼玉県、千葉県、東京都、神奈川県
　　　　　　北関東・甲信：茨城県、栃木県、群馬県、山梨県、長野県
　　　　　　北陸：新潟県、富山県、石川県、福井県
　　　　　　東海：岐阜県、静岡県、愛知県、三重県
　　　　　　近畿：滋賀県、京都府、大阪府、兵庫県、奈良県、和歌山県
　　　　　　中国・四国：鳥取県、島根県、岡山県、広島県、山口県、徳島県、香川県、愛媛県、高知県
　　　　　　九州・沖縄：福岡県、佐賀県、長崎県、熊本県、大分県、宮崎県、鹿児島県、沖縄県

●**2021年の我が国の就業率は約6割であり、就業者のうち約半数が正規雇用労働者、約3割が非正規雇用労働者である**

次に、我が国の労働力の概況をみていく。

第1-（2）-3図により、2021年の我が国の労働力の概況をみると、我が国の15歳以上人口に占める就業者の割合は約6割であり、就業者のうち、約半数が正規雇用労働者、非正規雇用労働者は3割程度となっている。

第1-（2）-3図　我が国の労働力の概況（2021年）

○　我が国の15歳以上人口に占める就業者の割合（就業率）は約6割であり、就業者のうち約半数が正規雇用労働者、約3割が非正規雇用労働者となっている。
○　男女別にみると、男性の就業率は約7割、女性の就業率は約5割となっている。

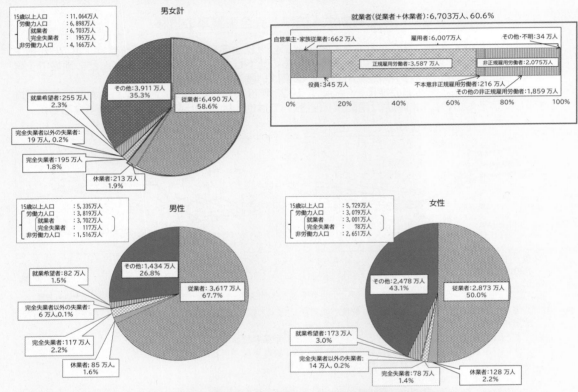

資料出所　総務省統計局「労働力調査（詳細集計）」をもとに厚生労働省政策統括官付政策統括室にて作成
　（注）　1）「労働力人口」は「労働力調査（詳細集計）」の「就業者数」と「完全失業者数」を合計したものであり、「労働力調査（詳細集計）」の「労働力人口（公表値）」とは異なる。
　　　　　2）「非労働力人口」は「労働力調査（詳細集計）」の「非労働力人口」と「完全失業者以外の失業者」（「労働力調査（詳細集計）」の「失業者」から「完全失業者」を差し引いたものとして算出）を合計したものであり、「労働力調査（詳細集計）」の「非労働力人口（公表値）」とは異なる。
　　　　　3）「失業者」は、「就業しておらず、調査期間を含む1か月間に仕事を探す活動や事業を始める準備を行っており（過去の求職活動の結果待ちを含む。）、すぐに就業できる者」、「完全失業者」は、「失業者」のうち「毎月の末日に終わる1週間（12月は20日～26日の1週間）に仕事を探す活動や事業を始める準備を行った者（過去の求職活動の結果待ちを含む。）。
　　　　　4）「不本意非正規雇用労働者」は、非正規の職員・従業員のうち、現職に就いた理由が「正規の職員・従業員の仕事がないから」と回答したもの。「その他の非正規雇用労働者」は、非正規の職員・従業員から「不本意非正規雇用労働者」を差し引いたものとして算出。
　　　　　5）非労働力人口のうち「その他」は、「非労働力人口（公表値）」より「就職希望者」を差し引いたものとして算出。
　　　　　6）上記の数値は、ベンチマーク人口を2020年国勢調査基準に切り替えたことに伴い、新基準のベンチマーク人口に基づいた数値。

第2節　就業者・雇用者の動向

● **労働市場への参加は感染症の影響を受けて停滞しているが、長期的にみると着実に進展している**

本節では、人々の労働参加の状況や就業者・雇用者の動向についてみていく。

第1-（2）-4図により労働力に関する主な指標の長期的な推移をみると、2012年～2019年にかけて我が国の労働参加が進んだことが分かる。この間、労働力人口、就業者数、雇用者数は増加し、非労働力人口は減少を続けた。その結果、労働力率は、2019年には62.1%と2012年から3.0%ポイント上昇した。他方で、自営業者・家族従業者数は減少した。また、完全失業者数は、リーマンショック後の2009年以降着実に減少した。しかし、2020年の感染症の影響により、幅広い産業で経済活動が抑制されたこと等から、労働力人口、就業者数、雇用者数は減少し、完全失業者数、非労働力人口は増加した。

2021年は、経済社会活動は徐々に活発化したが、感染状況に応じて緊急事態宣言の発出等による行動制限が断続的に行われた。労働力人口は6,907万人（前年差5万人増）、就業者数は6,713万人（同3万人増）、雇用者数は6,016万人（同11万人増）、完全失業者数は195万人（同3万人増）、非労働力人口は4,171万人（同26万人減）、休業者数は208万人（同50万人減）と、一部では持ち直しがみられるものの、依然として雇用情勢に感染症の影響が及んだ。一方、労働力率は62.1%と2019年と同程度に回復し、感染症の影響により停滞しているものの、長期的にみると労働市場への参加は着実に進んでいることがうかがわれる。

第1-（2）-4図　労働力に関する主な指標の推移①

○　2012年以降、人々の労働参加が進み、労働力人口、就業者数、雇用者数は増加した一方、非労働力人口は減少した。また、完全失業者は2009年以降、減少傾向で推移している。

○　2012年以降、労働力率は上昇傾向で推移し、2021年の労働力率は62.1%となった。

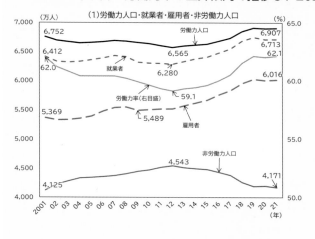

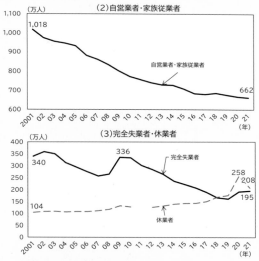

資料出所　総務省統計局「労働力調査（基本集計）」をもとに厚生労働省政策統括官付政策統括官室にて作成
（注）　1）休業者以外の2011年の値は、東日本大震災の影響により全国集計結果が存在しないため、補完推計値（新基準）を使用している。
　　　　2）休業者については、2011年の値が存在しない。
　　　　3）2018年～2021年の休業者のデータは、ベンチマーク人口を2020年国勢調査基準に切り替えたことに伴い、新基準のベンチマーク人口に基づいた数値。

●**2021年の雇用情勢は、感染状況により経済社会活動の抑制が繰り返される中で停滞がみられたが、感染状況の改善やワクチン接種の進展等に伴い、年後半にかけて改善がみられた**

　次に、感染症の影響による雇用情勢の変化について、2019年以降の月次データ（季節調整値）を確認することで詳細にみていく。

　第1-（2）-5図により、2019年～2021年の我が国の労働力に関する主な指標の動きについて月次データでみると、最初の緊急事態宣言が発出され、感染拡大防止のために経済活動が大幅に抑制されたことにより、2020年4月～5月に労働市場に大きな変化が生じたことが分かる。この間、労働力人口、就業者数、雇用者数が減少し、非労働力人口が増加した。休業者数は2020年4月～5月に大幅に増加した一方で、各企業の雇用維持に向けた努力や政策による雇用の下支え効果もあり、完全失業者数や完全失業率の大幅な増加・上昇はみられなかった。

　その後、徐々に経済社会活動が再開される中で、労働力に関する指標も緩やかに持ち直しの動きが続いた。2020年12月には、労働力人口は6,926万人、就業者数は6,719万人、雇用者数は6,014万人、非労働力人口が4,168万人と、着実な持ち直しがみられた一方で、完全失業率は、2020年10月の3.1％まで上昇した後、2％台後半程度の水準を横ばい圏内で推移した。

　2021年に入ると、1月に緊急事態宣言が発出された。2021年の緊急事態宣言は、対象地域が限定的であったことに加え、飲食店に対する営業時間短縮要請等、特定の産業分野に対する集中的な経済社会活動の抑制措置が中心であったこと等から、最初の緊急事態宣言が発出された2020年4月～5月と比較して、各指標への影響は限定的となったが、1月～3月の間、労働力人口、就業者数が減少、非労働力人口が増加するなど、最初の緊急事態宣言が発出された2020年4月～5月以来の各指標の悪化がみられた。

　その後、2021年4月に再び緊急事態宣言が発出され、9月末に緊急事態宣言が全面解除となるまで、対象地域においては断続的な経済社会活動の抑制措置が続いた。緊急事態宣言下となった4月～9月にかけての雇用情勢の動向をみると、新規感染者数が比較的少なかった5月～7月の間は、労働力人口、就業者数、雇用者数はいずれも増加傾向、非労働力人口は減少傾向で推移したが、7月～9月の間は、いずれの指標も悪化した。また、休業者数や完全失業者数は、この間横ばいで推移した。経済社会活動の抑制措置が行われる期間が長引き、足下の経済情勢に弱さがみられるようなったことから、7月以降は雇用情勢が悪化したものとみられる。

　緊急事態宣言が全面解除となった10月以降は、ワクチン接種の堅調な進展も相まって、経済社会活動が徐々に活発化し、雇用情勢にも一貫して持ち直しの動きみられた。

　このように、2021年は、2020年と比較すると感染症の拡大による雇用情勢への影響は少なくなったものの、感染状況の悪化に伴い緊急事態宣言等の発出による経済社会活動の抑制が繰り返され、足下の経済情勢に弱さがみられると、雇用情勢が停滞する期間もあった。一方、ワクチン接種の進展などにより経済社会活動が活発化していく中で、特に、緊急事態宣言が全面解除となった10月以降、雇用情勢は改善傾向となったといえる。

第1-(2)-5図　**労働力に関する主な指標の推移② (2019年〜2021年)**

○　2019年〜2021年の労働力に関する主な指標をみると、最初の緊急事態宣言が発出された2020年4月に、就業者数、雇用者数が減少し、非労働力人口が増加した後緩やかな回復傾向がみられた。2021年は、1月〜9月の間、緊急事態宣言の発出等による経済社会活動の抑制措置が長期にわたり断続的に続いたことで、雇用情勢が停滞する期間もあったものの、10月以降は感染者数の減少に伴い、各指標で回復傾向がみられた。

○　完全失業率は、雇用調整助成金等の政策による雇用の下支え効果もあり、2020年の感染症の拡大による景気減退期においても大幅な上昇とはならず、2021年は2％台後半で推移した。

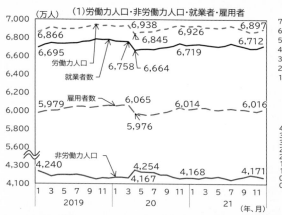

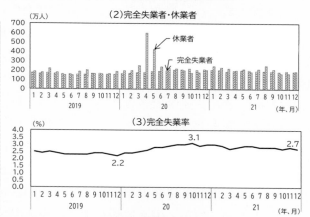

資料出所　総務省統計局「労働力調査(基本集計)」をもとに厚生労働省政策統括官付政策統括室にて作成
　（注）　1）労働力人口、非労働力人口、就業者、雇用者、完全失業者、完全失業率は総務省統計局による季節調整値。
　　　　　2）2019年〜2021年までの休業者の数値は、ベンチマーク人口を2020年国勢調査基準に切り替えたことに伴い、新基準のベンチマーク人口に基づいた数値。
　　　　　3）2020年3月〜4月の変化が大きいため、（1）図中に2020年の3月、4月の数値を記載している。

第2章

●感染症の拡大による雇用・失業情勢への影響はリーマンショック期と比較すると限定的だが、感染状況による変動は大きい

　ここで、感染症の拡大が雇用情勢に及ぼしている影響の特徴を、リーマンショック期における雇用情勢と比較することで確認していく。

　第1-（2）-6図は、それぞれのショックの発生月[1]を基準時点（基準月）としてその後の変化の状況を比較したものである。各指標の水準について比較してみると、ショック発生後当初は、感染拡大期には、最初の緊急事態宣言が発出された2020年4月～5月を中心に、就業者数の急激な減少とそれに伴う非労働力人口の増加、休業者数の急増がみられた。リーマンショック期においては、就業者数の減少や非労働力人口の増加が比較的継続的にみられたのに対し、感染拡大期においては、各指標の一時的な悪化後はおおむね改善傾向で推移していることが分かる。また、完全失業者数の増加幅は、各企業の雇用維持の努力や雇用調整助成金等による下支え効果もあり、リーマンショック期と比べて低く抑えられた。

　他方、リーマンショック期と比較すると、感染拡大期における各指標は、ショック発生からある程度月数が経過した時点でも比較的大きく増減していることが特徴的である。感染症の再拡大による緊急事態宣言等の発出や、それらの解除により、経済社会活動の抑制・再開が繰り返されることで、雇用・失業情勢が敏感に受けた影響がうかがえる。人手不足の状況や直近の経済情勢の違い等があるため、一概にはいえないものの、労働力に関する主要指標からみると、感染症の拡大局面における雇用・失業情勢の悪化は、リーマンショック期と比較すると総じて限定的であるといえるが、今後も感染症の動向やそれに伴う経済社会活動の抑制の状況が雇用・失業情勢に及ぼす影響については注視していく必要がある。

1　基準時点（基準月）としたショックの発生月については、感染拡大期においては新型コロナウイルス感染症の感染者が国内で初めて確認された2020年1月とし、リーマンショック期についてはリーマン・ブラザーズが破綻した2008年9月としている。

第1-(2)-6図　労働力に関する主な指標の水準の比較

○　感染拡大期とリーマンショック期の労働力に関する主要指標の水準を比較すると、リーマンショック期には、ショック発生後、各指標の悪化傾向が比較的継続的にみられたのに対し、感染拡大期には、最初の緊急事態宣言が発出された2020年4月〜5月を中心に、就業者数の急激な減少とそれに伴う非労働力人口の増加や、休業者数の急増がみられたものの、その後はおおむね改善傾向で推移している。

○　一方で、感染拡大期における各指標は、ショック発生からある程度月数が経過した時点でも比較的大きく増減しており、感染再拡大による経済社会活動の抑制・再開が繰り返されることにより、雇用・失業情勢が敏感に影響を受けたことがうかがわれる。

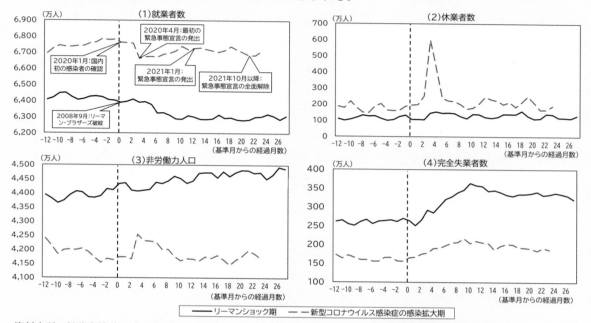

資料出所　総務省統計局「労働力調査（基本集計）」をもとに厚生労働省政策統括官付政策統括室にて作成
　（注）　1）就業者数、非労働力人口、完全失業者数の数値は季節調整値。休業者数の数値は原数値。
　　　　　2）新型コロナウイルス感染症の感染拡大期は、ベンチマーク人口を2020年国勢調査基準に切り替えたことに伴い、新基準のベンチマーク人口に基づいた数値。

●**2021年の労働力率は前年差0.1％ポイント増の62.1％となった。女性は全ての年齢階級で、男性は「15〜24歳」及び60歳以上の年齢層で上昇**

　次に、労働力率の推移についてみていく。労働力率とは、労働力人口が15歳以上人口に占める割合を示した指標で、人々の労働参加の状況を表す。

　第1-（2）-7図により、男女別・年齢階級別の労働力率の推移をみると、2013年以降、女性や60歳以上の年齢層を中心に労働参加が進んできたことが分かる。労働力率は、2019年までは、女性の全ての年齢階級において、男性の「15〜24歳」と60歳以上の年齢層において上昇傾向にあった。しかし、2020年には感染症の影響により、女性を中心に労働力率の低下の動きがみられた。

　2021年の労働力率は、感染状況により経済社会活動が抑制された影響で労働参加の停滞もみられた一方で、感染症の拡大を踏まえた働き方や企業の事業活動が定着し、ワクチン接種等の感染症対策も進展したことから、男女計で前年差0.1％ポイント増の62.1％、男女別にみると男性が同0.1％ポイント減の71.3％、女性が同0.3％ポイント増の53.5％であった。2019年の数値と比較しても、男女計では同水準、男女別にみても男性が2019年差0.1％ポイント減、女性が同0.2％ポイント増となり、感染症の影響による減退から、2019年とほぼ同水準にまで労働力率は回復したことが分かる。

第1-（2）-7図　**男女別・年齢階級別にみた労働力率の推移**

○　女性や高齢者等の労働参加が進んだ結果、労働力率は上昇傾向で推移しており、女性は全ての年齢階級において、男性は「15〜24歳」及び60歳以上の年齢層において上昇傾向で推移している。

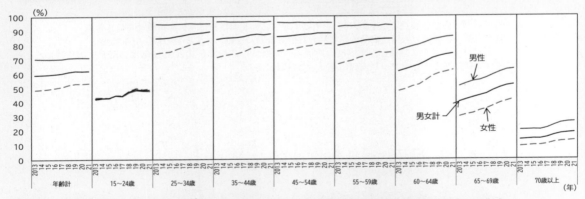

資料出所　総務省統計局「労働力調査（基本集計）」をもとに厚生労働省政策統括官付政策統括室にて作成

● **2021年は正規雇用労働者では増加、非正規雇用労働者では減少がみられた。正規雇用労働者は特に女性で堅調に増加**

続いて、雇用者の動向について雇用形態の観点からみていく。

第１-（２）-８図は、役員を除く雇用者の数の推移を雇用形態別にみたものである。景気変動の影響を受けやすい非正規雇用労働者の数は、2009年にはリーマンショックによる景気減退の影響から一時的に減少がみられたものの、2019年までは増加傾向にあった。男女別にみると、男性、女性ともに非正規雇用労働者数の増加傾向が続いており、特に、女性において大きく増加していた。また、正規雇用労働者の数は、全体では2015年以降増加傾向にあり、男女別にみると、女性では2015年以降一貫して増加傾向が続いているが、男性では2019年に減少がみられた。

2020年には感染症の拡大による景気減退の影響により、男性及び女性の非正規雇用労働者において、減少がみられた。2021年は、感染症の影響から経済社会活動の抑制措置が行われた期間が長引いたが、正規雇用労働者は、特に女性の増加がみられたことから、全体では前年差31万人増の3,587万人となり、非正規雇用労働者は、男性、女性ともに減少がみられ、同25万人減の2,075万人となった。

第１-（２）-８図　**雇用形態別にみた雇用者数の推移**

○　雇用者数の推移を雇用形態別にみると、非正規雇用労働者は、2009年にはリーマンショック、2020年には感染症の拡大による景気減退から減少したものの、長期的には増加傾向にある。
○　正規雇用労働者は、2015年以降増加傾向にあり、男女別にみると、特に女性で堅調に増加している。

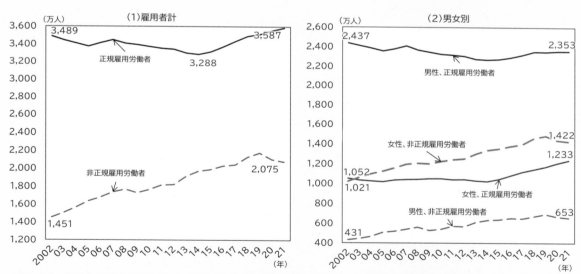

資料出所　総務省統計局「労働力調査（詳細集計）」をもとに厚生労働省政策統括官付政策統括室にて作成
（注）　１）「非正規雇用労働者」は、労働力調査において「非正規の職員・従業員」と表記されているものであり、2008年以前の数値は「パート・アルバイト」「労働者派遣事業所の派遣社員」「契約社員・嘱託」「その他」の合計、2009年以降は、新たにこの項目を設けて集計した値である点に留意が必要。
　　　　２）正規雇用労働者、非正規雇用労働者の2011年の値は、東日本大震災の影響により全国集計結果が存在しないため、補完推計値（新基準）を使用している。
　　　　３）雇用者数の数値には、役員の数は含まれていない。

●人口に占める正規雇用労働者の割合は男女ともに一貫して上昇傾向が続いている

　さらに、第1-(2)-9図により年齢階級別・雇用形態別に人口に占める雇用者の割合の推移をみると、人口に占める正規雇用労働者の割合は男性、女性ともに2020年まで「25～34歳」などの幅広い年齢層で上昇している。一方、非正規雇用労働者の割合は2019年までは男女ともに主に60歳以上の年齢層で上昇してきたが、「25～34歳」では男女ともに低下傾向にある。感染症の拡大による景気減退の影響から非正規雇用労働者の減少がみられた2020年には、その割合が、女性や60歳以上の年齢層を中心に低下した。

　2021年は、正規雇用労働者の割合は、引き続き、男女ともに幅広い年齢層で上昇がみられたが、非正規雇用労働者の割合は、女性の60歳以上の年齢層で上昇がみられたものの、男女ともにおおむね横ばい又は低下傾向がみられた。

第1-(2)-9図　年齢階級別・雇用形態別にみた雇用者割合の推移

○　雇用者割合の推移をみると、全体（男女計）では、正規雇用労働者の割合は、「25～34歳」など幅広い年齢層で上昇している一方で、非正規雇用労働者の割合は、60歳以上の年齢層で上昇しているものの、「25～34歳」では低下している。
○　男女別にみると、正規雇用労働者の割合は男女ともに「25～34歳」など幅広い年齢層で上昇している。非正規雇用労働者の割合は男女ともに主に60歳以上の年齢層で上昇してきたが、2020年以降おおむね横ばい又は低下傾向にある。

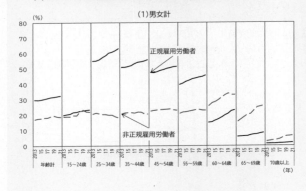

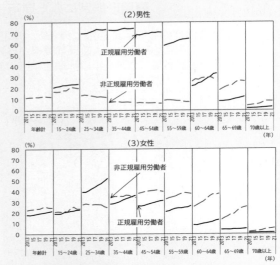

資料出所　総務省統計局「労働力調査（基本集計）」をもとに厚生労働省政策統括官付政策統括室にて作成
　（注）　1）「雇用者割合」は、各年齢階級の人口に占める雇用者の割合をいう。
　　　　　2）2018年～2021年までの割合は、ベンチマーク人口を2020年国勢調査基準に切り替えたことに伴い、新基準のベンチマーク人口に基づいた割合。

●「宿泊業，飲食サービス業」「生活関連サービス業，娯楽業」では依然として雇用者数の回復が弱いが、「情報通信業」「医療，福祉」等では雇用者数の増加がみられた

　続いて、2019年以降の月次データ及び四半期データから雇用者数の動向をみることで、感染症の影響を踏まえた雇用情勢の動きを確認する。

　まず、雇用者数の動向を産業別にみていく。第1-（2）-10図により、2020年、2021年の産業別の雇用者数の動向を2019年同月差でみてみる[2]。

　2020年は、最初の緊急事態宣言が発出された2020年4月以降、「宿泊業，飲食サービス業」「卸売業，小売業」「生活関連サービス業，娯楽業」等の対人サービス業を中心に雇用者数が減少し、2020年8月～9月にかけては「製造業」の雇用者数の減少幅が拡大した。一方、「情報通信業」「医療，福祉」は、2019年同月を上回る水準で推移しており、特に「医療，福祉」は2020年11月以降増加幅が拡大している。

　2021年に入ると、2020年に雇用者数の減少がみられた産業のうち、「卸売業，小売業」「製造業」では減少幅の縮小がみられるものの、それ以外の産業では2019年同月を下回る水準が続いている。緊急事態宣言下において飲食店への営業時間短縮要請や外出自粛要請が断続的に行われていたことから、「宿泊業，飲食サービス業」「生活関連サービス業，娯楽業」においては雇用者数の回復が特に弱く、減少幅の拡大がみられる月もある。一方、「情報通信業」「医療，福祉」の雇用者数は2020年に続き2019年同月を上回る水準が続いた。

　以上から、「宿泊業，飲食サービス業」「生活関連サービス業，娯楽業」といった対人サービス業では、2021年に入っても依然として感染症の拡大及びそれに伴う経済社会活動の抑制による影響が続き、雇用者数の回復はみられない一方、「情報通信業」「医療，福祉」等では一貫して雇用者数の増加がみられるなど、産業ごとに様相が異なっていることが分かる。

第1-（2）-10図　産業別にみた雇用者数の動向

○　産業別に雇用者数の動きをみると、2020年4月以降「宿泊業，飲食サービス業」「卸売業，小売業」「生活関連サービス業，娯楽業」などで雇用者数の減少幅が大きい。
○　2021年は、「情報通信業」「医療，福祉」では、2020年に続き増加がみられた一方で、減少幅の大きかった「宿泊業，飲食サービス業」「生活関連サービス業，娯楽業」では依然として2019年同月を下回る水準となっており、減少幅の拡大がみられる月もある。

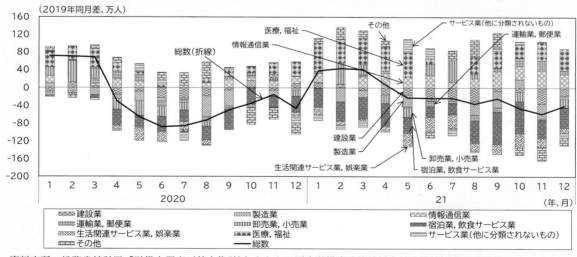

資料出所　総務省統計局「労働力調査（基本集計）」をもとに厚生労働省政策統括官付政策統括室にて作成
　（注）　1）数値は原数値。
　　　　　2）「その他」は、「農，林，漁業」「鉱業，採石業，砂利採取業」「電気・ガス・熱供給・水道業」「金融業，保険業」「不動産業，物品賃貸業」「学術研究，専門・技術サービス業」「複合サービス事業」「教育，学習支援業」「公務」「分類不能の産業」の合計。

2　産業別の雇用者数の動向を前年同月差でみた数値は付1-（2）-3表に、前年同月比でみた数値は付1-（2）-4表に掲載している。

●**正規雇用労働者は女性を中心に堅調に推移しているものの、非正規雇用労働者数は男女とも
　に感染症の影響が依然として及んでいる**

　次に、雇用形態別の雇用者数の推移をみていく。第1−（2）−11図により、男女別・雇用形
態別に2019年以降の雇用者数の動向を四半期データによりみると、最初の緊急事態宣言が発
出された2020年第Ⅱ四半期（4−6月期）〜2021年第Ⅰ四半期（1−3月期）にかけて、男
女ともに非正規雇用労働者が減少した。一方、男性の正規雇用労働者には大きな増減はみられ
ず、女性の正規雇用労働者は、それ以前からの増加傾向が続き、堅調に推移した。

　2021年第Ⅱ四半期（4−6月期）以降は、引き続き、女性の正規雇用労働者が増加傾向で
推移した。一方、非正規雇用労働者は、第Ⅱ四半期（4−6月期）及び第Ⅲ四半期（7−9月
期）には、女性で前年同期差で増加に転じたが、第Ⅳ四半期（10−12月期）は男女ともに非
正規雇用労働者の減少がみられた。また、2019年の同時期の雇用者数の水準には戻っておら
ず、感染症の拡大及びそれに伴う経済社会活動の抑制措置による影響が依然として及んでいる
ことが分かる。

第1−（2）−11図　男女別・雇用形態別にみた雇用者数の動向

○　男女別・雇用形態別の雇用者数の動向をみると、2020年第Ⅱ四半期（4−6月期）以降、男女と
　も非正規雇用労働者の減少がみられた一方で、正規雇用労働者は底堅く、特に女性の正規雇用労働
　者は堅調に増加傾向で推移している。
○　2021年は、2020年に続き女性の正規雇用労働者の増加がみられたほか、第Ⅱ四半期（4−6月
　期）及び第Ⅲ四半期（7−9月期）には、女性の非正規雇用労働者が増加に転じたが、第Ⅳ四半期
　（10−12月期）は男女とも非正規雇用労働者の減少がみられた。また、2019年同期と比較すると、
　年間を通して雇用者数計はマイナスで推移している。

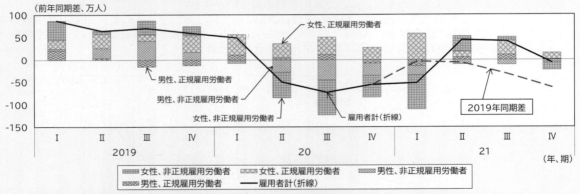

資料出所　総務省統計局「労働力調査（詳細集計）」をもとに厚生労働省政策統括官付政策統括室にて作成
　（注）　1）数値は原数値。
　　　　　2）雇用者計には、役員は含まれていない。

● 「宿泊業，飲食サービス業」「卸売業，小売業」「生活関連サービス業，娯楽業」などで女性
　の非正規雇用労働者を中心に雇用者数が大きく減少した

　さらに、第1-（2）-12図により、産業別に男女別・雇用形態別の雇用者数の前年同期差を
みると、2021年第Ⅰ四半期（1-3月期）に「宿泊業，飲食サービス業」「卸売業，小売業」
「生活関連サービス業，娯楽業」等で女性の非正規雇用労働者を中心に大きく減少した。「卸売
業，小売業」では第Ⅱ四半期（4-6月期）及び第Ⅲ四半期（7-9月期）に回復したが、緊急
事態宣言下の経済社会活動の抑制が続いた影響もあり、「宿泊業，飲食サービス業」「生活関連
サービス業，娯楽業」では、引き続き男女ともに非正規雇用労働者を中心に減少傾向が続いて
いる。

　一方、「情報通信業」では正規雇用労働者を中心に、「医療，福祉」では女性の正規雇用労働
者・非正規雇用労働者ともに雇用者数が増加している。そのほか、「建設業」では男性の正規
雇用労働者・非正規雇用労働者ともに減少がみられた。

　雇用者計をみると、産業ごとに差異がみられた。前年同期差では、「製造業」「運輸業，郵便
業」「卸売業，小売業」では回復傾向にある中、2019年の同時期の水準と比較すると、「建設
業」「製造業」「宿泊業，飲食サービス業」「生活関連サービス業，娯楽業」で継続してマイナス
となっており、特に「宿泊業，飲食サービス業」のマイナスが特に大きくなっている。一方、
「情報通信業」「医療，福祉」は、前年同期差、2019年同期差のいずれでみても、雇用者数は
増加している。これは、感染症の影響下において、テレワーク勤務やオンライン会議が促進さ
れたことや、医療や介護等の現場での負担が増大したことから、「情報通信業」「医療，福祉」
の人材の需要が拡大した影響があると考えられる。

第1-（2）-12図　男女別・産業別・雇用形態別にみた雇用者数の動向

　○　産業別に雇用形態ごとの雇用者数の動向をみると、2021年は、第Ⅰ四半期（1-3月期）に「宿
　　泊業，飲食サービス業」「卸売業，小売業」「生活関連サービス業，娯楽業」等で女性の非正規雇用労
　　働者を中心に減少した後、「卸売業，小売業」では第Ⅱ四半期（4-6月期）及び第Ⅲ四半期（7-9
　　月期）に回復したが、「宿泊業，飲食サービス業」「生活関連サービス業，娯楽業」では男女ともに非
　　正規雇用労働者を中心に減少傾向が続いた。
　○　一方、「情報通信業」「医療，福祉」では、正規雇用労働者を中心に雇用者数の増加がみられた。

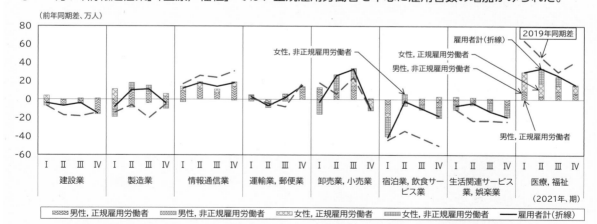

資料出所　総務省統計局「労働力調査（基本集計）」をもとに厚生労働省政策統括官付政策統括室にて作成
　（注）　数値は原数値。

●感染症の影響下でも非正規雇用労働者から正規雇用労働者への転換は堅調

　ここまで、感染症の影響により、非正規雇用労働者が減少している一方で、正規雇用労働者は堅調に増加していることをみてきた。正規雇用労働者の伸びの堅調さは、非正規雇用労働者からの転換の動きにも現れている。第1−（2）−13図は、15〜54歳の年齢層で過去3年間に離職した者について「非正規雇用から正規雇用へ転換した者」の人数から「正規雇用から非正規雇用へ転換した者」の人数を差し引いた人数の動向をみたものである。これによれば、「非正規雇用から正規雇用へ転換した者」と「正規雇用から非正規雇用へ転換した者」の差は、2013年以降一貫して年平均でプラスとなっており、労働市場において正規雇用労働者への需要が底堅いことがうかがえる。2021年においてもその傾向は続いており、年平均でプラス12万人となっている。

第1−（2）−13図　非正規雇用から正規雇用への転換

○　15〜54歳の「非正規雇用から正規雇用へ転換した者」と「正規雇用から非正規雇用へ転換した者」の差をみると、2013年以降は年平均でプラスとなっており、2021年においてもその傾向は続いている。

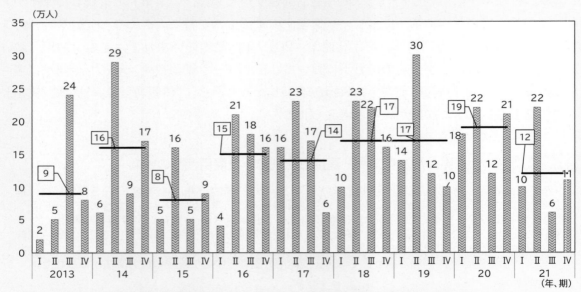

資料出所　総務省統計局　「労働力調査（詳細集計）」をもとに厚生労働省政策統括官付政策統括室にて作成
（注）　1）図における棒グラフは、労働力調査において「非正規の職員・従業員から正規の職員・従業員へ転換した者」から「正規の職員・従業員から非正規の職員・従業員へ転換した者」の人数を差し引いた値を指す。「非正規の職員・従業員から正規の職員・従業員へ転換した者」は、雇用形態が正規の職員・従業員のうち、過去3年間に離職を行い、前職が非正規の職員・従業員であった者を指し、「正規の職員・従業員から非正規の職員・従業員へ転換した者」は、雇用形態が非正規の職員・従業員のうち、過去3年間に離職を行い、前職が正規の職員・従業員であった者を指す。
　　　　2）図における対象は、15〜54歳としている。
　　　　3）四角囲みは年平均。
　　　　4）各項目の値は、千の位で四捨五入しているため、各項目の値の合計が総数の値と一致しない場合もあることに留意が必要。
　　　　5）2018年〜2021年までの数値は、ベンチマーク人口を2020年国勢調査基準に切り替えたことに伴い、新基準のベンチマーク人口に基づいた数値。

●不本意非正規雇用労働者割合は引き続き低下傾向となっている

　続いて、非正規雇用労働者の動向について詳細にみていく。第1-（2）-14図は、非正規雇用労働者に占める不本意非正規雇用労働者（現職に就いた主な理由が「正規の職員・従業員の仕事がないから」と回答した非正規雇用労働者をいう。以下同じ。）の人数とその数が非正規雇用労働者に占める割合（以下「不本意非正規雇用労働者比率」という。）の推移である。男女計でみると、2013年以降、不本意非正規雇用労働者数はおおむね減少傾向で推移し、不本意非正規雇用労働者比率も、2013年第Ⅰ四半期（1-3月期）の19.9％から2021年第Ⅳ四半期（10-12月期）には10.6％まで低下した。男女別にみると、2021年は、不本意非正規雇用労働者数は、男女ともに減少しており、不本意非正規雇用労働者比率は、2021年平均で男性が17.1％、女性が7.9％となっている。

第1-（2）-14図　不本意非正規雇用労働者の割合・人数の推移

○　2013年以降、「不本意非正規雇用労働者数」は減少傾向で推移しており、2021年もその傾向が続いた。また、「不本意非正規雇用労働者比率」も男女ともに低下傾向で推移している。

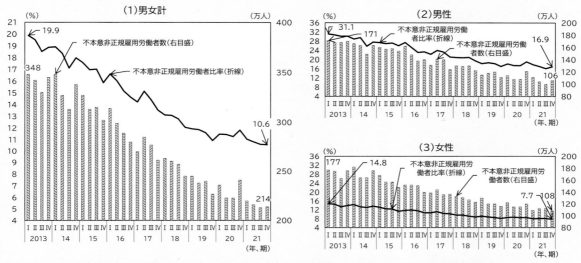

資料出所　総務省統計局「労働力調査（詳細集計）」をもとに厚生労働省政策統括官付政策統括室にて作成
　（注）　1）「不本意非正規雇用労働者」とは、現職の雇用形態（非正規雇用労働者）についた主な理由が「正規の職員・従業員の仕事がないから」と回答した者としている。また、「不本意非正規雇用労働者比率」は、現職の雇用形態についた主な理由別内訳の合計に占める割合を示す。
　　　　　2）2018年～2021年の数値は、ベンチマーク人口を2020年国勢調査基準に切り替えたことに伴い、新基準のベンチマーク人口に基づいた数値。

●2021年は個人の都合により非正規雇用を選択する者は増加に転じた一方で、2020年に続き「家事・育児・介護等と両立しやすいから」非正規雇用を選択する者は女性を中心に減少した

　不本意非正規雇用労働者が近年おおむね減少傾向にあることをみたが、実際に非正規雇用労働者として働いている者は、どのような理由で非正規雇用を選択しているのだろうか。

　第1-(2)-15図は、非正規雇用を選択している理由別に非正規雇用労働者数の動向をみたものである。2019年までの状況をみると、「正規の職員・従業員の仕事がないから」という理由で非正規雇用を選択する不本意非正規雇用労働者が減少し、「自分の都合のよい時間に働きたいから」等の個人の都合により非正規雇用を選択する者が増加傾向にあったことが分かる。2020年には、感染症の影響により小中学校の一斉休校が行われるなど、感染症の拡大により個人の働き方に影響が生じたことから、「家事・育児・介護等と両立しやすいから」という理由で非正規雇用を選択していた労働者は女性を中心に大幅に減少した。

　2021年は、「自分の都合のよい時間に働きたいから」等の個人の都合により非正規雇用を選択する者は増加に転じたが、「家事・育児・介護等と両立しやすいから」という理由で非正規雇用を選択していた労働者は女性を中心に減少しており、2020年に続き個人の働き方に感染症の影響が及んでいることが分かる。

第1-(2)-15図　非正規雇用を選択している理由別にみた非正規雇用労働者数の動向

○　2019年までは、「正規の職員・従業員の仕事がないから」という理由で非正規雇用を選択する者が男女ともに減少傾向にあった一方で、「自分の都合のよい時間に働きたいから」など、個人の都合により理由で非正規雇用を選択する者が増加傾向にあった。
○　2021年は、「自分の都合のよい時間に働きたいから」という理由で非正規雇用を選択する者が増加したが、女性では「家事・育児・介護等と両立しやすいから」という理由で非正規雇用を選択する者が2020年に続いて減少した。

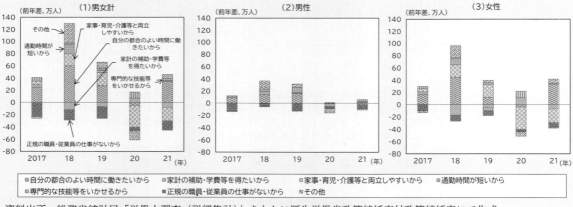

資料出所　総務省統計局「労働力調査（詳細集計）」をもとに厚生労働省政策統括官付政策統括室にて作成
（注）　1）非正規雇用労働者のうち、現職の雇用形態についている主な理由の内訳を示したもの。
　　　　2）2018年～2021年までの数値は、ベンチマーク人口を2020年国勢調査基準に切り替えたことに伴い、新基準のベンチマーク人口に基づいた数値。

●障害者の雇用者数・実雇用率は過去最高を更新した

　障害者の雇用状況について第1-(2)-16図によりみてみる。2021年の障害者の雇用者数は、前年比3.4%増の59.8万人となり、18年連続で過去最高となった。また、2021年の実雇用率は、前年差0.05%ポイント増の2.20%と10年連続過去最高となった。

　雇用障害者数のうち、身体障害者は前年比0.8%増の35.9万人、知的障害者は同4.8%増の14.1万人、精神障害者は同11.4%増の9.8万人となっており、特に、精神障害者の伸び率が近年大きくなっている。

第1-（2）-16図　障害者雇用の概観

○　2021年の民間企業における雇用障害者数は59.8万人となり、18年連続で過去最高となった。また、実雇用率は2.20％となった。

○　雇用障害者数のうち、2021年は、身体障害者は前年比0.8％増、知的障害者は同4.8％増、精神障害者は同11.4％増と、特に精神障害者の伸び率が大きい。

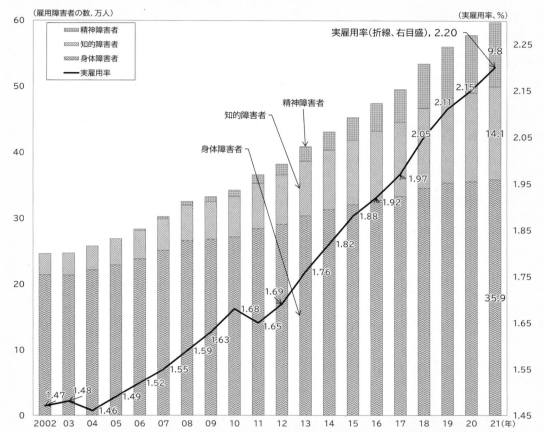

資料出所　厚生労働省「障害者雇用状況の集計結果」をもとに厚生労働省政策統括官付政策統括室にて作成
（注）　1）雇用義務のある企業（2012年までは56人以上規模、2013年〜2017年は50人以上規模、2018年〜2020年は45.5人以上規模、2021年以降は43.5人以上規模の企業）における毎年6月1日時点の障害者の雇用状況を集計したものである。
　　　　2）「障害者の数」とは、次に掲げる者の合計数である。
　　　　　　〜2005年　　身体障害者（重度身体障害者はダブルカウント）
　　　　　　　　　　　　知的障害者（重度知的障害者はダブルカウント）
　　　　　　　　　　　　重度身体障害者である短時間労働者
　　　　　　　　　　　　重度知的障害者である短時間労働者
　　　　　　2006年　　　身体障害者（重度身体障害者はダブルカウント）
　　　　　　〜2010年　　知的障害者（重度知的障害者はダブルカウント）
　　　　　　　　　　　　重度身体障害者である短時間労働者
　　　　　　　　　　　　重度知的障害者である短時間労働者
　　　　　　　　　　　　精神障害者
　　　　　　　　　　　　精神障害者である短時間労働者（精神障害者である短時間労働者は0.5人でカウント）
　　　　　　2011年〜　　身体障害者（重度身体障害者はダブルカウント）
　　　　　　　　　　　　知的障害者（重度知的障害者はダブルカウント）
　　　　　　　　　　　　重度身体障害者である短時間労働者
　　　　　　　　　　　　重度知的障害者である短時間労働者
　　　　　　　　　　　　精神障害者
　　　　　　　　　　　　身体障害者である短時間労働者（身体障害者である短時間労働者は0.5人でカウント）
　　　　　　　　　　　　知的障害者である短時間労働者（知的障害者である短時間労働者は0.5人でカウント）
　　　　　　　　　　　　精神障害者である短時間労働者（※）（精神障害者である短時間労働者は0.5人でカウント）
　　　　　　（※）2018年以降は、精神障害者である短時間労働者であっても、次のいずれかに該当する者については1人とカウントしている。
　　　　　　　　　①通報年の3年前の年に属する6月2日以降に採用された者であること
　　　　　　　　　②通報年の3年前の年に属する6月2日より前に採用された者であって、同日以後に精神障害者保健福祉手帳を取得した者であること
　　　　3）法定雇用率は、2012年までは1.8％、2013年〜2017年は2.0％、2018年〜2020年は2.2％、2021年以降は2.3％となっている。

●外国人労働者数は過去最高を更新するも、増加率は減少した

　最後に、第1-（2）-17図により、外国人労働者の状況についてみると、2021年10月末の外国人労働者数は約172.7万人となり、2007年に外国人雇用状況の届出が義務化されて以来過去最高を更新したものの、感染症の拡大による外国人の入国制限等の影響から、増加率は0.2%と鈍化した。在留資格別にみると「身分に基づく在留資格」が最も多く、次いで「専門的・技術的分野の在留資格」「技能実習」が多い。前年比でみると、「特定活動」「専門的・技術的分野の在留資格」の増加率が大きかったが、「技能実習」「資格外活動」では減少率が大きかった。国籍別にみると、ベトナムが最も多く、次いで中国、フィリピンが多い。

第1-（2）-17図	**外国人労働者の概観**

○　2021年10月末の外国人労働者数は約172.7万人となり、2007年に外国人雇用状況の届出が義務化されて以来過去最高を更新したものの、増加率は鈍化した。
○　在留資格別にみると「身分に基づく在留資格」が最も多い。前年比でみると、「特定活動」、「専門的・技術的分野の在留資格」は増加率が大きかった一方で、「技能実習」、「資格外活動」では減少率が大きかった。
○　国籍別にみると、ベトナムが最も多い。

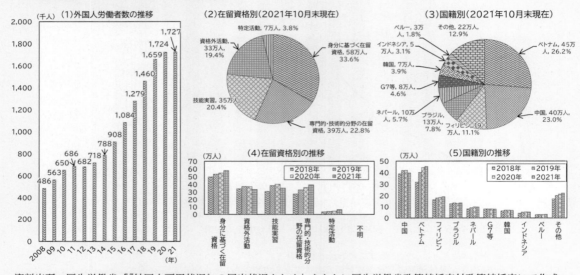

資料出所　厚生労働省「『外国人雇用状況』の届出状況まとめ」をもとに厚生労働省政策統括官付政策統括室にて作成
　（注）　G7等とは、フランス、アメリカ、イギリス、ドイツ、イタリア、カナダ、オーストラリア、ニュージーランド、ロシアをいう。

第3節 求人・求職の動向

●2021年は新規求人数に回復傾向がみられる中、有効求人数が増加したものの、有効求職者数も年後半に増加がみられ、有効求人倍率は横ばいで推移した

　本節では求人や求職者の動向についてみていく。

　第1-（2）-18図により、労働力需給の状況を示す指標である新規求人倍率、有効求人倍率、新規求人数、新規求職申込件数、有効求人数及び有効求職者数の動向について概観する。

　まず、労働力需要を示す新規求人数、有効求人数については、2009年以降長期的に増加傾向にあったが、感染症の拡大による景気減退の影響から、最初の緊急事態宣言が発出された

2020年4月～5月を中心に急激かつ大幅に減少した。2020年7月以降は、経済社会活動が徐々に活発化し、長期的に続く人手不足の状況も背景に、新規求人数に緩やかな回復傾向が続き、有効求人数にも持ち直しの動きが続いている。その結果、2021年平均では、新規求人数は前年比4.1％増、有効求人数は同1.6％増とやや増加がみられた。

　一方、労働力供給の状況を示す指標である新規求職申込件数[3]、有効求職者数については、2009年以降長期的には減少傾向で推移している。感染症の影響による大幅な増加は新規求職申込件数ではみられなかったものの、有効求職者数は2020年6月～7月に大幅に増加した。2021年は、新規求職申込件数は横ばいで推移した一方で、有効求職者数は年後半に増加がみられた。その結果、2021年平均では、新規求職申込件数は前年比0.5％増、有効求職者数は同6.6％増と増加がみられた。

　以上の労働力需要、労働力供給の状況から、求職者1人に対する求人件数を表す求人倍率の状況をみると、2021年の新規求人倍率は年平均で前年差0.07ポイント上昇の2.02倍となり、月別にみても回復傾向がみられた。一方、有効求人倍率は、有効求人数が増加傾向で推移したものの、年後半には有効求職者数の増加も同時にみられたため、年平均で前年差0.05ポイント低下の1.13倍となり、月別でみても横ばいで推移した。

第1-(2)-18図　求人・求職に関する主な指標の推移

○　新規求人数、有効求人数は、2009年以降増加傾向で推移したが、2020年前半に大幅に減少した。その後は新規求人数に回復傾向がみられ、有効求人数も持ち直しが続いている。一方、新規求職申込件数、有効求職者数は、2009年以降減少傾向で推移しており、新規求職申込件数は感染症の影響による大幅な増加はみられなかったものの、有効求職者数は大幅に増加、その後横ばいで推移し、2021年後半には増加もみられた。

○　その結果、2021年は、新規求人倍率は年平均で前年差0.07ポイント上昇の2.02倍となり、有効求人倍率は、有効求人数が増加したものの、有効求職者数も年後半に増加がみられたため、年平均で前年差0.05ポイント低下の1.13倍となった。

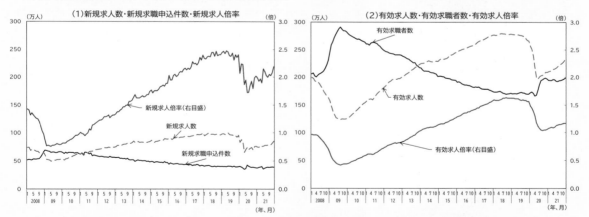

資料出所　厚生労働省「職業安定業務統計」をもとに厚生労働省政策統括官付政策統括官室にて作成
　（注）　データは季節調整値。

3　正社員の求職者数（新規、有効）はパートタイムを除く常用の求職者数（新規、有効）を指す。

　次に、雇用形態別に求人・求職の動きをみていく。第1-(2)-19図により、正社員の求人・求職の動向をみてみる。新規求人数、有効求人数は、2009年以降増加傾向で推移していたが、2020年の感染症の拡大による景気減退の影響から、最初の緊急事態宣言が発出された2020年4月に新規求人数が大きく減少し、有効求人数も2020年は減少傾向で推移した。その後、新規求人数が徐々に持ち直しの動きが続く中で、2021年は有効求人数にも緩やかながら回復がみられた。その結果、2021年平均で、正社員の新規求人数は前年比5.8%増、有効求人数は前年比3.8%増と2020年の水準からの増加がみられたものの、2019年平均と比較するといずれも下回る水準となった。

　一方、正社員の新規求職申込件数、有効求職者数は、2009年以降長期的に減少傾向で推移しており、新規求職申込件数には感染症の影響による大幅な増加はみられなかったものの、有効求職者数は最初の緊急事態宣言が解除された後の2020年6月〜7月を中心に大幅に増加した。その後は、新規求職申込件数が横ばいで推移する中、有効求職者数は2021年前半までは緩やかに減少していたが、年後半には増加がみられた。その結果、2021年は、年平均で正社員の新規求職申込件数は前年比2.2%減と減少したものの、有効求職者数は前年比4.2%増と増加しており、2019年平均と比較しても、新規求職申込件数は下回る水準となっている一方、有効求職者数は依然として2019年平均を上回る水準で推移している。

　2021年の正社員の新規求人倍率は、年平均で前年差0.11ポイント上昇の1.52倍と回復傾向がみられるが、有効求職者数の水準は減少せず、有効求人数も年後半に増加傾向がみられたことから、正社員の有効求人倍率は年平均で前年と同水準の0.88倍となった。

第1-(2)-19図　　**雇用形態別にみた求人・求職に関する指標推移①（正社員）**

○　正社員の新規求人数、有効求人数は、2009年以降増加傾向で推移していたが、2020年の感染症の拡大による景気減退の影響からともに減少した。その後、新規求人数が徐々に持ち直していく中で、有効求人数も緩やかながら回復傾向がみられた。一方、正社員の新規求職申込件数、有効求職者数は2009年以降減少傾向で推移しており、新規求職申込件数は感染症の影響による大幅な増加はみられなかったものの、有効求職者数は大幅に増加、その後新規求職申込件数は横ばいで推移する中、有効求職者数は2021年後半に増加がみられた。
○　その結果、2021年の正社員の新規求人倍率は年平均で前年差0.11ポイント上昇の1.52倍となった一方、有効求人倍率は年平均で前年と同水準の0.88倍となった。

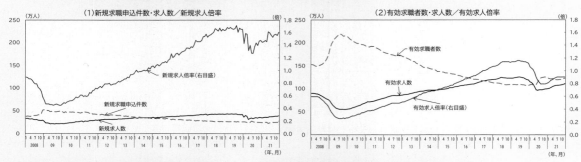

資料出所　厚生労働省「職業安定業務統計」をもとに厚生労働省政策統括官付政策統括官室にて作成
　（注）　データは季節調整値。

　次に、第1-（2）-20図により、パートタイムの求人・求職の動きをみてみる。パートタイムの新規求人数、有効求人数は、2009年以降長期的に増加傾向で推移していたが、2020年の感染症の拡大による景気減退の影響を受け、2020年4月～5月に新規求人数が大幅に減少、有効求人数も大幅に減少した。その後、新規求人数が緩やかな増加傾向で推移し徐々に持ち直していく中、有効求人数も増加傾向で推移し、2021年後半には強い持ち直しの動きもみられた。その結果、2021年平均では、パートタイムの新規求人数は前年比0.9％増、有効求人数は同2.0％減となったが、2019年の水準と比較するといずれも大きく下回っている。

　一方、パートタイムの新規求職申込件数、有効求職者数は、2009年以降長期的に減少傾向で推移しており、新規求職申込件数は2020年の感染症の影響による大幅な増加はみられなかったものの、有効求職者数は2020年6月～8月に大幅に増加した。その後は、新規求職申込件数が横ばいで推移する中、有効求職者数は2021年前半までは横ばいで、2021年後半には増加傾向がみられた。その結果、2021年平均では、パートタイムの新規求職申込件数は前年比5.9％増、有効求職者数は同11.1％増となり、2019年の水準と比較すると、新規求職申込件数はほぼ同水準となった一方で、有効求職者数は2019年の水準を依然として大きく上回る水準となっている。

　2021年のパートタイムの新規求人倍率は、年後半には回復傾向となり、年平均で前年差0.11ポイント低下の2.16倍となった一方で、有効求人倍率は、有効求人数、有効求職者数がいずれも増加傾向がみられたため横ばいで推移し、年平均で前年差0.15ポイント低下の1.14倍となった。

第1-（2）-20図　雇用形態別にみた求人・求職に関する指標の推移②（パートタイム）

○　パートタイムの新規求人数、有効求人数は、2009年以降増加傾向で推移していたが、2020年の感染症の拡大による景気減退の影響からともに減少した。その後、新規求人数は徐々に持ち直していく中、有効求人数も増加傾向で推移し、2021年後半には強い持ち直しの動きがみられた。一方、パートタイムの新規求職申込件数、有効求職者数は、2009年以降減少傾向で推移しており、新規求職申込件数は感染症の影響による大幅な増加はみられなかったものの、有効求職者数は大幅に増加し、その後も2021年後半に増加がみられた。

○　その結果、2021年のパートタイムの新規求人倍率は、年平均で前年差0.11ポイント低下の2.16倍となった一方、有効求人倍率は年平均で前年差0.15ポイント低下の1.14倍となった。

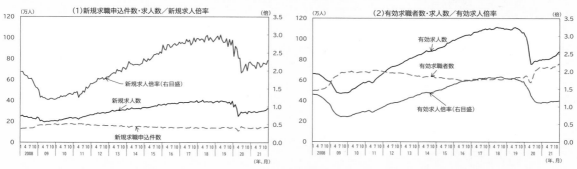

資料出所　厚生労働省「職業安定業務統計」をもとに厚生労働省政策統括官付政策統括室にて作成
　（注）　1）「パートタイム」とは、1週間の所定労働時間が同一の事業所に雇用されている通常の労働者の1週間の所定労働時間に比較し短い者を指す。
　　　　　2）データは季節調整値。

●おおむね全ての産業で人手不足感が強まる動きとなっている

　労働力需給の動向を産業別に詳しくみていく。まず、短観を用いて、第1-（2）-21図により、雇用人員判断D.I.の推移を産業別にみると、2019年には全ての産業で「不足」超であったところ、2020年は感染症の拡大による景気減退の影響を受けて、全ての産業で人員の不足感が弱まり、「宿泊・飲食サービス」「製造業」では「過剰」超に転じた。その後、2021年にかけて「宿泊・飲食サービス」以外の産業ではおおむね一貫して人員の不足感が強まっており、「製造業」も2021年には「不足」超で推移している。「宿泊・飲食サービス」については、感染状況やそれに伴う緊急事態宣言の発出等による行動制限の影響を受けて大きく変動し、2021年は営業時間短縮措置が長期間にわたって実施されていたことなどから、唯一「過剰」超の状態が続いていた。2021年12月調査の時点では「宿泊・飲食サービス」でも「不足」超に転じているが、今後も感染状況やそれに伴う経済社会活動の水準の変化に応じて動向を注視していく必要がある。

第1-（2）-21図　**雇用人員判断D.I.の推移**

○　雇用人員判断D.I.の推移を産業別にみると、2020年には、感染拡大の影響を受け、全ての産業で人員の不足感が弱まっていたが、2021年は、「宿泊・飲食サービス」以外の産業ではおおむね一貫して人員の不足感が強まっており、「宿泊・飲食サービス」でも2021年12月調査では「不足」超に転じている。

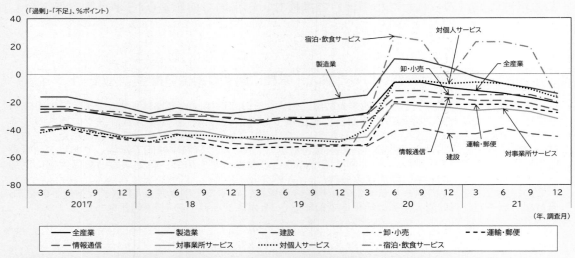

資料出所　日本銀行「全国企業短期経済観測調査」をもとに厚生労働省政策統括官付政策統括室にて作成

● **2021年の新規求人はおおむね増加傾向にあるが、産業により増加傾向に差がみられる**

次に、求人の動向について、産業別、職業別に詳しくみていく。

第1-（2）-22図は、新規求人の前年差の推移を産業別にみたものであるが、パートタイム労働者を除く一般労働者[4]（以下この章において「一般労働者」という。）、パートタイム労働者ともに新規求人数は2019年には前年差で減少に転じていたところ、2020年は、感染症の拡大による景気減退の影響により、全ての産業において求人数が減少した。雇用形態別でみると、一般労働者の新規求人数は、「サービス業（他に分類されないもの）」「製造業」「卸売業, 小売業」「医療, 福祉」等で、パートタイム労働者の新規求人数は、「卸売業, 小売業」「宿泊業, 飲食サービス業」「医療, 福祉」「サービス業（他に分類されないもの）」等で大幅な減少がみられた。この結果、全体（パートタイムを含む一般労働者）の新規求人数では「卸売業, 小売業」「サービス業（他に分類されないもの）」「宿泊業, 飲食サービス業」「医療, 福祉」「製造業」等で大幅な減少となった。

2021年は、おおむね全ての産業で新規求人数は増加傾向にあり、一般労働者では「製造業」「サービス業（他に分類されないもの）」「建設業」等で、パートタイム労働者では「製造業」等で求人が増加している。「卸売業, 小売業」「宿泊業, 飲食サービス業」「生活関連サービス業, 娯楽業」等では緊急事態宣言の発出等に伴う行動制限が続いた影響から新規求人数の回復が弱く、産業により求人数の回復に差がみられる。

第1-（2）-22図　産業別・雇用形態別にみた新規求人数の動向

○　産業別に新規求人数の前年差をみると、2021年は、「建設業」「製造業」「サービス業（他に分類されないもの）」等では、2020年の大幅減からの持ち直しがみられた一方で、「卸売業, 小売業」「宿泊業, 飲食サービス業」「生活関連サービス業, 娯楽業」等では、新規求人数の回復が弱く、産業間で回復の動きに差がみられた。

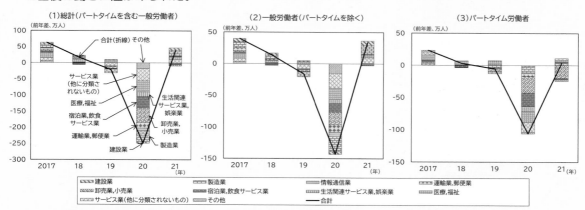

資料出所　厚生労働省「職業安定業務統計」をもとに厚生労働省政策統括官付政策統括室にて作成
（注）　1）2013年改定「日本標準産業分類」に基づく区分。
　　　　2）「その他」は、「農, 林, 漁業」「鉱業, 採石業, 砂利採取業」「電気・ガス・熱供給・水道業」「金融業, 保険業」「不動産業, 物品賃貸業」「学術研究, 専門・技術サービス業」「教育, 学習支援業」「複合サービス事業」「公務（他に分類されるものを除く）・その他」の合計。

4　常用及び臨時・季節を合わせた労働者をいう。常用労働者は雇用契約において雇用期間の定めがないか又は4か月以上の雇用期間が定められている労働者（季節労働を除く。）をいう。また、臨時労働者は、雇用契約において1か月以上4か月未満の雇用契約期間が定められている労働者をいい、季節労働者とは、季節的な労働力需要に対し、又は季節的な余暇を利用して一定の期間（4か月未満、4か月以上の別を問わない。）を定めて就労する労働者をいう。

●**職業別の新規求人数についても回復状況に差がみられる**

　次に、第1-（2）-23図により、新規求人数の推移を職業別にみてみる。2019年には、パートタイムを除く常用労働者、常用的パートタイムともに減少に転じていた。2020年は、全ての職業において求人数が減少し、パートタイムを除く常用労働者については「サービスの職業」「専門的・技術的職業」「生産工程の職業」「事務的職業」「販売の職業」で、常用的パートタイムについては「販売の職業」「サービスの職業」「運搬・清掃・包装等の職業」で大幅に減少している。この結果、全体（常用労働者）の新規求人数では「サービスの職業」「販売の職業」「専門的・技術的職業」「生産工程の職業」等で大幅な減少となった。

　2021年は、いずれの職業でも求人数はおおむね回復傾向にあり、パートタイムを除く常用労働者、常用的パートタイムともに「生産工程の職業」「専門的・技術的職業」を中心に求人数が増加している。一方、パートタイムを除く常用労働者では、「サービスの職業」「販売の職業」、常用的パートタイムでは「販売の職業」「事務的職業」で新規求人数の回復が弱く、産業別と同様、職業別の新規求人数についても、職業間で回復に差がみられる。

第1-（2）-23図　職業別にみた新規求人数の動向

○　職業別に新規求人数の前年差をみると、2021年は、「専門的・技術的職業」「生産工程の職業」等で2020年の大幅減からの持ち直しがみられた一方で、「事務的職業」「販売の職業」「サービスの職業」等では新規求人数の回復が弱く、職業間で回復の動きに差がみられた。

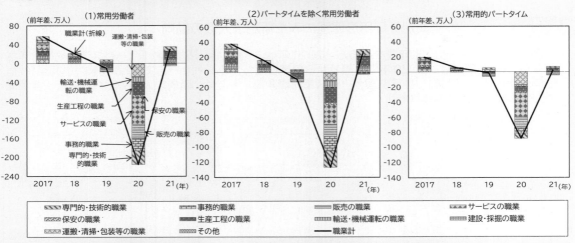

資料出所　厚生労働省「職業安定業務統計」をもとに厚生労働省政策統括官付政策統括官室にて作成
　（注）　1）2011年改定「厚生労働省編職業分類」に基づく区分。
　　　　　2）「農林漁業の職業」「管理的職業」は「その他」に含めて計算。

● 「宿泊業，飲食サービス業」では新規求人数の回復が弱い状況が続いた

　さらに、第1－（2）－24図により、産業別の新規求人数の動向を2019年同月差でみる[5]と、2020年1月以降おおむね全ての産業で新規求人数が2019年同月を下回る水準となっており、特に、「卸売業，小売業」「宿泊業，飲食サービス業」「医療，福祉」「製造業」の減少幅が大きかった。2021年は、年平均では2020年を上回る水準となり、「製造業」「医療，福祉」等は減少幅の縮小がみられたが、その他の産業は依然として回復が弱く、「宿泊業，飲食サービス業」では、減少幅が拡大している月もみられる。

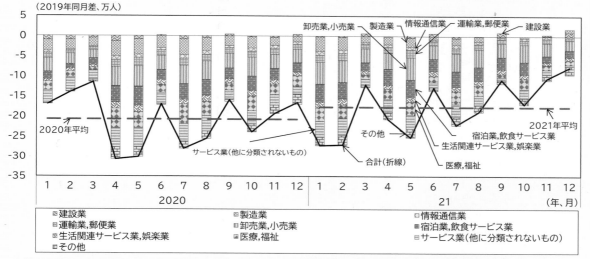

第1－（2）－24図　産業別にみた新規求人数の動向

○　新規求人数の動向を産業別にみると、2020年1月以降おおむね全ての産業で新規求人数が2019年同月の水準を下回っており、特に「卸売業，小売業」「宿泊業，飲食サービス業」「医療，福祉」「製造業」では減少幅が大きかった。

○　2021年は、年平均では2020年を上回る水準となり、「製造業」「医療，福祉」などでは減少幅の縮小がみられたが、その他の産業は依然として回復が弱く、「宿泊業，飲食サービス業」では減少幅が拡大している月もみられる。

資料出所　厚生労働省「職業安定業務統計」をもとに厚生労働省政策統括官付政策統括室にて作成
　（注）　「その他」は、「農，林，漁業」「鉱業，採石業，砂利採取業」「電気・ガス・熱供給・水道業」「金融業，保険業」「不動産業，物品賃貸業」「学術研究，専門・技術サービス業」「複合サービス事業」「教育，学習支援業」「公務（他に分類されるものを除く）・その他」の合計。

5　産業別の新規求人数の動向を前年同月差でみた数値は付1－（2）－5表、前年同月比でみた数値は付1－（2）－6表に掲載している。

●**新規学卒者の就職率・内定率は上昇傾向にあったが、2021年3月卒は低下、2022年3月卒においては一部大学新卒者を除き横ばいか上昇している**

　第1-(2)-25図により、新規学卒者の就職率及び就職内定率の推移を卒業区分別にみてみる。新規学卒者の就職率及び就職内定率は、リーマンショック期にいずれの区分でも低下した後、人手不足や景気拡大等を背景にしておおむね上昇傾向が続いていたが、感染症の影響により、2021年卒の新規学卒者の就職率は低下となった。2022年卒の新規学卒者の就職率は、高校新卒者は横ばい、短大新卒者及び専修学校（専門課程）新卒者では上昇したが、大学新卒者ではやや低下となった。

第1-(2)-25図　高校・大学等の新規学卒者の就職（内定）率の推移

○　新規学卒者の就職率は、リーマンショック期にいずれの区分でも低下した後、2020年卒までは人手不足や景気の拡大等を背景にして上昇傾向が続いていたが、感染拡大の影響により2021年卒の新規学卒者ではいずれも低下となった。
○　2022年卒の新規学卒者の就職率は、高校新卒者は横ばい、短大新卒者及び専修学校（専門課程）新卒者では上昇したが、大学新卒者ではやや低下した。

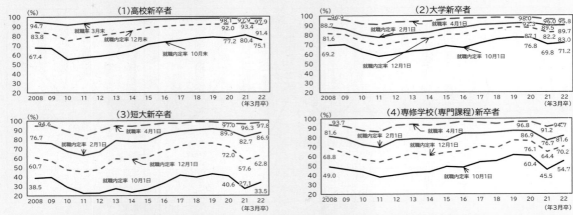

資料出所　文部科学省「高校卒業（予定）者の就職（内定）に関する調査」、厚生労働省・文部科学省「大学等卒業者の就職状況調査」をもとに厚生労働省政策統括官付政策統括室にて作成。
　（注）　1）高校新卒者の21年3月卒については、新型コロナウイルス感染症の影響により、選考開始時期を1か月後ろ倒ししたため、11月末現在と1月末現在の数値となっている。
　　　　　2）短大新卒者の数値は、女子学生のみを抽出したものとなっている。

●**転職者数は2019年まで増加傾向が続いたが、2020年以降は減少傾向となっている**

　これまでにみた労働力需給の動向も踏まえ、労働移動の状況について、転職者（過去1年以内に離職経験のある就業者）の動向をみていく。第1-（2）-26図の（1）により、転職者数の推移をみると、リーマンショック期の2009年～2010年にかけて大幅に落ち込んだのち、労働力の需給の改善が進む中で2011年以降増加を続け、2019年は353万人となった。しかし、感染症の影響で2020年、2021年と減少が続き、290万人まで減少している。

　こうした転職者数の変動の背景をみるため、同図の（2）で前職の離職理由別の転職者数の推移（前年差）をみると、「より良い条件の仕事を探すため」という理由が労働力需給の動向を反映して大きく変動しており、雇用情勢が良好な時期に増加し、厳しい時期に減少している。また、転職者全体の動きは、「より良い条件の仕事を探すため」という理由による転職者の動向に結果的に左右されていることが分かる。他方、「会社倒産・事業所閉鎖のため」「人員整理・勧奨退職のため」「事業不振や先行き不安のため」という理由による転職者は、リーマンショック期の2009年のように、雇用情勢が厳しい時期に増加し、雇用情勢が良好な時期に減少する傾向がある。2020年以降についてみると、感染症の影響により、「人員整理・勧奨退職のため」という理由による転職者が増加した一方、「より良い条件の仕事を探すため」という理由による転職者が大きく減少したこと等により、転職者数は大きく減少している。

第1-（2）-26図	転職者数の推移等

○　転職者数（過去1年以内に離職経験のある就業者）の推移をみると、2011年以降、堅調に増加していたが、2020年の感染症の影響により大幅に減少し、2021年は、2年連続の大幅減となった。
○　前職を離職した理由別に転職者数の前年差をみると、2021年は、2020年に続き「より良い条件の仕事を探すため」に離職した者の数が大幅に減少した。

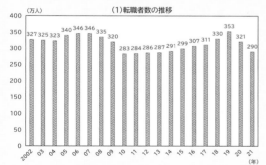
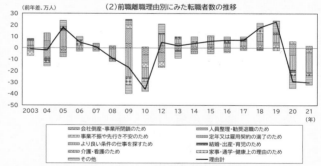

資料出所　総務省統計局「労働力調査（詳細集計）」をもとに厚生労働省政策統括官付政策統括室にて作成
　（注）　1）転職者とは、就業者のうち前職のある者で、過去1年間に離職を経験した者をいう。
　　　　　2）転職者数の推移については、時系列接続用数値による。2011年の数値は東日本大震災の影響により全国集計結果が存在しないため、補完推計値（新基準）を使用している。
　　　　　3）前職離職理由別転職者数の推移については、前職が非農林業雇用者で過去1年間の離職者数。
　　　　　4）前職離職理由別転職者数の推移については、2011年は全国集計結果が存在しないため、2012年については2010年との差である。
　　　　　5）2018年～2021年までの前職離職理由別にみた転職者数の数値は、ベンチマーク人口を2020年国勢調査基準に切り替えたことに伴い、新基準のベンチマーク人口に基づいた数値。

●労働移動者の総数はおおむね全ての産業で減少がみられる

さらに、産業ごとの労働移動の動向についてみていく。

まず、第1-（2）-27図により、どのような産業において労働移動（同一産業内、他産業間いずれも含む。）が活発な傾向にあるかをみてみる。同図の（1）は労働移動の多い主要10産業それぞれにおける労働移動者（過去1年以内に離職経験のある就業者。以下同じ。）の「送出数」と「受入数」について2013年から感染症の影響を受ける前の2019年までの平均の数を示したものである（同一産業内での移動を含む。）。これによると、「卸売業，小売業」「製造業」「医療，福祉」等で労働移動者の総数が多いことが分かる。「送出数」「受入数」の動向をみると、「宿泊業，飲食サービス業」「卸売業，小売業」等では送出数が受入数を上回る（送出超過）一方、「医療，福祉」「サービス業（他に分類されないもの）」「情報通信業」等では受入数が送出数を上回っている（受入超過）。

続いて、同図の（2）により、2019年～2021年にかけての各産業における「送出数」「受入数」の変化をみると、労働移動者数全体の減少に伴い、おおむね全ての産業で「送出数」「受入数」ともに減少している。特に、2013年～2019年の平均の「送出数」「受入数」の水準からみると、「卸売業，小売業」「製造業」「宿泊業，飲食サービス業」では「送出数」「受入数」ともに比較的減少幅が大きく、「医療，福祉」「情報通信業」では比較的減少幅が小さい。

第1-（2）-27図　産業別にみた労働移動の動向①（全体の状況）

○　主な産業別に2013年～2019年の労働移動者の「送出数」と「受入数」をみると、「卸売業，小売業」「製造業」「医療，福祉」などで労働移動者の数が多いことが分かる。また、「宿泊業，飲食サービス業」「卸売業，小売業」などでは「送出数」が「受入数」を上回っており（送出超過）、「医療，福祉」「サービス業（他に分類されないもの）」「情報通信業」などでは「受入数」が「送出数」を上回っていた（受入超過）。

○　2019年～2021年の「送出数」と「受入数」の変化をみると、労働移動者数全体の減少に伴いおおむね全ての産業で労働移動者の数が減少する中で、特に「製造業」「宿泊業，飲食サービス業」では比較的減少幅が大きく、「医療，福祉」「情報通信業」では比較的減少幅が小さい。

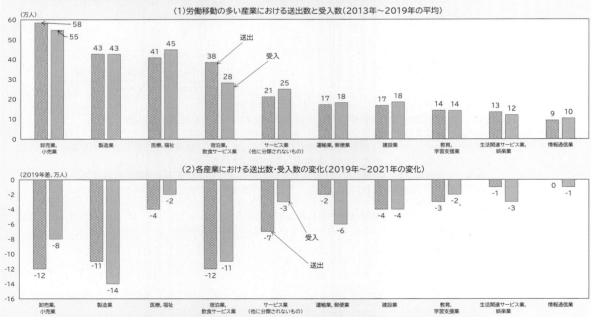

資料出所　総務省統計局「労働力調査（詳細集計）」をもとに厚生労働省政策統括官付政策統括室にて作成
（注）　1）ここで「労働移動者」とは、過去1年以内に離職経験のある就業者数を指す。
　　　　2）「受入側」「送出側」とは、それぞれ過去1年以内に離職経験のある者の現職の産業及び前職の産業を指す。
　　　　3）2018年～2021年の数値は、ベンチマーク人口を2020年国勢調査基準に切り替えたことに伴い、新基準のベンチマーク人口に基づいた数値。

●**産業内、産業間の労働移動はいずれも全体的に減少しているが、一部の産業では産業内の移動が増加する動きもみられる**

次に、第１-（２）-28図により、主な産業における同一産業内、他産業間における労働移動の状況についてみてみる。同図の（１）は、労働移動の多い主な産業における転職者の受入数のうち、2013年～2019年の平均の同一産業からの移動者、他産業からの移動者のそれぞれの割合をみたものである。これによると、「医療，福祉」「製造業」「宿泊業，飲食サービス業」等では比較的同一産業からの移動が多いのに対し、「サービス業（他に分類されないもの）」「生活関連サービス業，娯楽業」「運輸業，郵便業」等では他産業からの移動が比較的多いことが分かる。

続いて、同図の（２）により、2019年～2021年の変化をみると、同一産業からの移動については「情報通信業」を除く産業で減少しており、「製造業」「宿泊業，飲食サービス業」での減少が大きい。他産業からの移動については「生活関連サービス業，娯楽業」を除く産業で減少しており、「製造業」で大きく減少し、「運輸業，郵便業」「卸売業，小売業」「宿泊業，飲食サービス業」等でも減少している。

第１-（２）-28図　産業別にみた労働移動の動向②（同一産業・他産業からの移動の状況）

○　主な産業別に、転職入職者の「同一産業からの移動」と「他産業からの移動」の割合をみると、「医療，福祉」「製造業」「宿泊業，飲食サービス業」等は比較的同一産業からの移動が多いのに対し、「サービス業（他に分類されないもの）」「生活関連サービス業，娯楽業」「運輸業，郵便業」等は比較的他産業からの移動が多い。

○　2019年～2021年の変化をみると、労働移動者全体の減少に伴い「情報通信業」を除く多くの産業で転職入職者が減少した。

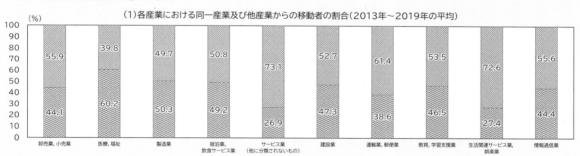

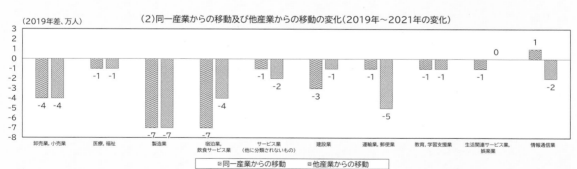

資料出所　総務省統計局「労働力調査（詳細集計）」をもとに厚生労働省政策統括官付政策統括室にて作成
（注）　2018年～2021年までの数値は、ベンチマーク人口を2020年国勢調査基準に切り替えたことに伴い、新基準のベンチマーク人口に基づいた数値。

●産業間の労働移動は減少傾向にあるものの、一部の産業間では労働移動者が増加している動きもみられる

さらに、第1-（2）-29図により、産業間の労働移動の状況をみてみる。同図の（1）は、産業間で労働移動をした者について、現職の産業別に前職の産業（どの産業から移動してきたか）を2013年～2019年の平均でみたものである。これをみると、「製造業」や「卸売業，小売業」では他の産業からの移動を比較的多く受け入れていることが分かる。また、「卸売業，小売業」と「宿泊業，飲食サービス業」との間、「製造業」と「卸売業，小売業」との間で相互の移動が多いほか、「サービス業（他に分類されないもの）」から「製造業」や「卸売業，小売業」への移動も比較的多い。

同図の（2）により2019年～2021年にかけての変化をみると、労働移動者全体の減少に伴い、多くの産業間で労働移動者が減少する中、「建設業」「情報通信業」「医療，福祉」では比較的産業間移動の減少は小さかった。また、「医療，福祉」から「教育，学習支援業」、「建設業」から「医療，福祉」など、労働移動者が増加する動きもみられる。

第1-（2）-29図　産業別にみた労働移動の動向③（産業間の移動の状況）

○　2013年～2019年にかけての産業間の移動の状況をみると、「製造業」「卸売業，小売業」等では他産業からの移動を多く受け入れている。また、「卸売業，小売業」と「宿泊業，飲食サービス業」との間、「製造業」と「卸売業，小売業」との間等では、相互の移動が多い。
○　2019年～2021年の変化をみると、労働移動者数全体の減少に伴い、多くの産業間で労働移動者が減少する中、「建設業」「情報通信業」「医療，福祉」では比較的産業間での移動の減少は小さく、一部の産業間では労働移動者の増加の動きもみられる。

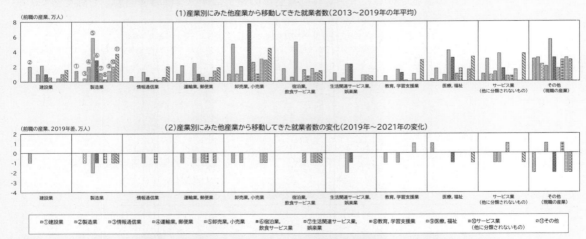

資料出所　総務省統計局「労働力調査（詳細集計）」をもとに厚生労働省政策統括官付政策統括室にて作成
（注）　1）「その他」は「建設業」「製造業」「情報通信」「運輸業，郵便業」「卸売業，小売業」「宿泊業，飲食サービス業」「生活関連サービス業，娯楽業」「教育，学習支援業」「医療，福祉」「サービス業（他に分類されないもの）」以外の合計。
　　　　2）同一産業の労働移動は除いたもの。
　　　　3）2018年～2021年の数値は、ベンチマーク人口を2020年国勢調査基準に切り替えたことに伴い、新基準のベンチマーク人口に基づいた数値。

第4節　失業等の動向

●完全失業率は感染拡大前の水準には戻っていない

　最後に、失業や非労働力人口の動向についてみていく。

　第1-(2)-30図は、完全失業率の推移を男女別・年齢階級別にみたものであるが、2018年までは男女ともにおおむね低下傾向にあった。特に、「15〜24歳」の年齢階級で完全失業率が大きく低下していたが、2020年の感染症の影響により、男女ともに幅広い年齢層で完全失業率の上昇がみられた。

　2021年は、感染症の影響が依然として残る中で、完全失業率は男女計と女性では横ばい、男性はやや上昇し、年平均では男女計で2.8%、男性は3.1%、女性は2.5%であった。年齢階級別にみると、男性は34歳以下の若年層や「55〜59歳」「65〜69歳」の比較的年齢の高い年齢階級で、女性は55歳以上の年齢層で完全失業率が上昇している。

第1-(2)-30図　男女別・年齢階級別にみた完全失業率の推移

○　完全失業率の推移を男女別・年齢階級別にみると、2018年までは男女ともにおおむね低下傾向にあったが、2020年には幅広い年齢層で完全失業率の上昇傾向がみられた。
○　2021年は、完全失業率は男女計と女性では横ばい、男性はやや上昇した。年齢別にみると、男性は34歳以下の若年層や「55〜59歳」「65〜69歳」の比較的年齢の高い年齢階級で、女性は55歳以上の年齢層で完全失業率が上昇している。

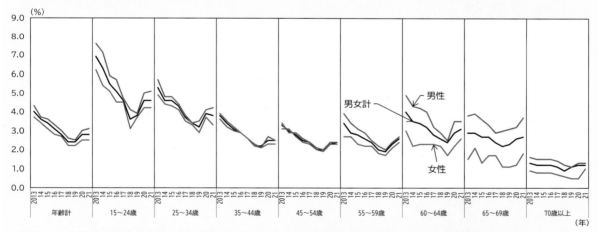

資料出所　総務省統計局「労働力調査（基本集計）」をもとに厚生労働省政策統括官付政策統括官室にて作成

●**非自発的理由による完全失業者数の水準は依然として高い**

　続いて、第1−(2)−31図により、年齢階級別・求職理由別の完全失業者数の推移をみると、2013年〜2019年にかけて、全ての求職理由においておおむね減少傾向で推移した。特に、非自発的な理由や新たに求職活動を始めた完全失業者は65歳未満の年齢層、自発的な理由は45歳未満の年齢層で、それぞれ減少傾向で推移していた。2020年の感染症の拡大による景気減退の影響を受け、幅広い年齢層で、特に、非自発的な理由や、新たに求職活動を始めた完全失業者数が増加した。

　2021年は、感染症の影響が依然として残る中で、45歳未満の年齢層では新たに求職活動を始めた完全失業者が、45歳以上の年齢層では非自発的な理由による完全失業者数がそれぞれ増加している。

　また、非自発的な理由による完全失業者の内訳の推移をみると、2013年〜2019年にかけて、「勤め先や事業の都合」「定年又は雇用契約の満了」のいずれの理由も減少傾向にあったが、2020年の感染症の影響によりいずれの理由も増加しており、特に、「勤め先や事業の都合」による完全失業者が大幅に増加した。

　2021年には、「定年又は雇用契約の満了」、「勤め先や事業の都合」による完全失業者はともにおおむね2020年と同程度の水準であった。

第1−(2)−31図　年齢階級別・求職理由別にみた完全失業者数の推移

○　完全失業者数の推移を求職理由別にみると、2019年までは、全ての求職理由においておおむね減少傾向で推移していたが、2020年には、幅広い年齢層で「非自発的」「新たに求職」を理由とした完全失業者が増加した。2021年は、45歳未満の年齢層では「新たに求職」を理由とする完全失業者が増加し、45歳以上の年齢層では「非自発的」理由による完全失業者が増加した。

○　非自発的な理由による完全失業者の内訳の推移をみると、2013年〜2019年にかけて、「勤め先や事業の都合」「定年又は雇用契約の満了」のいずれの理由も減少傾向にあったが、2020年の感染症の影響によりいずれの理由も増加しており、特に「勤め先や事業の都合」による完全失業者が大幅に増加し、2021年も、2020年と同程度の水準であった。

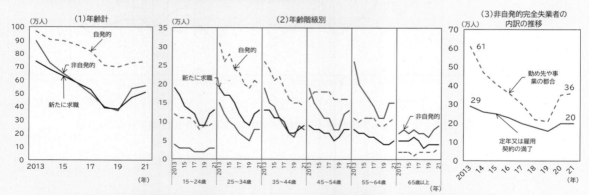

資料出所　総務省統計局「労働力調査（基本集計）」をもとに厚生労働省政策統括官付政策統括官室にて作成

●感染症の影響が長引く中、長期失業者が増加している

　最後に、第1-（2）-32図により、失業期間別の完全失業者数の推移をみると、「失業期間1年以上」の完全失業者（以下「長期失業者」という。）の数、「失業期間1年未満」の完全失業者（以下「1年未満失業者」という。）の数はともに2019年まで幅広い年齢層で減少傾向が続いていた。2020年の感染症の拡大による景気減退の影響から完全失業者数が増加し、1年未満失業者の数が全ての年齢階級で増加した。

　2021年は、完全失業率は2％台後半を横ばいで推移する中、1年未満失業者の数は幅広い年齢層で減少傾向にあるものの、感染症の影響が長引く中で、失業期間の長期化の傾向がみられ、長期失業者数は「65歳以上」を除く全ての年齢階級で増加している。その結果、年齢計では、1年未満失業者の数が前年差9万人減の125万人であったのに対し、長期失業者の数は同14万人増の67万人となった。

第1-（2）-32図　年齢階級別・失業期間別にみた完全失業者数の推移

○　失業期間別に完全失業者数の推移をみると、2020年には、失業期間「1年未満」の完全失業者が増加した。2021年は、失業期間「1年未満」の完全失業者は幅広い年齢層で減少傾向にあるものの、感染症の影響が長期化する中で、「65歳以上」を除く全ての年齢階級で失業期間「1年以上」の長期失業者が増加した。

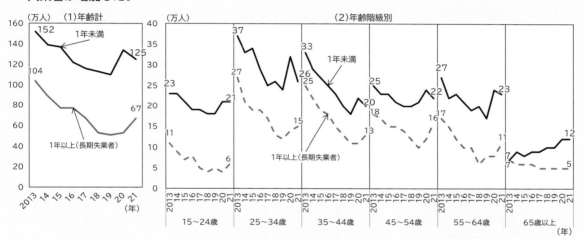

資料出所　総務省統計局「労働力調査（詳細集計）」をもとに厚生労働省政策統括官付政策統括官室にて作成
　（注）　2018年～2021年までの数値は、ベンチマーク人口を2020年国勢調査基準に切り替えたことに伴い、新基準のベンチマーク人口に基づいた数値。

●長引く感染症の影響により完全失業者の水準は高止まりしているほか、非労働力人口の水準
　は感染拡大前の水準に戻った一方で、「65歳以上」で増加がみられた

　2020年の感染症の拡大以降の状況を更に詳細に確認する。ここでは、完全失業者数とともに、感染拡大初期に特徴的であった非労働力人口の動向についても併せてみていく。第1-(2)-33図により、男女別・年齢階級別の完全失業者数の動向を2019年同月差でみると、2020年4月以降、感染症の影響による景気減退から、男女ともに完全失業者が増加しており、女性よりも男性の方が増加幅は大きい。2021年は、年平均では男女ともに2020年と同程度の水準となっており、大幅な減少はみられていないが、男性では「25～34歳」「35～44歳」を中心に、女性では「25～34歳」を中心に、2019年同月からの増加幅が縮小している。

　第1-(2)-34図により、男女別・年齢階級別の非労働力人口の動向を2019年同月差でみると、最初の緊急事態宣言が発出された2020年4月以降、全国的に様々な分野で経済社会活動が抑制された影響により、女性を中心に非労働力人口が増加したが、年後半には減少傾向がみられた。2021年は、男女ともに45歳未満の年齢層を中心に減少となったことから、年平均で男性は2020年と同程度の水準、女性は2020年を下回る水準となった。一方、男女ともに「65歳以上」の年齢階級で非労働力人口の増加がみられるなど、感染リスクを避けるために就労を控える動きもあると考えられる[6]。

　感染拡大後の完全失業者数と非労働力人口の推移を併せてみると、最初の緊急事態宣言が発出された2020年4月からの感染拡大初期において、完全失業者数、非労働力人口はともに増加したものの、2020年後半～2021年にかけて非労働力人口は元の水準に戻り、女性については感染拡大前の2019年と比較しても少ない水準で推移している。一方で、感染症の影響が長引くにつれ、完全失業者数は、感染拡大前の水準と比較して依然として高い水準で推移しているほか、「65歳以上」の年齢階級で非労働力人口が増加しているといった状況も表れており、引き続き注視が必要である。

6　一方、感染拡大後の日本とアメリカの非労働力人口の水準について、2020年第Ⅰ四半期を基準に比較すると、感染拡大後の我が国の非労働力人口の増加は、アメリカよりも低い水準で抑えられていることが分かる。(付1-(2)-7図)

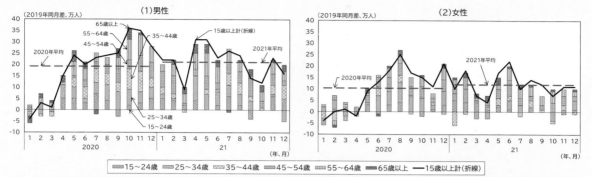

第1-(2)-33図　男女別・年齢階級別にみた完全失業者数の動向

○　完全失業者数の動向を男女別にみると、2020年4月以降、男女ともに完全失業者数が増加しており、男性の方が増加幅は大きい。
○　2021年は、年平均では男女ともに2020年と同程度の水準となっており、大幅な減少はみられていないが、男性は「25～34歳」「35～44歳」を中心に、女性は「25～34歳」を中心に2019年同月からの増加幅が縮小している。

資料出所　総務省統計局「労働力調査（基本集計）」をもとに厚生労働省政策統括官付政策統括官室にて作成
（注）　数値は原数値。

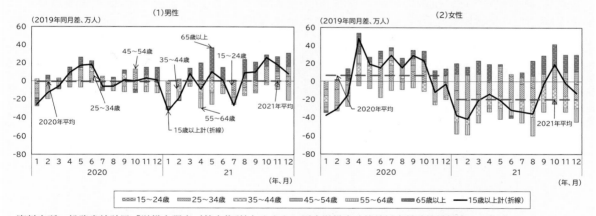

第1-(2)-34図　男女別・年齢階級別にみた非労働力人口の動向

○　非労働力人口の動向を男女別にみると、2020年4月以降、女性を中心に非労働力人口が増加したが、その後、年後半には減少傾向がみられた。
○　2021年は、男女ともに45歳未満の年齢層を中心に減少となったことから、年平均で男性は2020年と同程度の水準、女性は下回る水準となった。一方、男女ともに「65歳以上」の非労働力人口の増加がみられた。

資料出所　総務省統計局「労働力調査（基本集計）」をもとに厚生労働省政策統括官付政策統括官室にて作成

コラム1-2　労働市場における「ミスマッチ」の状況について

　第2章でみてきたように、2021年の雇用情勢は、年後半にかけて行動制限等が解除され経済社会活動が活発化していく中、求人数や雇用者数等の指標が改善し、雇用情勢の底堅さがみられた。一方、完全失業率はおおむね横ばいで推移し、第4節でみた長期失業者の増加といった課題も顕在化した。

　企業の労働力需要が高まっている局面においては、失業に関する課題も解消方向に向かうが、実際の労働市場においては、求人と求職者の間でのマッチングが円滑に行われず、両者のニーズが一致しないミスマッチが生じ得る。このような雇用のミスマッチは、求人と求職者の間の職業能力や労働条件の不一致や、これらの情報の非対称性などによるものであり、失業期間の長期化とも重要な関係があると考えられることから、労働市場政策を検討する上でも、近年の労働経済学研究でも重要な領域である。

　本コラムでは、労働市場のミスマッチ研究を紹介するとともに、感染拡大前後の我が国の労働市場におけるミスマッチの状況をみていく。

（1）労働経済学における「ミスマッチ」の概念の整理

　労働経済学において、「ミスマッチ」という概念は多義的に用いられており、様々な文脈で用いられる「ミスマッチ」の概念を整理した川田・佐々木（2012）によると、「ミスマッチ」が用いられる文脈は大きく2つに分けられ、それぞれの文脈で表す意味が異なる。

　一つ目の意味のミスマッチは、労働市場全体からみたとき、産業や職業ごと、または地域間で分割されている複数の労働市場間[7]で労働者が適切に分配されていないことを表す。すなわち、ある労働市場では労働力供給が過剰で失業が発生しているにもかかわらず、別の労働市場では労働力が不足している状態が、労働市場全体からみたときにミスマッチの生じている状態と呼ばれる。こうしたミスマッチが生じている場合、職業紹介を通じた労働力需給の調整や、職業訓練等を通じたスキルの付与等により、労働市場間で労働力の再分配を行うことが、労働市場政策として支持される。

7　ここでは、企業の属性（業務上必要とされる技能、所在地等）や労働者の属性（取得資格、居住地等）が観察可能であり、双方の属性の間には相性があることを前提としている。このとき、ある企業の求人に応募するのはその企業と相性の良い属性の労働者のみであるため、労働市場は属性ごとに分割され、複数の労働市場（例えば、看護師の労働市場、事務職の労働市場など）の存在が想定されることとなる。

　二つ目の意味のミスマッチは、個別の企業と労働者の属性間に相性の不一致が生じている状態である[8]。企業と労働者が雇用契約を結ぶ際、企業が労働者のスキル、能力、選好などを完全に把握することや、労働者が企業や職務内容との相性、職場の雰囲気などを入職前に完全に把握することは困難であり、こうした情報の非対称性から生じる齟齬（そご）により企業の生産性や労働者の能力発揮などに悪影響が及ぼされている状態がミスマッチと呼ばれる。こうしたミスマッチを解消するためには、転職などの際の情報の非対称性の緩和（企業情報の開示など）を通じて、外部労働市場を活用しやすくすることで、より自らに合う企業で労働者が能力発揮できるよう支援すること等が労働市場政策として支持されることとなる。

　上記でみてきたように、労働経済学における「ミスマッチ」の概念は、用いられる文脈によって異なり、どのような意味を持って用いられているかにより支持される労働市場政策も異なる。労働市場における「ミスマッチ」を考える上で、このような文脈による概念の違いを丁寧に理解することは重要である[9]。

（2）感染症の影響下における我が国の労働市場の「ミスマッチ」の状況

　我が国の労働市場について、ＵＶ分析等から感染症の影響下のミスマッチの状況を分析していくとともに、近年のミスマッチ測定において主流となっているSahin et al（2014）によって開発された手法を土台として推計したミスマッチ指標をみていく[10]。

①ＵＶ分析

　まず、ＵＶ曲線の状況をみていく。ＵＶ曲線（またはベバレッジ曲線とも呼ぶ。）とは、労働力供給を失業率（U）[11]、労働力需要を充足率（V）で表したときに、その組み合わせによって描かれる曲線を指す。一般的に、欠員率が上昇（低下）すると、失業率は低下（上昇）しやすいことから、縦軸に失業率（U）、横軸に欠員率（V）をとると、失業率（U）と欠員率（V）の関係はおおむね右下がりの曲線として描かれる。このとき、失業率は需要不足失業率と構造的・摩擦的失業率[12]に分解できるため、ＵＶ曲線の動きを分析すること

8　ここでは企業や労働者の属性が外部から観察することが困難であり、就職面接や就業経験等を通じてしか互いの属性を観察できない場合を前提としているため、企業や労働者の属性による労働市場の分割は起こりえず、単一の労働市場が想定されることとなる。

9　川田・佐々木（2012）は、本コラムで紹介したミスマッチの概念の基本的な整理に加え、これまでの労働市場のミスマッチ分析について、代表的な研究を紹介しながら、それぞれの研究の背景にある前提条件や政策的な帰結を丁寧に整理しているため、より詳細なミスマッチに関する議論については、同論文を参照されたい。

10　一般的に、ＵＶ分析やミスマッチ指標等により観察可能なミスマッチの状況は、（1）でみてきた一つ目の意味に近いものである。なお、その際に何をミスマッチと定義しているかは、分析手法や文脈によって異なる点に留意する必要がある。

11　ＵＶ分析における失業率は、自営業者や家族従業者の変化の影響を除くため、雇用失業率とするのが一般的であり、本コラムにおいても雇用失業率を用いている。

12　「平成14年版労働経済の分析」では、それぞれ以下のように説明している。なお、構造的失業と摩擦的失業は、両者を明確に区分することは困難であり、本コラムにおいてはまとめて「構造的・摩擦的失業」としている。
　①需要不足失業：景気後退期に需要が減少することによって生じる失業
　②構造的失業：労働市場における需要と供給のバランスはとれているにもかかわらず、企業が求める人材と求職者の持っている特性（職業能力や年齢など）との違い（質の違い）があるため生じる失業
　③摩擦的失業：転職や新たに就職する際に企業と労働者の持つ情報が不完全であることや労働者が地域間を移動する際に時間がかかることなどにより生じる失業

（以下「ＵＶ分析」という。）により、労働力需給の動きや構造的なミスマッチの状況を分析することができる。

　ＵＶ分析においては、失業率（Ｕ）と欠員率（Ｖ）の組み合わせが、右下にシフト（失業率が低下、欠員率が上昇）するとき人手不足の拡大を、左上にシフト（失業率が上昇、欠員率が低下）するとき需要不足失業の増大を示している。また、ＵＶ曲線と45度線の交点は労働力需要（欠員）と労働力供給（失業）が一致した状態であるので、45度線上の失業率は需要不足のない状況での失業率、すなわち構造的・摩擦的失業率となる。そのため、失業率（Ｕ）と欠員率（Ｖ）の組み合わせが、右上にシフト（失業率・欠員率ともに上昇）するとき、構造的・摩擦的失業率の上昇を、左下にシフト（失業率・欠員率ともに低下）するとき、構造的・摩擦的失業率の低下を示している。

　コラム１−２−①図により、2007年以降の我が国のＵＶ曲線の動向をみると、リーマンショック後の2008年以降、ＵＶ曲線の左上へのシフト（需要不足失業率の上昇）がみられた後、2010年〜2019年は、ＵＶ曲線の右下へのシフト（労働力不足の拡大）が続いた。2020年には感染症の拡大による景気減退の影響から、１月以降ＵＶ曲線の左上へのシフト（需要不足失業率の上昇）がみられた。その後、2020年後半にはやや右上へのシフト（構造的・摩擦的失業率の上昇）がみられたが、2021年には右下へのシフト（労働力不足の拡大）となった。行動制限が解除され、経済社会活動が徐々に活発化するにつれて、感染拡大前から続く人手不足の状況に戻りつつあることが分かる。また、感染症の感染拡大以降のＵＶ曲線は45度線付近で推移しており、感染症の影響下における雇用失業率はおおむね構造的・摩擦的失業率と一致していることが分かる。この水準を、ＵＶ曲線と45度線が交わっていた2015年頃と比較すると、感染症の影響下における構造的・摩擦的失業率の水準は低いことが分かる。

　ＵＶ分析においては、失業率を労働力供給の指標としており、失業率が低く、雇用者数が減少していなければ、構造的・摩擦的失業率の水準は低くなる。感染症の影響下における雇用調整助成金等の政策効果により失業率が一定程度抑えられており、企業の採用や労働者の求職活動の抑制といった、感染症の影響下の労働市場特有の事情も失業率に影響している可能性があることに留意が必要である。

　したがって、構造的・摩擦的失業率の水準については、一見すると感染拡大前後で低下したようにみえるが、これをもって雇用ミスマッチが縮小したといえるかは他の分析でも確認する必要がある。

【コラム1−2−①図 雇用失業率と欠員率の推移（UV分析）】

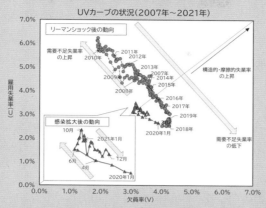

資料出所 総務省統計局「労働力調査（基本集計）」、厚生労働省「職業安定業務統計」をもとに厚生労働省政策統括官付政策統括室にて作成
(注) 1) 雇用失業率は「完全失業者数/(雇用者数＋完全失業者数)」、欠員率は「(有効求人数−就職件数)/(雇用者数＋有効求人数−就職件数)」により計算。
2) 需要不足失業とは、不況に伴う労働力需要の減少により生じる失業を指す。
3) 構造的・摩擦的失業とは、求人と求職のミスマッチによる失業と、求人と求職が結びつくまでに一定の期間を要すること等に伴い生じる失業をあわせた概念を指す。

②就職率・充足率による分析

　ここでは、失業者以外の人も含め、より多面的に労働市場におけるミスマッチの状況を分析するため、公共職業安定所の職業紹介における求職者の就職率と求人の充足率の関係からミスマッチの様子をみていく[13]。就職率は新規求職申込件数に占める就職件数の割合、充足率は新規求人数に占める就職件数の割合である。縦軸に就職率、横軸に充足率をとったとき、原点と各点を結ぶ直線の傾きは新規求人倍率を表している。そのため、就職率と充足率が等しい45度線上は新規求人倍率が1倍となり、45度線から下方へのシフトは労働力需要（求人数）の不足、上方へのシフトは労働力供給（求職者数）の不足を示すこととなる。また、原点を通る同一直線上の各点は、労働力需給のバランスが同一である状態（新規求人倍率が同じである状態）を示している。労働市場で適切な労働力の分配が行われているのであれば、就職率と充足率が高くなり、その逆であれば低くなるので、原点を通る同一直線上での左下方へのシフトはミスマッチの拡大を、右上方へのシフトはミスマッチの縮小を示している。

　コラム1−2−②図により、2008年以降の就職率と充足率の関係をみると、リーマンショック後の2008年以降、2010年までは右下方へのシフト（労働力需要の不足）となったが、2010年〜2019年は左上方へのシフト（労働力供給の不足）がみられた。2020年以降の感染症の影響下においては、感染拡大初期に就職率が一時的に大幅に低下したものの、労働市場全体としては、依然として労働力供給が不足傾向にあることが分かる。

　ミスマッチの動向をみるため、原点を通る同一直線上におおむね位置する2017年頃と、2020年1−3月平均、2021年10−12月平均を比較すると、2017年頃と比較して、感染症の影響下の2020年1−3月平均、2021年10−12月平均は新規求人倍率がおおむね同水準であり、労働力需給のバランスは同じであるにもかかわらず、就職率が低くなっており、ミスマッチの拡大傾向がみられた。

---

13 就職率と充足率の関係については、「平成14年版労働経済の分析」で詳述している。

　このように、求職者と求人の動向からミスマッチの状況を分析すると、感染拡大前後において ミスマッチの拡大傾向がみられ、①でみたＵＶ分析とは異なる結果となった。感染症の影響下といった労働市場に特殊事情がある局面におけるミスマッチ分析においては、分析手法の違いによって評価が異なることもあり、その特殊事情を考慮に入れつつ、多面的に分析することが必要となる。

【コラム１－２－②図　就職率と充足率の推移】

資料出所　厚生労働省「職業安定業務統計」をもとに厚生労働省政策統括官付政策統括室にて作成
　（注）　１）　就職率は「就職件数／新規求職申込件数」、充足率は「就職件数／新規求人数」により計算。
　　　　　２）　数値はいずれも四半期ごとの３か月平均値。

③ミスマッチ指標と職種別労働力需給の動向

　最後に、近年の労働市場のミスマッチ研究において、ミスマッチ測定の手法として注目を集めているSahin et al（2014）により開発された手法を用いて、ミスマッチ指標及び職種別の労働力需給の動向を分析する。

　労働市場におけるミスマッチの測定に関しては以前から数多くの研究がなされており、これまでに様々な手法が開発されてきた。代表的な手法として広く用いられてきたのが、Jackman and Roper（1987）の手法であり、労働市場間の求人と求職の分布の違いをみるものである。しかし、この手法の問題点としては、労働市場ごとのマッチングのしやすさ（以下「マッチング効率性」という。）は同質であるという仮定を置いていることであり、現実には職種や地域など、労働市場ごとにマッチング効率性は異なると考えられる。

　Sahin et al（2014）により開発された手法の特徴は、各労働市場の異質性を前提とし、マッチング効率性の違いをコントロールしている点である。ミスマッチ指標の算出にあたっては、経済全体の雇用のマッチ数を最大化するため、労働市場における最適な求人と求職の配分（以下「最適マッチ数」という。）を、マッチング関数の最適化問題から算出する。最適マッチ数とは、求職者の市場間における再配分によりこれ以上新規求職者が増えない状態を表し、Sahin et al（2014）の手法におけるミスマッチ指標は、最適マッチ数と比べて、実際の労働市場における求職者の配分はどれだけのマッチが失われているかを示す。

　コラム１−２−③図は、Sahin et al（2014）の手法を土台に、川田（2019）、川田（2020）及びそれらを応用した川上（2021）の手法を用いて、厚生労働省「職業安定業務統計」を用いて推計したミスマッチ指標及び職種別の求人・求職の超過数を示したものである[14]。まず、同図の（１）により、職業中分類、職業大分類それぞれの区分で推計したミスマッチ指標から労働市場におけるミスマッチの動向をみると、2020年以降の感染症の影響下において、職業中分類、職業大分類いずれでみてもミスマッチ指標の上昇がみられ、2021年には、年初に大幅な上昇がみられ、その後はいったん低下したが、依然として感染拡大前の2019年の水準より上回って推移している。さらに、同図の（２）により職種別に最適マッチ数からみた求職者数の過不足の状況をみると、「一般事務員」「その他の運搬等の職業」では感染拡大前から求職者が大きく超過状況にあり、感染症の影響下においてやや弱まっているものの、依然として超過状況が続いている。そのほか、「接客・給仕の職業」「商品販売の職業」等で感染症の影響下において求職者の超過傾向が強くなっている一方、「介護サービスの職業」「社会福祉の専門的職業」等では求職者が過小となっている。

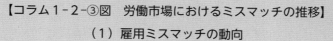

【コラム１−２−③図　労働市場におけるミスマッチの推移】

（１）雇用ミスマッチの動向

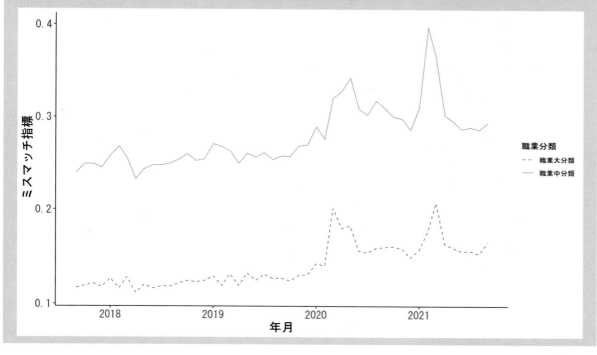

14　詳細な算出方法は付注１を参照。データの観察期間は、2017年９月〜2021年９月である。

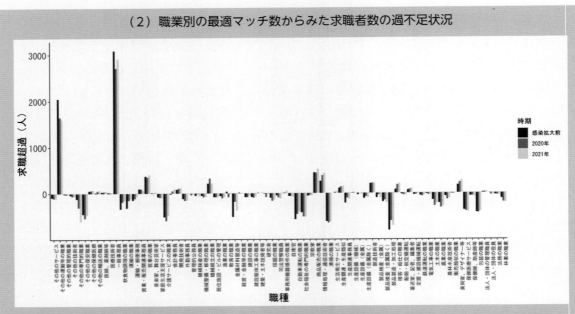

（２）職業別の最適マッチ数からみた求職者数の過不足状況

資料出所　厚生労働省「職業安定業務統計」の個票を厚生労働省政策統括官付政策統括室にて独自集計
　（注）　1）（1）は、都道府県、職種（大分類、中分類）、雇用形態の組み合わせによる労働市場におけるミスマッチ
　　　　　　を全ての市場で合計したもの。
　　　　　2）（2）は、（1）と同様の推計方法から、各職業ごとの最適な求職者数を推計し、実際の求職者数と最適な
　　　　　　求職者数の差をとったもの。
　　　　　3）詳細な算出方法については、付注1を参照。

　本コラムでは、多面的に我が国の労働市場におけるミスマッチの動向を分析してきた。
これまでもみてきたように、ミスマッチの程度は、活用する指標や分析手法によって様々
な評価がありえるため、慎重な検討が必要であるが、いくつかの分析からは、労働市場全
体や特定の職種でミスマッチが拡大している可能性もみられ、今後の動向にも注視してい
く必要がある。
　なお、職種別の労働力需給の動向からは、感染症の感染拡大以前から、事務職では求職
者超過、介護・福祉職では求人超過が続いているなど、構造的な労働力需給のミスマッチ
が起きている兆候がみられる。本白書の第Ⅱ部では、こうした分野別の労働力需給の展望
も踏まえ、労働者の主体的なキャリア形成の支援を通じてミスマッチを解消するための課
題について分析を行っている。

第3章　労働時間・賃金等の動向

　2020年の雇用者の労働時間・賃金の動向は、世界的な感染拡大による経済社会活動の停滞や緊急事態宣言下における行動制限などの影響を受けた。労働時間は減少し、賃金も所定外給与や特別給与を中心に減少した。2021年には、感染拡大を踏まえた働き方や事業活動が広がる中で労働時間や賃金も持ち直しつつあるが、感染状況により断続的に続いた経済社会活動の抑制措置の対象となった産業では、依然として厳しい状況がみられた。また、長時間労働の是正や、いわゆる「同一労働同一賃金」の取組によるパートタイム労働者の待遇改善など、「働き方改革」の取組による成果もみえてきている。

　本章では、こうした2020年から続く感染症の影響や近年の「働き方改革」の取組状況を含め、2021年の労働時間・賃金等について概観する。

第1節　労働時間・有給休暇の動向

●月間総実労働時間は、「働き方改革」の取組の進展等を背景に、長期的には減少傾向にあるが、感染症の影響による2020年の大幅減からの持ち直しの動きがみられた

　まず、近年の我が国の労働時間の動向について概観していく。

　第1-（3）-1図は、2013年以降の従業員5人以上規模の事業所における労働者1人当たりの月間総実労働時間（以下「月間総実労働時間」という。）の推移をみたものである。2013年以降、月間総実労働時間は一貫して減少傾向で推移しており[1]、「働き方改革」の取組の進展等を背景に、近年は減少幅が大きくなっている。2020年は、緊急事態宣言の発出等による行動制限や世界的な感染拡大による景気減退の影響から経済社会活動が停滞し、月間総実労働時間も大幅な減少となった。2021年は、依然として感染症の影響が残る中、飲食店への営業時間短縮要請や外出自粛要請等の経済社会活動の抑制が長期間にわたり断続的に行われたものの、特定の産業分野に集中的に行われたこと等から、その影響は2020年と比較すると限定的となり、月間総実労働時間は2012年以来の増加となった。

　労働時間は、あらかじめ定められた労働時間である「所定内労働時間」と、それを超える労働時間を指す「所定外労働時間」に分けることができ、それぞれの動きをみていく。「所定内労働時間」とは、労働基準法（昭和22年法律第49号）により、原則週40時間以内、かつ、1日8時間以内とされている就業規則等により定められている労働時間を指す。一般的に、「所定内労働時間」は、企業の経済活動の状況による変動は小さい一方で、「所定外労働時間」は、企業の経済活動の状況を反映して変動する傾向がある。「所定外労働時間」は、働き方改革を推進するための関係法律の整備に関する法律（平成30年法第71号。以下「働き方改革関

1　第1節の「毎月勤労統計調査」の労働時間の図表の数値は、指数（総実労働時間指数、所定内労働時間指数、所定外労働時間指数）にそれぞれの基準数値（2020年）を乗じ、100で除し、時系列比較が可能となるように修正した実数値であり、公表値とは異なる。

65

連法」という。）により、上限規制が設けられた[2]。

　2013年以降の所定内労働時間及び所定外労働時間の推移をみると、所定内労働時間は2018年以降、やや大きな減少幅となっている。これには、一般労働者の所定内労働時間の減少が大きく寄与するとともに、この間のパートタイム労働者比率の上昇やパートタイム労働者の所定内労働時間の減少が関係している。所定外労働時間は2013年〜2017年はおおむね横ばいで推移していたが、この間の「働き方改革」の取組の進展等から、2018年以降減少傾向がみられる。2020年には、感染症の影響による経済社会活動の停滞により所定内労働時間、所定外労働時間はいずれも大幅な減少となった[3]。2021年もこの影響は続いたが、2020年と比較するとその影響は限定的となり、所定内労働時間、所定外労働時間はいずれも増加した。しかし、感染拡大前の2019年以前と比較すると、所定内労働時間、所定外労働時間いずれも下回る水準となっており、依然として感染症による影響がうかがわれる。

| 第1-（3）-1図 | 月間総実労働時間の内訳の推移 |

○　月間総実労働時間は、2021年の推移をみると、2020年からの持ち直しにより0.9時間増となったものの、長期的には、所定内労働時間の減少を中心に、減少傾向で推移している。

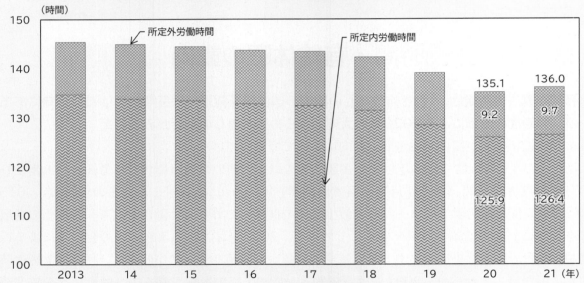

資料出所　厚生労働省「毎月勤労統計調査」をもとに厚生労働省政策統括官付政策統括室にて作成
（注）　1）調査産業計、就業形態計、事業所規模5人以上の値を示している。また、2013年以降において東京都の「500人以上規模の事業所」についても再集計した値を示している。
　　　　2）指数（総実労働時間指数、所定内労働時間指数、所定外労働時間指数）にそれぞれの基準数値（2020年）を乗じ、100で除し、時系列接続が可能となるように修正した実数値である。

2　時間外労働については、大企業は2019年4月から、中小企業は2020年4月から、基本的に、月45時間、年360時間を原則とし、臨時的な特別な事情がある場合でも年720時間、単月100時間未満（休日労働含む）、複数月平均80時間（休日労働含む）を限度に設定されている。
3　労働時間の増減率の値は、修正した実数値から算出した値ではなく、「毎月勤労統計調査」の公表値に基づいて記載している。

　次に、第1-(3)-2図により、月間総実労働時間の増減の要因の推移をみていく。同図の（1）は2013年以降の月間総実労働時間の前年差を要因別に分解したものである。2013年～2019年の動きをみると、一般労働者の労働時間による要因は、動きに幅がみられるが、2018年以降やや大きくマイナスに、パートタイム労働者の労働時間及びその構成比による要因は一貫してマイナスに寄与している。同図の（2）では、2013年～2019年の間、パートタイム労働者比率は一貫して上昇しており、相対的に労働時間が短いパートタイム労働者比率の上昇は、「パートタイム労働者の構成比による要因」としてマイナスに寄与している。これは、前章でもみてきたように、この間、女性や高年齢者を中心として労働参加が進展し、高年齢層はパートタイム労働者として労働参加が進んだことにより、パートタイム労働者比率が高まったためである。2020年には、感染症による影響から、一般労働者、パートタイム労働者の労働時間はともに大幅にマイナスに寄与したが、パートタイム労働者比率は低下したことから、「パートタイム労働者の構成比による要因」はプラスに寄与した。

　2021年は、一般労働者の労働時間は所定内労働時間、所定外労働時間はいずれもプラスに転じたが、パートタイム労働者の労働時間は感染症の影響による経済社会活動の抑制が続いたこと等から、引き続き、マイナスに寄与した。また、パートタイム労働者比率は上昇に転じたことから、「パートタイム労働者の構成比による要因」はマイナスに転じた。

第1-(3)-2図　月間総実労働時間の増減要因

○　月間総実労働時間の前年差でみたときの増減を要因分解すると、2021年は、一般労働者の所定内労働時間、所定外労働時間がいずれも増加したため、プラスに寄与した。また、パートタイム労働者比率は2020年から小幅に上昇し、マイナスの寄与となった。

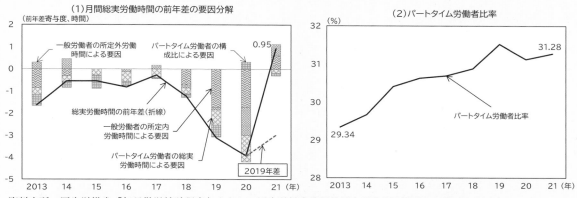

資料出所　厚生労働省「毎月勤労統計調査」をもとに厚生労働省政策統括官付政策統括室にて作成
（注）　1）調査産業計、事業所規模5人以上の値を示している。また、2013年以降において東京都の「500人以上規模の事業所」についても再集計した値を示している。
　　　　2）指数（総実労働時間指数、所定内労働時間指数、所定外労働時間指数）にそれぞれの基準値（2020年）を乗じ、100で除し、時系列接続が可能になるように修正した実数値をもとに算出。
　　　　3）要因分解の計算式は以下のとおり。
　　　　　$\Delta P = (1-\bar{r})\Delta Q + (1-\bar{r})\Delta R + \bar{r}\Delta S + \Delta r(\bar{S}-\bar{Q}-\bar{R})$
　　　　　P：就業形態計の総実労働時間　　　　S：パートタイム労働者の総実労働時間
　　　　　Q：一般労働者の所定内労働時間　　　r：パートタイム労働者比率
　　　　　R：一般労働者の所定外労働時間　　　Δ：当年と前年の増減差
　　　　　　　　　　　　　　　　　　　　　　　￣：当年と前年の平均
　　　　4）パートタイム労働者比率は、パートタイム労働者数を就業形態計の常用労働者数で除した数値である。

67

●一般労働者の労働時間は「働き方改革」の取組の進展もあり減少傾向にあるが、感染症の影響による2020年の大幅減からの持ち直しの動きがみられた

　次に、就業形態別に労働時間の動向を確認する。

　第1-（3）-3図により、一般労働者の労働時間の動向をみていく。同図の（1）により一般労働者の月間総実労働時間の推移をみると、2013年～2019年の間、所定外労働時間がほぼ横ばいで推移する一方で、所定内労働時間は2018年以降減少傾向にあることから、一般労働者の月間総実労働時間は2018年以降減少傾向で推移している。同図の（2）により一般労働者の1日当たりの労働時間の推移を、同図の（3）により年間平日日数と一般労働者の年間出勤日数の推移をみると、2013年～2019年の間、1日当たり労働時間はほぼ横ばいで推移する中、2018年以降、年間出勤日数が減少している。このことから、同図の（1）で確認した2018年以降の一般労働者の月間総実労働時間の減少傾向は、年間出勤日数の減少に伴って所定内労働時間が減少したことに起因することが分かる。

　年間出勤日数は、土日祝日の日数など、その年のカレンダーによる影響（以下「カレンダー要因」という[4]。）と、それ以外の休暇、休業等による影響（以下「休暇等による要因」という。）により変動する。このため同図の（3）により年間平日日数と、年間出勤日数の推移を確認する[5]。2013年～2016年は、年間平日日数と年間出勤日数はおおむね同様の動きをしていたが、2017年以降、年間平日日数と年間出勤日数の差が顕著に広がっており、年間出勤日数の動向に休暇等による要因が影響していることが分かる。この背景には、「働き方改革」の取組の進展等から、年次有給休暇の取得が進んでいること等があると考えられる。

　2020年は感染症の影響による経済社会活動の停滞から、一般労働者の所定内労働時間、所定外労働時間はいずれも減少し、特に、月間の所定外労働時間は前年比で大幅な減少となった。1日当たりの労働時間の推移をみても、2020年は所定外労働時間が減少していることが分かる。2020年は、緊急事態宣言の発出等に伴う経済社会活動の抑制の影響から、年間出勤日数も2019年より減少した。これにより、2020年は、所定内労働時間、所定外労働時間がいずれも減少となり、一般労働者の総実労働時間は大幅に減少したと考えられる。

　2021年は、経済社会活動の抑制は2020年と比較すると限定的であり、年間出勤日数も増加したことから、所定内労働時間、所定外労働時間いずれにも増加がみられ、一般労働者の総実労働時間は増加となった。一方、2021年の月間総実労働時間は、感染拡大前の2019年以前の水準と比較すると低い水準である。この要因としては、「働き方改革」の進展等に加え、感染症による影響も考えられる。

4　「カレンダー要因」は、業種等により休み方、働き方が異なると考えられるが、ここでは、産業計（平均）の一般労働者の出勤日数との関連をみるため、「カレンダー要因」の代理指標として、便宜的に年間平日日数を用いている。ここでの年間平日日数は、土日祝日以外の日数であるが、年末年始（12月29日～1月3日）の土日祝日以外の日も祝日扱いとして算出している。
5　出勤日数について、「毎月勤労統計調査」では指数を作成していないため、公表値の実数を用いている。

第1-(3)-3図　一般労働者の月間総実労働時間の推移等

○ 一般労働者の月間総実労働時間は、「働き方改革」の取組の進展等により年間出勤日数が低下傾向で推移していることから、近年は減少傾向で推移している。
○ 2021年は、所定内労働時間・所定外労働時間のいずれも2020年より増加し、月間総実労働時間は増加となった。

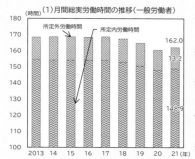
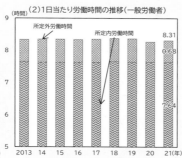
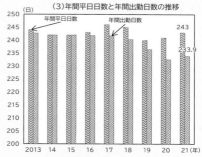

資料出所　厚生労働省「毎月勤労統計調査」をもとに厚生労働省政策統括官付政策統括室にて作成
　（注）　1）（1）は、事業所規模5人以上、調査産業計の値を示している。また、2013年以降において東京都の「500人以上規模の事業所」についても再集計した値を示している。
　　　　　2）指数（総実労働時間指数、所定内労働時間指数、所定外労働時間指数）にそれぞれの基準数値（2020年）を乗じ、100で除し、時系列接続が可能となるように修正した実数値である。
　　　　　3）（3）の年間平日日数を算出する際には、年末年始（12月29日～1月3日）のうち土日祝日でない日も祝日扱いとしている。

●パートタイム労働者の労働時間は長期的に減少傾向にあり、2020年に引き続き減少となった

　次に、第1-(3)-4図によりパートタイム労働者の労働時間の動向をみていく。同図の（1）によりパートタイム労働者の月間総実労働時間の推移をみると、2013年以降、所定内労働時間が減少傾向で推移し、月間総実労働時間は一貫して減少していることが分かる。同図の（2）により月間出勤日数と1日当たりの所定内労働時間の推移をみると、1日当たりの所定内労働時間がおおむね横ばいで推移する中、月間出勤日数が減少傾向で推移している。このことから、2013年以降のパートタイム労働者の月間総実労働時間の減少傾向は、月間出勤日数の減少によるところが大きいと考えられる。この背景には、第2章でもみたように、高年齢者等の労働時間が比較的短く、月間出勤日数が比較的少ない層の労働参加がこの間進んでいることが背景にあるものと考えられる[6]。

6　「令和3年版労働経済の分析」第1部第3章第1節参照。

　2020年以降は、感染症の影響により経済社会活動が停滞したことから、パートタイム労働者の所定内労働時間、所定外労働時間はいずれも減少幅が大きくなり、特に、所定外労働時間の減少が顕著にみられた。また、2020年以降は、月間出勤日数の減少に加えて、感染拡大による経済社会活動の抑制の影響から、1日当たりの所定内労働時間の減少もみられている。その結果、2021年は、2020年に続き、所定内労働時間、所定外労働時間いずれも減少となった。一般労働者の労働時間は増加がみられたのに対し、パートタイム労働者の労働時間は増加しておらず、長期にわたって断続的に実施された経済社会活動の抑制の影響は、特に、パートタイム労働者の労働時間に大きな影響を与えたことがうかがわれる。

第1-（3）-4図　パートタイム労働者の月間総実労働時間の推移等

○　パートタイム労働者の月間総実労働時間は、1日当たりの所定内労働時間がおおむね横ばいで推移する中、月間出勤日数が減少傾向で推移していることから、長期的に減少傾向で推移している。
○　2021年は、1日当たりの所定内労働時間数が減少し、月間総実労働時間は減少となった。

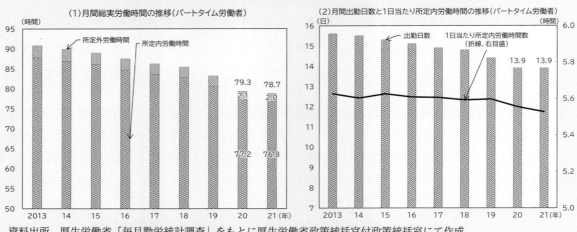

資料出所　厚生労働省「毎月勤労統計調査」をもとに厚生労働省政策統括官付政策統括室にて作成
　（注）　1）（1）は、事業所規模5人以上、調査産業計の値を示している。また、2013年以降において、東京都の「500人以上規模の事業所」についても再集計した値を示している。
　　　　　2）指数（総実労働時間指数、所定内労働時間指数、所定外労働時間指数）にそれぞれの基準数値（2020年）を乗じ、100で除し、時系列接続が可能となるように修正した実数値である。

●年次有給休暇の取得率は「働き方改革」の取組を背景に上昇傾向となっている

　ここからは、年次有給休暇の取得状況について確認する[7]。
　第1-（3）-5図の（1）により、年次有給休暇の取得率の状況をみると、2016年調査（2015年の状況）以降、男女計では6年連続で上昇している。特に、「働き方改革関連法」の施行により2019年4月から年5日の年次有給休暇を取得させることが義務付けられたことを背景[8]に、2020年調査（2019年の状況）では3.9%ポイントの大幅な上昇がみられるなど、近年の「働き方改革」の取組の進展状況と併せ、取得率が上昇を続けていることが分かる。

7　年次有給休暇については、調査年の前年1年間の状況について調べている。
8　働き方改革関連法により、時間外労働の上限規制（大企業は2019年4月施行、中小企業は2020年4月施行）、年5日の年次有給休暇の確実な取得（2019年4月施行）等が定められ、順次施行された。

　2021年調査（2020年の状況）では、年次有給休暇取得率56.6％となり、過去最高を更新したが、2020年調査（2019年の状況）と比較すると緩やかな上昇となった。男女別にみると、年次有給休暇取得率は、男性より女性の方が高い傾向にあり、2016年調査（2015年の状況）以降、男女ともに上昇傾向にあったが、2021年調査（2020年の状況）では女性に低下がみられた。

　また、同図の（2）により、企業規模別に年次有給休暇の取得率の状況をみると、企業規模が大きいほど高い取得率となっており、2016年調査（2015年の状況）以降全ての企業規模で上昇傾向にあった。2021年調査（2020年の状況）は、企業規模「100〜299人」「300〜999人」では上昇した一方で、企業規模「1,000人以上」では低下、企業規模「30〜99人」では横ばいと、企業規模により異なる状況がみられた。

第1-（3）-5図　年次有給休暇の取得率の推移①

○　年次有給休暇の取得状況をみると、「働き方改革関連法」の施行をはじめとする「働き方改革」の取組の進展等を背景に、近年、取得率は上昇傾向にある。
○　男女別にみると女性の方が男性よりも取得率は高いが、2021年調査（2020年の状況）には女性の取得率が低下した。
○　企業規模別にみると、全ての企業規模で取得率は上昇傾向にあり、規模の大きい企業では取得率が高い傾向にある。

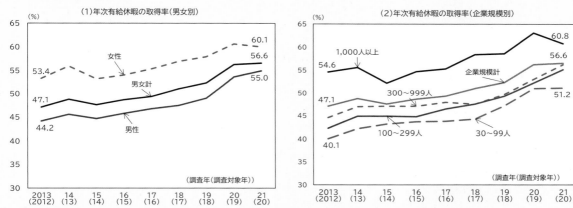

資料出所　厚生労働省「就労条件総合調査」をもとに厚生労働省政策統括官付政策統括室にて作成
　（注）　1）常用労働者30人以上の民営企業における常用労働者の値を示している。
　　　　　2）2014年以前は、調査対象を「常用労働者が30人以上の会社組織の民営企業」としており、また、「複合サービス事業」を含まなかったが、2015年より「常用労働者が30人以上の民営法人」とし、さらに「複合サービス事業」を含めることにした。
　　　　　3）表示は調査年。各年の前年1年間の状況について調査している。（　）は調査対象年。
　　　　　4）「取得率」は、取得日数計／付与日数計×100（％）である。「付与日数」は繰り越し日数を除き、「取得日数」は実際に取得した日数である。

第3章

● 2019年以降、「建設業」「卸売業，小売業」「宿泊業，飲食サービス業」などを中心に年次有給休暇の取得率が上昇している

　続いて、第1-(3)-6図により、産業別の年次有給休暇の取得率の状況をみると、産業ごとに取得率の水準に差があることが分かる。「情報通信業」「製造業」などは産業平均と比較して高い水準で推移している一方で、「建設業」「卸売業，小売業」「宿泊業，飲食サービス業」などで産業計からみて低い水準で推移している。しかし、近年の「働き方改革」の取組の進展から、年5日の年次有給休暇を取得させることが義務付けられた2020年調査（2019年の状況）以降、「建設業」「卸売業，小売業」「宿泊業，飲食サービス業」などの、特に、それ以前までは低水準となっていた産業を中心に上昇がみられている。2021年（2020年の状況）には、多くの産業では引き続き上昇がみられたのに対し、「製造業」「学術研究，専門・技術サービス業」など低下となった産業もみられた。

第1-(3)-6図	年次有給休暇の取得率の推移②

○　年次有給休暇の取得状況を産業別にみると、「情報通信業」「製造業」などの高い取得率で推移する産業がある一方で、「建設業」「卸売業，小売業」「宿泊業，飲食サービス業」等では産業計を下回る取得率で推移している。
○　2020年調査（2019年の状況）以降、「建設業」「卸売業，小売業」「宿泊業，飲食サービス業」などでも上昇がみられる。

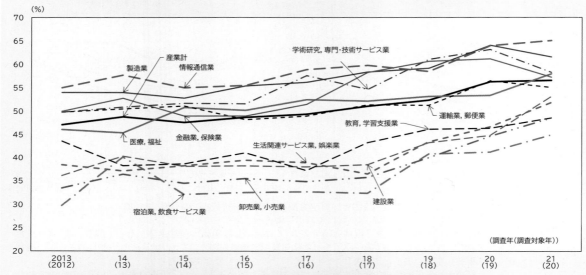

資料出所　厚生労働省「就労条件総合調査」をもとに厚生労働省政策統括官付政策統括室にて作成
（注）　1）常用労働者30人以上の民営企業における常用労働者の値を示している。
　　　　2）2014年以前は、調査対象を「常用労働者が30人以上の会社組織の民営企業」としており、また、「複合サービス事業」を含まなかったが、2015年より「常用労働者が30人以上の民営法人」とし、さらに「複合サービス事業」を含めることとした。
　　　　3）表示は調査年。各年の前年1年間の状況について調査している。（　）は調査対象年。
　　　　4）「取得率」は、取得日数計／付与日数計×100（％）である。「付与日数」は繰り越し日数を除き、「取得日数」は実際に取得した日数である。

●週60時間以上就労している雇用者の割合は近年低下傾向にあったが、感染拡大後の2020年以降は更に低水準となった

続いて、長時間労働の状況を確認するため、第1-(3)-7図の（1）により、週60時間以上就労している雇用者（以下「週60時間以上就労雇用者」という。）の割合の推移をみると、近年、週60時間以上就労雇用者の割合は低下傾向で推移している。男女別にみると、男性の方が高い水準で推移しているものの、低下傾向も顕著にみられる。2020年以降は、感染症対策としての経済社会活動の抑制の影響により低下幅が大きくなっている可能性に留意する必要はあるが、2021年は2013年と比較して、男性で5.5％ポイント低下の7.7％、女性で1.1％ポイント低下の1.8％、男女計で3.8％ポイント低下の5.0％となった。

同図の（2）により、年齢階級別の週60時間以上就労雇用者の割合をみると、近年おおむね全ての年齢階級で低下傾向がみられ、年齢計と比較して高い水準で推移している20歳台後半～50歳台前半の年齢層においては、特に顕著に低下傾向がみられる。2021年は、2020年に感染拡大に伴う経済社会活動の停滞の影響から水準が低下していたところ、全ての年齢階級でほぼ横ばいとなった。

第1-(3)-7図　週間就業時間60時間以上の雇用者の状況①

○ 週間就業時間が60時間以上の雇用者の割合は低下傾向で推移しており，男女別にみると、特に男性の低下幅が大きい。
○ 年齢階級別でみると、特に、比較的高い水準にある20歳台後半～50歳台前半の年齢層において近年低下傾向が顕著にみられ、2021年は全ての年齢階級でほぼ横ばいとなった。

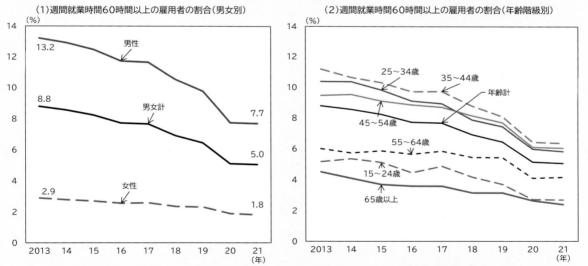

資料出所　総務省統計局「労働力調査（基本集計）」をもとに厚生労働省政策統括官付政策統括室にて作成
（注）　1）非農林業雇用者（休業者を除く）総数に占める週間就業時間が60時間以上の者の割合を表したもの。
　　　　2）2018年～2021年までの割合は、ベンチマーク人口を2020年国勢調査基準に切り替えたことに伴い、新基準のベンチマーク人口に基づいた割合。

　また、第1-(3)-8図の（1）により、企業規模別に週60時間以上就労雇用者の割合をみると、企業規模の小さい企業ほど比較的高い水準にあるが、全ての企業規模で低下傾向にあることが分かる。

　同図の（2）により産業別に週60時間以上就労雇用者の割合をみると、「運輸業，郵便業」「教育，学習支援業」「建設業」などでは高い水準となっている一方で、「医療，福祉」「金融業，保険業」などでは低い水準で推移しており、近年は全ての産業でおおむね低下傾向で推移している。2021年は、2020年に感染拡大に伴う経済社会活動の停滞の影響から水準が低下していたが、「宿泊業，飲食サービス業」は引き続き低下し、それ以外の産業は横ばいとなった。

　週60時間以上就労雇用者の割合は、感染拡大の影響もあり、2021年も2020年と同様の低水準を維持している。感染拡大後の働き方の変化など新たな要因により週60時間以上就労雇用者の割合が低水準となっている可能性もあり、今後もその動きを注視していく必要がある。

第1-(3)-8図　週間就業時間60時間以上の雇用者の状況②

○　週間就業時間が60時間以上の雇用者の割合を企業規模別にみると、規模の小さい企業ほど比較的高い傾向にあるが、全体的に低下傾向にある。
○　産業別にみると、「運輸業，郵便業」「教育，学習支援業」「建設業」などで高水準となっており、近年はおおむね全ての産業で低下傾向がみられている。

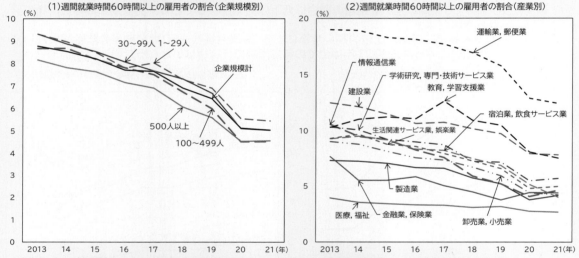

資料出所　総務省統計局「労働力調査（基本集計）」をもとに厚生労働省政策統括官付政策統括室にて作成
　（注）　1）（1）は、非農林業雇用者（休業者を除く）総数に占める週間就業時間が60時間以上の者の割合を表したもの。また、官公や従業者規模不詳は、計には含まれているが、企業規模ごとの算出には含んでいない。
　　　　　2）（2）は、各産業に雇用される者に占める週間就業時間が60時間以上の者の割合を表したもの。
　　　　　3）2018年～2021年までの割合は、ベンチマーク人口を2020年国勢調査基準に切り替えたことに伴い、新基準のベンチマーク人口に基づいた割合。

●**週間就業時間34時間以下就労雇用者の割合は若年層や高年齢層を中心に全ての年齢階級で上昇傾向となっている**

　さらに、第1-(3)-9図の（1）により、週34時間以下で就労する雇用者（以下「週34時間以下就労雇用者」という[9]。）の割合の推移をみると、週34時間以下就労雇用者の割合は男女ともに上昇傾向にあり、男性の上昇幅が比較的大きい。また、同図の（2）により、年齢階級別に週34時間以下就労雇用者の割合をみると、全ての年齢階級で上昇傾向にあり、「15～24歳」「65歳以上」の年齢階級において比較的大きく上昇している。若年層や高年齢層を中心に全ての年齢階級において、短い就業時間を希望する者の労働参加が進展したことなどが週34時間以下就労雇用者の割合の上昇傾向の背景にあると考えられるが、2020年以降は感染拡大に伴う経済社会活動の抑制が影響していると考えられることに留意が必要である。

第1-(3)-9図	週間就業時間34時間以下の雇用者の状況

○　週間就業時間が週34時間以下の雇用者の割合は、男女ともにおおむね上昇傾向にあり、年齢階級別にみると「15～24歳」「65歳以上」で比較的大きく上昇している。

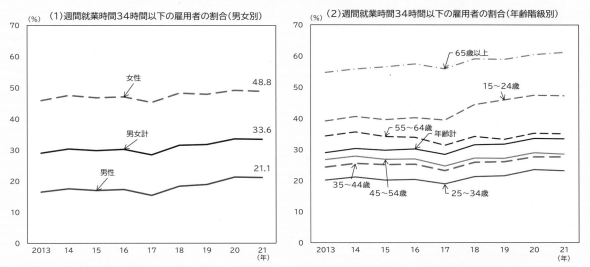

資料出所　総務省統計局「労働力調査（基本集計）」をもとに厚生労働省政策統括官付政策統括室にて作成
（注）　1）非農林業雇用者（休業者を除く）総数に占める週間就業時間が34時間以下の者の割合を表したもの。
　　　　2）2018年～2021年までの割合は、ベンチマーク人口を2020年国勢調査基準に切り替えたことに伴い、新基準のベンチマーク人口に基づいた割合。

第
3
章

9　非農林業雇用者の従業者に占める週34時間以下で就労している雇用者の割合。

● **2020年以降、労働投入量は労働時間の減少により水準が低下しており、パートタイム労働者の労働時間の減少は著しい**

　ここから、2020年以降の感染症の影響による労働時間について、月次データにより詳細にみていく。

　まず、2020年以降の労働投入量の状況を確認する。労働投入量（マンアワーベース）とは、雇用者全体の総実労働時間を表し、雇用者数に雇用者1人当たりの労働時間を乗じることで算出する雇用者の総労働量を表す指標である。企業は、一定の資本設備のもと、労働力や原材料を投入することで経済活動を行う。労働投入量は投入される労働力を表しており、企業の経済活動の水準に従って変動する。

　第1-（3）-10図の（1）により、労働投入量の推移とその変動要因をみると、2020年以降、労働投入量は2019年同月の水準を下回って推移しており、その変動要因は、労働時間の減少による要因が中心となっている。2020年は、最初の緊急事態宣言の発出等により、全ての産業分野で経済社会活動が停滞した4月～5月を中心に大幅に減少がみられたものの、その後は徐々に改善傾向がみられ、10月には労働時間による要因が2019年同月比でプラスに転じ、労働投入量も同水準程度まで回復した。しかし、2020年秋以降に感染者数が増加したことから2020年後半にかけて労働時間が減少し、労働投入量の水準も低下した。2021年は、2020年4月～5月のような大幅な減少となる月はみられなかったが、感染状況に応じて経済社会活動の抑制と解除が断続的に繰り返され、労働時間もそれに従って変動したことから、労働投入量は2019年の水準を下回った。

　ここまで、2020年以降の労働投入量の状況は労働時間の増減を主要因として変動してきたことをみてきたが、同図の（2）により2020年以降の2019年同月と比較した月間総実労働時間の推移をみると、2020年以降の2019年同月比の月間総実労働時間は、労働投入量とおおむね同様の動きで推移していることが分かる。月間総実労働時間の変動を要因別にみると、2020年以降、一般労働者、パートタイム労働者いずれもほぼ全ての月で労働時間が減少しており、特に、一般労働者の労働時間による要因が大きく寄与していることが分かる。

第1-（3）-10図　労働投入量と月間総実労働時間の推移

○　2020年以降の労働投入量（１人当たりの労働時間×総雇用者数）の動向をみると、労働時間が比較的大きな変動要因となっており、月間総実労働時間の動きに従って変動している。

○　2021年の労働投入量は、大幅な減少となる月はみられなかったが、感染状況に応じて経済活動の抑制と解除が繰り返されたことなどから、2019年同月を下回る水準で推移した。

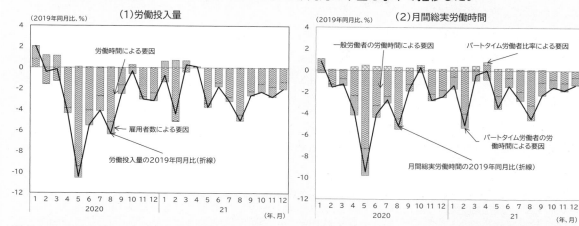

資料出所　厚生労働省「毎月勤労統計調査」、総務省統計局「労働力調査（基本集計）」をもとに厚生労働省政策統括官付政策統括室にて作成
　（注）　1）労働投入量は、総実労働時間数（原指数）に雇用者数（原数値）を乗じて算出している。
　　　　　2）総実労働時間指数は、調査産業計、就業形態計、事業所規模５人以上の値を利用している。
　　　　　3）労働投入量の変化率を、総実労働時間指数の変化率、雇用者数の変化率及び誤差項に要因分解し、算出している。

第3章

　次に、第1-(3)-11図により、就業形態別に月間総実労働時間の推移をみてみる。同図の（1）により、2019年同月比の一般労働者の月間総実労働時間の推移をみると、2020年以降の経済社会活動の水準を反映し、所定外労働時間は一貫して2019年同月比で減少がみられるが、所定内労働時間は、最初の緊急事態宣言が発出されていた2020年5月を除き、大幅な減少はみられていない。一方、同図の（2）によりパートタイム労働者の月間総実労働時間の推移をみると、一般労働者と同様、2020年以降の経済社会活動の水準を反映し、所定外労働時間に一貫して減少がみられることに加え、所定内労働時間の減少が顕著に現れている。2021年は1月～9月にかけて2019年同月を大幅に下回る状況が続いた。2021年10月以降は減少幅も縮小したものの、一般労働者と比べると依然として低水準で推移している。

第1-(3)-11図　就業形態別にみた月間総実労働時間の推移

○　2020年以降の月間総実労働時間を就業形態別にみると、一般労働者、パートタイム労働者いずれも所定外労働時間は2019年同月より下回る水準となっている。
○　一方、一般労働者の所定内労働時間は最初の緊急事態宣言が発出されていた2020年5月を除き大幅な減少はみられていないが、パートタイム労働者の所定内労働時間は、2019年同月を大幅に下回る水準で推移している。

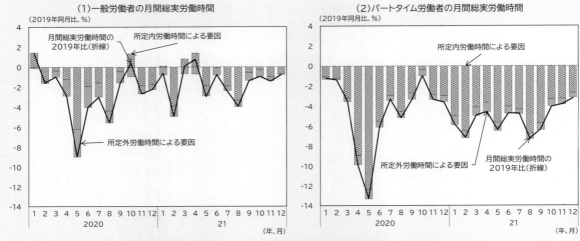

資料出所　厚生労働省「毎月勤労統計調査」をもとに厚生労働省政策統括官付政策統括室にて作成
（注）　1）調査産業計、事業所規模5人以上の値を示している。
　　　　2）指数（総実労働時間指数、所定内労働時間指数、所定外労働時間指数）にそれぞれの基準数値（2020年）を乗じ、100で除し、時系列接続が可能となるように修正した実数値を用いている。

●**2021年も「宿泊業，飲食サービス業」「生活関連サービス，娯楽業」の労働時間は低水準となっている**

さらに、産業別に労働時間の推移をみていく。

第1-（3）-12図により、2020年以降の産業別の月間総実労働時間の推移をみると、最初の緊急事態宣言が発出された2020年4月～5月までの間はおおむね全ての産業で月間総実労働時間が減少となっており、その後は産業ごとに様相が異なって推移していることが分かる。「情報通信業」「卸売業，小売業」「医療，福祉」などでは2021年は2019年同月とおおむね同水準で推移した。一方、2021年も感染状況に応じて断続的に経済社会活動の抑制や行動制限が続いた影響により、「宿泊業，飲食サービス業」「生活関連サービス業，娯楽業」では2021年も2019年同月を大きく下回る水準で推移し、感染状況の改善により多くの産業で持ち直しがみられた10月以降も、「宿泊業，飲食サービス業」では低水準が続いている。

第1-（3）-12図　産業別にみた月間総実労働時間の推移

○　産業別の月間総実労働時間をみると、2021年は、「情報通信業」「卸売業，小売業」「医療，福祉」などでは2019年同月とおおむね同程度の水準で推移した一方、感染状況に応じて経済活動の抑制や行動制限等が続いた影響から、「宿泊業，飲食サービス業」「生活関連サービス業，娯楽業」では2019年を大きく下回る水準で推移し、「宿泊業，飲食サービス業」では10月以降も低水準が続いている。

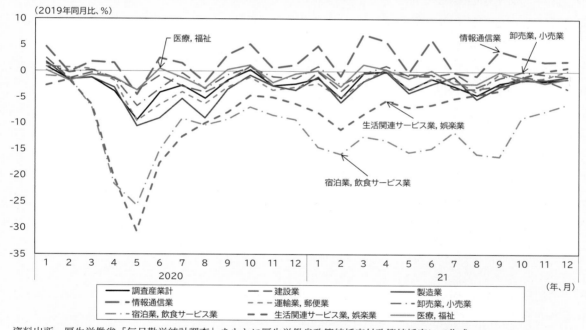

資料出所　厚生労働省「毎月勤労統計調査」をもとに厚生労働省政策統括官付政策統括室にて作成
（注）　就業形態計、事業所規模5人以上の値を示している。

以上のように、2020年以降、企業の経済活動に投入される労働力を表す労働投入量は雇用者の労働時間の増減が主な要因となっている。就業形態別に労働時間の動向をみると、経済活動の水準を反映する所定外労働時間はいずれも減少がみられるが、一般労働者は所定内労働時間の大幅な増減はみられないのに対し、パートタイム労働者は所定内労働時間が比較的大きく減少している。また、産業別にみると、2021年も経済社会活動の抑制の影響を受けた「宿泊業，飲食サービス業」「生活関連サービス，娯楽業」においては依然として労働時間も低水準となった。労働時間は、経済社会活動の水準を反映するとともに、パートタイム労働者の場合のように賃金水準にそのまま影響を与えることから、今後の持ち直しの状況について注視していく必要がある。次節後段では、こうした労働時間の状況が、労働者の賃金水準にどの程度影響を与えているかをみていく。

第3章

第2節 賃金の動向

●2021年の現金給与総額（名目）は増加となったが、感染拡大前と比較すると依然として低い水準となっている

本節では、前節で確認した労働時間の動きを踏まえつつ、雇用者の賃金の動向をみていく。

まず、我が国の現金給与総額の状況について確認する。「現金給与総額」とは、税や社会保険料等を差し引く前の金額であり、きまって支給する給与（定期給与。以下「定期給与」という。）と特別に支払われた給与（特別給与。以下「特別給与」という。）に分けられる。定期給与とは、労働協約、就業規則等によってあらかじめ定められている支給条件、算定方法によって支給される給与を指し、所定内給与と所定の労働時間を超える労働に対して支給される給与や休日労働、深夜労働に対して支給される給与である所定外給与の合計額である。一般的に、所定内給与は労働者に支払われるベースとなる給与であることから短期間で大幅な増減がみられることはあまりないが、所定外給与は所定外労働時間の変動に従って増減することから、企業の経済活動の状況等を反映して増減する。特別給与[10]とは、一般的にボーナスと呼ばれる夏冬の賞与、期末手当等の一時金等や諸手当、あらかじめ就業規則等による定めのない突発的な理由等に基づき支払われた給与等の合計額を指し、企業の業績に従って大きく変動することから、経済の動向を反映して水準が変動する傾向にある。

第1-（3）-13図は、従業員5人以上規模の事業所における2013年以降の労働者1人当たりの現金給与総額（名目）の推移とその増減の要因をみたものである。2021年の現金給与総額（名目）は、就業形態計でみると31.9万円となった[11]。これは感染拡大の影響により大幅減となった2020年からは増加したものの、感染拡大前の2019年と比較すると依然として低い水準となっている。

次に、就業形態別にみていく。一般労働者の現金給与総額（名目）の状況をみると、2013年～2019年の間、一貫して増加傾向で推移していることが分かる。要因別にみると、この間、好調な企業収益から特別給与の増加がみられるほか、2014年以降は所定内給与の増加傾向がみられる。一方、前節でみたように、所定外労働時間が減少傾向にあった影響もあり、所定外給与には大きな増減はみられていない。2020年は、感染拡大による経済活動の停滞の影響から、所定外給与と特別給与に大幅な減少、所定内給与にも小幅な減少がみられ、一般労働者の現金給与総額（名目）はリーマンショックで大きく減少した2009年以来の減少となった。2021年は、所定外給与、所定内給与ともに増加したことから一般労働者の現金給与総額（名

---

10 「毎月勤労統計調査」の特別給与とは、労働協約、就業規則等によらず、一時的又は突発的事由に基づき労働者に支払われた給与又は労働協約、就業規則等によりあらかじめ支給条件、安定方法が定められている給与で以下に該当するもの。
　①夏冬の賞与、期末手当等の一時金
　②支給事由の発生が不定期なもの
　③3か月を超える期間で算定される手当等（6か月分支払われる通勤手当等）
　④いわゆるベースアップの差額追給分
11 第2節の「毎月勤労統計調査」の賃金の数値は、指数（現金給与総額指数、定期給与指数、所定内給与指数）にそれぞれの基準数値（2020年）を乗じ、100で除し、時系列比較が可能となるように修正した実数値であり、実際の公表値とは異なる。なお、賃金（労働時間も同様）については2018年に母集団労働者数（ベンチマーク）の切り替え、2019年、2020年、2021年に30人以上規模の事業所の標本の部分入れ替えを行っており、一定の断層が生じている点に留意が必要である。

目）は増加としたものの、特別給与が引き続き減少したことなどの影響から、感染拡大前の2019年を下回る水準となった。

　パートタイム労働者の現金給与総額（名目）の状況をみると、2013年～2019年の間、長期的に緩やかな増加傾向がみられる。要因別にみると、この間のパートタイム労働者の現金給与総額（名目）の増減は、所定内給与が中心であり、おおむねこの間の所定内給与は増加したが、前節でみたとおり、この間のパートタイム労働者の労働時間は、所定内労働時間を中心に減少傾向がみられていた。このように、労働時間の減少傾向がみられた中で所定内給与を中心に賃金の増加がみられたことから、パートタイム労働者の待遇改善の状況がうかがえる（付1-（3）-1図）。2020年は、感染拡大による経済社会活動の停滞の影響から、所定内給与、所定外給与が大幅減となったが、特別給与は増加となった。これは、働き方改革関連法のうちのいわゆる「同一労働同一賃金」（同一企業内における正規雇用労働者と非正規雇用労働者の不合理な待遇差の解消）に関する規定[12]が施行され、パートタイム労働者に賞与等を新設・拡充した事業所が増加したことが背景にあると考えられる。2021年は、所定外給与は引き続き減少したが、所定内給与は増加となり、パートタイム労働者の現金給与総額は2020年と比較して小幅な増加となった。

第3章

12　いわゆる「同一労働同一賃金」の導入は、同一企業・団体における正規雇用労働者（無期雇用フルタイム労働者）と非正規雇用労働者（パートタイム労働者、有期雇用労働者、派遣労働者）の間の不合理な待遇差の解消を目指すものである。パートタイム・有期雇用労働法等においては、正規雇用労働者と非正規雇用労働者との間の不合理な待遇差の禁止、待遇に関する説明義務の強化、それらに関する労働者と事業主の間の紛争に対して裁判によらない無料・非公開の紛争解決手続きを利用できること等が定められている。

第1-（3）-13図　就業形態別にみた現金給与総額（名目・月額）の推移等

○　2021年は、一般労働者では所定内給与及び所定外給与が増加し、現金給与総額は2020年から増加した。パートタイム労働者では、所定外給与は引き続き減少した一方、所定内給与は増加し、現金給与総額（名目）は小幅に増加した。

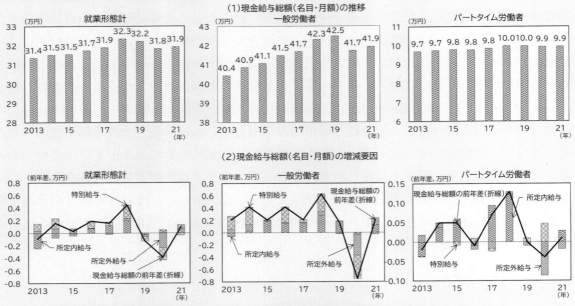

資料出所　厚生労働省「毎月勤労統計調査」をもとに厚生労働省政策統括官付政策統括室にて作成
（注）　1）調査産業計、事業所規模5人以上の値を示している。
　　　　2）就業形態計、一般労働者、パートタイム労働者のそれぞれについて、指数（現金給与総額指数、定期給与指数、所定内給与指数）のそれぞれの基準数値（2020年）を乗じ、100で除して算出することで、時系列接続が可能となるように実数を算出している。
　　　　3）所定外給与＝定期給与（修正実数値）-所定内給与（修正実数値）、特別給与＝現金給与総額（修正実数値）-定期給与（修正実数値）として算出している。このため、「毎月勤労統計調査」の公表値の増減と一致しない場合がある。

● **2018年までの現金給与総額（名目）は、パートタイム労働者比率が上昇しマイナスに寄与する中でも増加傾向だったが、2020年に大幅に減少し、2021年は前年比で増加した**

　次に、第1-（3）-14図により、現金給与総額（名目）の変動について要因を詳細にみていく。現金給与総額（名目）の変動は、就業形態ごとの現金給与総額の変化と、その構成割合の変化に要因を分けることができる。就業形態の構成割合の変化が現金給与総額（名目）の変動要因となる理由は、一般的に、労働時間の短いパートタイム労働者の賃金水準は一般労働者よりも低くなるためであると考えられる。2013年～2019年の間、女性や高年齢者を中心に労働参加が進展し、特に、高年齢層はパートタイム労働者として労働参加が進んでいた。こうした労働参加の進展によりパートタイム労働者比率が上昇し、この間の「パートタイム労働者比率による要因」は一貫して現金給与総額（名目）に対してマイナスに寄与した。一方、一般労働者、パートタイム労働者の現金給与総額（名目）は増加していたため、2018年までは就業形態計でみて現金給与総額（名目）は増加傾向で推移した。2020年には、感染拡大による経済社会活動の停滞の影響によりパートタイム労働者比率は低下し、「パートタイム労働者比率による要因」はプラスに寄与したが、一般労働者の所定外給与、特別給与の大幅減がみられ、現金給与総額（名目）は減少した。2021年には、一般労働者の所定内給与、所定外給与が増加し、現金給与総額（名目）は増加したものの、一般労働者の特別給与は2020年に続き減少となった。

第1-（3）-14図　**現金給与総額（名目）の変動要因の推移**

○　現金給与総額（名目）の変動を要因別にみると、労働参加の進展を背景に「パートタイム労働者比率による要因」がマイナスに寄与していたが、一般労働者の所定内給与、特別給与を中心にプラス寄与となったことから、2018年までの現金給与総額（名目）は増加傾向で推移していた。
○　感染症の影響により2020年は大幅な減少がみられたが、2021年は、一般労働者の所定内給与、所定外給与がプラスに寄与した結果、前年比で増加となった。

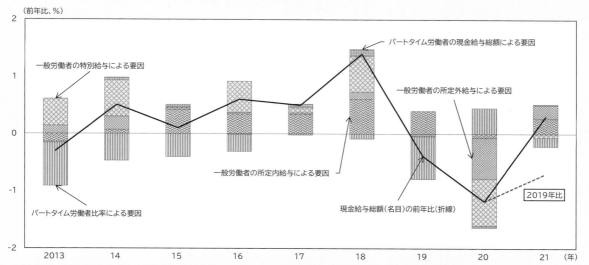

資料出所　厚生労働省「毎月勤労統計調査」をもとに厚生労働省政策統括官付政策統括室にて作成
（注）　1）調査産業計、事業所規模5人以上の値を示している。
　　　　2）就業形態計、一般労働者、パートタイム労働者のそれぞれについて、指数（現金給与総額指数、定期給与指数、所定内給与指数）のそれぞれの基準数値（2020年）を乗じ、100で除し、現金給与総額の時系列接続が可能となるように修正した実数値を算出し、これらの数値を基にパートタイム労働者比率を推計している。
　　　　3）所定外給与＝定期給与（修正実数値）-所定内給与（修正実数値）、特別給与＝現金給与総額（修正実数値）-定期給与（修正実数値）として算出している。このため、毎月勤労統計調査の公表値の増減とは一致しない場合がある。

● **2021年の現金給与総額（実質）は３年ぶりに前年比プラスとなった**

　実質賃金の状況をみていく。実質賃金とは、実際に支給される名目賃金の額から物価の変動分を取り除いた値であり、これをみることで物価の上昇（インフレ）や下落（デフレ）の動きを除いた賃金水準の動きを確認することができる。第１-（３）-15図は、2013年以降の現金給与総額（実質）の変動を名目賃金の変化と物価の変化による要因に分けてみたものである。2013年以降の現金給与総額（実質）は、名目賃金が2018年までプラスに寄与していたが、その間の物価の上昇により物価要因がおおむねマイナスに寄与していたことから、2016年と2018年を除き現金給与総額（実質）は減少となっていた。2020年は、物価要因による変動はみられなかったが、感染症の影響から名目賃金が減少となり、現金給与総額（実質）は減少となった。2021年は、名目賃金の増加による寄与がみられ、物価の下落がみられたことから物価要因がプラスに寄与し、現金給与総額（実質）は３年ぶりに前年から増加した。

第１-（３）-15図　現金給与総額（実質）の変動要因の推移

○　現金給与総額（実質）の変動要因の推移をみると、2013年以降、名目賃金はおおむねプラスに寄与しているが、物価の上昇によるマイナスへの寄与が上回っており、2016年、2018年を除きいずれも実質賃金はマイナスで推移している。
○　2021年は、名目賃金、物価ともにプラスに寄与し、実質賃金のプラスとなった。

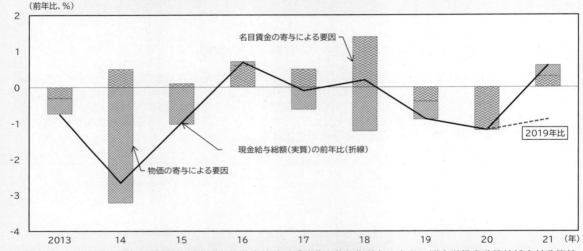

資料出所　厚生労働省「毎月勤労統計調査」、総務省統計局「消費者物価指数」をもとに厚生労働省政策統括官付政策統括室にて作成
（注）　1）調査産業計、就業形態計、事業所規模５人以上の値を示している。
　　　　2）実質賃金は、名目の現金給与総額指数を消費者物価指数（持家の帰属家賃を除く総合）で除し、100を乗じて算出している。
　　　　3）「毎月勤労統計調査」「消費者物価指数」は、いずれも2020年基準の数値を使っている。

● **2021年の総雇用者所得（実質）は、2年ぶりのプラスとなった**

　ここまで、労働者1人当たりの賃金の動向を確認してきたが、第1-（3）-16図により、2013年以降の雇用者全体の実質賃金の合計を表す総雇用者所得（実質）の変動要因の推移をみていく。2013年～2019年の総雇用者所得（実質）は、物価の上昇により物価要因はおおむねマイナスに寄与したが、名目賃金はおおむねプラスに寄与したことに加え、この間の労働参加の進展から雇用者数要因は一貫してプラスに寄与した。その結果、2013年～2019年は、2014年を除き、総雇用者所得（実質）は増加していた。2020年は感染症の影響から大幅減となったが、2021年は名目賃金、雇用者数、物価要因がプラスに寄与したことから総雇用者所得（実質）は増加となった。

第1-（3）-16図　総雇用者所得（実質）の変動要因の推移

○　雇用者全体の総賃金額を示す総雇用者所得（実質）の変動要因の推移をみると、物価の上昇がおおむねマイナスに寄与している中で、雇用者数の増加及び名目賃金の上昇がおおむねプラスに寄与した結果、2013年～2019年は、2014年を除き総雇用者所得（実質）はプラスで推移した。
○　2021年は名目賃金、雇用者数、物価がプラスに寄与したため、総雇用者所得（実質）もプラスとなった。

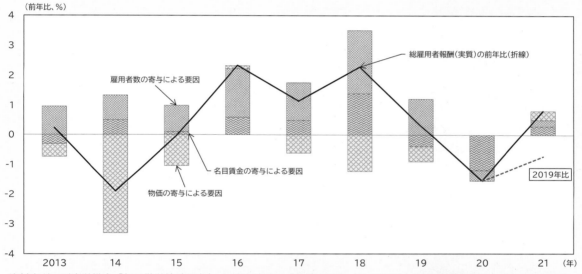

資料出所　厚生労働省「毎月勤労統計調査」、総務省統計局「労働力調査（基本集計）」「消費者物価指数」をもとに厚生労働省政策統括官付政策統括室にて作成
　（注）　総雇用者所得（実質）は、厚生労働省「毎月勤労統計」の指数（現金給与総額指数）及び総務省統計局「労働力調査（基本集計）」の非農林業雇用者数を乗じ、総務省統計局「消費者物価指数」の持家の帰属家賃を除く総合で除した数値である。なお、厚生労働省において独自に作成した試算値であり、内閣府の「月例経済報告」の実質総雇用者所得とは若干算出方法が異なる。

●労働分配率はおおむね感染拡大前と同程度の水準まで戻った

　ここで、労働分配率の状況を確認する。労働分配率とは、企業の経済活動によって生み出された付加価値のうち、労働者がどれだけ受け取ったのかを示す指標であり、分母となる付加価値、特に営業利益が景気感応的であることから、景気拡大局面においては低下し、景気後退局面には上昇するという特徴がある。内閣府「国民経済計算」又は財務省「法人企業統計」から算出する方法が一般的であるが、各々の統計により水準やトレンドが異なることから、一定の幅を持ってみる必要がある[13]。労働分配率は産業による水準の差異が大きく、長期的にみる場合は産業構造の変化が労働分配率に影響を及ぼしている可能性があることに留意する必要がある。

　第1-（3）-17図により、企業の資本金規模別に労働分配率を確認していく。2013年以降の景気拡大局面では、全ての資本金規模において労働分配率は低下傾向にあったが、2020年の感染拡大による景気減退の影響から企業収益が悪化し、全ての企業規模で労働分配率は大幅に上昇した。2020年後半以降は企業収益の回復がみられたことから、労働分配率も全ての資本金規模で低下傾向がみられ、2021年後半にはおおむね感染拡大前と同程度の水準まで戻った。しかし、「資本金1千万円以上1億円未満」では資本金規模が大きい企業と比べて2021年の企業収益の回復が遅く、労働分配率の低下幅は小さかった。

第1-（3）-17図　資本金規模別にみた労働分配率の推移

○　資本金規模別に労働分配率の推移をみると、2013年以降の景気拡大局面では、全ての資本金規模において労働分配率は低下傾向で推移していたが、2020年の感染症の影響により一時的に上昇に転じた。

○　2021年の労働分配率は全ての企業規模で低下し、おおむね感染拡大前の水準に戻ったが、「資本金1千万円以上1億円未満」では低下幅が小さい。

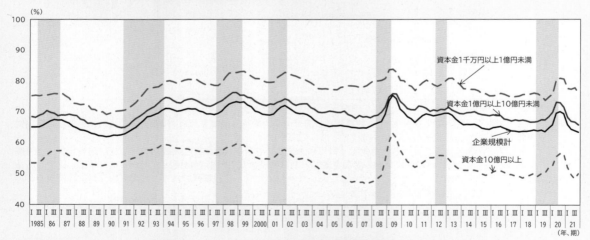

資料出所　財務省「法人企業統計調査」をもとに厚生労働省政策統括官付政策統括室にて作成
（注）　1）「金融業、保険業」は含まれていない。データは厚生労働省において独自で作成した季節調整値（後方3四半期移動平均）を使用。
　　　　2）労働分配率＝人件費÷付加価値額、人件費＝役員給与＋役員賞与＋従業員給与＋従業員賞与＋福利厚生費。付加価値額（四半期）＝営業利益＋人件費＋減価償却額。
　　　　3）グラフのシャドー部分は景気後退期を表す。なお、2019年第Ⅰ四半期～2020年第Ⅱ四半期は暫定である。

13　ここでは、企業規模別の動向及び景気局面の動向について着目して分析を進めていくため、財務省「法人企業統計調査」の四半期別調査により算出した労働分配率（分母の付加価値は粗付加価値）を用いる。なお、数値の動きは厚生労働省で独自に作成した季節調整値でみている（後方3四半期移動平均）。

● 「運輸業、郵便業」「サービス業」では労働分配率が高い状況が続いている

　第1-（3）-18図により産業別の労働分配率をみると、「医療、福祉業」「卸売業・小売業」「サービス業」などは水準が比較的高い一方で、「情報通信業」「製造業」などは水準が比較的低い傾向にある。また、景気後退期には、産業ごとに労働分配率の上昇幅が異なり、2008年後半のリーマンショック期には「製造業」で上昇が顕著にみられた。一方、2020年の感染症の感染拡大期には「運輸業、郵便業」「サービス業」「製造業」「卸売業・小売業」などで大幅な上昇となったが、「医療、福祉業」「情報通信業」などでは、景気後退期においても労働分配率の大幅な上昇はみられなかった。2021年は、「運輸業、郵便業」「サービス業」では感染拡大前の水準と比較して高いが、その他の産業においてはおおむね感染拡大前と同程度の水準まで戻っている。

第1-（3）-18図	産業別にみた労働分配率の推移

　○　産業別に労働分配率の推移をみると、「医療、福祉業」「卸売業・小売業」「サービス業」などでは比較的水準が高い一方、「情報通信業」「製造業」などは比較的低い。
　○　2020年には「運輸業、郵便業」「サービス業」「製造業」「卸売業・小売業」などで大幅な上昇となった。
　○　2021年は、「運輸業、郵便業」「サービス業」以外の産業ではおおむね感染拡大前の水準まで戻っている。

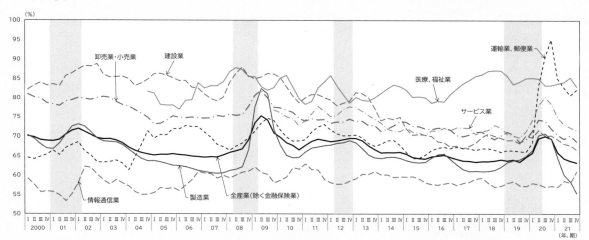

資料出所　財務省「法人企業統計調査」をもとに厚生労働省政策統括官付政策統括室にて作成
　（注）　1）データは厚生労働省において独自で作成した季節調整値（後方3四半期移動平均）を使用。
　　　　　2）「全産業（除く金融保険業）」は「金融業、保険業」を除く全産業の数値である。
　　　　　3）労働分配率＝人件費÷付加価値額、人件費＝役員給与＋役員賞与＋従業員給与＋従業員賞与＋福利厚生費。
　　　　　　付加価値額（四半期）＝営業利益＋人件費＋減価償却額。
　　　　　4）グラフのシャドー部分は景気後退期を表す。なお、2019年第Ⅰ四半期～2020年第Ⅱ四半期は暫定である。
　　　　　5）「サービス業」は、日本標準産業分類（平成25年10月改定）の「サービス業」「宿泊業、飲食サービス業」及び「生活関連サービス業、娯楽業」を合わせたものである。
　　　　　6）「医療、福祉」は2004年第Ⅱ四半期から、「宿泊業、飲食サービス業」及び「生活関連サービス業、娯楽業」は、2009年第Ⅱ四半期からデータが取得可能となっている。

●感染拡大以降の総雇用者所得（名目）の変動要因は名目賃金の変化が中心となっている

　2020年以降の感染症の影響による賃金の動向を確認するため、月次データにより詳細にみていく。

　まず、雇用者全体への総賃金額を表す総雇用者所得（名目）の2020年以降の推移を確認する。総雇用者所得は家計部門全体の勤労所得を示す指標であり、個人消費等に影響を与えうる重要な指標である。

　第1-（3）-19図の（1）は、2020年以降の総雇用者所得（名目）の変動を2019年同月の水準と比較してみており、その変動は、1人当たりの「名目賃金による要因」と「雇用者数による要因」に分けることができる。2020年以降の総雇用者所得（名目）の動向をみると、最初の緊急事態宣言が発出された2020年4月に低下がみられた後、2020年12月までは2019年同月を大幅に下回る水準で推移した。2021年は、「雇用者数による要因」は1月～4月に、「名目賃金による要因」は2月～4月にはプラスに寄与したことから、1月～4月の間は緊急事態宣言下ではあったものの、2019年同月を上回る水準に回復した。その後感染状況が悪化し、経済社会活動が停滞する中で、いずれの要因もマイナスに転じ、5月以降は2019年同月を下回る水準で推移した。要因別にみると、「名目賃金による要因」は、所定外給与や特別給与、パートタイム労働者の給与が経済活動の水準に対して弾力的に変化するため、月別の変動幅が比較的大きく、2020年以降の総雇用者所得（名目）の水準の変動に対し比較的大きな影響を与えている。

　同図の（2）により、現金給与総額（名目）の推移をみると、総雇用者所得（名目）とおおむね同様の動きをしていることが分かる。要因別にみると、2020年4月以降、労働時間が短く相対的に賃金水準の低いパートタイム労働者を中心に雇用者数の減少がみられたことから、「パートタイム労働者比率による要因」はおおむねプラスに寄与しているものの、「一般労働者の賃金による要因」のマイナス寄与が大きく、「一般労働者の賃金による要因」がプラス寄与に転じた2021年2月～4月を除き、2019年同月を下回る水準となっている。また、一般労働者の特別給与の水準が大幅に低下していることから、6月及び12月の「一般労働者の賃金による要因」は他の月と比較して大幅なマイナスとなっている。2021年は、2月～4月は緊急事態宣言下にありながら2019年同月を上回る水準で推移したが、5月以降は長引く経済社会活動の抑制等の影響から「一般労働者の賃金による要因」がマイナスに転じ、8月～9月には「パートタイム労働者の賃金による要因」のマイナス寄与の拡大もみられ、2019年同月を下回る水準が続いた。また、2021年10月以降は、緊急事態宣言が全面解除となったこと等からパートタイム労働者が増加傾向となり、「パートタイム労働者比率による要因」がマイナス寄与に転じた。一方、2019年同月と比較すると、依然として低い水準となっているものの、2021年の現金給与総額（名目）を2020年同月の水準と比較すると、特に、「一般労働者の賃金による要因」はマイナス寄与がいずれの月もおおむね縮小傾向にあり、持ち直しの状況にあることがうかがえる。

第1−（3）−19図　総雇用者所得（名目）と現金給与総額（名目）の推移

○　2020年以降の総雇用者所得（名目）の推移をみると、名目賃金が比較的大きな変動要因となっており、現金給与総額（名目）の動きに従って変動している。
○　2021年の総雇用者所得（名目）は、1月〜4月は2019年同月を上回る水準となったものの、5月以降はマイナスに転じた。

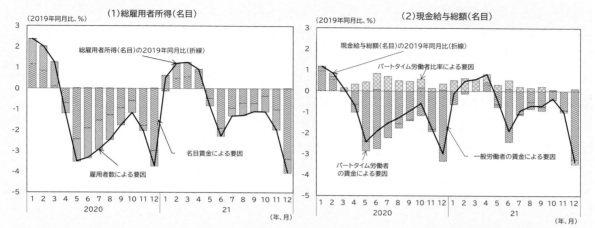

資料出所　厚生労働省「毎月勤労統計調査」、総務省統計局「労働力調査（基本集計）」をもとに厚生労働省政策統括官付政策統括室にて作成
　（注）　1）総雇用者所得は、現金給与総額指数（原指数）に雇用者数（原数値）を乗じて算出している。なお、厚生労働省において独自に作成した試算値であり、内閣府の「月例経済報告」の名目総雇用者所得とは若干算出方法が異なる。
　　　　　2）現金給与総額指数は、調査産業計、就業形態計、事業所規模5人以上の値を利用している。
　　　　　3）総雇用者所得の変化率は、現金給与総額指数の変化率、雇用者数の変化率及び誤差項に分解し、算出している。

● **2021年のパートタイム労働者所定内給与は月ごとに大きく変動している**

　次に、就業形態別に現金給与総額（名目）の動きを詳細にみていく。

　第1-（3）-20図の（1）により、一般労働者の現金給与総額（名目）の推移をみると、2020年4月以降、2019年同月をおおむね下回る水準で推移しているが、所定外給与及び特別給与の減少がその要因となっており、所定内給与は大きな変動はなく、2021年には増加傾向もみられている。所定外給与及び特別給与は経済活動の状況や業況により変動することから、今後の持ち直しの動きに注視していく必要がある。

　同図の（2）により、パートタイム労働者の現金給与総額（名目）の動向をみると、2020年4月以降、所定外給与が一貫してマイナスに寄与していることに加え、所定内給与の月ごとの変動が大きいことがみてとれる。パートタイム労働者は経済社会活動の状況等により労働時間が変動すると考えられ、それに伴い、所定内給与の水準も変動することから、感染状況により経済社会活動の抑制・再開が繰り返された影響を大きく受けていることがうかがわれる。一方、6月及び12月には、パートタイム労働者の特別給与のプラス寄与が顕著にみられ、感染症の影響下においても、いわゆる「同一労働同一賃金」の取組が進展している状況も見受けられる。

第1-（3）-20図 　**就業形態別にみた現金給与総額（名目）の推移**

○　2020年以降の現金給与総額（名目）を就業形態別にみると、一般労働者は、所定外給与、特別給与の減少は比較的大きいが、所定内給与の大幅な増減はみられていない。

○　一方、パートタイム労働者は、所定外給与が一貫してマイナスに寄与していることに加え、所定内給与の月ごとの変動が大きい。また、特別給与は顕著にプラスに寄与しており、いわゆる「同一労働同一賃金」の取組の進展が見受けられる。

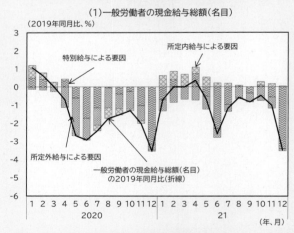
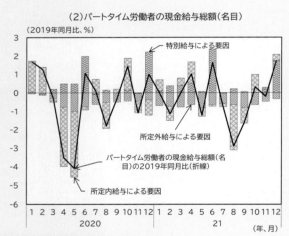

（1）一般労働者の現金給与総額（名目）

（2）パートタイム労働者の現金給与総額（名目）

資料出所　厚生労働省「毎月勤労統計調査」をもとに厚生労働省政策統括官付政策統括室にて作成
　（注）　1）調査産業計、事業所規模5人以上の値を示している。
　　　　　2）就業形態計、一般労働者、パートタイム労働者のそれぞれについて、指数（現金給与総額指数、定期給与指数、所定内給与指数）にそれぞれの基準数値（2020年）を乗じ、100で除し、時系列接続が可能となるように修正した実数値を用いている。
　　　　　3）所定外給与＝定期給与（修正実数値）−所定内給与（修正実数値）、特別給与＝現金給与総額（修正実数値）−定期給与（修正実数値）として算出している。このため「毎月勤労統計調査」の公表値の増減とは一致しない場合がある。

●現金給与総額（名目）の動きは産業ごとに差異がみられる

　さらに、第1-（3）-21図により、2020年以降の産業別の現金給与総額（名目）の推移を2019年同月の水準と比較して確認する。2020年の感染拡大後はおおむね全ての産業で水準の低下がみられたものの、「宿泊業，飲食サービス業」「運輸業，郵便業」では、特に大幅な水準の低下がみられた。2021年は、「宿泊業，飲食サービス業」は、依然として2019年同月の水準を大幅に下回って推移している。「運輸業，郵便業」は、年後半にかけて2019年同月を大幅に下回る水準となったことに加え、特別給与の減少から、特に、6月及び12月の水準低下が著しい。一方、「卸売業，小売業」では、2021年は、2019年同月をおおむね上回る水準で推移するなど、産業によって現金給与総額（名目）の動きには差異がみられる。

| 第1-（3）-21図 | 産業別にみた現金給与総額（名目）の推移 |

　○　産業別の現金給与総額（名目）をみると、2021年は、「宿泊業，飲食サービス業」は依然として2019年同月の水準を大幅に下回って推移しており、「運輸業，郵便業」は特別給与の減少から特に6月及び12月の水準低下が著しい。一方、「卸売業，小売業」では2019年同月をおおむね上回る水準で推移するなど、産業ごとに差異がみられる。

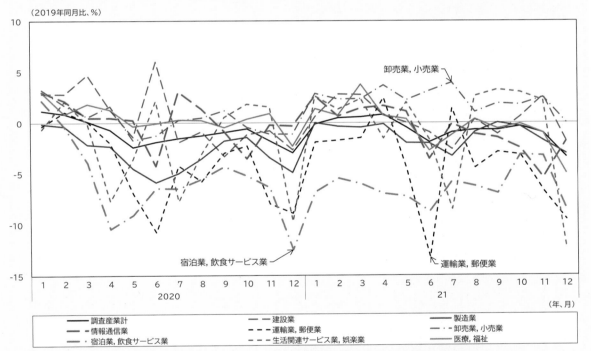

資料出所　厚生労働省「毎月勤労統計調査」をもとに厚生労働省政策統括官付政策統括室にて作成
　（注）　就業形態計、事業所規模5人以上の値を示している。

第3節 春季労使交渉等の動向

●2021年の春季労使交渉の動き

　ここでは、2021年の春季労使交渉の動きについて振り返った上で、2022年の春季労使交渉の動きについて、労働者側、使用者側の双方からみていく。

　まず、2021年春季労使交渉の動きを振り返る。

　2021年春季労使交渉では、労働者側の動きとして、日本労働組合総連合（以下「連合」という。）は、「2021春季生活闘争方針」において、「賃上げ要求」については、「2021闘争においても、『底上げ』『底支え』『格差是正』の取り組みの考え方を堅持する中で、引き続き、月例賃金の絶対額の引上げにこだわり、名目賃金の最低到達水準と目標水準への到達、すなわち『賃金水準の追求』に取り組むこととする。」とし、月例賃金については、「すべての組合は、定期昇給相当（賃金カーブ維持相当）分（2％）の確保を大前提に、産業の『底支え』『格差是正』に寄与する『賃金水準追求』の取り組みを強化しつつ、それぞれの産業における最大限の『底上げ』に取り組むことで、2％程度の賃上げを実現し、感染症対策と経済の自律的成長の両立をめざす。同時に、企業内で働くすべての労働者の生活の安心・安定と産業の公正基準を担保する実効性を高めるため、企業内最低賃金の協定化に取り組む。」としていた。

　これに対する使用者側の動きとして、（一社）日本経済団体連合会（以下「経団連」という。）は、2021年1月に公表した「2021年版経営労働政策特別委員会報告−エンゲージメントを高めてウィズコロナ時代を乗り越え、Society 5.0の実現を目指す−」において、「コロナ禍の影響で業績が大きく落ち込んでいる企業がある一方、業績が堅調な企業もあるなど、まだら模様の様相が強まっている。こうした中、業種横並びや各社一律の賃金引上げを検討することは現実的ではない。『賃金決定の大原則』に則った検討を行っていく際、コロナ禍にあって外的要素をどう考慮するかについてはより慎重な判断が求められる。企業労使は、自社の事業活動へのコロナ禍の影響に関する情報を正しく共有し、当面の業績見通しなどについてもできる限り認識を合わせた上で、十分に協議を尽くし、自社の実情に適した賃金決定を行うことが重要である。」としていた。

　こうした中、2021年3月17日に、多くの民間主要労働組合に対して、賃金、一時金等に関する回答が示された。感染症の影響で先行き不透明感がある中、月例賃金については、ベースアップの回答を行った企業もあれば、定期給与相当分を維持する企業もあるなど、業種間でばらつきがみられ、一時金は2020年に比べ減少傾向という回答となった。

●2022年の春季労使交渉の動き

　2022年の春季労使交渉の動きについてみてみる。

　まず、労働者側の動きとして、連合は、「2022春季生活闘争方針」において、「2022闘争は、すべての組合が月例賃金の改善にこだわり、それぞれの賃金水準を確認しながら、『底上げ』『底支え』『格差是正』の取り組みをより強力に推し進める。」としている。

　これに対する使用者側の動きとして、経団連は、2022年1月に公表した「2022年版経営労働政策特別委員会報告−ポストコロナに向けて、労使協働で持続的成長に結びつくSociety5.0の実現−」において、「業種や企業による業績のばらつきが拡大する中、2022年の春季労使交渉・協議においては、業種横並びや一律的な賃金引上げの検討ではなく、各企業が

自社の実情に適した賃金決定を行うとの『賃金決定の大原則』に則った検討が重要となる。『成長と分配の好循環』実現への社会的な期待や、企業の賃金引上げの環境整備に向けた政府の支援策をも考慮に入れながら、企業として主体的な検討が望まれる。」としている。

　こうした中、2022年３月16日に、多くの民間主要労働組合に対して、賃金、一時金等に関する回答が示された。2021年を上回る賃上げ、一時金等の回答がある一方、感染症の影響等により業績低迷が続いている業種では、賃上げの動きが鈍いなど、業種間でばらつきがみられた。

●2021年春季労使交渉では、2014年以降で最も低い賃上げとなっている

　2021年の春季労使交渉の概況についてみてみる。

　第１-（３）-22図により、賃上げ集計結果をみると、2021年は、妥結額は5,854円、賃上げ率は1.86％となり、妥結額、賃上げ率ともに３年連続で前年の水準を下回り、賃上げ率は8年ぶりに２％を下回った。また、経団連の調査[14]では1.84％、連合の調査では1.78％と、いずれも2020年を下回り、2014年以降で最も低い賃上げ率となった。

第１-（３）-22図	賃上げ集計結果の推移

○　2021年の民間主要企業の賃上げは、妥結額は5,854円、賃上げ率は1.86％となっており、いずれも３年連続で前年の水準を下回り、賃上げ率は8年ぶりに２％を下回った。

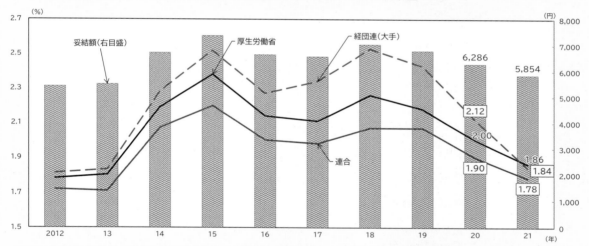

資料出所　厚生労働省「民間主要企業春季賃上げ要求・妥結状況」、（一社）日本経済団体連合会「春季労使交渉・大手企業業種別回答状況（加重平均）」、日本労働組合総連合会「春季生活闘争最終回答集計結果」をもとに厚生労働省政策統括官付政策統括室にて作成
（注）　1）厚生労働省の集計対象は、妥結額（定期昇給込みの賃上げ額）などが把握できた資本金10億円以上かつ従業員1,000人以上の労働組合がある企業である（加重平均）。
　　　　2）経団連（大手）の集計対象は、原則として東証一部上場、従業員500人以上の企業である。
　　　　3）連合の集計組合は99人以下の中小組合を含み、集計組合員数による規模計の加重平均である。

14　経団連は大手企業の妥結結果である。

● **2021年は2020年を下回る賃上げとなった**

　春季労使交渉の結果を受けて、2021年の平均賃金がどのように変化したかをみてみる[15]。

　第1-(3)-23図により、2021年の一人当たりの平均賃金の改定額及び改定率を企業規模別にみると、企業規模計では、2020年に比べ改定額、改定率ともに減少した。同図の（1）により、2021年の改定額をみると、「1,000人～4,999人」で2020年より増加した一方、それ以外の規模では2020年より減少した。同図の（2）により、2021年の改定率をみると、2020年と比べて「300～999人」及び「5,000人以上」で低下、「100～299人」及び「1,000～4,999人」で横ばいとなった。

第1-(3)-23図　一人当たり平均賃金の改定額及び改定率の推移

○　2021年の一人当たり平均賃金の改定額（予定を含む）は4,694円、改定率は1.6％となり、改定額、改定率ともに2020年を下回った。

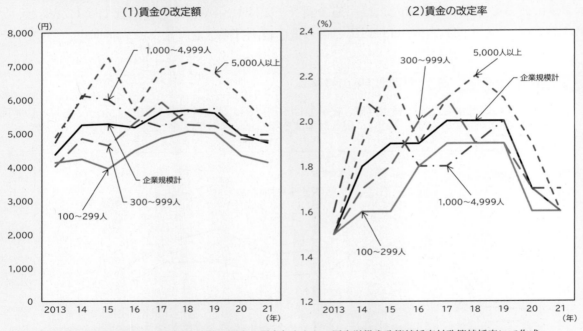

資料出所　厚生労働省「賃金引上げ等の実態に関する調査」をもとに厚生労働省政策統括官付政策統括室にて作成
（注）　賃金の改定を実施し又は予定していて額も決定している企業及び賃金の改定を実施しない企業を対象に集計した。

15　「賃金引上げ等の実態に関する調査」は、中小企業も含む民間企業（労働組合のない企業を含む）について調査（「製造業」「卸売業，小売業」は常用労働者30人以上、それ以外の産業は常用労働者100人以上）しており、第1-(3)-22図の春季労使交渉の調査より調査範囲が広い。

●**賃上げやベースアップを実施する企業の割合は、2021年は2020年に続き低下している**

　次に、平均賃金の引上げを行った企業の割合及びベースアップの実施状況について確認する。

　2021年の状況について、第1-(3)-24図の（1）により、賃上げ実施企業割合を企業規模別にみると[16]、2021年は、企業規模計では80.7％となり、2020年より低下した。企業規模別にみると、2020年より増加した「5,000人以上」を除いて低下した。

　同図の（2）により、ベースアップを実施した企業の割合をみると[17]、2021年は、企業規模計では17.7％となり、2年連続で低下した。また、企業規模別にみると、全ての企業規模で低下し、2021年にベースアップを実施した企業の割合は、企業規模が大きい企業ほど大きく低下した。

第1-(3)-24図	一人当たり平均賃金を引き上げる企業の割合の推移

○　賃上げを実施する企業の割合は、2021年は80.7％となり、2年連続で低下した。
○　ベースアップを行う企業の割合は、2021年には17.7％となり、2年連続で低下した。

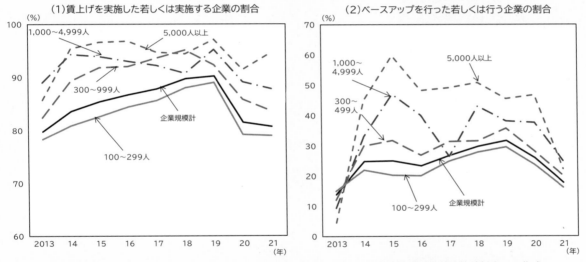

資料出所　厚生労働省「賃金引上げ等の実態に関する調査」をもとに厚生労働省政策統括官付政策統括室にて作成
（注）　1）（1）は、調査時点（各年8月）において、年内に「1人平均賃金を引き上げた・引き上げる」と回答した企業の割合を示している。
　　　　2）（2）は、定期昇給制度がある企業のうちベースアップを行った、又は行う予定と回答した企業の割合を示している。本調査では、「管理職」「一般職」に分けて調査しており、ここでは、「一般職」の結果を掲載している。

16　「1人平均賃金を引き上げた・引き上げる」企業の割合。
17　賃金の改定を実施し又は予定している企業及び賃金の改定を実施しない企業のうち定期昇給制度がある企業について集計したもの（一般職については、定期昇給制度がある企業割合は、企業規模計で2021年81.6％）。

●2021年の夏季一時金及び年末一時金は、減少した

　次に、第1-（3）-25図により、夏季・年末一時金妥結状況の推移をみると、2021年の夏季一時金の妥結額は、前年比6.59%減の77.4万円と、3年連続で減少し、1970年以降では2番目の低下率となった。また、年末一時金の妥結額は、前年比0.54%減の78.2万円となり、2年連続で減少した。

第1-（3）-25図　夏季・年末一時金妥結状況の推移

○　2021年の夏季一時金、年末一時金の妥結額は、それぞれ77.4万円、78.2万円となり、夏季一時金は3年連続、年末一時金は2年連続の減少となった。

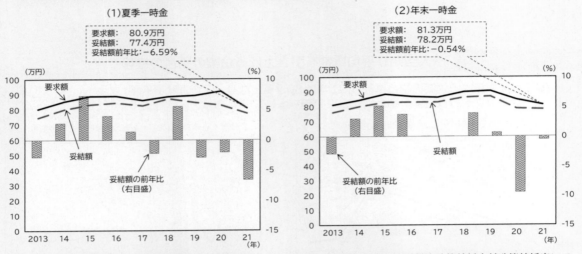

資料出所　厚生労働省「民間主要企業（夏季・年末）一時金妥結状況」をもとに厚生労働省政策統括官付政策統括室にて作成
（注）　1）集計対象は、原則として、資本金10億円以上かつ従業員1,000人以上の労働組合がある企業（加重平均）。
　　　　2）要求額は、月数要求・ポイント要求など要求額が不明な企業を除き、要求額が把握できた企業の平均額である。

●**労働組合員数は7年ぶりに、推定組織率は2年ぶりに減少**

最後に、労働組合の状況についてみる。

第1-(3)-26図により、労働組合員数及び推定組織率の推移をみると、2021年は、労働組合員数1,008万人、推定組織率16.9%となり、労働組合員数は7年ぶりに、推定組織率は2年ぶりに減少した。

第1-(3)-26図 **労働組合員数及び推定組織率の推移**

○　2021年の労働組合の推定組織率は16.9%となり、2年ぶりの低下となった。

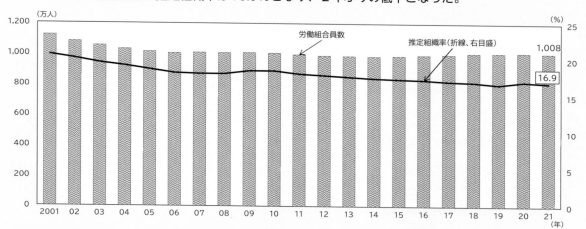

資料出所　厚生労働省「労使関係総合調査（労働組合基礎調査）」をもとに厚生労働省政策統括官付政策統括室にて作成
（注）　1）労働組合員数は、単一労働組合に関する表の数値であり、単一労働組合に関する表とは、単位組織組合及び単一組織組合の本部をそれぞれ1組合として集計した結果表である。単一組織組合とは、規約上労働者が当該組織に個人加入する形式をとり、かつ、その内部に下部組織（支部等）を有する労働組合をいう。
　　　　2）推定組織率は、労働組合員数を労働力調査（各年6月）の雇用者数で除して得られた数値である。
　　　　3）2011年の雇用者数は、総務省統計局による補完推計の2011年6月分の数値で、推定組織率は、総務省統計局による補完推計の2011年6月分の数値を用いて厚生労働省政策統括官付政策統括室で計算した値である。時系列比較の際は注意を要する。

第3章

　また、第1-（3）-27図により、パートタイム労働者の労働組合員数及び推定組織率の推移をみると、2021年は、パートタイム労働者の労働組合員数は136万人、推定組織率は8.4％となり、労働組合員数、推定組織率ともに過去最高を記録した2020年より減少した。特に、パートタイム労働者の労働組合員数は、1990年に調査を始めて以来、初めて減少した。

第1-（3）-27図　パートタイム労働者の労働組合員数及び推定組織率の推移

○　2021年のパートタイム労働者の推定組織率は8.4％となり、過去最高を記録した2020年より低下した。

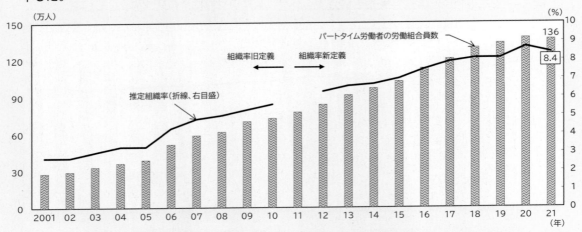

資料出所　厚生労働省「労使関係総合調査（労働組合基礎調査）」をもとに厚生労働省政策統括官付政策統括室にて作成
　（注）　1）「パートタイム労働者」とは、正社員・正職員以外で、その事業所の一般労働者より1日の所定労働時間が短い労働者、1日の所定労働時間が同じであっても1週の所定労働日数が少ない労働者又は事業所においてパートタイマー、パート等と呼ばれている労働者をいう。
　　　　　2）「雇用者数」は、いずれも労働力調査の各年6月分の原数値を用いている。
　　　　　3）旧定義による「雇用者数」は、就業時間が週35時間未満の雇用者数であり、「推定組織率」は、これで「パートタイム労働者の労働組合員数」を除して得られた数値である。2013年までの結果の概要においては、当該数値を表章している。
　　　　　4）新定義による「雇用者数」は、就業時間が週35時間未満の雇用者数から従業上の地位が「正規の職員・従業員」を除いた雇用者数に、就業時間が週35時間以上で雇用形態（勤務先での呼称による）が「パート」（いわゆるフルタイムパート）の雇用者数を加えた数値であり、「推定組織率」は、これで「パートタイム労働者の労働組合員数」を除して得られた数値である。2014年以降の結果の概要においては、当該数値を表章している。なお、労働力調査において2012年以前は、就業時間が週35時間未満のうち従業上の地位が「正規の職員・従業員」である雇用者数及び就業時間が週35時間以上で雇用形態が「パート」の雇用者数を公表していない。
　　　　　5）2011年の「雇用者数」及び「推定組織率」については、労働力調査（2011年6月分）が東日本大震災の影響により調査実施が困難となった岩手県、宮城県及び福島県を除いて雇用者数を公表しており、その後の補完推計（2012年4月公表）においても「雇用者数」の推計値を公表していないため表章していない。

コラム1-3　我が国の賃金の動向

　近年、日本の賃金が他の先進各国と比較して伸び悩んでいるといった指摘が多い。2021年10月に閣議決定により設置された「新しい資本主義実現会議」でも賃上げについての議論が行われた。本コラムでは、1990年代から今日にかけての日本の賃金について分析を試みる。

（1）賃金（名目・実質）の国際比較

　コラム1-3-①図により、ＯＥＣＤが公表するデータを使って、Ｇ7各国の賃金の1991年以降の推移をみてみる。同図の（1）により、日本は、1991年の賃金を100とすると、2020年の名目賃金は111.4となっており、他のＧ7各国と比較すると賃金の伸びが低くなっていることが分かる。また、同図の（2）により、物価の伸びを考慮した実質賃金をみると、1991年の賃金を100とすると、2020年の日本は103.1となっており、イタリアを除く各国と比較すると賃金の伸びが低くなっていることが分かる。さらに、リーマンショック後の2010年以降の実質賃金は、イギリスやイタリアなど日本以外でも実質賃金が伸び悩む国もあることが分かる。

【コラム1-3-①図　Ｇ7各国の賃金（名目・実質）の推移】

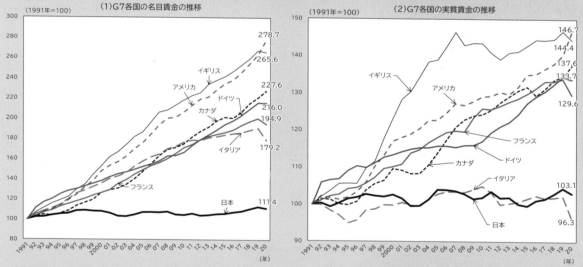

資料出所　OECD.StatにおけるAverage Annual Wagesにより作成。購買力平価ベース。
（注）　1）1991年を100とし、推移を記載している。なお、ＯＥＣＤによるデータの加工方法が不明確なため、厳密な比較はできないことに留意。なお、我が国の計数は国民経済計算の雇用者所得をフルタイムベースの雇用者数、民間最終消費支出デフレーター及び購買力平価で除したものと推察される。
　　　　2）名目賃金は、ＯＥＣＤが公表する実質賃金に消費者物価指数の総合指数を乗じることで算出している。

（2）日本の賃金の現状と近年の傾向

　バブル崩壊以降、低い経済成長と長引くデフレにより、企業は賃金を抑制し、消費者も将来不安などから消費を抑制した結果、需要が低迷し、デフレが加速、企業に賃上げを行う余力が生まれにくい悪循環であったことが日本の賃金が伸び悩む要因として考えられるが、ここでは、年齢階級別の賃金水準や労働者の構成比率の変化について、分析する。

　コラム１-３-②図[18]により、厚生労働省「賃金構造基本統計調査」を用いて、日本の労働者の名目賃金をみると、男性の一般労働者では、「～19歳」「55～59歳」及び「60～64歳」において、女性の一般労働者では、ほぼ全ての年齢階級において賃金水準が上昇傾向にあることが分かる。

【コラム１-３-②図　一般労働者の賃金水準の比較（名目賃金）】

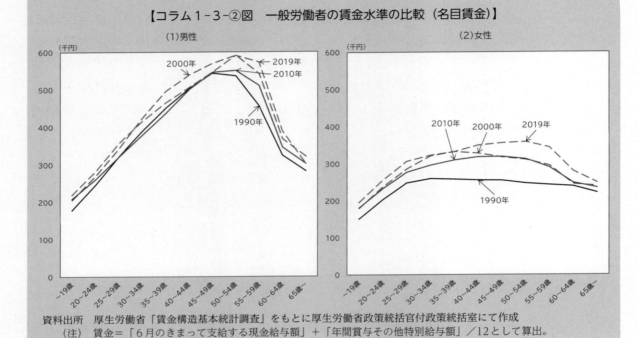

資料出所　厚生労働省「賃金構造基本統計調査」をもとに厚生労働省政策統括官付政策統括室にて作成
　（注）　賃金＝「６月のきまって支給する現金給与額」＋「年間賞与その他特別給与額」／12として算出。

18　「賃金構造基本統計調査」は、令和２年調査より、調査項目及び推計方法の見直しを行っているが、本コラムでは、見直し前の2019年（令和元年）までの統計データを用いて1990年、2000年、2010年、2019年の男女別、年齢階級別の名目賃金を比較している。

　また、コラム1-3-③図により、厚生労働省「毎月勤労統計調査」を用いて、1993年以降の所定内給与を所定内労働時間で除した時給換算した賃金（名目・実質）[19]を就業形態別にみると、1時間当たり名目賃金は、一般労働者、パートタイム労働者[20]ともに、上昇基調で推移している。特に、パートタイム労働者の1時間当たり名目賃金は、最低賃金の引上げ等を背景に、近年、上昇している。また、1時間当たり実質賃金は、消費増税等急激に物価が上昇しているときなど、一時的に減少している年もあるものの、基本的に上昇基調で推移していることが分かる。

【コラム1-3-③図　就業形態別にみた時給換算した賃金（名目・実質）の推移】

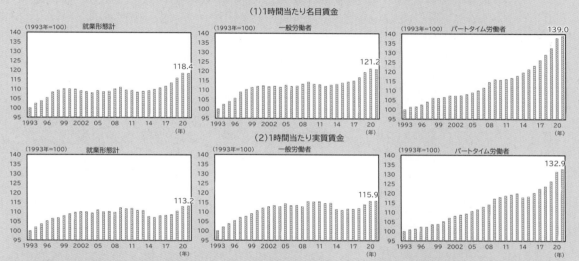

資料出所　厚生労働省「毎月勤労統計調査」、総務省統計局「消費者物価指数」をもとに厚生労働省政策統括官付政策統括室にて作成
　（注）　1）「毎月勤労統計調査」は、調査産業計、事業所規模5人以上の値を示している。
　　　　　2）1時間当たり名目賃金は、「毎月勤労統計調査」における所定内給与指数を所定内労働時間指数で除した値である。
　　　　　3）1時間当たり実質賃金は、2）の1時間当たり名目賃金を消費者物価指数（持家の帰属家賃を除く総合）で除した値である。
　　　　　4）1993年を100とした際の指数を、2021年に記載している。

19　時給換算した賃金は、所定内給与指数を所定内労働時間指数で除することで算出している。なお、就業形態別の賃金を取り始めた1993年以降についてみている。
20　「毎月勤労統計調査」では、常用労働者のうち、パートタイム労働者以外の者を一般労働者としている。一方、パートタイム労働者とは、常用労働者のうち、
①　1日の所定労働時間が一般の労働者より短い者
②　1日の所定労働時間が一般の労働者と同じで1週の所定労働日数が一般の労働者よりも少ない者
のいずれかに該当する者としており、調査票の記入要領において、一般の労働者とは、いわゆる正規従業員、正社員のことと考えて良いとされている。

（3）日本の賃金が伸び悩む要因

①女性や高齢者の労働参加が進んだことに伴うパートタイム労働者・非正規雇用労働者の増加による影響

　この30年間、少子高齢化の中で、労働力需要の高まりや就業意識の変化に伴い、育児支援の充実や定年の引上げなどにより、女性や高齢者の就業者、労働者が増加している。

　コラム1-3-④図により、総務省統計局「労働力調査（基本集計）」を用いて、就業者数についてみると、1991年と比較して、2021年は、344万人増加している。男女別・年齢階級別にみてみると、男性は「15〜64歳」が370万人減と減少している一方、男性の「65歳以上」が303万人増、女性は「15〜64歳」が189万人増、「65歳以上」が221万人増と、女性や高齢者の就業者が増加していることが分かる。

【コラム1-3-④図　1991年と2021年の就業者数の比較】

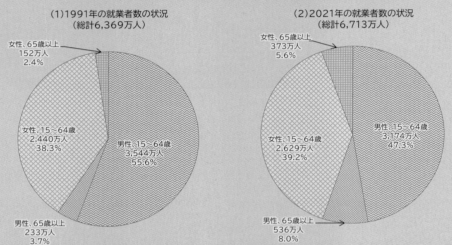

資料出所　総務省統計局「労働力調査（基本集計）」をもとに厚生労働省政策統括官付政策統括室にて作成
　（注）　四捨五入の関係でそれぞれの合計と総計が一致していない場合がある。

　次に正規雇用労働者、非正規雇用労働者の増加による影響についてみていく。コラム1-3-⑤図により、総務省統計局「労働力調査（詳細集計）」を用いて、男女別に正規雇用労働者と非正規雇用労働者について2002年及び2021年の状況をみてみる[21]。

　女性についてみると、正規雇用労働者、非正規雇用労働者ともに増加しているが、非正規雇用労働者の割合がいずれも大きく、その多くは、相対的に賃金水準の低いパートタイム労働者である。また、「65歳以上」の高齢者についてみると、正規雇用労働者、非正規雇用労働者ともに大きく増加しているものの、非正規雇用労働者で特に大きく増加しており、男女とも同様の傾向にあることが分かる。

【コラム1-3-⑤図　2002年と2021年の男女別の正規雇用労働者・非正規雇用労働者の比較】

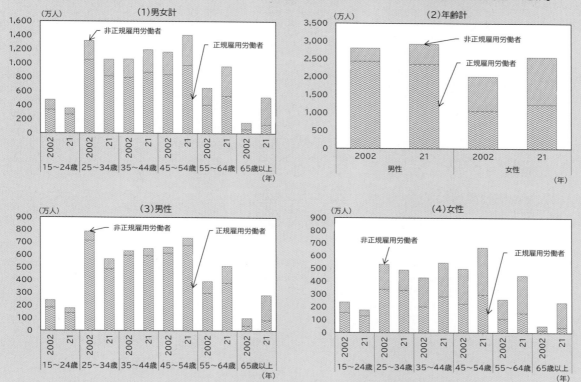

資料出所　総務省統計局「労働力調査（詳細集計）」をもとに厚生労働省政策統括官付政策統括室にて作成
　（注）　15～24歳は、「うち在学中を除く。」の数値である。

21　「労働力調査（詳細集計）」は、2002年以降実施しており、2001年以前に実施していた「労働力調査（特別調査）」とは、調査方法や調査月などが相違することから、本コラムでは、比較可能な2002年と2021年で比較している。

　コラム１-３-⑥図により、厚生労働省「毎月勤労統計調査」を用いて、現金給与総額（就業形態計）についてみてみる[22]。1997年まで、現金給与総額（就業形態計）は、一般労働者の所定内給与がプラスに寄与し、増加していたが、1998年以降、パートタイム労働者比率や一般労働者の特別給与のマイナス寄与が拡大し、2002年以降、現金給与総額（就業形態計）は減少に転じ、マイナス幅が拡大した。2013年以降、一般労働者の所定内給与や特別給与が増加しマイナス幅は縮小していたが、2019年以降再びマイナス幅が拡大した。

【コラム１-３-⑥図　就業形態計の現金給与総額（名目）の変動要因の推移】

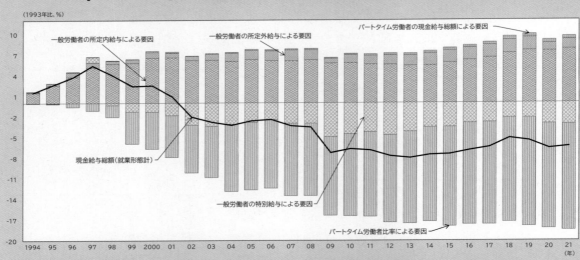

資料出所　厚生労働省「毎月勤労統計調査」をもとに厚生労働省政策統括官付政策統括室にて作成
（注）　１）調査産業計、事業所規模５人以上の値を示している。なお、2012年以前の数値は、時系列比較のための推計値を用いている。
　　　　２）就業形態計、一般労働者、パートタイム労働者のそれぞれについて、指数（現金給与総額指数、定期給与指数、所定内給与指数）にそれぞれの基準数値（2020年）を乗じ、100で除し、時系列接続が可能となるように修正した実数値を用いている。
　　　　３）所定外給与＝定期給与（修正実数値）－所定内給与（修正実数値）、特別給与＝現金給与総額（修正実数値）－定期給与（修正実数値）として算出している。このため「毎月勤労統計調査」の公表値の増減とは一致しない場合がある。

22　本コラムにおける「毎月勤労統計調査」の数値は、指数（現金給与総額指数、定期給与指数、所定内給与指数、総実労働時間指数、所定内労働時間指数、常用雇用労働者指数）にそれぞれの基準数値（2020年）を乗じ、100で除し、時系列比較が可能となるように修正した実数値であり、実際の公表値とは異なる。なお、「毎月勤労統計調査」において、就業形態別にデータを取り始めた1993年以降で分析している。

②産業構造の変化による影響

　コラム1-3-⑦図により、厚生労働省「毎月勤労統計調査」を用いて、労働者全体に占める産業別、就業形態別の労働者の構成比の状況をみていく。2021年は、1993年と比較[23]すると、第2次産業では、一般労働者、パートタイム労働者の割合がいずれも低下する一方、第3次産業の労働者割合は上昇しており、特に第3次産業におけるパートタイム労働者の割合が大きく上昇していることが分かる。

【コラム1-3-⑦図　産業別・就業形態別の構成比の状況】

(1)1993年の労働者数の状況
（総計4,227万人）

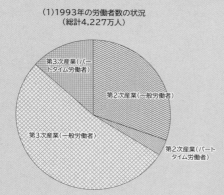

(2)2021年の労働者数の状況
（総計5,088万人）

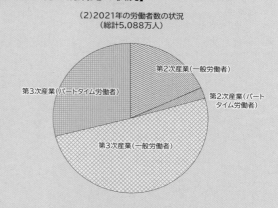

	第2次産業	第3次産業	就業形態別　計
一般労働者	30.2%	52.6%	82.8%
パートタイム労働者	3.4%	13.3%	16.8%
産業別　計	33.6%	65.9%	

	第2次産業	第3次産業	就業形態別　計
一般労働者	18.2%	50.5%	68.7%
パートタイム労働者	2.4%	29.0%	31.3%
産業別　計	20.5%	79.5%	

資料出所　厚生労働省「毎月勤労統計調査」をもとに厚生労働省政策統括官付政策統括室にて作成
（注）　1）事業規模5人以上の値を示している。
　　　　2）指数（常用労働者数）に基準値（2020年）を乗じて、100で除し、時系列接続が可能になるように修正した実数値をもとに算出。
　　　　3）指数に基準値を乗じて修正しており、四捨五入の関係等で総計と一致しない場合や合計が100にならない場合がある点留意。

---

23 「毎月勤労統計調査」では、第1次産業のデータはなく、本稿では「鉱業，採石業，砂利採取業」「建設業」「製造業」を第2次産業とし、その他の産業を第3次産業として分析している。

　次に、コラム１－３－⑧図により、厚生労働省「毎月勤労統計調査」を用いて、産業別、就業形態別の名目賃金の変化の状況をみていく。同図の（１）により、1993年と2021年の第２次産業、第３次産業それぞれの賃金を就業形態別にみると、両産業分類とも一般労働者がパートタイム労働者よりも高く、いずれも賃金が上昇していることが分かる。

　それぞれの賃金が上昇しているにもかかわらず、調査産業計の名目賃金が伸び悩んでいる理由について、要因を分析したものが同図の（２）である。第２次産業の現金給与総額がプラスに寄与する一方、第３次産業の現金給与総額と労働者比率がマイナスに寄与している。したがって、一般労働者と比較して相対的に賃金水準が低い第３次産業のパートタイム労働者比率が大きく上昇するとともに、相対的に賃金が高い第２次産業の一般労働者が減少したことにより、結果として、名目賃金が減少したと考えられる[24]。

【コラム１－３－⑧図　就業形態別・産業別の名目賃金の変化の状況、要因分析】

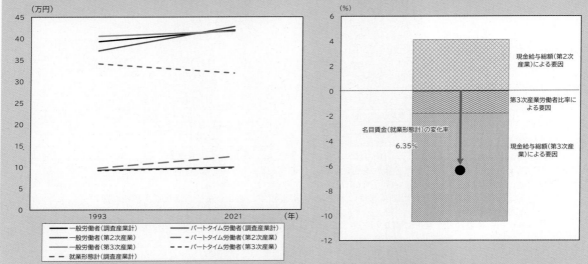

（1）就業形態別、産業別名目賃金の変化の状況　　　　　（2）名目賃金の変化の要因分析（1993年比）

資料出所　厚生労働省「毎月勤労統計調査」をもとに厚生労働省政策統括官付政策統括室にて作成
（注）　1）事業規模５人以上の値を示している。
　　　　2）指数（労働者数）に基準値（2020年）を乗じて、100で除し、時系列接続が可能になるように修正した実数値をもとに算出。
　　　　3）増減率は指数から計算しているため、実額から計算したものと必ずしも一致しない点留意。
　　　　4）「毎月勤労統計調査」の産業区分のうち、「鉱業，採石業，砂利採取業」「建設業」「製造業」を第２次産業とし、その他の産業を第３次産業としている。

24　内閣府政策統括官室（経済財政分析担当）「日本経済2012-2013」（2012年）において、非製造業の平均賃金が低いのはパート労働者比率が高いことが要因としている。さらに、産業構造、雇用構造が製造業から非製造業にシフトすると「賃金が低下する」という見方について、製造業、非製造業とも一般労働者（正社員、非正社員）に限ってみると、製造業、非製造業の賃金格差は小さく、パート労働者の賃金は、一般労働者に比べて大幅に低く、製造業の方が非製造業を上回っている。全体の賃金で見た時に製造業の賃金が非製造業の賃金を上回っているのは、非製造業において、賃金の低いパート労働者の比率が、製造業よりも大幅に上昇してきたためと指摘している。

③物価の上昇による影響

　物価を加味した実質賃金の状況をみていく。コラム１-３-⑨図により、厚生労働省「毎月勤労統計調査」、総務省統計局「消費者物価指数」を用いて、実質賃金の動向について、名目賃金の要因と物価（消費者物価）要因に分解している。1991年以降、一貫して1990年比で物価が実質賃金にマイナスに寄与したものの、名目賃金の伸びが上回り、実質賃金はプラスで推移していた。しかし、2002年以降、名目賃金の伸びが物価の伸びを下回り、実質賃金はマイナスとなっている。また、2009年以降、名目賃金の伸びもマイナスに寄与し、マイナス幅が拡大していることが分かる。

【コラム１-３-⑨図　現金給与総額（実質）の変動要因の推移】

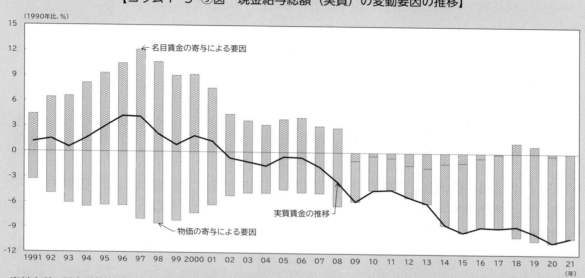

資料出所　厚生労働省「毎月勤労統計調査」、総務省統計局「消費者物価指数」をもとに厚生労働省政策統括官付政策統括室にて作成
　（注）　1）調査産業計、就業形態計、事業所規模５人以上の値を示している。なお、2012年以前の数値は、時系列比較のための推計値を用いている。
　　　　　2）実質賃金は、名目の現金給与総額指数を消費者物価指数（持家の帰属家賃を除く総合）で除し、100を乗じて算出している。

（4）まとめ

　本コラムでは、過去30年の我が国の賃金動向をみてきた。まず、パートタイム労働者比率が増加し、結果として賃金がマイナスに寄与することが分かった。パートタイム労働者比率の増加は、女性や高齢者が、希望に応じて働く機会が増え、労働参加を進めるという意味で、望ましいことであるものの、一人当たりの平均賃金の引下げ要因となっている。

　また、産業分類別にみると、第３次産業の労働者の比率が増加した結果、パートタイム労働者比率が増加し、賃金の引下げ要因となっていることが分かった。さらに、近年は、消費増税の影響等による物価の上昇により、実質賃金が低下していることも分かった[25]。

　賃金を上昇させるため、企業の生産性や商品・サービスの付加価値を高めることが必要である。企業には、賃上げに向けた努力が引き続き求められると同時に、労働の付加価値を高められるよう個々の労働者の能力開発も必要になっていくものと考えられる。

25　玄田（2017）では、労働市場の需給変動の観点、行動経済学等の観点、賃金制度などの諸制度、賃金に対する規制などの影響、正規・非正規問題、能力開発・人材育成、高齢問題や世代問題と７つに総括している。

第4章 消費・物価の動向

　2021年の家計の消費は、感染症の影響による経済社会活動の抑制によって2020年に続き弱い動きが続いたが、緊急事態宣言等の発出が長引く中で消費者マインドが変化し、経済社会活動が徐々に活発化した年後半にかけては活発な動きもみられた。また、2021年の物価は、4月以降の携帯電話通信料の引下げを中心に一般サービスが押下げ要因となったが、年後半にかけて原油高を背景に石油製品価格やエネルギー価格の上昇がみられた。

　本章では、このように感染状況やそれに伴う経済社会活動の抑制等により変動した2021年の消費・物価の動向を概観する。

第1節 消費・物価の動向

● 2021年の消費の動向は、実質総雇用者所得が感染拡大前と同程度の水準まで回復した中、緊急事態宣言の発出等が長期間にわたったことから低調な動きとなったが、年後半の経済社会活動の活発化に従って上昇傾向となった

　消費の動向は所得の動向の影響を大きく受けることから、第1-（4）-1図により、実質総雇用者所得の推移をみてみる。実質総雇用者所得は、最初の緊急事態宣言が発出された2020年4月〜7月に大幅に減少した後、年後半は回復傾向で推移しており、2021年は、おおむね堅調に推移したことから、感染拡大前の2019年と同程度の水準となった。

　一方、消費総合指数は、後方3か月移動平均でみると、2020年4月を中心に大幅に低下し、6月に底を打った後は回復傾向が続いていた。2021年は、半導体不足に伴う供給面からの制約等により耐久財の消費が年後半に落ち込んだことに加え、感染症の影響による緊急事態宣言等の発出によって経済社会活動の抑制措置が繰り返されたことから、サービス消費が特に冷え込み、2020年に続き、低調な動きとなった。その後、緊急事態宣言等が解除され、経済社会活動が活発化した10月以降は上昇傾向がみられた。

第1-（4）-1図　消費総合指数と実質総雇用者所得の推移

○　2021年の実質総雇用者所得はおおむね堅調に推移し、感染拡大前と同水準となった。
○　一方、2021年の消費総合指数は、後方3か月移動平均でみると半導体不足等に伴う供給面からの
制約等により耐久財の消費が年後半に落ち込んだことに加え、緊急事態宣言等の発出により経済社
会活動が抑制される中でサービス消費が冷え込んだことから、2020年に続き低調な動きとなったも
のの、10月以降は上昇傾向がみられた。

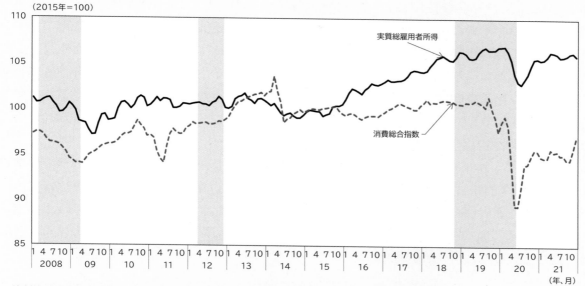

資料出所　内閣府「月例経済報告」をもとに厚生労働省政策統括官付政策統括室にて作成
　（注）　1）後方3か月移動平均の値。
　　　　　2）グラフのシャドー部分は景気後退期を表す。なお、2018年11月～2020年5月は暫定である。
　　　　　3）実質総雇用者所得、消費総合指数いずれも物価の動きを加味した実質指数。

第4章

●**2021年の消費者態度指数は、上下に変動しながらも持ち直しの動きがみられた**

　消費の動向は、所得以外の要因として消費者マインドの影響を受けることから、第1-(4)-2図により、消費者態度指数の推移をみていく。

　消費者態度指数の推移をみると、2017年後半から緩やかな低下傾向で推移しており、2019年10月には消費税率の引上げによる反動減がみられ、2019年末～2020年当初にかけて持ち直しがみられたものの、最初の緊急事態宣言が発出された2020年4月を中心に大幅な下落となった。その後は上昇傾向となったものの、2021年は、緊急事態宣言下であった1月～9月の間では、年初に落ち込んだ後、持ち直しの動きがみられる中で上昇と低下を繰り返し、長期間にわたった緊急事態宣言下での消費者マインドの変動がうかがわれる。緊急事態宣言が解除された2021年10月以降は、「雇用環境」の大幅な改善から堅調に推移し、感染拡大前の2019年と同程度の水準となった。

　項目別にみると、2021年はいずれの項目でも上昇と低下を繰り返しながら持ち直しの動きが続き、「耐久消費財の買い時判断」は、供給面からの制約等により2021年7月以降で足踏みがみられたが、「雇用環境」では年後半にかけて高い伸びがみられた。2021年12月時点においては、ほぼ全ての項目で2019年と同程度の水準まで回復しており、消費者のマインドは持ち直していることがうかがえた。

第1-(4)-2図　消費者態度指数の推移

○　消費者態度指数の推移をみると、近年は低下傾向で推移していたところ、感染症の影響により2020年4月を中心に大幅な下落となり、その後は上昇傾向となった。
○　2021年は、緊急事態宣言下で上昇と低下を繰り返しながら持ち直しの動きが続き、ほぼ全ての項目で2019年と同程度の水準まで回復した。

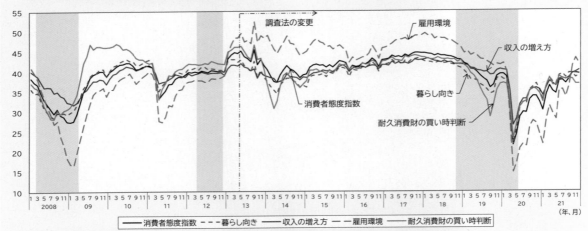

資料出所　内閣府「消費動向調査」をもとに厚生労働省政策統括官付政策統括室にて作成
（注）　1）二人以上の世帯、季節調整値。
　　　　2）グラフのシャドー部分は景気後退期を表す。なお、2018年11月～2020年5月は暫定である。
　　　　3）2013年4月調査から、訪問留置調査法から郵送調査法に変更したことにより、不連続が生じている。また、毎年3月調査の公表時に季節調整値の遡及改定を行っているが、2014年度以降、郵送調査法に変更した2013年度調査（2013年4月調査）以降の期間のみ季節調整替え及び遡及改定を行う。
　　　　4）2018年10月調査より、郵送・オンライン併用調査法となっている。

●**勤労者世帯の消費支出は2021年前半には一時的な回復はみられたものの、その後は低調な動きとなり、年後半にかけて持ち直しがみられた**

次に、勤労者世帯の消費の動向をみてみる。

第１－（４）－３図の（１）により、二人以上世帯のうち勤労者世帯の消費支出の推移をみると、2021年の勤労者世帯における消費支出は、年初には感染状況の悪化やそれに伴う緊急事態宣言の発出等を受けて落ち込み、２月～５月にかけては消費マインドが改善する中で一時的な回復もみられたが、その後は８月まで減少傾向で推移した。緊急事態宣言解除後の10月以降は持ち直しもみられたが、年平均でみると、2020年に続き2019年の水準を下回って推移した。

一方、同図の（２）により、勤労者世帯の実収入の状況を確認すると、2021年は、2020年の水準を下回る月もみられたものの、ほとんどの月で2019年を上回る水準で推移しており、低調な消費の動きが実収入の減少によって生じている様子はうかがえなかった。

第１－（４）－３図　勤労者世帯の消費支出と実収入の推移

○　2021年の勤労者世帯の消費支出は、消費マインドが改善する中で2020年と比較して高い水準となった月もみられたが、感染症の影響により経済社会活動が抑制され、2020年に続き2019年の水準を下回って推移した。

○　一方、2021年の勤労者世帯の実収入はおおむね2019年の水準を上回って推移した。

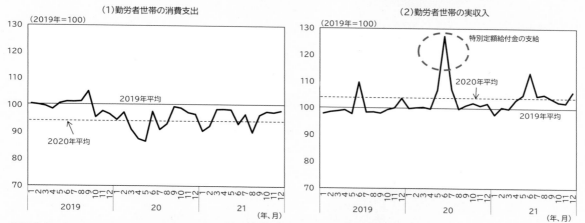

資料出所　総務省統計局「家計調査」をもとに厚生労働省政策統括官付政策統括室にて作成
　（注）　１）二人以上世帯のうち勤労者世帯の実質指数。
　　　　　２）データは季節調整値。

●**消費性向はほぼ全ての年齢階級で上昇したものの、依然として低水準となっている**

　第1-（4）-4図により、勤労者世帯の平均消費性向（消費支出／可処分所得）を世帯主の年齢階級別にみると、2019年まではいずれの年齢階級においても低下傾向で推移していた。2020年は感染拡大に伴う経済社会活動の抑制等の影響により消費支出が減少し、他方で特別定額給付金の支給等の影響により可処分所得が増加したため、平均消費性向は大幅に低下した。

　2021年は、2020年と比較して全ての年齢階級で可処分所得が減少し、他方で消費支出が増加又は微減となったため、ほぼ全ての年齢階級において平均消費性向は上昇したが、34歳以下では可処分所得よりも消費支出が大きく減少し、平均消費性向は低下した。一方、感染拡大前の2019年の水準と比較すると、いずれの年齢階級においても可処分所得は増加したものの、消費支出は減少しており、平均消費性向は引き続き低水準にある。

第1-（4）-4図	勤労者世帯の世帯主の年齢階級別平均消費性向の推移

○　平均消費性向は低下傾向で推移しており、2020年は感染拡大に伴う経済社会活動の抑制等による消費支出の減少と特別定額給付金の支給等による可処分所得の増加によって大幅に低下した。
○　2021年は可処分所得が減少し、他方で消費支出が増加又は微減となったため、ほぼ全ての年齢階級において平均消費性向は上昇したものの、引き続き低水準となった。

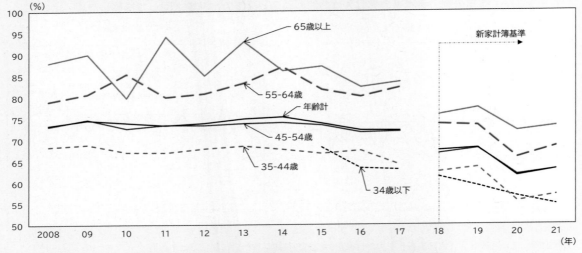

資料出所　総務省統計局「家計調査」をもとに厚生労働省政策統括官付政策統括室にて作成
　（注）　1）二人以上の世帯のうち勤労者世帯が対象。
　　　　　2）2018年1月に行った調査で使用する家計簿の改正の影響による変動を含むため、時系列比較をする際には注意が必要。
　　　　　3）2018年の平均消費性向は、厚生労働省で独自に家計簿の改正による影響を調整し算出した参考値（新家計簿基準）。

●2021年は、経済社会活動の抑制が断続的に行われる中、消費者物価指数（総合）は特に
「一般サービス」が押下げ要因となり、マイナスで推移したが、年後半は原油価格の高騰を
背景にプラスに転じた

　第1－（4）－5図により消費者物価指数（総合）の推移を財・サービス分類別の寄与度ととも
にみていく。消費者物価指数（総合）は、2017年以降上昇傾向で推移していたが、2020年
は感染症の影響による経済社会活動の停滞を背景に、幅広い商品で価格が低下し、2020年後
半は原油価格の低下等の影響によりマイナスに転じた。2021年1月～3月は、2020年から
続く「電気・都市ガス・水道」「石油製品」等のマイナス寄与により、消費者物価指数は低下
傾向で推移したものの、前年同月比でみた低下幅は縮小傾向であった。

　2021年4月以降では携帯電話各社の携帯電話の低料金プランの提供開始によって携帯電話
通信料が引下げられたことから「一般サービス」がマイナスに寄与し、消費者物価指数が大幅
に低下した。その後、8月まで弱い動きが続いたが、9月以降は原油高を背景に原材料価格が
上昇し、「石油製品」をはじめとする様々な製品の価格にプラスに寄与したため、消費者物価
指数（総合）はプラスに転じた。

第1－（4）－5図	消費者物価指数（総合）に対する財・サービス分類別寄与度

○　消費者物価指数（総合）は、2017年以降上昇傾向にあったが、2020年後半にマイナスに転じた。
○　2021年は、携帯電話料金の引下げ等を背景に「一般サービス」が大幅にマイナスに寄与した一方
　で、9月以降は原油を含む原材料価格の上昇が「石油製品」をはじめとする様々な製品の価格にプ
　ラスに寄与したことから、消費者物価指数（総合）はプラスに転じた。

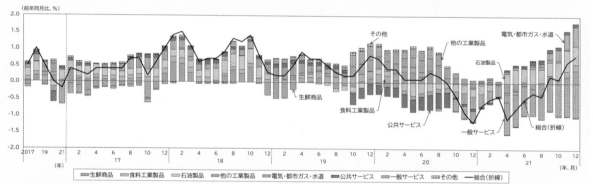

資料出所　総務省統計局「消費者物価指数」をもとに厚生労働省政策統括官付政策統括室にて作成
　（注）　「その他」は「他の農水畜産物」「繊維製品」「出版物」をまとめている。

第II部

労働者の主体的なキャリア形成への支援を通じた労働移動の促進に向けた課題

第II部 労働者の主体的なキャリア形成への支援を通じた労働移動の促進に向けた課題

　第I部「労働経済の推移と特徴」でみたように、2021年も、感染症の影響による経済社会活動の抑制措置が断続的に行われた。雇用情勢は一進一退の状況となったものの、2020年に引き続き、雇用調整助成金等の政策による下支え効果もあり、完全失業者数の大幅な増加はみられなかった。他方、近年増加してきた転職者数は2020年に引き続き、2021年も大幅に減少となり、より良い条件の仕事を探すためといった、前向きな理由で転職する労働者が大幅に減少しており、感染症の影響下で外部労働市場における労働移動の動きには停滞がみられる。

　我が国の労働市場をとりまく状況をみると、介護・福祉人材やIT人材の労働力需要の増大など、経済社会の変遷に伴い変化する労働力需要への対応が求められている。我が国が人口減少局面を迎えている中、こうした労働力需要を新規学卒者のみで満たすことは困難である。これまで、女性や高齢者などの労働参加を促進する政策を展開してきたが、これに加えて、中途採用などの外部労働市場を通じた労働力需給の調整も重要となっていくと考えられる。

　また、我が国の経済成長や賃上げといった主要課題の実現には、生産性の向上が重要である。労働移動を通じた外部人材の登用は、組織の活性化等を通じて生産性の向上にも資すると考えられる。

　また、感染症の拡大後の不安定な雇用情勢の中では、雇用や生活を守ることが重要となっており、雇用調整助成金等の対策が重要な役割を果たしてきた[1]が、今後は、こうした雇用維持政策に加え、労働者の能力開発等を通じた労働移動の支援の充実が求められている。

　第II部では、こうした問題意識に基づき、労働者の主体的なキャリア形成への支援を通じた労働移動の促進に向けた課題について分析を行っていく。

　第1章では、我が国の今後の労働力需給の展望を見据えた上で、我が国の労働市場が抱える課題や今後の日本経済のさらなる成長及び賃上げに向けた課題を概観しつつ、それらの課題に取り組む上での労働移動の重要性を確認する。第2章では、我が国の労働移動の概況について、転職者の全体的な動向を概観するとともに、産業間や職業間の移動など、いわゆるキャリアチェンジを伴う転職の動向や、賃金、役職の変化など、転職によるキャリアアップの動向について分析する。

　第3章では、転職やキャリアチェンジを希望する者が転職を実現する上でどのような課題があるかについて分析を行う。第4章では、第3章でみた課題を踏まえ、労働者の主体的なキャリア形成や労働移動を促進する上で労使や行政に求められる取組について考察する。特に、行政の取組については、根拠に基づく政策形成（EBPM）の一環として、厚生労働省が保有する行政記録情報を用いて公共職業訓練の効果と課題に関する分析を行う。

1　「令和3年版労働経済の分析」において、雇用調整助成金等の支給により、2020年4月～10月の完全失業率は2.6％ポイント程度抑制されたと推計している。他方で、同白書は、雇用調整助成金等について、成長分野への円滑な労働移動等、円滑な産業調整を遅らせるといった指摘や、長期間にわたり休業による雇用維持を図り続けることで、労働者の能力が十分に発揮されず、経済社会の中での活躍の機会が得られないといった指摘があるとしている。

第1章　我が国の労働力需給の展望と労働移動をめぐる課題

　本章では、次章以降の分析の前提として、我が国の今後の労働力需給の展望を見据えた上で、我が国の経済成長や賃上げといった課題に取り組む上での労働移動の重要性について確認する。第1節では、生産年齢人口の減少による労働力の供給制約の下で、産業構造の転換による労働力需要の変化に対応していくため、外部労働市場を通じた労働力の需給調整が重要になっていることを指摘する。第2節では、経済成長や賃上げといった主要な課題に取り組む上で生産性の重要性とともに、生産性を高める上でも労働移動が重要である可能性について指摘する。

第1節　我が国の労働力需給の展望

● 我が国の生産年齢人口や新規学卒者数は減少傾向にあり、短期的にはこれらの増加による労働力供給の大幅な増加は見込めない

　まず、我が国の労働市場を取り巻く基本的な状況として、人口の推移と今後の見通しを確認する。

　第2-(1)-1図は、我が国の人口の推移と将来推計（出生中位・死亡中位推計）である。これによると、我が国は人口減少局面を迎えており、2065年には総人口が9,000万人を下回り、高齢化率（65歳以上人口比率）は38％台となると推計されている[2]。15～64歳の生産年齢人口も減少傾向となり、その割合の低下も見込まれている。

　また、第2-(1)-2図により、18～30歳の若年人口と高等学校以上の学卒者数の推移をみると、少子化の進行により、若年人口、高等学校以上学卒者数ともに、1990年代をピークに減少傾向がみられており、我が国の人口動態を考慮すると、今後も当面は減少傾向が続くと考えられる。

　今後、少子化対策の取組等により、出生率が上昇すれば、長期的には生産年齢人口が中位推計を上回る水準で推移し、新規学卒者等による労働力供給の増加が期待されるが、短期的には生産年齢人口の増加による労働力供給の大幅な増大は見込めないと考えられる。こうした中、女性や高齢者等を中心とした労働参加の更なる促進により、労働力人口は近年増加しているが、これに加えて労働市場の機能をいかすことで、労働力需要の大きい分野に、円滑な人材の移動を促すことも重要となる。

2　国立社会保障・人口問題研究所「日本の将来推計人口（平成29年推計）：出生中位・死亡中位推計」による。

第1章

| 第2-(1)-1図 | 我が国の生産年齢人口の推移と将来推計 |

○　日本の人口は近年減少局面を迎えている。2065年には総人口が9,000万人を割り込み、高齢化率は38％台の水準になると推計されている。

○　15〜64歳の生産年齢人口も減少傾向となり、その割合の低下も見込まれている。

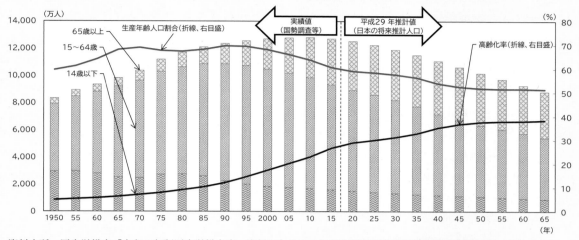

資料出所　厚生労働省「令和3年版厚生労働白書　資料編」をもとに厚生労働省政策統括官付政策統括室にて作成
（注）　2015年までの人口は総務省統計局「国勢調査」（年齢不詳の人口をあん分した人口）、高齢化率および生産年齢人口割合は、総務省統計局「国勢調査」（年齢不詳の人口をあん分した人口）、2020年以降は国立社会保障・人口問題研究所「日本の将来推計人口（平成29年推計）：出生中位・死亡中位推計」をもとに作成。

| 第2-(1)-2図 | 若年人口と高等学校以上の学卒者数の推移 |

○　18〜30歳の若年人口、高等学校以上学卒者数ともに1990年代をピークに減少傾向となっている。

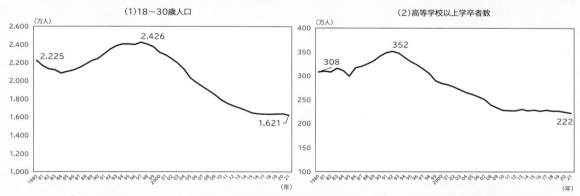

資料出所　総務省統計局「人口推計」、国勢調査実施年は総務省統計局「国勢調査」（2015年以前は年齢不詳の人口をあん分した人口、2020年は不詳補完値）、文部科学省「学校基本調査」をもとに厚生労働省政策統括官付政策統括室にて作成
（注）　「高等学校以上学卒者数」は、「高等学校」「（盲・聾・養護学校）特別支援学校高等部」「高等専門学校」「短期大学」「大学」「大学院修士課程」「大学院博士課程」「大学院専門職学位課程」「専修学校」「各種学校」卒業者の合計。

● **1970年代以降、我が国の産業のサービス化に伴い、第2次産業から第3次産業への就業者シェアの長期的なシフトが続いている**

次に、我が国の就業構造の長期的な変化についてもみていこう。

第2-（1）-3図により、産業別の就業者シェアをみる。第1次産業（農林・漁業）、第2次産業（製造業、建設業）、第3次産業（卸売業，小売業やサービス業など）といった大まかな分類ごとに就業者シェアの変遷を確認すると、1971年～2017年にかけて、第1次産業及び第2次産業では一貫して低下しており、第3次産業では一貫して上昇している。戦後の高度経済成長期における工業化の流れの中で、第1次産業については1970年代以前から既に就業者シェアは低下し、第2次産業については、1970年代までは就業者シェアが上昇していた。その後、工業化が一巡し、経済活動の中心が、大規模な機械・設備を使った規格製品の大量生産から、多様な消費者ニーズを背景とした商品やサービスの高品質・高付加価値化を指向する「ポスト工業社会」の進展がみられた。こうした流れの中で、第2次産業の就業者シェアが一貫して低下し、第3次産業の就業者シェアが上昇する長期的なシフトが続いてきた。

第2-（1）-3図　産業別の就業者数（就業者シェア）の推移

○　第1次産業（農林・漁業）、第2次産業（製造業、建設業）、第3次産業（卸売業、小売業やサービス業など）といった大まかな分類ごとに就業者シェアの変遷を確認すると、1971年～2017年にかけて、第1次産業及び第2次産業では一貫して低下しており、第3次産業では一貫して上昇している。

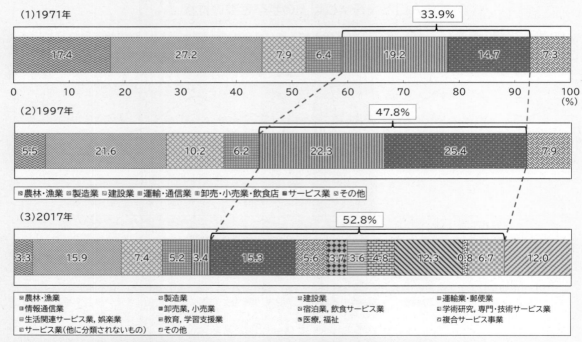

資料出所　総務省統計局「就業構造基本調査」をもとに厚生労働省政策統括官付政策統括室にて作成
　（注）　1）（1）（2）図の「その他」は、「鉱業」「電気・ガス・熱供給・水道業」「金融・保険・不動産業」「公務（他に分類されないもの）」の合計。
　　　　　2）（3）図の「その他」は、「鉱業，採石業，砂利採取業」「電気・ガス・熱供給・水道業」「金融業，保険業」「不動産業，物品賃貸業」「公務（他に分類されるものを除く）」「分類不能の産業」の合計。
　　　　　3）端数処理を行っているため、内訳の和が100％にならないことに留意が必要。

●**我が国の就業構造は、専門職・技術職や非定型のサービス職の就業者シェアは上昇する一方、「生産工程・労務作業者」のシェアは一貫して低下するとともに、1990年代以降、販売職はやや低下しており、労働市場の二極化が進んでいる**

　ポスト工業社会の進展による就業構造の変化について、第2-(1)-4図により、職業別の就業者シェアの変遷からみてみよう。職業別の就業者シェアは、1971年〜2017年の間に「専門的・技術的職業従事者」「事務従事者」「サービス職業従事者」といった職種では一貫して上昇している。一方、「生産工程・労務作業者」のシェアは一貫して低下しており、また、1997年〜2017年にかけて「販売従事者」ではやや低下している。

　この職種別の就業者シェアの変化に関しては、Ikenaga and Kambayashi(2016)において、各職種に求められるタスク（業務）に着目して我が国の就業構造の変化について分析を行っている。当該研究では、職種をそのタスク特性によって「非定型分析」「非定型相互」「定型認識」「定型手仕事」「非定型手仕事」に分類し[3]、1960年以降の各類型別の就業者数の推移をみている。その結果、非定型のタスクを行う職種についてはいずれも就業者数が増加する一方、定型のタスクを行う職種については就業者数が減少する「労働市場の二極化」がみられるとしている。

　この研究も踏まえて我が国の就業構造の変化についてまとめる。我が国では1970年代以降、ポスト工業社会が進展し、商品やサービスの高品質、高付加価値化が求められる中で、工場における生産ラインや、小売店の販売業務など、定型の業務を行う人材のニーズは減少した。一方、高度な専門知識や技術を用いて付加価値を生み出す人材や、非定型のサービスを提供する業務を行う人材のニーズが高まってきている。第4次産業革命やそれに伴ういわゆるデジタルトランスフォーメーション（DX）が進展し、定型業務の人工知能やロボットによる置き換えが進めば、このような非定型業務の重要性が高まる流れが更に加速していくことが予想され、このような労働力の需要の変化への迅速な対応が求められると考えられる。

　労働市場やそれをとりまく社会環境は変化している。ここからは、高齢化の進行に伴って社会的ニーズの高まっている介護・福祉分野の人材と、DXの進展に伴って必要となるIT人材の需給動向についてみていく。

3　Ikenaga and Kambayashi（2016）では、それぞれのタスク特性について以下のように説明されている。
　・「非定型分析」：高度な専門知識や抽象的な思考を用いて問題の解決を行うタスク
　・「非定型相互」：交渉、マネジメント、相談活動など、複雑な対人コミュニケーションを通じて価値を創造するタスク
　・「定型認識」：明確なルールに従って事務や情報処理を行うタスク
　・「定型手仕事」：明確なルールに従って、反復的な手仕事や機械の操作等を伴う肉体的作業を行うタスク
　・「非定型手仕事」：高度な専門知識は必要としないが、特定の状況に対して柔軟な対応を求められる非定型の活動を伴う肉体的作業を行うタスク

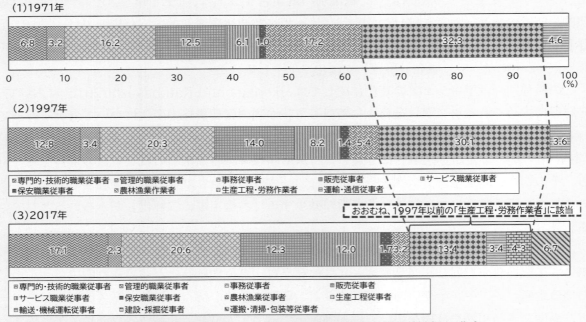

第2-(1)-4図　職業別の就業者数（就業者シェア）の推移

○　職業別の就業者シェアは、1971年～2017年の間に「専門的・技術的職業従事者」「事務従業者」「サービス職業従事者」といった職種では一貫して上昇している。一方、「生産工程・労務作業者」のシェアは一貫して低下しており、また、1997年～2017年にかけて「販売従事者」ではやや低下している。

(1)1971年

| 6.8 | 3.2 | 16.2 | 12.5 | 6.1 | 1.0 | 17.2 | 32.3 | 4.6 |

(2)1997年

| 12.8 | 3.4 | 20.3 | 14.0 | 8.2 | 1.4 | 5.4 | 30.1 | 3.6 |

■専門的・技術的職業従事者　■管理的職業従事者　■事務従事者　■販売従事者　■サービス職業従事者
■保安職業従事者　■農林漁業作業者　■生産工程・労務作業者　■運輸・通信従事者

おおむね、1997年以前の「生産工程・労務作業者」に該当

(3)2017年

| 17.1 | 2.3 | 20.6 | 12.3 | 12.0 | 1.7 | 3.2 | 13.4 | 3.4 | 4.3 | 6.7 |

■専門的・技術的職業従事者　■管理的職業従事者　■事務従事者　■販売従事者
■サービス職業従事者　■保安職業従事者　■農林漁業従事者　■生産工程従事者
■輸送・機械運転従事者　■建設・採掘従事者　■運搬・清掃・包装等従事者

資料出所　総務省統計局「就業構造基本調査」をもとに厚生労働省政策統括官付政策統括室にて作成
　（注）　1）日本標準職業分類は平成21年に改定されているため、厳密に比較できない。
　　　　　2）1997年以前の「生産工程・労務作業者」は、「技能工，採掘・製造・建設作業者及び労務作業者」を指す。
　　　　　3）1997年以前の「通信従事者」は、2017年は「専門的・技術的職業従事者」「運搬・清掃・包装等従事者」に分割されている。
　　　　　4）端数処理を行っているため、内訳の和が100%にならないことに留意が必要。

●介護・福祉分野における労働力需要の高まりへの対応は喫緊の課題となっている

　我が国は少子高齢化に直面しており、介護人材の確保は中長期的に大きな課題である。女性の就業率の上昇への対応等の観点から、保育士の確保も喫緊の課題となっている[4]。

　第2-(1)-5図により、介護・福祉分野[5]における近年の有効求人倍率の推移をみると、介護サービス職や保育士等を含む社会福祉関係職種の有効求人倍率は、全職種の有効求人倍率を大きく上回って推移しており、年々その差が拡大している。

　また、第2-(1)-6図により、第8期介護保険事業計画に基づき、今後必要となる介護サービスの見込み量等から都道府県が推計した介護職員の必要数の集計結果をみると、2040年度には、2019年度の介護職員数である約211万人から約69万人増となる約280万人の介護職員が必要となることが見込まれている。介護・福祉分野における労働力需要は将来的にも更に高まっていくことが予想されている。

第2-(1)-5図　介護・福祉分野の有効求人倍率の推移

○　介護サービス職や保育士等を含む社会福祉の職種の有効求人倍率は、全職種を大きく上回って推移している。

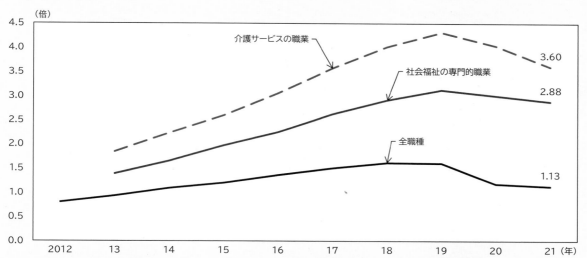

資料出所　厚生労働省「職業安定業務統計」をもとに厚生労働省政策統括官付政策統括室にて作成
（注）　1）実数を掲載している。
　　　　2）「介護サービスの職業」は、介護サービス員、ホームヘルパーなどを指す。
　　　　3）「社会福祉の専門的職業」は、ケースワーカー、介護支援専門員、スクールソーシャルワーカー、保育士、心理カウンセラー（社会福祉施設など）を指す。
　　　　4）「介護サービスの職業」「社会福祉の専門的職業」の有効求人倍率は2013年以降の実績が公表されている。

4　厚生労働省では、2020年12月に取りまとめた「新子育て安心プラン」に基づき、2021年度～2024年度末の4年間で約14万人の保育の受け皿を整備するほか、地域の特性に応じた支援、魅力向上を通じた保育士の確保、地域のあらゆる子育て資源の活用を柱とする各種施策を推進することとしている。
5　本稿では、「介護・福祉分野」として、主に高齢者福祉、児童福祉、障害福祉の3分野を想定している。

第2-(1)-6図　介護職員の必要数の推計

○　第8期介護保険事業計画に基づく介護職員の必要数は、2040年度には280万人（2019年度比で＋69万人）に達すると見込まれている。

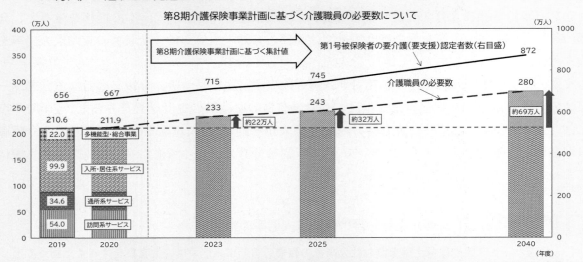

第8期介護保険事業計画に基づく介護職員の必要数について

資料出所　厚生労働省「介護サービス施設・事業所調査」、厚生労働省「介護保険事業状況報告」、「第8期介護保険事業計画に基づく介護職員の必要数について」（厚生労働省社会・援護局福祉基盤課福祉人材確保対策室により令和3年7月9日公表）、「第8期介護保険事業計画期間における介護保険の第1号保険料及びサービス見込み量等について」（厚生労働省老健局介護保険計画課により令和3年5月14日公表）をもとに厚生労働省政策統括官付政策統括室にて作成
（注）　1）2019、2020年度の介護職員数は、「介護サービス施設・事業所調査」による常勤・非常勤を含めた実人員数。「訪問系サービス」は、訪問介護、訪問入浴介護、定期巡回・随時対応型訪問介護看護、夜間対応型訪問介護の合計、「通所系サービス」は、（地域密着型）通所介護、認知症対応型通所介護の合計、「入所・居住系サービス」は短期入所生活介護、（地域密着型）特定施設入居者生活介護、認知症対応型共同生活介護、（地域密着型）介護老人福祉施設、介護老人保健施設、介護医療院、介護療養型医療施設の合計、「多機能型・総合事業」は、小規模多機能型居宅介護、複合型サービス（看護小規模多機能型居宅介護）、介護予防・日常生活支援総合事業（従前の介護予防訪問介護・通所介護相当のサービスを本体と一体的に実施している事業所に限り、本体の介護職員としても勤務している者の人数は除く。）の合計により算出した数値。
　　　　2）2023年度以降の介護職員数は、市町村により第8期介護保険事業計画に位置づけられたサービス見込み量（総合事業を含む。）等に基づく都道府県による推計値を集計したもの。
　　　　3）要介護（要支援）認定者数は、第1号被保険者の要介護（要支援）認定者の数値。2019、2020年度は「介護保険事業状況報告」により、2020年度の数値は令和2年12月月報における令和2年12月末時点の数値。2023年度以降は第8期介護保険事業計画について集計した数値。

コラム2-1　介護分野における生産性の向上に向けた人材育成・能力開発の取組について

　既にみたように、介護・福祉分野においては、人手不足の状態にあり、今後更に労働力需要が高まっていくことが予想されている。将来的な需給ギャップを軽減・解消するとともに、職員の待遇や働きやすさを改善していく上で、介護・福祉分野における生産性向上が重要な課題であるが、その鍵となるのが人材育成・能力開発である。ここでは、介護分野におけるマネジメント人材の育成を目的として、小樽商科大学及び株式会社さくらコミュニティサービスが実施している「介護ミドルマネジャー育成プログラム」について紹介する。

【小樽商科大学、株式会社さくらコミュニティサービス】

　小樽商科大学は、国立大学法人としては唯一の社会科学系の単科大学であり、株式会社さくらコミュニティサービス（従業員数304名（2022年2月現在））は、札幌市を中心に介護・福祉サービス事業を行う企業である。小樽商科大学大学院商学研究科アントレプレナーシップ専攻は、株式会社さくらコミュニティサービスと連携し、介護マネジメントに資する実践的な知識・技能を有する高度人材の育成に加え、感染症に起因する雇用問題と介護人材不足の双方の課題を解決することを目指して、2021年10月に「介護ミドルマネジャー育成プログラム」を開講した。なお、本プログラムは文部科学省の「就職・転職支援のための大学リカレント教育推進事業」[6]に採択されているため、受講料は無料となっている。

　本プログラムは、8週間計64時間の講座であり、2021年度には計3回、受講生計30名に対して実施された。主な対象者として、感染拡大の影響を受けた産業である飲食業、小売業及び宿泊業で介護業界へ転職を希望する者や、現在介護業界で働いている労働者が想定されており、介護業界への転職や介護業界でのキャリアアップを目的としているという。本プログラムの内容は、①介護経営やケアマネジメントを学ぶ教育プログラム、②就職説明会やキャリアサポートからなる就職・転職活動支援の2本柱で構成されており、全てオンラインで受講可能である。Zoomを使用した同時双方向型遠隔授業・相談、オンデマンド型遠隔授業、VR（Virtual Reality）による介護技能実習によって構成されている。

　前職が介護職以外の受講者には、就職説明会を実施しており、また、全受講生を対象に、今後のキャリアや現状の課題を相談する「キャリア面談」を実施している。

　最終考査では、受講生自身の居住する地域における福祉の社会資源の課題、又は自組織が抱えている課題を調査し解決方法をレポートにまとめ、それに基づきグループ討議、口頭試問を行っている。受講生からは、しっかり学びを得ているとする声や、新しい視点を得たことで視野が広がり、分析の仕方が理解できたという声がある。また、VR実習は、介護業界の受講生にとっても、自らの技術の再確認ができたと好評であったとのことである。

6　「就職・転職支援のための大学リカレント教育推進事業」は、全国の大学が企業・経済団体・ハローワーク等と連携し、2か月～6か月程度の短期間で就職・転職に繋がるプログラムを受講料無料（テキスト代等を除く）で提供するものである。公募及び審査の結果、2021年度では40大学63プログラムが採択されている。

　文部科学省の事業は2021年度で終了するが、今後の展望としては、本プログラムは更に発展的に継続する見込みであり、マネジメントの視点を持ち、デジタルの領域にも精通し、現場でいかせる介護技能・技術を持つ、マルチタレントな人材を育成することができるようなプログラムを目指しているとのことである。本事例は、人手不足分野の中でのマネジメントやキャリアアップが求められる介護人材のスペシャリストの養成に向けた学び直しの一つとして、今後の展開が注目される。

オンライン授業

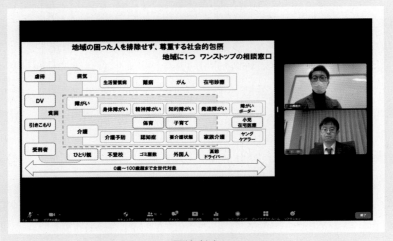

最終考査

●**今後の我が国の労働市場においては、ＩＴ人材の労働力需要のさらなる高まりが予測されている**

　次に、ＩＴ人材についてみてみる。第４次産業革命が進展する中で、近年、ＩＴ関連市場は急速に成長しており、今後も市場規模の拡大が見込まれる。我が国の労働市場におけるＩＴ人材の需要も、中長期的に高まっていくことが予想されている。

　第２-（１）-７図は、経済産業省が行った今後のＩＴ人材需給の推計をみたものである。これによると、2030年までに、市場規模の成長が低位であった場合でも16万人程度、高位であった場合には79万人程度、ＩＴ人材の労働力供給が不足すると推計されている。

第２-（１）-７図　　ＩＴ人材需給の推計

○　経済産業省（みずほ情報総研）の試算によれば、ＩＴ関連市場の成長の見通しによっても変化するが、2030年までにＩＴ人材の供給が16万人～79万人程度不足すると推計されている。

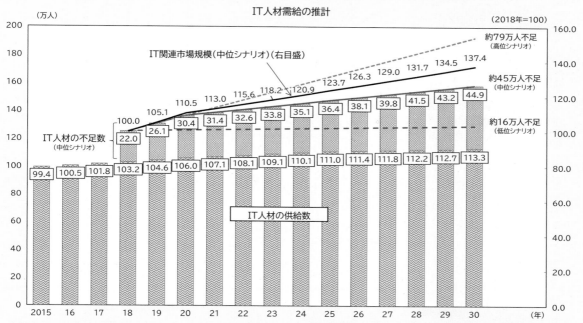

資料出所　みずほ情報総研株式会社「ＩＴ人材需給に関する調査」（経済産業省委託事業）をもとに厚生労働省政策統括官付政策統括室にて作成
（注）　1）2015年のＩＴ人材の供給数の数値は、総務省統計局「国勢調査」により、それ以外の数値はみずほ情報総研株式会社による試算。
　　　　2）みずほ情報総研株式会社による試算においては、将来のＩＴ関連市場の成長の見通しによって、低位・中位・高位の３種のシナリオが設定されており、低位シナリオでは市場の伸び率を１％程度（民間の市場予測等に基づく将来見込み）、高位シナリオでは市場の伸び率を３～９％程度（企業向けアンケート結果に基づく将来見込み）、中位シナリオはその中間（２～５％程度）とされている。さらに、各シナリオにつき、今後、労働生産性が毎年＋0.7％、または、＋2.4％上昇する場合、需給ギャップがゼロとなる場合の３種類の条件により試算されている。本図の数値は、各シナリオについて、労働生産性が毎年0.7％上昇する場合の試算結果として公表されているもの。

●今後は外部労働市場を通じた労働力需給の調整の役割が更に重要となる

　ここまでみてきたように、我が国の労働市場では、高品質、高付加価値化の流れの中で、専門性を持った人材やサービス職の人材の労働力需要が高まってきた。特に、介護・福祉分野やＩＴ分野における労働力需要の高まりが予想される。我が国では、人口減少局面を迎え、当面、生産年齢人口が減少することが見込まれており、これらの労働力需要に、新規学卒者等による労働力供給の増加のみで対応することは困難であると考えられる。そのため、引き続き、女性や高齢者等の労働参加を進めていくとともに、労働者の主体的な意志に基づく転職などの外部労働市場を通じた労働力需給の調整が今後更に重要になると考えられる。

第2節　日本経済の成長と労働移動

●21世紀の先進国では経済成長を実現する上でＴＦＰ上昇の重要度が相対的に上昇している

　外部労働市場における労働力の需給調整機能は、生産性の向上やそれによる我が国の経済成長及び賃上げといった課題に取り組む上でも重要である可能性がある。本節では、外部労働市場における労働力の需給調整機能が、我が国の生産性や経済成長等にどのような影響をもたらすか考察していく。

　まず、日本を含む主要先進国における近年の経済成長の水準や特徴について確認していく。

　第2-(1)-9図の（1）により、日本、アメリカ、イギリス、フランスのＧＤＰ成長率とその要因をみる。いずれの国においても、1980年代の水準と比較して、それ以降のＧＤＰ成長率は低水準となっている。一般的に、人口増加に伴う労働力人口の増加や技術水準のキャッチアップ等による生産の拡大効果は、時間の経過とともに逓減していく。このため、近年の先進国における経済成長の水準は、これらの要因による成長が多く見込めた時期よりも、低くなっていることが知られている。成長会計を用いてＧＤＰ成長率を寄与度分解すると、我が国においては、急速に進行した少子化等の影響もあり、2000年代に入って、4か国中唯一「労働投入の寄与」がマイナスとなっている。また、「資本投入の寄与」も他国と比較して低水準となっている。一方、技術水準等、労働と資本以外の要素による生産性である全要素生産性（Total Factor Productivity。以下「ＴＦＰ」という。）の寄与を示す「ＴＦＰの寄与」は、年代ごとの増減はあるが、2010年代の我が国は比較的高い水準となっている。

　次に、同図の（2）により、先進国のＧＤＰ成長率とＴＦＰ上昇率の関係をみると、2001-2019年平均のＧＤＰ成長率とＴＦＰ上昇率には弱い正の相関関係がみられ、ＴＦＰ上昇が先進国の経済成長に重要となっていることがうかがわれる。2001-2019年平均の日本のＴＦＰ上昇率は、アメリカよりは低いものの、イギリス、フランス、ドイツなどのヨーロッパ諸国よりは高い水準となっている[7]。

　第2-(1)-1図でもみたように、我が国の生産年齢人口は当面の間は減少していくことが見込まれているが、近年は女性や高齢者を中心に労働力人口が増加してきており、今後も幅広い

7　近年の我が国におけるＴＦＰの上昇について、深尾・金・権・池内（2021）では、2011年～2015年にかけてのＴＦＰ上昇率の要因分解を行っており、その結果、当該時期の我が国の生産性の上昇は、主に生産性を上昇させた企業が付加価値を増やしたことによる効果（共分散効果）や、生産性の高い企業の新規参入による効果（参入効果）などからなる企業間の資源再配分効果によるものであったと指摘している。

層の労働参加を促していくことで労働投入の寄与を増やしていくことは重要である[8]。他方で、近年の先進諸国において、ＴＦＰと経済成長の関係性が強まっている傾向から、我が国の経済成長におけるＴＦＰの更なる向上が重要である可能性も示唆される。

第2-(1)-9図　GDP成長率の寄与度分解とＴＦＰ上昇率

○　我が国のＧＤＰ成長率を分解すると、近年米国等と比較して労働投入や資本投入の寄与が小さく、ＴＦＰ（全要素生産性）の寄与が大きくなっている。
○　先進国のＧＤＰ成長率とＴＦＰ上昇率の関係をみると、2001-2019年平均では弱い正の相関関係がみられている。

(1)GDP成長率の寄与度分解

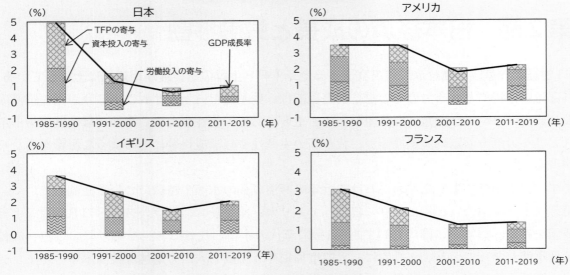

(2)GDP成長率とTFP上昇率

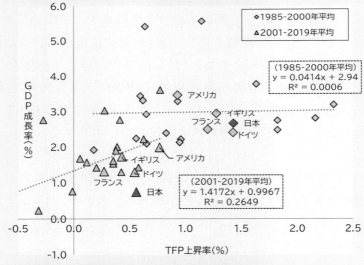

資料出所　OECD.Statをもとに厚生労働省政策統括官付政策統括室にて作成
　（注）　各期間のＧＤＰ成長率、ＴＦＰ上昇率については、毎年の増加率の平均値。

8　そのほか、資本投入の寄与が小さいことについて、近年のＤＸ等の動向も踏まえ、ＩＴ等をはじめとした設備投資の重要性についても指摘できる。

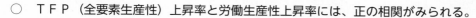

●ＴＦＰ上昇率と労働生産性上昇率には強い相関がみられる

　ＴＦＰ上昇が先進国の経済成長において重要な要素となっていることを確認したが、ＴＦＰ上昇は、労働生産性の向上においても重要な要素である。

　第2-(1)-10図により、ＴＦＰ上昇率と労働生産性上昇率の関係をみると、両者の関係には正の相関関係がみられ、その傾向は2000年代以降更に強くなっていることが分かる。ＴＦＰ上昇は、技術革新や経営面の効率化、労働者の能力の向上など労働投入や資本投入では説明できないあらゆる生産の増加要因を表している。このことから、ＴＦＰの上昇は、労働生産性の上昇にも重要な要素であると考えられる。

第2-(1)-10図　ＴＦＰ上昇率と労働生産性上昇率

○　ＴＦＰ（全要素生産性）上昇率と労働生産性上昇率には、正の相関がみられる。

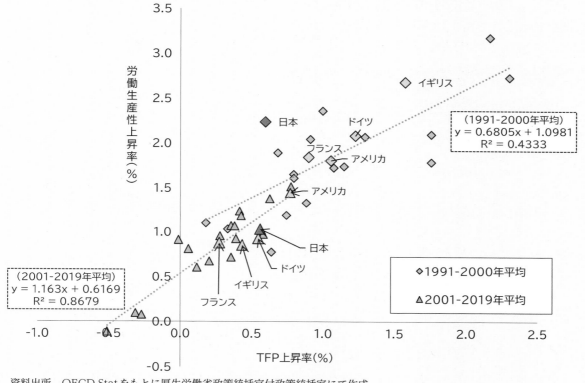

資料出所　OECD.Stat をもとに厚生労働省政策統括官付政策統括室にて作成

●実質賃金の増加には、労働生産性の上昇が重要

　次に、賃金と労働生産性の関係についてもみてみよう。第Ⅰ部でもみてきたように、我が国の労働分野における主要な課題の一つとして、実質賃金の伸び悩みが指摘されている。標準的な経済理論によれば、賃金は労働生産性に比例して変動するとされている[9]。第2-（1）-11図は、日本を含む4か国の時間当たりの実質賃金の変動要因について、労働分配率、労働生産性及び物価の要因に分解したものである。これによると、近年、我が国では、他の先進国と比べて労働分配率の上昇による実質賃金へのプラス寄与が大きい一方で、労働生産性の寄与度が小さくなっている。

　近年、政府から経済界への賃上げの要請が積極的に行われたこともあり、毎年2％程度の賃上げが実現されてきた。他方、深尾（2021）などでも指摘されているように、労働生産性の上昇を伴わず賃金を引き上げると、資本分配率が低下し、設備投資などの資本蓄積の停滞をもたらすことになり、成長の維持が困難になる。したがって、実質賃金が伸び悩んでいる状況を改善する上では労働生産性の向上も重要となってくる。

第2-（1）-11図　実質賃金の変化の要因分解

○　時間当たりの実質賃金の変動要因を欧米と比較すると、近年我が国では労働分配率の上昇による実質賃金へのプラス寄与が大きい一方で、労働生産性の寄与度が小さくなっている。

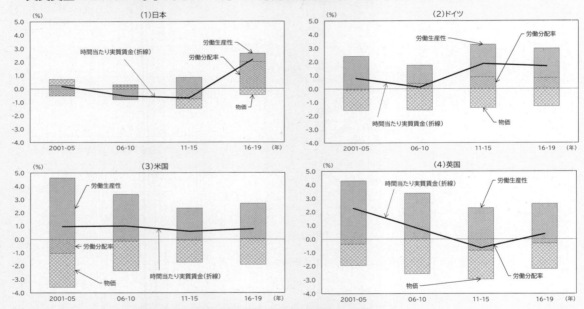

資料出所　OECD.Statをもとに厚生労働省政策統括官付政策統括室にて作成
（注）　1）労働生産性はマンアワーベース。
　　　　2）実質賃金の変動要因の分解式は以下のとおり。
　　　　　　実質賃金の変化率＝労働生産性の変化率＋労働分配率の変化率＋物価の変化率

9　賃金と労働生産性の比例関係は、国レベルでもコブ＝ダグラス型の生産関数が成り立つと仮定した場合を前提としていることに留意が必要。

コラム2-2　サービス分野における就業の拡大と労働生産性

　第2-(1)-11図で、我が国の実質賃金を高めていく上で労働生産性の上昇が重要である可能性についてみた。労働生産性は労働投入量1単位当たりの付加価値であり、分子は付加価値、分母は労働投入量を取ることで求められる[10]。労働投入量の1単位を1人1時間当たりとするものをマンアワーベースといい、労働者数×一人当たり平均労働時間（総労働時間数）でみることができる。その場合、労働者数の増加は、分母の労働投入量の増大に寄与し、労働生産性を押し下げる要因となる。

　第2-(1)-3図及び第2-(1)-4図において、我が国では、長期的に製造業等で就業者数が減少傾向にある一方で、第3次産業やサービス職業従事者では就業者の増加傾向が続いていることをみた。コラム2-2-①図は、我が国の雇用者におけるマンアワーベースの労働生産性の推移を産業別にみたものである。第3次産業のうち、「保健衛生・社会事業」「飲食・宿泊サービス業」などは労働生産性の水準が元々低く、さらに低下傾向にある。一方、「情報通信業」「製造業」は労働生産性が高く、また、「製造業」「建設業」は近年上昇傾向にある。このように、労働生産性の動向は産業によって異なっており、特に、第3次産業のうち、サービス業で伸び悩んでいることが分かる。

　第3次産業やサービス職種における就業者数の増加は、労働参加の進展の受け皿として重要である一方、経済成長や賃上げを実現していく上では、就業の拡大と労働生産性の上昇を両立していくことが必要である。

【コラム2-2-①図　産業別の労働生産性の推移】

○　雇用者におけるマンアワーベースの労働生産性の推移を産業別にみると、「保健衛生・社会事業」「飲食・宿泊サービス業」などは生産性が低く、かつ低下傾向。
○　一方で「情報通信業」「製造業」は生産性が高く、「製造業」「建設業」は上昇傾向。

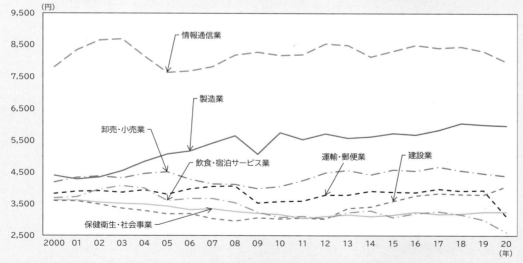

資料出所　内閣府「国民経済計算」をもとに厚生労働省政策統括官付政策統括室にて推計
　（注）　労働生産性は実質国内総生産（産業別）を雇用者数（産業別）×労働時間数（産業別）で除したものとした。

10　労働生産性については、日本国内のみについて算出する場合や国際比較を行う場合など、ケースによって様々な算出方法がある。詳細は「平成28年版労働経済の分析」p.80を参照。

　我が国のサービス業における状況を踏まえると、就業の拡大と労働生産性はトレードオフの関係にあるのだろうか。コラム2-2-②図は、日本、ドイツ、英国、米国の4か国について、2009年～2019年にかけて、主な産業における就業者数と労働生産性の推移をみたものである。これによると、おおむね各国に共通する特徴として、「情報通信業」では就業者数・労働生産性がともに上昇しているほか、「製造業」「建設業」でも労働生産性の上昇がみられる。情報通信業については、DXの進展等によりIT市場が世界的に急成長している中で、IT人材の労働力需要も高まっていることから、就業の拡大と労働生産性の向上がともにみられると考えられる。

　他方で、我が国の労働生産性の伸びは、「製造業」で比較的高いものの、他の産業ではおおむね欧米諸国よりも低くなっている。特に、「卸売・小売，飲食・宿泊サービス等」「生活関連，娯楽サービス等」といったサービス業を中心とした第3次産業の分野では、欧米では就業者数・労働生産性がともに上昇している一方で、我が国では労働生産性の伸びが小さいことが目立つ[11]。

【コラム2-2-②図　主な産業の就業者数と労働生産性の推移の国際比較（2009年～2019年）】

○　おおむね各国に共通する特徴として、「情報通信業」では労働生産性の上昇とともに就業者数の増加がみられるほか、「製造業」「建設業」でも労働生産性の上昇がみられる。

○　他方で、「卸売・小売，飲食・宿泊サービス等」「生活関連，娯楽サービス等」といったサービス業を中心とした分野では、欧米では就業者数・労働生産性がともに上昇している一方で、我が国では労働生産性の伸びが相対的に小さい。

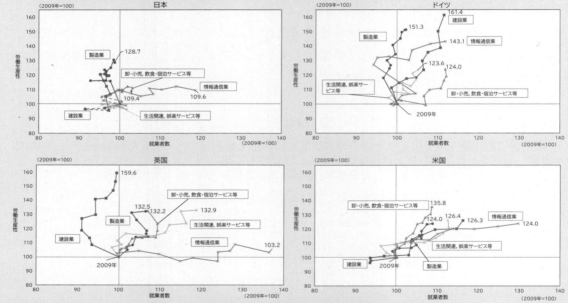

資料出所　OECD.Stat、ILOstatをもとに厚生労働省政策統括官付政策統括室にて作成。
（注）　1）労働生産性は実質国内総生産（産業別、2015年基準）を就業者数（産業別）×労働時間数（産業別）で除した実質労働生産性である。
　　　　2）「卸売・小売，飲食・宿泊サービス等」には、「卸売・小売業，自動車・オートバイ修理業」「運輸・保管業」「宿泊・飲食業」が含まれる。
　　　　3）「生活関連，娯楽サービス等」には、「芸術，娯楽，レクリエーション業」「その他のサービス業」「雇い主としての世帯活動，並びに世帯による自家利用のための分別不能な財及びサービス生産活動」「治外法権機関及び団体の活動」が含まれる。
　　　　4）労働生産性、就業者数ともに2009年を100として指数化し、2019年までの推移を示している。
　　　　5）日本は2011年の労働時間のデータがILOstatで公表されていないため、2011年の労働生産性を2010年と2012年の平均値で補完し、当該期間は点線で示している。

11　本稿では労働生産性の絶対的な水準についての国際比較は行っていないが、滝澤（2020）では、日本と米国や欧州各国との、1997年及び2017年における産業別の労働生産性の水準比較を行っており、製造業では日本と米国との格差が1997年から拡大をしていることや、サービス産業において日本と欧米各国の労働生産性の差が大きいことを指摘している。また、サービス産業の生産性の国際比較においては、サービスの「質」に関する差異を考慮する必要があるとの指摘（森川（2016）など）もあるが、深尾・池内・滝澤（2018）では、日米間のサービス品質格差の調整を行いつつ、対個人サービスに関連する産業の労働生産性を計測したところ、サービスの品質の差を調整してもなお、日米間の生産性格差を埋められないという結果を示している。

　このように、サービス業について、我が国では諸外国と比較しても労働生産性の伸びが小さくなっており、労働生産性の上昇が大きな課題であるといえる。サービス業における生産性の向上に向けた課題について、経済産業省「サービス産業×生産性研究会」（座長：宮川努学習院大学経済学部教授）が検討を行っており、業種別の事業者ヒアリング等に基づくサービス業の生産性低迷の要因分析を行った結果を、2022年3月に「サービス生産性レポート」として取りまとめている[12]。

　当該レポートでは、サービス業の生産性について、飲食・宿泊業等の対人サービス業を例に挙げ、サービスの生産と消費が同時に行われるという特徴があることから、集中的に生産を行って在庫を持ち、そこから顧客の需要に応じて適時消費がされる製造業などとは異なり、「手待ち時間」の発生等により、生産性を向上させることが難しい側面があるとしている。

　また、サービス業の労働生産性が伸び悩んでいる要因について、分子である付加価値と分母の労働投入量の動きから分析している。これによると、2013年以降、総付加価値額と労働投入量がともに増加している。労働投入量については、労働時間数が減少する中、就業者数が増加し続けたことにより増加したとしている。他方で総付加価値額の伸び率は労働投入量の伸び率を僅かに上回るに止まったため、労働生産性の伸びが低迷したとしている[13]。

　その上で、サービス業における労働生産性向上に向けた今後の施策の方向性として、HRテック[14]等の活用によるシフトの効率化等による人的資源の有効活用、ITスキルの向上等による人材投資、設備等の有効活用や投資・更新が主なポイントとなるとしている。さらに、飲食業など特に価格競争の激しい業種では、適切な値付けがなされていないとし、付加価値の向上と企業の価格政策の連動もポイントとして挙げている。

　サービス業については、女性や高齢者等の労働参加の受け皿としても重要な産業であり、GDPに占める割合も大きいことから、我が国全体の労働生産性に及ぼす影響も大きい。設備投資や人材投資、付加価値の向上等を通じて労働生産性を高めていくことが、賃上げを実現していく上でも重要である。

12　当該レポートにおいては、「サービス産業」を広義と狭義に分けて扱っており、狭義では宿泊・飲食サービス業や生活関連サービス業など対人サービスを中心とした分野を指しており、広義ではそれに加え、卸売・小売業や情報通信業等も含めた分野として扱っていることに留意が必要。

13　サービス業では土日祝日や夜間など業務の繁閑に合わせて労働力を確保する必要があることから、「手待ち時間」を短縮するために、女性や高齢者、学生などのパートタイム労働者を雇用することも多いと考えられ、このことが労働時間の減少や就業者数の増加につながっていると考えられる。

14　「Human Resource」（人事）とテクノロジーから成る造語であり、人的資源の調査、分析、管理を高度化し、ビジネスのパフォーマンスを高めるテクノロジーを指す。

●**失業プールの流入出率からみた我が国の労働移動の活発さは低水準**

　我が国の経済成長や実質賃金の上昇に取り組む上で、ＴＦＰや労働生産性を上昇させることが重要である可能性についてみてきた。ここからは、ＴＦＰや労働生産性と労働移動の関係についてみていこう。

　各国の労働移動とＴＦＰや労働生産性の関係をみる上で、労働移動の活発さをどのような指標で表すかが問題になる。外部労働市場を通じた労働移動（離転職）が行われるとき、職探し期間を経ることなく再就職するのが最も円滑であるが、数値に表れにくい。それ以外の転職の流れについてみると、離職者はいったん失業者として失業プールに流入し、再就職時には失業プールから流出するため、失業プールへの流入者と流出者の合計の水準を、労働移動の活発さを表す一つの指標として用いることが考えられる[15]。ここではＩＬＯ（2019）での分析も踏まえ、労働移動の活発さを失業プールへの流入出率（失業プールへの流入者と流出者の合計が生産年齢人口に占める割合をいう。以下同じ。）で表すこととする[16]。

　第2-(1)-12図の（1）により、我が国の失業プールへの流入出率をみると、ＯＥＣＤ平均と比較して、低い水準で推移している。同図の（2）により、各国の失業プールへの流入出率の動向をみると、アメリカ、カナダ、スウェーデン、デンマーク等の北米地域や北欧諸国では失業プールの流入出率が高いが、イタリア、ドイツ、フランスといった欧州大陸諸国や日本では低くなっている。

第2-(1)-12図	**失業プールへの流入出率からみた労働移動の活発さの国際比較**

○　労働移動の活発さを推し量る指標として、労働市場における失業プールへの流入出率（失業プールへの流入者数と流出者数の合計が生産年齢人口に占める割合）をみると、我が国は諸外国と比較して低い水準で推移している。

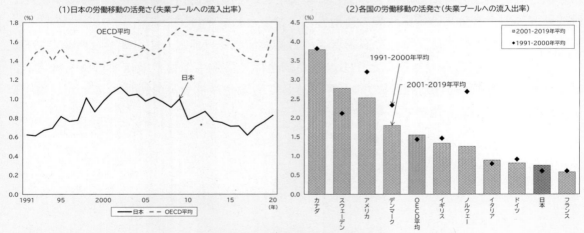

（1）日本の労働移動の活発さ（失業プールへの流入出率）

（2）各国の労働移動の活発さ（失業プールへの流入出率）

資料出所　OECD.Statをもとに厚生労働省政策統括官付政策統括室にて作成
　（注）　失業プールへの流入出率は、失業プールへの流入者数と流出者数の合計を生産年齢人口で除して算出。失業プールへの流入者数は短期失業者数（失業期間1か月未満）より概算した数値。

15　ILO「World Employment Social Outlook Trends2019」においては、労働市場が人手不足の傾向にある場合には、失業を経ず直接仕事から仕事へ労働移動をできることがより望ましいとしつつ、労働市場を通じた労働者のフローは、労働市場の再配分機能を果たしうるとしており、近年日本において失業プールの流入出率が低い水準にあることをもって、労働市場の活発さが低下していることを指摘している。
16　失業プールへの流入出率は、失業を経ず直接新たな仕事に転職する者の動向をみることはできないため、あくまでも労働移動の活発さをみる上での一つの指標として用いていることに留意が必要である。また、景気の後退期など、失業者が増大する局面においては一時的に失業プールの流入が増えるため失業プールへの流入出率も高くなる傾向があるなど、短期的にみる場合は注意が必要であり、中長期的な傾向をみる際の指標として用いることが望ましい。

●**労働生産性やＴＦＰの上昇と労働移動の活発さには正の相関がみられ、労働移動により技術移転や組織の活性化が行われることで生産性の向上につながる可能性がある**

労働移動の活発さとＴＦＰや労働生産性の関係についてみてみよう。

第2-(1)-13図は、第2-(1)-12図でみた失業プールへの流入出率とＴＦＰ及び労働生産性の上昇率の関係をみたものである。いずれについても、失業プールへの流入出率との間に弱い正の相関がみられる。これは、労働移動が活発であることとＴＦＰや労働生産性の上昇についての因果関係を示すものでは必ずしもないが、労働移動が活発であると、企業から企業への技術移転や会社組織の活性化につながり、生産性の向上にも資する可能性があると考えられる[17]。

第2-(1)-13図　労働市場における労働移動の活発さとＴＦＰ・労働生産性の関係

○　失業プールの流入出率と労働生産性及びＴＦＰの上昇率には正の相関がみられる。
○　労働移動が活発であると、企業から企業への技術移転や会社組織の活性化につながり、それにより生産性の向上にも資する可能性がある。

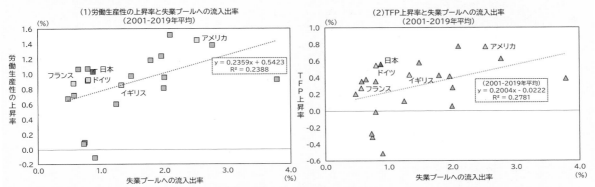

資料出所　OECD.Statをもとに厚生労働省政策統括官付政策統括室にて作成
（注）　失業プールへの流入出率は、失業プールへの流入者数と流出者数の合計を生産年齢人口で除して算出。失業プールへの流入者数は短期失業者数（失業期間1か月未満）より概算した数値。

17　山本・黒田（2016）では、企業パネルデータを用いて、雇用の流動性が企業業績に与える影響について分析している。それによると、定着率が高く、メンタルヘルスがよく、年功賃金の割合が中程度で教育訓練を重視しているといった、いわゆる日本的雇用慣行型の企業においては、中途採用のウェイトを高める形で雇用の流動化を進めると、利益率や労働生産性が上昇する傾向があるとしている。これについて、伝統的な日本企業では、少子高齢化やグローバル化といった環境変化の下で、内部労働市場のみを活用する人材育成モデルの合理性が低下しており、これまで以上に中途採用のウェイトを大きくするなどして雇用の流動性を高めることで、人材や組織の活性化が進み、利益率や労働生産性が向上する余地が残されていると指摘している。

第3節　小括

　本章では、我が国の労働力需給の展望や労働移動の重要性についてみてきた。

　我が国の労働市場においては、少子高齢化に伴う生産年齢人口や新規学卒者数の減少が進んでおり、今後労働力の供給に制約が生じることが想定される。また、我が国の就業構造は、ポスト工業社会が進展し、商品やサービスの高品質・高付加価値化が求められる中で、工場における生産ラインの人員や、小売店の販売業務など、定型の業務を行う人材のニーズは減少する一方、高度な専門知識や技術を用いて付加価値を生み出す人材や、非定型のサービスを提供する人材のニーズが高まってきており、特に、介護・福祉やＩＴといった分野の労働力需要は今後一層高まっていくことが予想される。このような労働力需要の変化に対して、今後、新規学卒者等の労働市場への新規参入による労働力供給のみにより対応することは困難であると考えられる。そのため、労働者の主体的な意志に基づく転職などの外部労働市場を通じた労働力需給の調整が今後更に重要になると考えられる。

　また、我が国の経済成長や賃上げを実現するためには、ＴＦＰや労働生産性の上昇が重要である。我が国の労働移動の活発さは他国と比較すると低い水準にあるが、労働移動の活発さとＴＦＰや労働生産性の上昇には弱い正の相関がみられ、労働移動による技術移転や会社組織の活性化が行われることで生産性の向上につながる可能性がある。

第2章 我が国の労働移動の動向

　前章においては、労働力需給の展望を踏まえつつ、労働移動が我が国の経済成長や生産性の向上に資する可能性があることをみてきた。本章では、次章以降における、労働者の主体的なキャリア形成への支援を通じた労働移動を促進する上での課題についての分析の前提として、我が国の外部労働市場を通じた労働移動の動向や転職者の実態について概観していく。

第1節　労働移動の概況

●転職入職率は2005年以降おおむね横ばいで推移しており転職者数は長期的に増加傾向、離職者数は近年横ばいとなっている。離転職者数は女性で増加している

　まず、我が国の外部労働市場を通じた、労働移動の概況をみる上での基本的な指標として、離転職や入職の動向についてみていこう。

　第2-（2）-1図の（1）により、常用労働者数に対する転職入職者数を示す転職入職率の推移をみると、2005年以降、10％前後をおおむね横ばいで推移している。男女別にみると、男性よりも女性の方が高い割合で推移している。同図の（2）及び（3）により、転職者数、離

第2-（2）-1図　転職入職率等の推移

○　我が国の労働移動の動向をみると、転職入職率は、2005年以降、10％前後をおおむね横ばいで推移している。男女別にみると、男性よりも女性の方が高い割合で推移している。
○　転職者数は長期的に増加傾向が続いているが、離職者数は近年横ばいとなっている。男女別にみると、いずれも女性で長期的に増加傾向がみられる。

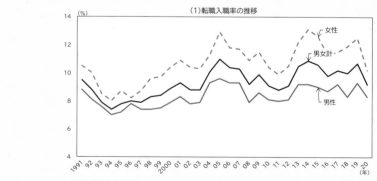

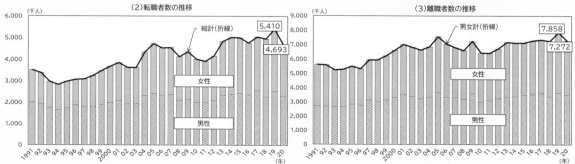

資料出所　厚生労働省「雇用動向調査」をもとに厚生労働省政策統括官付政策統括室にて作成

職者数の推移をみると、転職者数は長期的に増加傾向が続いているが、離職者数は近年横ばいとなっている。男女別にみると、いずれも女性で長期的に増加傾向がみられる。また、感染症の影響下の2020年は、転職入職率、転職者数、離職者数いずれも大幅に低下又は減少となっている[1]。

● **パートタイム労働者の転職入職率は長期的に上昇傾向にある一方で、一般労働者の転職入職率は横ばいとなっている。離職率はパートタイム労働者では横ばい、一般労働者では、近年やや低下傾向がみられる**

第2-(2)-2図の（1）及び（2）により、就業形態別に転職入職率、離職率をみると、いずれも一般労働者よりもパートタイム労働者の方が高い。長期的にみると、パートタイム労働者の転職入職率は上昇傾向にある一方で、一般労働者の転職入職率は横ばいとなっている。離職率は、パートタイム労働者では横ばいとなっており、一般労働者では、近年、やや低下傾向がみられる。同図の（3）及び（4）により、就業形態別に転職入職者数、離職者数の推移をみると、いずれもパートタイム労働者では増加傾向がみられるが、一般労働者は横ばいで推移している。

第2-(2)-2図　転職入職率等の推移（就業形態別）

○　就業形態別に転職入職率、離職率をみると、いずれも一般労働者よりもパートタイム労働者の方が高く、パートタイム労働者の転職入職率は長期的に上昇傾向にある一方で、一般労働者の転職入職率は横ばいとなっている。離職率は、パートタイム労働者では横ばいとなっており、一般労働者では、近年やや低下傾向がみられる。

○　転職入職者数、離職者数は、パートタイム労働者では増加傾向がみられるが、一般労働者は横ばいで推移している。

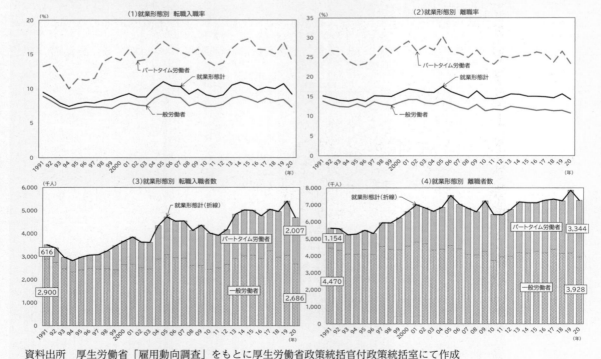

資料出所　厚生労働省「雇用動向調査」をもとに厚生労働省政策統括官付政策統括室にて作成

1　第1-(2)-26図でもみたように、「より良い条件の仕事を探すため」といった、前向きな理由での転職者が大きく減少したことが影響していると考えられる。

　第2-（2）-1図と併せると、全体的な離転職の動きは、近年、主に女性やパートタイム労働者において活発化している傾向がみられるものの、男性や一般労働者を含めた労働市場全体では大きく活発化している傾向はみられない。

● **入職者に占める転職入職者の割合は6割程度で推移している。企業規模が小さいほど高い傾向にあるが、近年は大企業においても上昇傾向がみられている**

　次に、景気の変動等による入職者数全体の変動を考慮し、入職者に占める転職入職者の割合の動向についてみていく。

　第2-（2）-3図により、入職者に占める転職入職者の割合をみると、企業規模計では、1991年〜2006年にかけてやや上昇した後、6割程度を横ばいに推移している。企業規模別でみると、規模が小さいほど入職者に占める転職入職者の割合が高い傾向にあるが、長期的に、企業規模1,000人以上の企業において上昇傾向がみられており、2020年時点ではいずれの企業規模においても、入職者のうちの半数以上を転職入職者が占めていることが分かる。

第2-（2）-3図　企業規模別の入職者に占める転職入職者の割合の推移

○入職者に占める転職者の割合は、1991年〜2006年にかけてやや上昇した後、6割程度を横ばいに推移している。企業規模別でみると、規模が小さいほど入職者に占める転職入職者の割合が高い傾向にあるが、近年は企業規模300人以上の企業において上昇傾向がみられている。

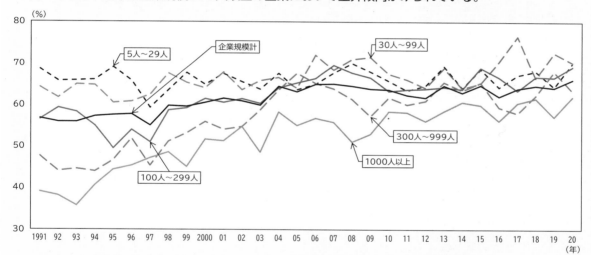

資料出所　厚生労働省「雇用動向調査」をもとに厚生労働省政策統括官付政策統括室にて作成

●**女性の中高年層を中心に入職者に占める転職入職者の割合が上昇傾向**

　第2-(2)-4図により、入職者に占める新規学卒者、新規学卒者以外の未就業者[2]及び転職入職者の割合の推移をみると、転職入職者は近年は横ばいであるが長期的に緩やかに上昇傾向にある一方、新規学卒者はおおむね横ばい傾向、新規学卒者以外の未就業者はやや低下傾向となっている。

第2-(2)-4図	入職者の職歴別割合の推移

○　入職者に占める転職入職者の割合は、長期的に緩やかな上昇傾向がみられる一方で、新規学卒者の割合はおおむね横ばい傾向、新規学卒者以外の未就業者の割合はやや低下傾向となっている。

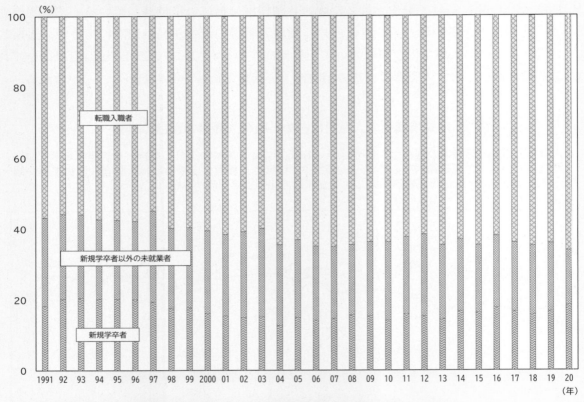

資料出所　厚生労働省「雇用動向調査」をもとに厚生労働省政策統括官付政策統括室にて作成

　第2-(2)-5図により、年齢階級別に入職者の職歴別割合の推移をみると、入職者に占める転職入職者の割合は、「60歳以上」の年齢階級では長期的な上昇傾向にある一方、「35～59歳」ではおおむね横ばい傾向、「34歳以下」の年齢階級では2007年以降緩やかに低下している。入職者に占める新規学卒者以外の未就業者の割合は、35歳以上の年齢層では横ばい、「34歳以下」の年齢階級では長期的に緩やかな低下傾向で推移している。

　入職者に占める転職入職者の割合の年齢階級による違いは、転職行動の変化に加え、少子高齢化による年齢階級別の人口構成の変化による影響等も考えられる。このため、付2-(2)-1図により、各年齢階級別の入職者に占める転職入職者の割合の推移をみると、35歳以上の年齢層において、男女ともに上昇傾向にあり、特に、女性で大きく上昇している一方、「34歳以

2　厚生労働省「雇用動向調査」では、入職前1年間における就業経験の有無により職歴の区分を未就業入職者と転職入職者に分けているため、1年以上の離職期間を経て再就職した場合も未就業者に分類されていることに留意。

下」の年齢階級では男女ともにやや低下傾向にある。「34歳以下」の年齢階級では、景気の変動等による新規学卒者の採用動向の影響も受けることに留意が必要だが、おおむね、女性の35歳以上の年齢層を中心に労働移動の動きが活発化している中、「34歳以下」の若年層ではそれほど大きく活発化している傾向はみられない。

第2-(2)-5図　入職者の職歴別・年齢階級別割合の推移

○　入職者に占める転職入職者の割合は、「60歳以上」の年齢階級では長期的な上昇傾向がみられたが、「35～59歳」ではおおむね横ばい傾向であり、「34歳以下」の年齢階級では2007年以降緩やかに低下している。入職者に占める新規学卒者以外の未就業者の割合は、35歳以上の年齢層では横ばい、「34歳以下」の年齢階級では長期的に緩やかな低下傾向で推移している。

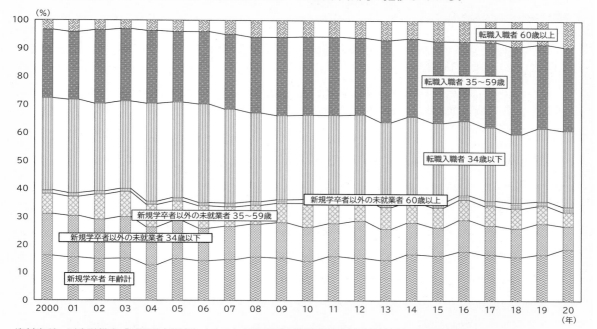

資料出所　厚生労働省「雇用動向調査」をもとに厚生労働省政策統括官付政策統括室にて作成

● **2020年の感染症の影響下においては、対人サービス業を中心に労働移動者が減少したが、「情報通信業」「社会保険，社会福祉，介護事業」「運輸業，郵便業」では入職者の増加もみられた**

　続いて、産業別の離入職の動きについてみてみる。第2-(2)-6図により、一般労働者について産業別の延べ労働移動者数（入職者数及び離職者数の合計をいう。以下本節において同じ。）をみると、「製造業」「小売業」「生活関連サービス業，娯楽業」といった業種では近年やや減少傾向がみられる。また、2020年の感染症の影響下においては、「小売業」「生活関連サービス業，娯楽業」などの産業で延べ労働移動者数の減少がみられたが、「情報通信業」「社会保険，社会福祉，介護事業」では、女性の入職者の増加といった動きがみられた。

第2-(2)-6図　産業別にみた延べ労働移動者・入職者・転職者の推移（一般労働者）

○　一般労働者について産業別の延べ労働移動者数（入職者・離職者の合計）及び入職者数・離職者数の推移をみると、「製造業」「小売業」「生活関連サービス業，娯楽業」といった産業で近年やや減少傾向がみられる。
○　2020年には「小売業」「生活関連サービス業，娯楽業」などの産業で延べ労働移動者数の減少がみられたが、「情報通信業」「社会保険，社会福祉，介護事業」では女性の入職者の増加がみられた。

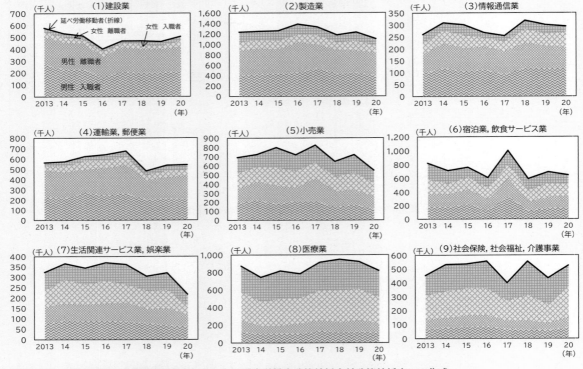

資料出所　厚生労働省「雇用動向調査」をもとに厚生労働省政策統括官付政策統括室にて作成
（注）　「延べ労働移動者」は、入職者数と離職者数を合計したもの。

　第2-(2)-7図により、パートタイム労働者について産業別の延べ労働移動者数をみると、一般労働者と比較して、全体的にその変動が大きい産業が多い。近年、「運輸業，郵便業」「社会保険，社会福祉，介護事業」で労働移動の動きが活発化している一方、「製造業」「建設業」「生活関連サービス業，娯楽業」では延べ労働移動者数がやや減少傾向にある。2020年の感染症の影響下においては、「小売業」「宿泊業，飲食サービス業」「生活関連サービス業，娯楽業」などで延べ労働移動者数の減少がみられたが、「情報通信業」では女性の、「運輸業，郵便業」では男性の入職者が大幅に増加したほか、「社会保険，社会福祉，介護事業」では、女性の離職者の増加がみられた。

第2-(2)-7図　産業別にみた延べ労働移動者・入職者・転職者の推移（パートタイム労働者）

○　パートタイム労働者の産業別の延べ労働移動者数をみると、「運輸業，郵便業」「社会保険，社会福祉，介護事業」で近年増加している一方、「製造業」「建設業」「生活関連サービス業，娯楽業」ではやや減少傾向にある。

○　2020年には「小売業」「宿泊業，飲食サービス業」「生活関連サービス業，娯楽業」などで延べ労働移動者数の減少がみられたが、「情報通信業」で女性の、「運輸業，郵便業」で男性の入職者が大幅に増加したほか、「社会保険，社会福祉，介護事業」では、女性の離職者の増加が特にみられた。

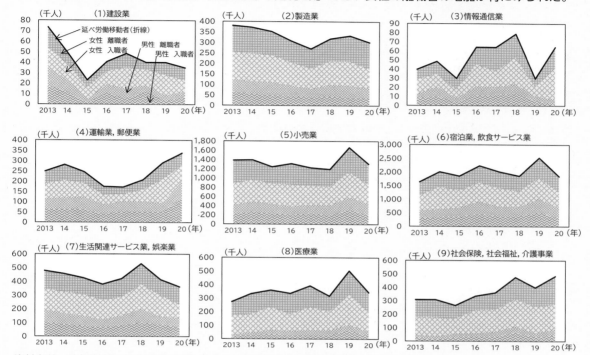

資料出所　厚生労働省「雇用動向調査」をもとに厚生労働省政策統括官付政策統括室にて作成
　（注）　「延べ労働移動者」は、入職者数と離職者数を合計したもの。

第2章

145

●平均勤続年数は、定年年齢の引上げ等の影響から高年齢層で上昇しているが、2000年代以降、男性では54歳以下、女性では39歳以下の年齢層で緩やかに低下

　次に、労働者の勤続年数の動向についてみていく。

　第2-(2)-8図により、一般労働者について男女ごとに年齢階級別の平均勤続年数の推移をみると、男性において、1990年代半ばまでは「55〜59歳」、1990年代以降は60歳以上の年齢層において大幅な上昇がみられる。これは1980年代以降、定年年齢が段階的に引き上げられてきた[3]ことが影響していると考えられる。一方、2000年代以降、男性では54歳以下の年齢層で、女性では39歳以下の年齢層で、緩やかな低下傾向で推移している。

第2-(2)-8図　一般労働者の年齢階級別平均勤続年数の推移

○　男女ごとに年齢階級別の平均勤続年数の推移をみると、特に男性において、1990年代半ばまでは「55〜59歳」、1990年代以降60歳以上の年齢層において大幅な上昇がみられる。
○　2000年代以降、男性では54歳以下の年齢層で、女性では39歳以下の年齢層で、緩やかな低下傾向で推移している。

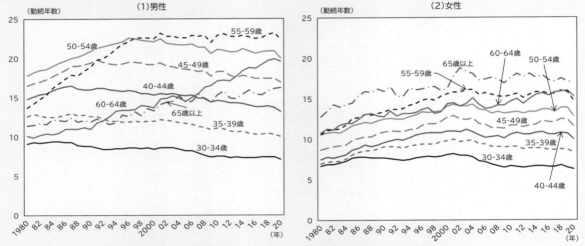

資料出所　厚生労働省「賃金構造基本統計調査」をもとに厚生労働省政策統括官付政策統括室にて作成
　(注)　1）一般労働者の平均勤続年数を示している。
　　　　2）2020年より一部調査事項や推計方法を変更しており、2019年までの数値と比較する際は注意が必要。

3　1986年に高年齢者等の雇用の安定等に関する法律が改正され、60歳定年が企業の努力義務となり、1994年の改正により60歳未満定年が禁止（1998年施行）された。また、2000年には企業に対して65歳までの雇用確保措置を努力義務化するとともに、2004年には65歳までの雇用確保措置の段階的義務化（2006年施行）がされ、2012年には企業に対して、希望する労働者全員を65歳まで継続雇用することが義務化された（2013年施行）。

●産業別の平均勤続年数は、「製造業」では女性を中心に上昇傾向、「サービス業」では近年横ばい傾向となっている

　第２-（２）-９図により、産業別に平均勤続年数の推移をみてみる。「製造業」では、1990年代までは男女ともに上昇傾向が続いていたが、2000年代以降は、女性では上昇傾向が続いている一方で、男性では横ばい傾向となっている。「サービス業」では、男女ともに、1990年代まで緩やかな上昇傾向が続いていたが、2000年代はやや低下した後、2010年代以降は横ばい傾向となっている。

第２-（２）-９図　男女別・産業別平均勤続年数の推移

○　産業別に平均勤続年数の推移をみると、「製造業」では1990年代までは男女ともに上昇傾向が続いていたが、2000年代以降は、女性では上昇傾向が続いている一方で、男性では横ばい傾向となっている。「サービス業」では男女ともに、1990年代まで緩やかな上昇傾向が続いていたが、2000年代は男女ともにやや低下した後、2010年代以降は横ばい傾向となっている。

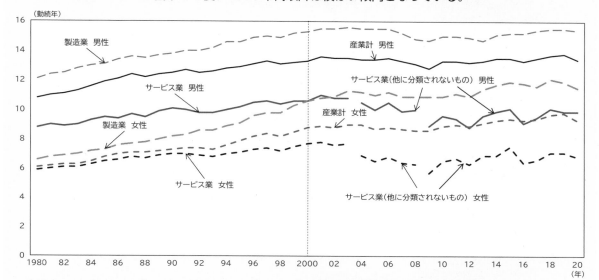

資料出所　厚生労働省「賃金構造基本統計調査」をもとに厚生労働省政策統括官付政策統括室にて作成
　（注）　１）産業分類が2004年に第11回改定日本標準産業分類に、2009年に第12回改定日本標準産業分類に、それぞれ基づくものに変更となっている。2004年～2008年のサービス業は第11回改定産業分類「サービス業（他に分類されないもの）」、2009年以降のサービス業は第12回改定産業分類「サービス業（他に分類されないもの）」である。
　　　　　２）一般労働者の平均勤続年数を示している。
　　　　　３）2020年より一部調査事項や推計方法を変更しており、2019年までの数値と比較する際は注意が必要。

●**我が国の雇用者の勤続年数は、国際的にみて比較的長期間となる傾向となっている**

　第2-（2）-10図は、勤続年数別の雇用者割合の国際比較である。これによると、我が国では、勤続年数1年未満の雇用者の割合が国際的にみて低くなっている。一方、勤続年数10年以上の雇用者の割合は、アメリカ、カナダ、イギリス、北欧諸国等と比較すると高く、イタリア、フランス等と同程度の水準となっている。

　これまでみてきたように、我が国の労働者の勤続年数の状況は、近年、男性では54歳以下、女性では39歳以下の年齢層において、平均勤続年数の緩やかな低下傾向がみられるものの、国際的にみると我が国の雇用者の勤続年数は比較的長期間となっている。

第2-（2）-10図　勤続年数別雇用者割合の国際比較

○　勤続年数別の雇用者割合を国際比較すると、我が国では、勤続年数1年未満の雇用者の割合が国際的にみて低くなっている。一方、勤続年数10年以上の雇用者の割合は、アメリカ、カナダ、イギリス、北欧諸国等と比較すると高く、イタリア、フランス等と同程度の水準となっている。

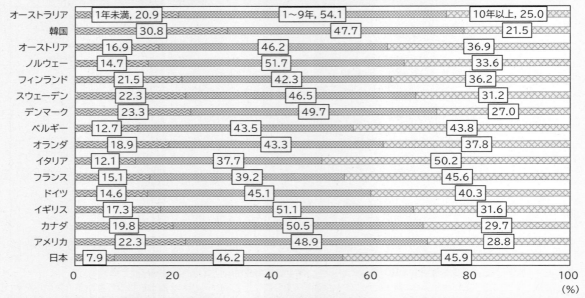

資料出所　（独）労働政策研究・研修機構「データブック国際労働比較2019」をもとに厚生労働省政策統括官付政策統括室にて作成
　（注）　日本については、常用労働者のうち、短時間労働者を除く。民営事業所が対象。2017年6月末現在。

●中途採用実績がある企業割合は2018年頃まで緩やかに上昇していたが、それ以降は感染症の影響もあり、やや停滞している

転職者を受け入れる企業側の動向についてもみてみよう。

第2-(2)-11図は、対象期間中に中途採用実績がある企業割合の推移を産業別にみたものである。これによると、中途採用実績がある企業割合は、2012年以降、産業計では5割〜6割程度で推移している。2018年までは緩やかな上昇傾向がみられていたが、それ以降は停滞し、2020年以降は感染症の影響により低下がみられた。産業別の水準をみると、「医療，福祉」では比較的高い水準で推移している一方で、「建設業」では比較的低い水準となっている。また、「製造業」「情報通信業」で2018年までは比較的大きく上昇しており、「製造業」では2019年以降低下したものの、「情報通信業」では2020年以降の感染症の影響下においても大幅な低下はみられない。「宿泊業，飲食サービス業」「生活関連サービス業，娯楽業」では感染症の影響により、2020年に大幅な低下がみられた。

このように、近年は全般的に企業の中途採用は活発化の傾向がみられるものの、感染症の影響により2020年以降はやや停滞している。また、感染症の影響下において、多くの産業で中途採用が停滞傾向にある中、「情報通信業」のように大きな変動がみられない産業もあり、中途採用についても感染症の影響は産業により異なっている。

第2-(2)-11図　中途採用実績のある企業割合の推移（産業別）

○　中途採用実績がある企業割合は、2012年以降、2018年までは緩やかな上昇傾向がみられていた。それ以降は停滞し、2020年以降は感染症の影響により低下がみられたが、「情報通信業」のように大きな変化がみられない産業もあった。
○　産業別の水準をみると、「医療，福祉」では比較的高い水準で推移している一方で、「建設業」では比較的低い水準となっている。

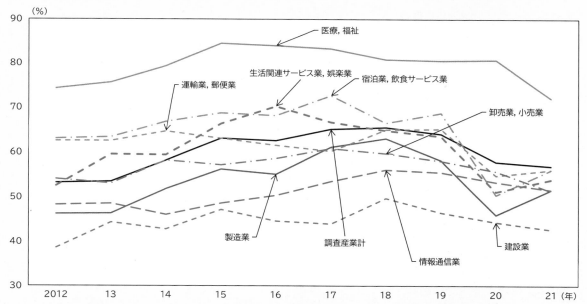

資料出所　厚生労働省「労働経済動向調査」をもとに厚生労働省政策統括官付政策統括室にて作成
　　（注）四半期のデータを年単位で算出したもの。

コラム2-3　企業における中途採用の活性化等に向けた取組について

　本コラムでは、中途採用の活性化に向けた取組を推進されている企業として、森永乳業株式会社及び東京海上日動株式会社の取組について紹介していく。

【森永乳業株式会社】

　日本有数の乳業メーカーである森永乳業株式会社（従業員数3,377名（単体）、6,871名（連結）（2021年3月現在））は、近年キャリア採用を積極的に行うとともに、同社を離職した方々の再雇用の取組を拡充している。

　同社は2016年より、新卒採用に加え、キャリア採用を本格的に開始している。キャリア採用の本格始動の理由は、多様な価値観を尊重する社内風土の醸成を図ること、また当時工場での新たなライン増設・新設備の投資を控えており、様々な部門での専門人材や即戦力となる人材を確保する必要があったためである。

　キャリア採用は、新規採用と同様に5年の人員計画をたてて、計画的に採用しており、2020年度において中途採用比率は2割を超えている。採用する人材について、キャリア採用を開始した当初は、同社と近い業界の経験者を優先的に採用していたが、現在は配属先の事業所においても多様性を受け入れ、育成する風土が築かれてきたこともあり、異なる業界で経験を積んできた方の採用も増やしてきているという。

　同社の再雇用制度は、2007年5月より、出産・育児、配偶者の転勤等の理由により退職した社員に限定した制度として始まった。その後、2008年10月より、「リターンジョブ制度」として対象者を大幅に拡大した。具体的には、同社で過去3年以上の勤務実績があれば、原則として退職時の理由を問わないものとしている。対象者拡大の目的は、①社外で培った技術や知識なども森永乳業での業務にいかしてもらい、社内の活性化に繋げること、②森永乳業での経験からノウハウ、文化を熟知している退職者を再雇用することで、即戦力となる人材の確保を図ること、③様々なライフプラン、キャリアプランによって森永乳業を退職した人材を再雇用することで、多様な価値観を尊重する社内風土の醸成を図ること、とのことである。

　リターンジョブ制度による再雇用者は、30歳台後半〜40歳台が多い。キャリア採用は年次によって多少の増減はあるが、20〜30名で推移しており、応募者は、食品や消費財メーカー等の近しい業界の経験者が多く、20歳台後半〜30歳台が多い。

　両制度利用による採用者に対して、上司や周りの従業員からの評価は比較的高く、同社の文化が挑戦・貢献の風土へ向かい変化するにあたって良い影響を及ぼしているという。また、キャリア採用の導入により、各事業所で多様な人材を育成していこうという雰囲気が醸成されたことで、同社が採用する人材像が少しずつ変化しているといい、以前は新卒採用者の一定数が「森永乳業に多いタイプ」（柔和かつ真面目な性格で、協調性がある）であったが、最近はその割合が少し低下し、より多様性のある人材が増えた印象があるという。

　今後は、リターンジョブ制度に登録している方に定期的に連絡をとることや、キャリア採用についても求人情報を通年提示することなどを通じて、両制度を活用して中途採用比率を徐々に伸ばしていきたいと同社人事担当者は述べている。中途採用を積極的に進めることが、組織の変革や活性化につながっている好事例であるとともに、育児・介護等により職場を離れても、元の職場に戻ることができるという同社の取組は、今後の日本における働き方の選択肢を増やしていく上でも参考となる取組であるといえよう。

【東京海上日動株式会社】

　東京海上日動株式会社は創業142年の損害保険会社であり、従業員数は約17,000人、代理店数は約45,000店である（2022年3月現在）。

　同社では、自然災害の激甚化やテクノロジーの発達など、目まぐるしく変化する事業環境に柔軟に対応するため、中途採用（キャリア採用）や退職者の再雇用制度を通じた人材の多様化を進めている。

　まず、会社の外部から多様な経験を有する人材を獲得することを目的として、2019年に本格的な中途採用（キャリア採用）を導入した。同社において、営業や損害サービスといった第一線を担う職種における中途採用の本格的な導入は創業以来初めてである。キャリア採用によって累計約50名（2022年3月現在）が採用されている。

　キャリア採用者は、これまでの仕事の成果に加え、会社の文化、使命等に共感しているかといった人物重視で選考を行っており、同社では出身の業界や経歴は問わず、多様な人材の確保を目指している。

　キャリア採用者には入社後に研修等を行うことで定着支援を図っている。従来は数日程度であった研修を1か月程度にまで拡大し、基幹商品やビジネスフロー等についてキャリア採用者専用のカリキュラムを設定した。このほか、配属先の全ての上司と人事担当者でキャリア採用者の背景や育成のポイントについて事前に対話をすることで、現場のフォローを行っている。また、職場に育成役を付けることもあり、キャリア採用者が配属後1年程度で独り立ちできるようにＯＪＴ体制を整えている。

　保険事業は複雑な業務でもあるため、周囲からのフォローも必要である。このため、入社当初のキャリア採用者は職場内での関係性やこれまでの経験を踏まえて役職や担う役割も柔軟に決定し、これまでのキャリアで培った強みを発揮できるよう運用している。

　人事担当者によると、配属先の上司に対するアンケートでは「定性的な側面、文化や社内の風土に対してプラスの影響をもたらしてくれた」について90%、「成果とか成長に資するような取組となっているか」について85%が肯定しており、実際に社内の慣習や顧客への保険販売の提案方法についても、キャリア採用者からの声を取り入れ、職場の活性化につなげているとのことであった。

　今後は、キャリア採用のうち転勤を伴う採用区分のグローバルコースは新卒対比で3割程度まで増やすとともに、転勤・転居を伴わない採用区分のエリアコースでもその割合を拡大し、全国の職場でキャリア採用社員が働いていることが当たり前の組織づくりを目指している。

　また、同社では従来から設けていた退職者再雇用制度を2020年に大幅に見直した。

　同制度は退職した社員を再雇用する復職制度であるが、勤務地を限定したエリアコースで働いていた社員が配偶者の転勤等の家庭の事情により退職し、再雇用として応募する場合が多かった。退職時の勤務年数、退職後の年数の要件を緩和するとともに、従来は復職可能な採用区分を特定の勤務地で働くエリアコースに限定していたが、転居を伴う異動があるグローバルコースについても復職を可能とした。加えて管理職への復職も可能とし、再雇用時の等級についても、個別に判断して格付けする手法に改めた。

　創業から140年目で初めて本格的な中途採用の実施に踏み切り、様々な試行錯誤を重ねている同社の取組は、同様に今後積極的に中途採用を進めていこうとする企業にとって貴重なモデルケースとなるとともに、中途採用制度に加え、退職者再雇用制度の見直しによっても、より多様な人材の確保が期待される。

第2章

第2節 キャリアチェンジを伴う労働移動の動向

　前節では我が国の労働移動の動向について概観してきた。第1章で我が国の労働力需給の展望についてみたが、介護・福祉分野やIT分野における労働力需要の増大をはじめとして、今後の労働力需要の変化に対応していくためには、産業や職業といった分野間をまたぐ労働移動を促進していくことが重要である。本稿では、産業や職業が変わる労働移動を「キャリアチェンジ」を伴う労働移動として捉え、その動向をみていくこととする。

●男性では大学・大学院卒かつ若年層、女性では大学・大学院卒の35歳以上の層を中心に産業間移動が活発化している傾向がみられる

　まず、産業間労働移動の動向についてみていこう。

　第2-(2)-12図は、男女別・学歴別・年齢階級別に、雇用者のうちで産業（大分類）の移動を伴う転職を行った者の割合（以下本節において「産業間移動者割合」という。）の推移をみたものである。これによると、長期的にみて、男性では大学・大学院卒の「25〜34歳」の層で産業間移動者割合の高まりが目立つ。女性では大学・大学院卒の35歳以上の年齢層において産業間移動者割合が近年高まっている傾向がみられる。

　産業間の労働移動は男女ともに大学・大学院卒以上の学歴が高い層でやや活発化している可能性がある。

第2-（2）-12図 男女別・学歴別・年齢階級別の産業間移動率の推移

○ 男女別・学歴別・年齢階級別に、産業間移動をした者の割合の推移をみると、男女ともに大学・大学院卒の高学歴層かつ若年層で産業間の移動率が高まっている傾向がみられる。

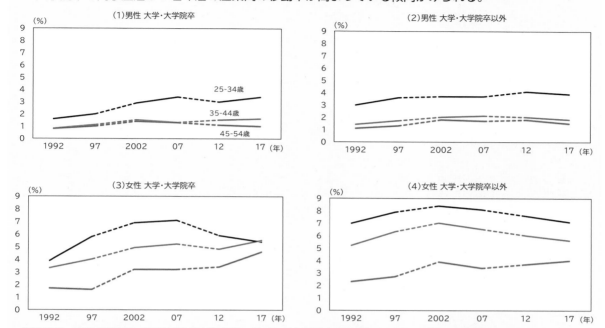

資料出所 総務省統計局「就業構造基本調査」の個票を厚生労働省政策統括官付政策統括室にて独自集計
（注） 1）産業間移動者は調査時点（各年の10月時点）の雇用者のうち、以下のa, bの合計として集計した。
　　　　a）1年前とは異なる勤め先に転職し、かつ現在の産業と1年前の産業が異なる者。
　　　　b）1年前は無業であり、かつ現在の産業と1年より前の勤め先の産業が異なる者。
　　　2）1）のa）について、1997年以前は前職の離職月を尋ねておらず、厳密に過去1年以内に前職を離職した者を区別することができない。ここでは、各年で共通の定義を用いることを優先し、当該調査年中に前職を離職した場合に、1年前とは異なる勤め先に転職した場合とみなした。
　　　3）大学・大学院卒以外は中学、高校、高専、短大、専修学校等を含む。
　　　4）2002年調査、2012年調査においてそれぞれ産業分類が改訂されているため、それ以前との比較はできないことに留意が必要。

●転職が産業間の労働力配分に及ぼす影響は横ばい傾向。その相対的な寄与は2012年から2017年にかけて小さくなっている

　続いて、転職による産業間の労働移動が産業間の労働力配分の変化に及ぼす影響についてみてみよう。労働移動が活発に行われている状況であっても、同一産業内・職種内における移動が多い場合や、他産業・職種からの流入と同程度の流出がある場合には、産業間・職種間における就業構造の変化は小さくなる。また、産業間・職種間における就業構造は、新規入職者の参入や労働市場からの引退による退出によっても変化する。そこで、各産業（職種）での新規入職・引退に伴う就業者数の増減の絶対値の総和（以下「新規入職・引退の労働力配分数」という。）が、新規入職者数と引退者数の総数の合計に占める割合を「新規入職・引退の労働力配分係数」、各産業（職種）での転職に伴う就業者数の増減の絶対値の和（以下「転職の労働力配分数」という。）が、転職者数の総数に占める割合を「転職の労働力配分係数」とすることで、新規入職・引退、転職がそれぞれ就業構造の変化に及ぼしている影響をみることができる。さらに、新規入職・引退の労働力配分数と転職の労働力配分数の総和のうち、転職の労働力配分数が占める割合を「転職の労働力配分ウェイト」とし、労働移動によってもたらされた就業構造の変化の推移を確認していく。

　　第2-（2）-13図は、総務省統計局「就業構造基本調査」により産業間の新規入職・引退の労働力配分係数、転職の労働力配分係数、転職の労働力配分ウェイトをそれぞれ算出したものである。産業分類の区分変更により、変更前後の比較を行うことはできないが、2012年～2017年にかけて、転職の労働力配分係数は横ばい傾向となっており、転職による産業間の労働力配分への影響が大きくなっている傾向はみられない。また、転職の労働力配分ウェイトは新規入職・引退の労働力配分数が大きく増加したことで、低下しており、新規入職・引退と比較した転職の産業間労働力配分への相対的な寄与は小さくなっている。

第2-（2）-13図	産業間の労働力配分係数

○　2012年～2017年にかけて、転職の労働力配分係数は横ばい傾向となっており、転職による産業間の労働力配分への影響が大きくなっている傾向はみられない。また、新規入職・引退の労働力配分数が大きく増加したことで、転職の労働力配分ウェイトは低下しており、新規入職・引退と比較した転職の産業間労働力配分への相対的な寄与は小さくなっている。

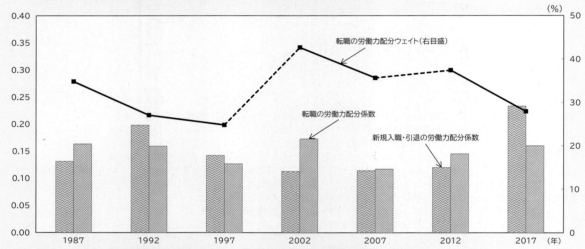

資料出所　総務省統計局「就業構造基本調査」をもとに厚生労働省政策統括官付政策統括室にて作成
（注）　1）産業間労働力配分係数及び転職の労働力配分ウェイトは以下のとおり算出。
　　　　・新規入職・引退の労働力配分係数＝$\sum |J_i - P_i| / (\sum J_i + \sum P_i)$
　　　　・転職の労働力配分係数＝$\sum |I_i - O_i| / \sum H_i$
　　　　・転職の労働力配分数ウェイト＝$\sum |I_i - O_i| / (\sum |J_i - P_i| + \sum |I_i - O_i|)$
　　　　ただし、I_i：他産業から産業iへ流入した転職者数、O_i：産業iから他産業へ流出した転職者数、H_i：産業iへ流入した転職者数、P_i：産業iへ流入した新規入職者数、J_i：産業iからの引退者数であり、産業大分類を用いている。
　　　2）2002年調査、2012年調査においてそれぞれ産業分類が改訂されているため、それ以前との比較はできないことに留意が必要。

●就業経験が長くなるほど、転職時にタスク距離が近い職種を選ぶ傾向にある

ここからは、キャリアチェンジをする者の実態についてみていく。

キャリアチェンジをする場合、転職者は全く経験が無い仕事に転職をするよりも、前職の経験をいかせる仕事への転職を志向する可能性が高いと考えられる。ここでは、職種間を移動する転職をする者について、前職の経験がどう転職先の選択に影響するのかについて、転職者の前職と新職における仕事内容の変化を定量的に表す「タスク距離」を用いて分析を行っていく。タスク距離は、厚生労働省及び（独）労働政策研究・研修機構が運営する「日本版O-NET」のデータを用いて、各職種間の仕事の内容の類似性を算出したものである[6]。

第2-（2）-30図により、職業経験年数別に転職時の前職と新職のタスク距離の分布をみると、いずれの経験年数においても、同一職種（タスク距離0）に転職する者が最も多く、他職種へ転職する場合には、就業経験年数が長くなるほど、タスク距離が近い職に転職する者が多い傾向がみられる。このことから、労働者が就業経験を重ねるにつれて、経験を通じて把握した自らの適性に応じた仕事を見つけるようになるため、タスク距離が近い職種への転職を志向するようになるという傾向がうかがえる[7]。

第2-（2）-30図　職業経験年数別転職時の前職と新職のタスク距離の分布

○　職業経験年数別に転職時の前職と新職のタスク距離の分布をみると、いずれの経験年数においても、同一職種（タスク距離0）に転職する者が最も多く、他職種へ転職する場合には、就業経験年数が長くなるほど、タスク距離が近い職に転職する者が多い傾向がみられる。

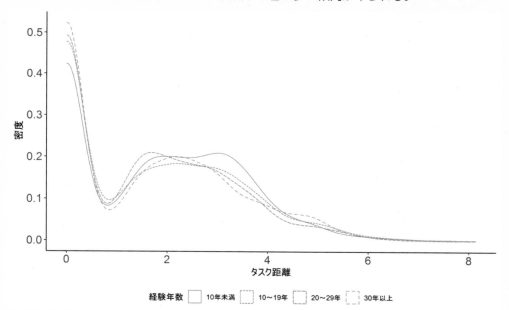

資料出所　リクルートワークス研究所「全国就業実態パネル調査」（2017年～2021年）の個票を厚生労働省政策統括官付政策統括室にて独自集計
（注）　1）2017年～2020年の間に転職をした者（現職と1年前の仕事が異なる者）を集計している。そのため、過去1年以内に複数回転職をしている場合は、「前職」には直前の仕事ではない場合も含まれることに留意が必要。
　　　　2）「経験年数」は初職の入社年から転職時までの年数。
　　　　3）タスク距離の分布はカーネル密度分布（分布を滑らかな曲線で推定したもの）を推定している。

6　詳細なタスク距離の算出方法は付注2を参照。
7　勇上（2011）では、職業大分類ベースでみたキャリア内転職率は労働市場経験にかかわらず一貫して高い一方、労働市場経験年数が長いほど、より狭い範囲のキャリア内転職率が有意に上昇することを明らかにしており、適職探しは関連の深い仕事の中で行われながら、次第に固定的なキャリアが選び取られていく傾向があることを指摘している。

●雇用形態の変化を伴わない転職では、同一職種やタスク距離の近い職種に転職する傾向がみられる

　第2-（2）-31図により、雇用形態の変化の状況別に転職時の前職と新職のタスク距離の分布をみると、雇用形態の変化を伴わない（正規雇用から正規雇用又は非正規雇用から非正規雇用）転職の場合では、同一職種へ転職する者が多く、他職種へ転職する場合には、タスク距離が近い職種間で転職する者が多い。

　一方、雇用形態の変化を伴う転職の場合（正規雇用から非正規雇用又は非正規雇用から正規雇用）では、雇用形態の変化を伴わない場合と比べて、他職種へ転職することが多く、比較的タスク距離が遠い職種間での転職もみられる。これらから、雇用形態の変化を伴わない転職を行う場合、キャリアの継続性を重視して職種を維持する傾向も強いことがうかがえる。

第2-（2）-31図　雇用形態の変化別転職時の前職と新職のタスク距離の分布

○　雇用形態の変化別に転職時の前職と新職のタスク距離の分布をみると、雇用形態の変化を伴わない（正規雇用から正規雇用又は非正規雇用から非正規雇用）転職の場合では、同一職種へ転職する者が多く、他職種へ転職する場合には、タスク距離が近い職種間で転職する者が多い。
○　雇用形態の変化を伴う転職の場合（正規雇用から非正規雇用又は非正規雇用から正規雇用）では、雇用形態の変化を伴わない場合と比べて、他職種へ転職することが多く、比較的タスク距離が遠い職種間での転職もみられる。

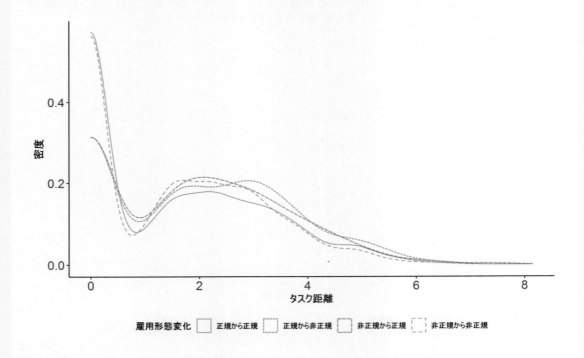

資料出所　リクルートワークス研究所「全国就業実態パネル調査」（2017年～2021年）の個票を厚生労働省政策統括官付政策統括室にて独自集計
　（注）　1）2017年～2020年の間に転職をした者（現職と1年前の仕事が異なる者）を集計している。そのため、過去1年以内に複数回転職をしている場合は、「前職」には直前の仕事ではない場合も含まれることに留意が必要。
　　　　　2）タスク距離の分布はカーネル密度分布（分布を滑らかな曲線で推定したもの）を推定している。

●前職が「専門職・技術職」では同一職種、「事務系職種」「営業販売職」ではタスク距離が比較的近い職種、「サービス職」ではタスク距離が比較的遠い職種への転職が多い傾向にある

　続いて、前職の仕事の内容により、職業経験が転職先の選択に及ぼす影響の違いをみる。第2-(2)-32図により、前職の職種別に転職時の前職と新職のタスク距離の分布をみると、前職が「専門職・技術職」である場合、同一職種（小分類）への転職が多くなっており、「サービス職」「営業販売職」では同一職種（小分類）への転職が比較的少ない傾向がみられる。また、他職種へ転職する場合、前職が「事務系職種」「営業販売職」ではタスク距離が比較的近い職種への転職が、「サービス職」ではタスク距離が比較的遠い職種への転職が多い傾向がある。

　前職が「専門職・技術職」である者は、過去のキャリアにおいて可視化・差別化できる形で蓄積した専門知識やスキルをいかして働きたいと考える者が多く、[8] 前職が「事務系職種」や「営業販売職」である者は、専門性を可視化・差別化しづらい分、前職での経験をいかせるよう、類似の仕事への転職を行う者が多い可能性が考えられる。

第2-(2)-32図	前職の職種別転職時の前職と新職のタスク距離の分布

○　前職の職業別に転職時の前職と新職のタスク距離の分布をみると、前職が「専門職・技術職」である場合、同一職種（小分類）への転職が多くなっており、「サービス職」「営業販売職」では同一職種（小分類）への転職が比較的少ない傾向がみられる。

○　他職種へ転職する場合、前職が「事務系職種」「営業販売職」ではタスク距離が比較的近い職種への転職が、「サービス職」ではタスク距離が比較的遠い職種への転職が多い傾向がある。

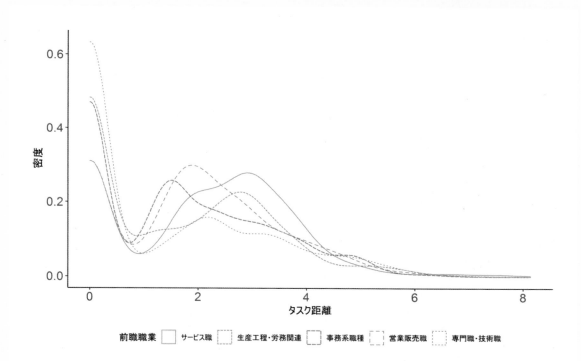

前職職業　□ サービス職　　生産工程・労務関連　　事務系職種　　営業販売職　　専門職・技術職

資料出所　リクルートワークス研究所「全国就業実態パネル調査」（2017年〜2021年）の個票を厚生労働省政策統括官付政策統括室にて独自集計
（注）　1）2017年〜2020年の間に転職をした者（現職と1年前の仕事が異なる者）を集計している。そのため、過去1年以内に複数回転職をしている場合は、「前職」には直前の仕事ではない場合も含まれることに留意が必要。
　　　　2）タスク距離の分布はカーネル密度分布（分布を滑らかな曲線で推定したもの）を推定している。

8　勇上・牧坂（2021）でも、（独）労働政策研究・研修機構が実施したアンケート調査の結果を用いて、労働者個人が実際に遂行している個別のタスク情報に基づきタスク距離を計測して分析を行っており、その結果、専門職・技術職においては他の職業に比べてタスクが類似した職業間を転職する傾向が強いことを明らかにしている。

● 「事務系職種」では同じ「事務系職種」の範囲の中での移動が多い一方、「営業販売職」は比較的タスク距離が近いサービス職との間の移動が多いなど、前職の職業経験により職種間移動の態様は異なっている

第2-（2）-32図でみた、前職と新職のタスク距離の分布の分析に続いて、労働移動が行われやすいのはどのような職種間かみてみよう。第2-（2）-33図は、前職の職種別に、頻度の高い職種間移動の状況をみたものである。これによると、前職がいずれの職種であっても、「事務系職種」への転職は比較的多くみられる。第2-（2）-32図において、前職が「サービス職」である者は比較的タスク距離が遠い職種に移動する者も多いことをみたが、これはサービス職から比較的タスク距離が大きい「事務系職種」へ転職する者が多いことを反映していると考えられる。また、前職が「事務系職種」である者の場合は、新職も「事務系職種」に転職する者が多い一方、「営業販売職」と「サービス職」は事務職への移動のほか、相互の転職もよくみられる。

第2-（2）-32図においては「事務系職種」や「営業販売職」でタスク距離が比較的近い職種間での移動が多いことをみたが、「事務系職種」では、「事務系職種」の中での移動が多い一方、「営業販売職」は比較的タスク距離が近いサービス職との間の移動が多いなど、移動の態様は前職の職業経験により異なることがうかがえる。

第2-（2）-33図　前職の職種別頻度の高い職種間移動

○　前職の職種別に頻度の高い職種間移動の状況をみると、前職がいずれの職種であっても、「事務系職種」への転職は比較的多くみられる。
○　前職が「事務系職種」である場合は、新職も「事務系職種」に転職する者が多い一方、「営業販売職」と「サービス職」は事務職への移動のほか、相互の転職もよくみられる。

		前職職種中分類	新職職種中分類	タスク距離
サービス職	1	接客・給仕職業	一般事務職	3.027
	2	接客・給仕職業	商品販売従事者	1.914
	3	飲食物調理職業	接客・給仕職業	2.407
	4	施設管理サービス	一般事務職	3.274
	5	接客・給仕職業	施設管理サービス	2.616
営業販売職	1	営業・販売従事者	一般事務職	3.200
	2	商品販売従事者	一般事務職	2.065
	3	商品販売従事者	接客・給仕職業	1.941
	4	会社・団体等管理職	営業・販売従事者	2.154
	5	営業・販売従事者	ドライバー	4.219
事務系職種	1	一般事務職	財務・会計・経理	1.756
	2	一般事務職	その他の労務作業者	2.817
	3	財務・会計・経理	一般事務職	1.850
	4	一般事務職	営業・販売従事者	2.852
	5	会社・団体等管理職	一般事務職	4.212
生産工程・労務関連	1	製造・生産工程作業者	その他の労務作業者	2.931
	2	製造・生産工程作業者	一般事務職	3.050
	3	その他の労務作業者	製造・生産工程作業者	2.988
	4	その他の労務作業者	一般事務職	2.665
	5	製造・生産工程作業者	施設管理サービス	2.882
専門職・技術職	1	社会福祉専門職	一般事務職	4.063
	2	建築・土木・測量技術者	製造・生産工程作業者	2.688
	3	その他の専門的・技術的職業	一般事務職	3.304
	4	会社・団体等管理職	一般事務職	4.108
	5	ソフトウエア・インターネット関連技術者	一般事務職	3.159

資料出所　リクルートワークス研究所「全国就業実態パネル調査」（2017年～2021年）の個票を厚生労働省政策統括官付政策統括室にて独自集計
（注）　1）2017年～2020年の間に転職をした者（現職と1年前の仕事が異なる者）を集計している。そのため、過去1年以内に複数回転職をしている場合は、「前職」には直前の仕事ではない場合も含まれることに留意が必要。
　　　　2）前職の職業大分類別に、職種間移動のうち多いものの上位5位を挙げている。

第4節　小括

　本章では、我が国の外部労働市場における労働移動の概況や転職者の実態についてみてきた。
　我が国の労働移動の動向を、転職入職率や転職者数、離職者数といった基本的な指標でみると、女性やパートタイム労働者で離転職者が増加している傾向もみられるものの、男性や一般労働者を含めた労働者全体では顕著に労働移動が活発化している傾向はみられない。また、諸外国と比較すると、我が国では勤続年数が10年以上の雇用者の割合が比較的高く、一つの職場で長く働く雇用者が多い傾向にある。
　産業間や職種間などのキャリアチェンジを伴う労働移動については、男女ともに学歴の高い層で活発化している可能性がある。職種間の労働移動においては、就業構造の変化への寄与度が高まっている傾向がみられ、第1章でみたような就業構造の変化に対して、外部労働市場を通じた労働移動の役割が高まっている可能性がある。産業間や職種間の労働移動性向をみると、対人サービス業間や、販売従事者とサービス職業従事者の間といった、類似する分野への労働移動をしやすい傾向があることがうかがえる。また、感染症の影響下において、労働力需要が高まっている福祉分野やIT分野への労働移動の状況をみると、「医療・福祉」「情報通信業」といった産業へ他産業から転職する者が増加している傾向はあまりみられず、介護・福祉職についても、他分野からの労働移動が大きく増加している傾向はみられない。
　一方、転職経験者は雇用形態を問わず女性の方が多くなっている。女性では労働条件や家庭の事情等を理由に転職する者が多い傾向があり、パートタイム労働者からパートタイム労働者への転職が多い。パートタイム労働者から一般労働者へと転職をしている者の増加もみられるものの、役職がアップする者は男性と比較して少ない傾向がある。
　キャリアチェンジを伴う転職をする者について、前職と新職のタスク距離を用いて、前職の職業経験が転職先の選択に及ぼす影響について分析した。これによると、就業経験年数が長いほどタスク距離が小さい職種への移動をする傾向があり、就業経験を重ねるにつれて、就業経験から把握した適職に類似する職種に転職を行うようになる傾向がうかがえる。特に、専門職の者は、専門知識を活用して同一又は類似の職種間での移動を行う傾向が強い。他方、タスク距離が近い職種への転職をする傾向がある場合でも、事務職については事務職の範囲内で移動をする傾向が強いのに対し、営業販売職とサービス職では相互の移動が多いなど、前職の職業経験に応じて、職種間移動の態様が異なる傾向もうかがえる。

第2章

第3章　主体的な転職やキャリアチェンジの促進において重要な要因

　これまで、我が国の労働移動の促進の重要性や、労働移動に関する概況をみてきた。本章においては、労働移動に関する状況をより詳細に分析し、労働者の主体的なキャリア形成の意識に基づく労働移動を促進する上で重要と考えられる要因について明らかにしていく。労働者が主体的にキャリア形成を行う中で、転職も一つの選択肢である。労働移動の促進に当たっては、希望する者が、希望する仕事への転職を主体的に実現できる環境づくりが求められる。

　このような問題意識に基づき、転職を希望する者（転職希望者）が、転職活動へ移行し、実現するに当たり、重要な要素が何であるかについて明らかにしていく。また、職種間の移動に着目し、異分野へのキャリアチェンジに当たって重要となる要素についても考察する。転職やキャリアチェンジに関する意思決定には、労働者の職業経験や能力、職場環境といった働くことに関する要素に加え、労働者の家族の状況など様々な要素が影響すると考えられる。加えて、主体的な転職活動への移行や転職の実現に当たっては、「キャリアの見通し」や「自己啓発」も重要と考えられることから、それらが転職やキャリアチェンジの実現に及ぼす影響について分析していく。

　さらに、今後、労働力需要が高まっていく介護・福祉分野及びIT分野について、他分野からこれらの分野に移動する者の特徴について分析を行う。

第1節　転職希望者の転職活動への移行や転職の実現に向けた課題

　本章では、リクルートワークス研究所「全国就業実態パネル調査」を主なデータの一つとして用いて分析を行っていく。「全国就業実態パネル調査」の2019年調査（2018年12月時点）の対象者で就業者のうち、転職希望がある者を「転職希望者」（以下同じ。）と定義し、そのうち実際に転職活動をしている者を「転職活動移行者」（以下同じ。）と定義する。さらに、2019年調査において転職希望者であった者について、2021年調査（2020年12月時点）において、2019年調査以降に転職をしたと回答した者を「2年以内転職者」（以下同じ。）と定義する[1]。

　本節では、転職希望者等の概況や転職活動への移行等に関する課題について、労働者の属性別にみていく。

● 転職希望者は就業者のうち4割程度であり、このうち転職活動移行者は1割強、2年以内転職者は2割程度となっており、いずれも年齢とともに低下する傾向がある

　まず、転職希望者等の状況を概観する。第2-(3)-1図は、男女別・年齢階級別に転職希望者、転職活動移行者及び2年以内転職者（以下「転職希望者等」という。）の割合をみたものである。これによると、2018年12月時点において、転職希望者は就業者のうち37.6％となっている。転職希望者のうち、転職活動移行者は15.2％、2年以内転職者は20.5％となっており、転職希望者のうち、実際に転職活動を行う者や転職を実現する者は1～2割程度である。

1　転職希望者、転職活動移行者及び2年以内転職者をまとめて「転職希望者等」と定義する。

年齢階級別にみると、転職希望者の割合は年齢が上がるにつれて一貫して低下する一方、転職活動移行者の割合は「55～64歳」までは低下した後、「65歳以上」では上昇する。また、2年以内転職者割合は「45～54歳」までは低下した後、55歳以上の年齢層では上昇する。

　男女別にみると、男女ともに転職希望者の割合は年齢が上がるにつれて低下しており、55歳以上を除き、いずれの年齢階級でも女性の方がやや高くなっている。転職活動移行者割合は、男女ともに年齢が上がるにつれておおむね低下し、男性は「65歳以上」、女性は55歳以上の年齢層で上昇している。転職活動移行者の割合については、54歳以下の年齢層では、男性の方が女性よりもやや高くなっている。2年以内転職者割合をみると、男女ともに54歳以下の年齢層までは低下し、55歳以上では上昇しており、「55～64歳」を除き、女性の方が男性よりも高くなっている。

　高年齢層で2年以内転職者の割合が上昇しているのは、定年や退職勧奨といった、自己都合以外の理由により前職を退職する者が増えるためと考えられる[2]。そのため、高年齢層の転職動向については他の年齢層と区別してみる必要があるが、男女ともに、年齢が上がるにつれて転職希望者等の割合は低下する傾向がおおむねみられる。

第2-（3）-1図　転職希望者、転職活動移動者及び2年以内転職者の割合（男女別・年齢階級別）

○　転職を考えている者（転職希望者）の割合は、55歳以上を除き、いずれの年齢階級でも男性より女性の方がやや高く、男女ともに、年齢が上がるにつれて低下する傾向にある。
○　転職希望者のうち実際に転職活動をしている者（転職活動移行者）の割合は、男女ともにおおむね年齢とともに低下するが、転職希望者のうち2年以内に転職した者（2年以内転職者）の割合は、男女ともに54歳以下の年齢層までは低下し、55歳以上では上昇している。男女の2年以内転職者の割合を比較すると、「55～64歳」を除き、女性の方が男性よりも高くなっている。

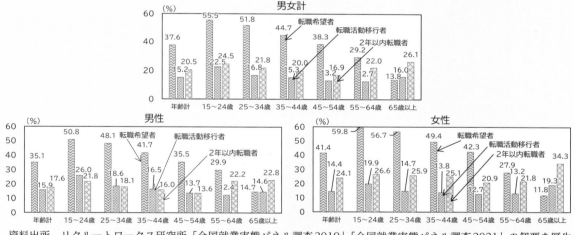

資料出所　リクルートワークス研究所「全国就業実態パネル調査2019」「全国就業実態パネル調査2021」の個票を厚生労働省政策統括官付政策統括室にて独自集計
（注）　1）2019年調査において、「昨年（2018年）12月に仕事をしましたか。」に対して「おもに仕事をしていた（原則週5日以上の勤務）」「おもに仕事をしていた（原則週5日未満の勤務）」「通学のかたわらに仕事をしていた」と回答した者（就業者）について、2019年調査（2018年12月時点）の年齢階級ごとに集計。
　　　2）「転職希望者」は、2019年調査において「あなたは今後、転職（会社や団体を変わること）や就職することを考えていますか。」に対して①「現在転職や就職をしたいと考えており、転職・就職活動をしている」②「現在転職や就職をしたいと考えているが、転職・就職活動はしていない」③「いずれ転職や就職をしたいと思っている」のいずれかを回答した者の就業者に占める割合。「転職活動移行者」は、①の転職希望者に占める割合。
　　　3）「2年以内転職者」は、2019年調査における転職希望者のうち、2021年調査（2020年12月時点）において「直近1,2年以内に転職した者」に該当した者の割合

2　本章における2年以内転職者は、2018年12月時点における転職希望者のうち、2020年12月時点において退職経験がある者について、前職の退職時期が直近2年以内である者として定義している。また、「全国就業実態パネル調査」では、前職の退職理由について調査しているが、2018年12月以降に複数回転職をしている場合は、2018年12月以降1回目の転職の際の前職の離職理由が自己都合であるか否かを把握することができない。

●現職の産業別では「飲食店、宿泊業」「医療・福祉」で転職希望者の割合が高く、「飲食店、宿泊業」「教育・学習支援」等で転職活動移行者の割合が高い。職種別では「サービス職」で転職希望者や転職活動移行者の割合が高く、「管理職」で低くなっている

　　第2-（3）-2図により、現職の産業別に転職希望者等の状況をみると、転職希望者の割合は「飲食店、宿泊業」「医療・福祉」で高くなっており、転職活動移行者の割合は「飲食店、宿泊業」のほか、「教育・学習支援」等でも高くなっている。2年以内転職者の割合は、「電気・ガス・熱供給・水道業」で高いほか、「飲食店、宿泊業」「医療・福祉」等でも比較的高く、「郵便」「建設業」等で低くなっている。「飲食店、宿泊業」で転職希望者や転職活動移行者の割合が高いが、非正規雇用労働者の割合が高いことが影響している可能性がある。

　　第2-（3）-3図により、現職の職種別についてみてみると、「サービス職」で転職希望者及び転職活動移行者のいずれの割合も高くなっているのに対し、「管理職」ではいずれの割合も相対的に低くなっている。2年以内転職者については「サービス職」のほか、「生産工程・労務職」でやや高くなっている。「サービス職」でいずれの割合も高いのは、「飲食店、宿泊業」と同様、非正規雇用労働者の割合が高いことが影響していると考えられる。一方で「管理職」は、年齢が高い者や就業経験年数が長い者も比較的多いことが影響していると考えられる。

第2-（3）-2図　転職希望者、転職活動移行者及び2年以内転職者の割合（現職の産業別）

○　転職希望者の割合を現職の産業別にみると、「飲食店、宿泊業」「医療・福祉」で割合が高い。転職活動移行者の割合についてみると「飲食店、宿泊業」「教育・学習支援業」等で割合が高くなっている。

○　転職希望者のうち、2年以内転職者の割合を現職の産業別にみると、「電気・ガス・熱供給・水道業」のほか「飲食店、宿泊業」「医療・福祉」等でも比較的高い一方、「郵便」「建設業」等で低い。

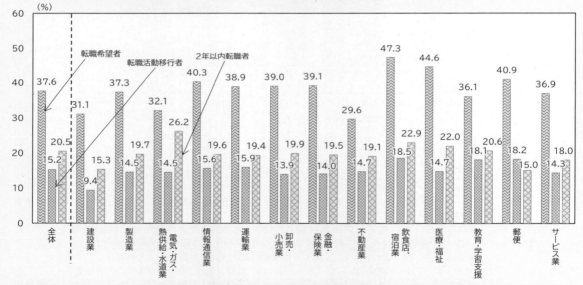

資料出所　リクルートワークス研究所「全国就業実態パネル調査2019」「全国就業実態パネル調査2021」の個票を厚生労働省政策統括官付政策統括室にて独自集計
（注）　1）2019年調査において、「昨年（2018年）12月に仕事をしましたか。」に対して「おもに仕事をしていた（原則週5日以上の勤務）」「おもに仕事をしていた（原則週5日未満の勤務）」「通学のかたわらに仕事をしていた」と回答した者（就業者）について、2019年調査（2018年12月時点）の勤務先の産業ごとに集計。
　　　　2）「転職希望者」は、2019年調査において「あなたは今後、転職（会社や団体を変わること）や就職することを考えていますか。」に対して①「現在転職や就職をしたいと考えており、転職・就職活動をしている」②「現在転職や就職をしたいと考えているが、転職・就職活動はしていない」③「いずれ転職や就職をしたいと思っている」と回答した者の就業者に占める割合。「転職活動移行者」は、①の転職希望者に占める割合。
　　　　3）「2年以内転職者」は、2019年調査における転職希望者のうち、2021年調査（2020年12月時点）において「直近1，2年以内に転職した者」に該当した者の割合。

第2-(3)-3図 | 転職希望者、転職活動移行者及び2年以内転職者の割合（現職の職種別）

○ 転職希望者及び転職活動移行者の割合を現職の職種別にみると、「サービス職」でいずれも高く、「管理職」でいずれも低くなっている。
○ 2年以内転職者の割合は「サービス職」「生産工程・労務職」でやや高い。

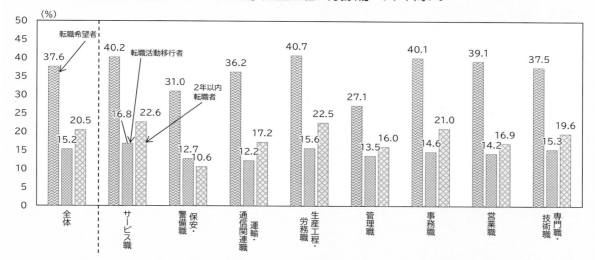

資料出所　リクルートワークス研究所「全国就業実態パネル調査2019」「全国就業実態パネル調査2021」の個票を厚生労働省政策統括官付政策統括室にて独自集計
（注）　1）2019年調査において、「昨年（2018年）12月に仕事をしましたか。」に対して「おもに仕事をしていた（原則週5日以上の勤務）」「おもに仕事をしていた（原則週5日未満の勤務）」「通学のかたわらに仕事をしていた」と回答した者（就業者）について、2019年調査（2018年12月時点）の職種ごとに集計。
　　　　2）「転職希望者」は、2019年調査において「あなたは今後、転職（会社や団体を変わること）や就職することを考えていますか。」に対して①「現在転職や就職をしたいと考えており、転職・就職活動をしている」②「現在転職や就職をしたいと考えているが、転職・就職活動はしていない」③「いずれ転職や就職をしたいと思っている」と回答した者の就業者に占める割合。「転職活動移行者」は、①の転職希望者に占める割合。
　　　　3）「2年以内転職者」は、2019年調査における転職希望者のうち、2021年調査（2020年12月時点）において「直近1，2年以内に転職した者」に該当した者の割合。

●男性の中堅層で転職活動移行者や2年以内転職者の割合が低くなっている

　ここまで、性別や年齢層などにより転職希望者等の状況をみてきた。転職希望者等の割合は、いずれも年齢が上がるにつれておおむね低下することや、男性よりも女性の2年以内転職者の割合が高いなど、男性と女性でやや傾向が異なることが分かった。

　転職に係る意思決定には、現職の雇用形態や役職といった、過去の就業経験を通じて形成してきた自らの労働市場での評価や転職後の職業生活の見通しが影響を及ぼす可能性がある。

　また、職業生活は家庭生活にも大きく影響を与える。転職によって、勤務地、勤務時間、収入などが変化することもあるため、転職に当たって、家族への影響も検討して意思決定をしている労働者も多いと考えられる。ここからは、労働者個人の職場や仕事に関する状況や、家族の状況といった要素が転職意思や転職行動に及ぼす影響について考察を行うとともに、転職希望者が転職活動に踏み切り、転職を実現する上で重要となる要因について分析を行っていく。

　まず、第2-(3)-4図は、男女別・役職別にみた転職希望者等の状況である。男性についてみると、「役職なし」と比較して、「係長・主任クラス」「課長クラス」「部長クラス」といった役職者では役職が上がるにつれて転職希望者の割合が低下している。転職活動移行者や2年以内転職者については、「係長・主任クラス」「課長クラス」のいわゆる中堅層で低くなっている。女性についてみると、転職希望者割合は男性と同様、役職が上がるにつれて低下し、2年以内転職者の割合も「係長・主任クラス」「課長クラス」といった中堅層で低くなっているが、転職活動移行者の割合はこれらの者での低下はみられない。

第2-（3）-4図　転職希望者、転職活動移行者及び2年以内転職者の割合（男女別・役職別）

○ 転職希望者の割合を役職別にみると、男性では「役職なし」と比較して、「係長・主任クラス」「課長クラス」「部長クラス」といった役職者では役職が上がるにつれて転職希望者の割合が低下している。転職活動移行者や2年以内転職者については、「係長・主任クラス」「課長クラス」のいわゆる中堅層で低くなっている。

○ 女性では、転職希望者割合は男性と同様、役職が上がるにつれて低下し、2年以内転職者の割合も「係長・主任クラス」「課長クラス」といった中堅層で低くなっているが、転職活動移行者の割合はこれらの者での低下はみられない。

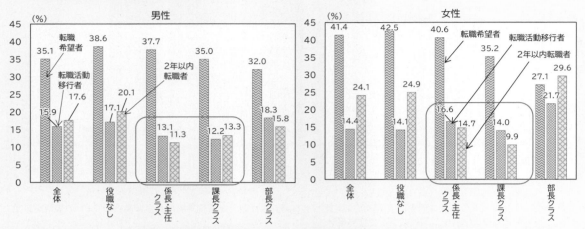

資料出所　リクルートワークス研究所「全国就業実態パネル調査2019」「全国就業実態パネル調査2021」の個票を厚生労働省政策統括官付政策統括室にて独自集計
（注）　1）2019年調査において、「昨年（2018年）12月に仕事をしましたか。」に対して「おもに仕事をしていた（原則週5日以上の勤務）」「おもに仕事をしていた（原則週5日未満の勤務）」「通学のかたわらに仕事をしていた」と回答した者（就業者）について、2019年調査（2018年12月時点）の役職ごとに集計。
　　　　2）「転職希望者」は、2019年調査において「あなたは今後、転職（会社や団体を変わること）や就職することを考えていますか。」に対して①「現在転職や就職をしたいと考えており、転職・就職活動をしている」②「現在転職や就職をしたいと考えているが、転職・就職活動はしていない」③「いずれ転職や就職をしたいと思っている」と回答した者の就業者に占める割合。「転職活動移行者」は、①の転職希望者に占める割合。
　　　　3）「2年以内に転職した者」は、2019年調査における転職希望者のうち、2021年調査（2020年12月時点）において「直近1，2年以内に転職した者」に該当した者の割合。

●子育て世代では、男性では子どもがいない場合、転職希望者の割合は高いほか、転職活動移行者は末子が「15歳以上」の場合に、2年以内転職者は末子が6歳以上の場合に低い割合となっている

　労働者の家族の状況が転職行動に及ぼす影響もみてみよう。子どもの有無とその年齢は、子育てにおけるワークライフバランスの確保や、教育費などの子育てに必要な収入の確保といった観点から、転職行動に対して何らかの影響を及ぼしていることが考えられる。第2-（3）-5図は男女別に、子どもの有無とその年齢階級別に転職希望者等の状況をみたものである。本人の年齢や就業経験年数による影響をできる限り除きつつ、子どもの年齢階級ごとのサンプルサイズをある程度確保するため、本人の年齢を「30～49歳」（子育て世代）に限定し、末子の年齢を「0～5歳」（未就学児）、「6～14歳」（小・中学生）、「15歳以上」（高校生以上）に分けて分析した。子どもがいない場合と比較すると、子どもがいる場合での転職希望者の割合は男女ともにいずれの年齢階級でも低くなっており、男性の方がその差が大きくなっている。また、男性では末子の年齢が上がるにつれて転職希望者の割合は低下している。転職活動移行者についてみると、男性では末子が「15歳以上」の場合に、割合が低くなっており、2年以内転職者については末子が6歳以上の場合に、割合が低くなっている。一方、女性では転職活動移行者や2年以内転職者の割合は、末子が「0～5歳」の場合に比較的高くなっているが、男

性と比較すると子どもの有無やその年齢によって転職活動移行者や2年以内転職者の割合に大きな違いは無い。

　この結果からは、子どもの有無やその年齢は、男性の転職行動により大きく影響を与えている可能性が示唆される。この要因について、「全国就業実態パネル調査」のデータから更なる分析を行うことは難しいが、末子が就学年齢以上の者は、教育費用等の子育て費用が大きくなるため、転職により収入への影響が出ることを懸念している可能性が考えられる。

　また、第2-(3)-4図において、男性において中堅層で転職行動に移行しにくい傾向があることを指摘したが、現在の職場において一定の立場を確保している場合、転職により、役職が低下することを懸念している可能性も考えられる[3]。

第2-(3)-5図　**転職希望者、転職活動移行者及び2年以内転職者の割合（男女別・子どもの有無及び子どもの年齢階級別）**

○　子どもがいない場合と比較すると、子どもがいる場合での転職希望者の割合は男女ともにいずれの年齢階級でも低く、男性の方がその差が大きい。転職活動移行者についてみると、男性では末子が「15歳以上」の場合に、他の場合と比較して割合が低くなっており、2年以内転職者については末子が6歳以上の場合に割合が低くなっている。

○　女性では転職活動移行者や2年以内転職者の割合は、子どもが「0～5歳」の場合に比較的高くなっているが、男性と比較すると子どもの有無やその年齢によって転職活動移行者や2年以内転職者の割合に大きな違いは無い。

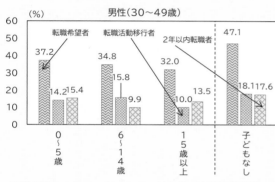
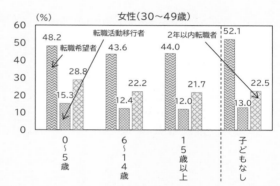

資料出所　リクルートワークス研究所「全国就業実態パネル調査2019」「全国就業実態パネル調査2021」の個票を厚生労働省政策統括官付政策統括室にて独自集計
　（注）　1）2019年調査において、「昨年（2018年）12月に仕事をしましたか。」に対して「おもに仕事をしていた（原則週5日以上の勤務）」「おもに仕事をしていた（原則週5日未満の勤務）」「通学のかたわらに仕事をしていた」と回答した者（就業者）について、2019年調査（2018年12月時点）の年齢階級ごとに集計。
　　　　　2）「転職希望者」は、2019年調査において「あなたは今後、転職（会社や団体を変わること）や就職することを考えていますか。」に対して①「現在転職や就職をしたいと考えており、転職・就職活動をしている」②「現在転職や就職をしたいと考えているが、転職・就職活動はしていない」③「いずれ転職や就職をしたいと思っている」のいずれかを回答した者の就業者に占める割合。「転職活動移行者」は、①の転職希望者に占める割合。
　　　　　3）「2年以内転職者」は、2019年調査における転職希望者のうち、2021年調査（2020年12月時点）において「直近1，2年以内に転職した者」に該当した者の割合。

3　労働者の役職の有無等が転職行動に及ぼす影響に関連する先行研究として、酒井（2022）では、（独）労働政策研究・研修機構が2019年に実施した「職業と生活に関する調査」のデータを用いて、現在の勤務先での就業継続希望の有無を被説明変数としたロジスティック回帰分析を行っている。それによると、男女ともに年齢が高くなるにつれて現職での就業継続を希望する傾向が強くなることや、男性について昇進意欲がある方が現職での就業継続を希望する傾向が強いという結果が得られている。

● **仕事の満足度が低い場合やワークライフバランスが悪化している場合に加え、キャリアの見通しができている場合などに、転職活動への移行が促進される可能性がある**

転職の意思や転職活動への移行を促進する要因は何だろうか。「全国就業実態パネル調査」では、労働者の現在の職場の状況や、仕事の満足度、ワークライフバランス、自己啓発活動の有無等の状況について調査している。これらの要因が転職の意思や転職行動に及ぼす影響をみてみよう。

第2-(3)-6図は、職場の状況、仕事の満足度及びワークライフバランスの状況と転職希望者等の割合の関係をみたものである。「仕事そのものに満足していた」「職場の人間関係に満足していた」といった項目ごとに、当該項目に「当てはまる」と答えた者又は「当てはまらない」と答えた者のそれぞれについて、転職希望者等の割合を算出し、「当てはまる」場合の転職希望者等の割合から「当てはまらない」場合の転職希望者等の割合を差し引いている。したがって、数値が正の場合は、当該項目に「当てはまる」場合の方が転職希望者等の割合が高く、負の場合は「当てはまらない」場合の方が転職希望者等の割合が高いことを意味する。

これによると、「仕事そのものに満足していた」「職場の人間関係に満足していた」など、仕事に対して満足感を感じている場合は、転職希望者や転職活動移行者の割合が低いことが分かる。一方、「処理しきれないほどの仕事であふれていた」「仕事と家庭の両立ストレスを感じていた」

第2-(3)-6図　転職希望者、転職活動移行者及び2年以内転職者の割合（仕事の満足度等の状況別）

○ 転職を考えている者の割合を仕事の満足度別にみると、「仕事そのものに満足していた」「職場の人間関係に満足していた」など、仕事に対して満足感を感じている場合は、転職希望者や転職活動移行者の割合が低い一方、「処理しきれないほどの仕事であふれていた」「仕事と家庭の両立ストレスを感じていた」など、仕事に対して負担やストレスを感じている場合は転職希望者の割合が高くなっている。
○ 転職活動移行者の割合は、仕事に対して満足感を感じている場合にやや低く、負担やストレスを感じている場合にやや高くなっているのに加え、「今後のキャリアの見通しが開けていた」に該当する場合にも高くなっている。

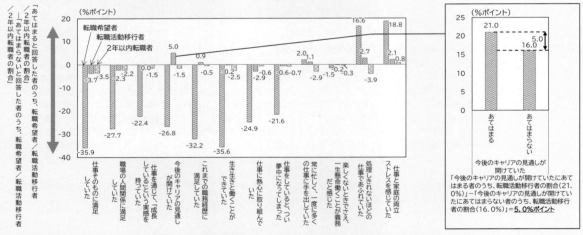

資料出所　リクルートワークス研究所「全国就業実態パネル調査2019」「全国就業実態パネル調査2021」の個票を厚生労働省政策統括官付政策統括室にて独自集計
（注）1）2019年調査において、「昨年（2018年）12月に仕事をしましたか。」に対して「おもに仕事をしていた（原則週5日以上の勤務）」「おもに仕事をしていた（原則週5日未満の勤務）」「通学のかたわらに仕事をしていた」と回答した者（就業者）について、昨年1年間（2018年1月〜12月）の仕事に関する状況に関する各項目において、「あてはまると回答した者のうち、転職希望者／転職活動移行者／1，2年以内転職者の割合」-「あてはまらないと回答した者のうち、転職希望者／転職活動移行者／1，2年以内転職者の割合」したもの。
2）「転職希望者」は、2019年調査において「あなたは今後、転職（会社や団体を変えること）や就職することを考えていますか。」に対して①「現在転職や就職をしたいと考えており、転職・就職活動をしている」②「現在転職や就職をしたいと考えているが、転職・就職活動はしていない」③「いずれ転職や就職をしたいと思っている」のいずれかを回答した者の就業者に占める割合。「転職活動移行者」は、①の転職希望者に占める割合。
3）「2年以内転職者」は、2019年調査における転職希望者のうち、2021年調査（2020年12月時点）において「直近1，2年以内に転職した者」に該当した者の割合。

など、仕事に対して負担やストレスを感じている場合は転職希望者の割合が高くなっている[4]。転職活動移行者の割合についても同様に、仕事に対して満足感を感じている場合にやや低く、負担やストレスを感じている場合にやや高くなっているが、他方で「今後のキャリアの見通しが開けていた」に該当する場合にも高くなっている。転職希望がある者は、自らのキャリアの展望が明確である場合の方が、転職活動に移行することができていることを示唆している。

第2-（3）-7図は、各種の自己啓発活動について、当該活動の実施の有無別に、同様に転職希望者等の割合の差をみたものである。総じて、自己啓発を実施している場合の方が、実施していない場合よりも転職を考えている割合が高く、「学校に通った」「単発の講座、セミナー、勉強会に参加した」「通信教育を受けた」など、より積極的な学習活動では、転職活動移行者の割合が高くなっている。

なお、「単発の講座、セミナー、勉強会に参加した」以外の自己啓発活動については、実施していない場合の方が、2年以内転職者の割合が高くなっているが、自己啓発活動の実施以外にも、労働者本人の技能や経験、前職を退職した理由など様々な要因が転職の実現に影響していると考えられることも考慮する必要がある。

第2-（3）-7図　転職希望者、転職活動移行者及び2年以内転職者の割合（自己啓発実施状況別）

○　総じて自己啓発を実施している場合の方が実施していない場合よりも転職を考えている割合が高いが、「学校に通った」「単発の講座、セミナー、勉強会に参加した」「通信教育を受けた」など、より積極的な学習活動を行っている者においては、それらの活動を行っていない者と比較して転職活動移行者の割合が高くなっている。

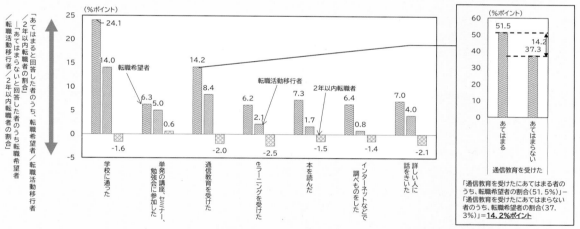

資料出所　リクルートワークス研究所「全国就業実態パネル調査2019」「全国就業実態パネル調査2021」の個票を厚生労働省政策統括官付政策統括室にて独自集計
（注）　1）2019年調査において、「昨年（2018年）12月に仕事をしましたか。」に対して「おもに仕事をしていた（原則週5日以上の勤務）」「おもに仕事をしていた（原則週5日未満の勤務）」「通学のかたわらに仕事をしていた」と回答した者（就業者）について、昨年1年間（2018年1月～12月）に実施した学習活動に関する各項目において、「あてはまると回答した者のうち、転職希望者／転職活動移行者／1，2年以内転職者の割合」－「あてはまらないと回答した者のうち、転職希望者／転職活動移行者／1，2年以内転職者の割合」したもの。
　　　2）「転職希望者」は、2019年調査において「あなたは今後、転職（会社や団体を変わること）や就職することを考えていますか。」に対して①「現在転職や就職をしたいと考えており、転職・就職活動をしている」②「現在転職や就職をしたいと考えているが、転職・就職活動はしていない」③「いずれ転職や就職をしたいと思っている」のいずれかを回答した者の就業者に占める割合。「転職活動移行者」は、①の転職希望者に占める割合。
　　　3）「2年以内転職者」は、2019年調査における転職希望者のうち、2021年調査（2020年12月時点）において「直近1，2年以内に転職した者」に該当した者の割合。

4　ワークライフバランスと転職希望の関係について、既に述べた酒井（2022）における現在の勤務先での就業継続希望の有無を被説明変数としたロジスティック回帰分析の結果では、男性について、「仕事のために家庭や自分のことができない」と感じる場合には、現職での就業継続を希望しない傾向が強くなることを指摘している。

●正社員の場合や中堅層の場合、転職活動への移行や転職の実現がしにくい可能性がある。また、キャリア見通しができていると、転職活動に踏み切りやすい可能性がある

　ここまで、男性について子どもがいる場合や、正社員・中堅層である場合に転職活動に踏み切りにくいこと、キャリアの見通しができている場合などに転職活動への移行が促進される可能性があることについてみた。既に述べたように、転職活動への移行や転職の実現には、職場の状況や労働者本人の属性等、様々な要素が影響すると考えられるため、これらについて、より詳細な検証を行う必要がある。そこで、転職希望者について、転職活動移行者となるか否か及び2年以内転職者となるか否かのそれぞれを被説明変数とし、性別や役職の有無、子どもの有無といった属性や、キャリア見通しの状況及び自己啓発の実施といった要因を説明変数として、重回帰分析（ロジスティック回帰分析）を行った。

　第2-（3）-8図の左図は、転職希望者について、転職活動への移行の有無を被説明変数とし、性別と役職の有無、子どもの有無とともに、キャリア見通しや自己啓発の実施を説明変数としてロジスティック回帰分析を行った結果である。これによれば、「子ども有り」の場合や「正社員」の場合に係数が負で統計的に有意となっており、これらの場合に転職活動に移行しにくい傾向がある。また、「男性」かつ「係長・主任クラス」である場合の交差項の係数が負で統計的に有意となっていることから、「男性」の「係長・主任クラス」である場合は転職活動に移行しにくい傾向があることが分かる。右図は同様の説明変数を用いて、被説明変数を転

第2-（3）-8図　転職活動移行者や2年以内転職者となる確率についての回帰分析

○　子どもがいる場合や正社員の場合、また男性の場合は係長・主任クラスであると転職活動に移行する確率が低下する傾向がある。男女ともに自己啓発を実施している場合やキャリア見通しができている場合、転職活動に移行する確率は高くなる。
○　正社員や係長・主任クラスになると2年以内に転職する確率は低下する。

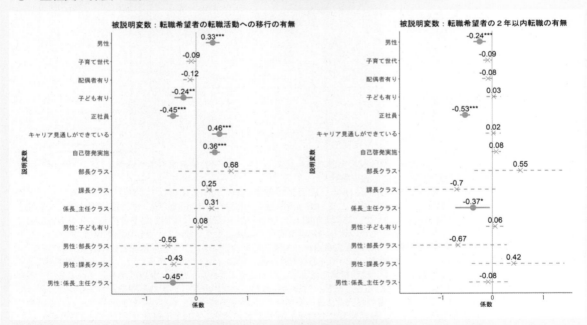

資料出所　リクルートワークス研究所「全国就業実態パネル調査2019」「全国就業実態パネル調査2021」の個票を厚生労働省政策統括官付政策統括室にて独自集計
　（注）　1）図中の数値は説明変数の係数、線の横幅は係数の95%信頼区間を示す。赤線（実線）は5%水準で統計的に有意であり、灰色線（破線）の場合は5%水準で有意でないことを示す。
　　　　　2）***は有意水準0.1%未満、**は有意水準1%未満、*は有意水準5%未満を示す。
　　　　　3）図中に示したもののほか、前職の職種を説明変数として用いている。詳細な回帰分析の結果は厚生労働省HPを参照。

職希望者について2年以内の転職の有無としたロジスティック回帰分析の結果であり、「正社員」のほか、役職が「係長・主任クラス」の場合の係数が負で統計的に有意となっており、男女問わず正社員である場合や「係長・主任クラス」の役職者で転職が実現しづらい傾向があることが分かる。

他方、左図の「キャリア見通しができている」「自己啓発実施」の係数は正で統計的に有意となっており、男女ともにキャリア見通しができている者や、自己啓発に取り組んでいる者は、転職活動に移行しやすい傾向があることが分かる。

次に、第2-(3)-9図は、被説明変数を転職希望者が2年以内に転職するか否か、説明変数を雇用形態や役職とキャリア見通しの状況等としたロジスティック回帰分析の結果である。転職活動は、現在の会社での役職や将来にわたるキャリアと引き替えに、新しい会社での地位とキャリアを得るものである。このため、転職活動移行者や2年以内転職者は、双方のキャリアについての展望を明確にしているものと想定される。左図では、現職で正社員であるか否かやキャリア見通しができているか否か等の状況を説明変数としているが、「正社員」の係数が負で統計的に有意である一方、「正社員」と「キャリア見通しができている」の交差項の係数は正で統計的に有意となっている。また、右図は現職の役職やキャリア見通しができているか否か等の状況を説明変数とした結果であるが、役職が「係長・主任クラス」「課長クラス」である場合の係数が負で統計的に有意である一方、「課長クラス」と「キャリア見通しができてい

第3章

第2-(3)-9図　キャリア見通しと2年以内転職者となる確率の関係についての回帰分析

○　正社員や課長クラスの場合、キャリア見通しができている者の方が2年以内に転職する確率が高くなる傾向がある。

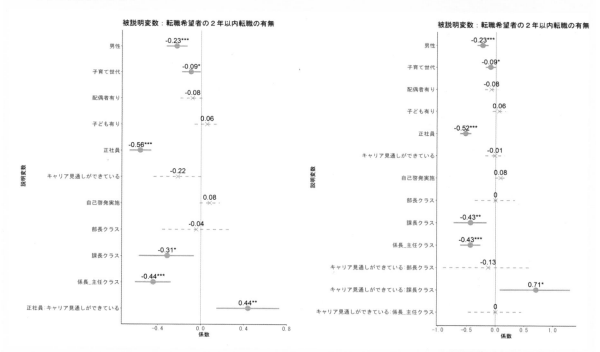

資料出所　リクルートワークス研究所「全国就業実態パネル調査2019」「全国就業実態パネル調査2021」の個票を厚生労働省政策統括官付政策統括室にて独自集計
（注）1）図中の数値は説明変数の係数、線の横幅は係数の95％信頼区間を示す。赤線（実線）は5％水準で統計的に有意であり、灰色線（破線）の場合は5％水準で有意でないことを示す。
　　　2）***は有意水準0.1％未満、**は有意水準1％未満、*は有意水準5％未満を示す。
　　　3）図中に示したもののほか、前職の職種を説明変数として用いている。詳細な回帰分析の結果は厚生労働省HPを参照。

る」の交差項の係数が正で有意となっている。したがって、正社員や役職者である場合、キャリア見通しができている者の方が転職を実現しやすい傾向があることが分かる。

　これらの結果は、キャリア見通しができていることや自己啓発の実施により転職活動への移行や転職の実現がしやすくなるという因果関係を必ずしも示すものではないことに留意が必要であるが、一般的にキャリア見通しができていることや自己啓発を実施していることで、転職希望者が転職活動に移行しやすくなったり、転職が実現しやすくなったりする可能性が示唆される。特に、一定の役職のある者など、職場で一定のキャリアを築いている場合、キャリアの見通しができていることが転職の実現に重要である可能性があるといえる[5]。

第2節　キャリアチェンジを伴う転職の促進に向けた課題

　本節においては、さらに、成長分野や人手不足の分野への円滑な労働移動の支援という問題意識に沿って、異分野へのキャリアチェンジを促進していくに当たっての課題について考察していくこととしたい。労働者が転職の動機を形成するに当たっては、前節でも触れたような、現職の職場の状況やキャリア意識、家庭生活の状況等の様々な要因が影響すると考えられる。転職やキャリアチェンジについても、ワークライフバランスや、積極的なキャリアの転換など、様々な目的があり得る。本節では、労働者が自らの能力を最大限発揮するための積極的なキャリアチェンジを如何に促進していくかという問題意識に基づき、分析を進めていくこととする。

　キャリアチェンジを伴う転職には、異業種間を移動する転職と、異職種間を移動する転職が考えられる。本節では、両方を分析した上で特に異職種間の移動について重点的に分析する。

●男性はおおむね子どもがいる場合の方が職種の変わるキャリアチェンジをしにくい傾向がある

　前節で転職希望者の転職活動への移行等について、子育て世代（30〜49歳）に着目して分析を行った。キャリアチェンジの動向についても同様に、子育て世代（30〜49歳）についてみていくこととしよう。

　第2-（3）-10図をみると、男性については、子どもがいる場合の方が、いない場合よりも、職種間のキャリアチェンジをした割合が低くなっている。女性については、末子の年齢により異なり、末子が6〜14歳の場合に異なる産業・職種に転職する者の割合が高い。

　前節において、男性では、末子が就学年齢以上の場合には転職活動に移行しにくい傾向があることをみたが、異職種への移動のような、仕事内容の変更を伴うキャリアチェンジについても、子どもの有無が影響している可能性があることが分かった。

第2-（3）-10図　キャリアチェンジ転職者の割合（男女別・子どもの有無及び子どもの年齢階級別）

○　30〜49歳の子育て世代についてキャリアチェンジの有無を子どもの年齢階級別にみると、男性は子どもがいる方が子どもがいない場合よりも転職し異なる職種へキャリアチェンジした割合が低くなっている。女性は子どもが「6〜14歳」の場合に異なる産業・職種に転職する者の割合が高い。

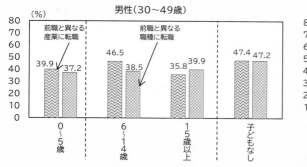

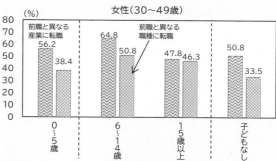

資料出所　リクルートワークス研究所「全国就業実態パネル調査2021」の個票を厚生労働省政策統括官付政策統括室にて独自集計
（注）　1）「昨年12月に仕事をしましたか。」に対して「おもに仕事をしていた（原則週5日以上の勤務）」「おもに仕事をしていた（原則週5日未満の勤務）」「通学のかたわらに仕事をしていた」と回答した者について集計。
　　　　2）初職の入職が2010年以前の者で、2020年中に前職を離職した者について集計。（N＝1,747）

●**職種間移動をする者は、転職先を選ぶに当たり、ワークライフバランスに関する条件を重視する者が多い傾向がある**

　男性では子どもがいる場合に職種間移動を行う者が少ない傾向があることをみたが、労働者が職種間移動を行う理由は何だろうか。第2-(3)-11図は、男女別に、転職希望者のうち2年以内転職者を対象として、職種間移動（職業大分類）の有無を被説明変数とし、転職先を選んだ理由（複数回答）のほか、労働者の属性を説明変数としてロジスティック回帰分析を行ったものである。これによると、男女ともに「自分の技能・能力が活かせるから」と答えた場合の係数は負で統計的に有意となっており、男性では「賃金が高いから」と答えた場合も職種間移動をする確率が低い傾向がある。他方で、男女ともに「労働条件（賃金以外）がよいから」「地元だから（Uターンを含む）」と答えた場合の係数は正で有意となっている。

　この結果からは、自らの能力をより発揮したいという動機や賃金を上げたいといった動機で職種間異動する者は少ない傾向があることがうかがえる。また、賃金以外の労働条件や地元で働くことができることなど、ワークライフバランスに関する理由を重視して転職先を選ぶ傾向が強いこともうかがえる。

第2-(3)-11図　　**転職先を選んだ理由と職種間移動の有無の関係についての回帰分析**

○　職種間移動の有無について、転職先を選んだ理由から回帰分析を行ったところ、男性・女性ともに「自分の技能・能力が活かせるから」と答えた場合は職種間移動をする確率が低く、男性では「賃金が高いから」と答えた場合も職種間移動をする確率が低い傾向がある。
○　一方、男性・女性ともに「労働条件（賃金以外）がよいから」「地元だから（Uターンを含む）」と答えた場合に職種間移動をする確率が上がっており、職種間移動において、ワークライフバランスが影響していることがうかがえる。

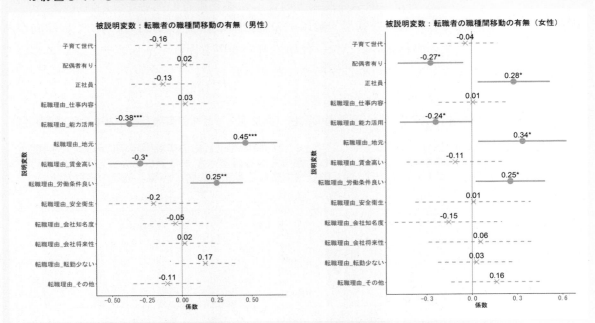

資料出所　厚生労働省「令和2年転職者実態調査」の個票を厚生労働省政策統括官付政策統括室にて独自集計
（注）　1）図中の数値は説明変数の係数、直線の横幅は係数の95％信頼区間を示す。赤線（実線）は5％水準で統計的に有意であり、灰色線（破線）は5％水準で有意でないことを示す。
　　　　2）＊＊＊は有意水準0.1％未満、＊＊は有意水準1％未満、＊は有意水準5％未満を示す。
　　　　3）図中に示したもののほか、学歴、前職の企業規模、前職の職種を説明変数として用いている。詳細な回帰分析の結果は厚生労働省HPを参照。

●キャリアチェンジをする者の職業生活の満足度は、ワークライフバランスを理由とする者だけでなく、自らの能力発揮や仕事内容といった要因でも高くなりやすい

キャリアチェンジをする者には、ワークライフバランスを理由とする者が多い傾向があることが分かったが、キャリアチェンジをする者の職業生活の充実の度合いは、理由によりどのように異なっているだろうか。ここでは、転職後の仕事の満足度によって、職種間移動を行う者について、職業生活の充実の度合いをみてみることとする。

第2-(3)-12図は、職種間のキャリアチェンジをした者の職業生活全体の満足度（1～5のスコア）を被説明変数とし、転職先を選んだ理由を説明変数として、回帰分析（順序ロジット分析）を行っている。これによれば、職種間移動をした場合、まず、「労働条件（賃金以外）がよいから」「地元だから（Uターンを含む）」といった、主にワークライフバランスによる理由で転職先を選んだ場合の係数は正で有意になっている。他方で、「賃金が高いから」「自分の技能・能力が活かせるから」「仕事の内容・職種に満足がいくから」といった、キャリアアップのための積極的なキャリアチェンジをする場合も、係数は正で統計的に有意となっている。

これらの結果から、職種間移動を行う者にはワークライフバランスを理由とする者が多く、その場合の転職後の満足度は高くなりやすい傾向がある。労働者がワークライフバランスを改善したいという希望を持っている場合、キャリアチェンジによってその希望は実現しやすいことがうかがえる。一方、自らの能力を発揮したいという目的や、より自らが満足できる仕事が

第2-(3)-12図　転職先を選んだ理由と職業生活全体の満足度の関係についての回帰分析（職種間移動）

○　職種間移動をした場合、まず、「労働条件（賃金以外）がよいから」「地元だから（Uターンを含む）」といった、主にワークライフバランスによる理由で転職先を選んだ場合には職業生活全体の満足度が高くなりやすい傾向がある。他方で、「賃金が高いから」「自分の技能・能力が活かせるから」「仕事の内容・職種に満足がいくから」といった、キャリアアップのための積極的なキャリアチェンジをする場合も、職業生活全体の満足度は高くなりやすい傾向がある。

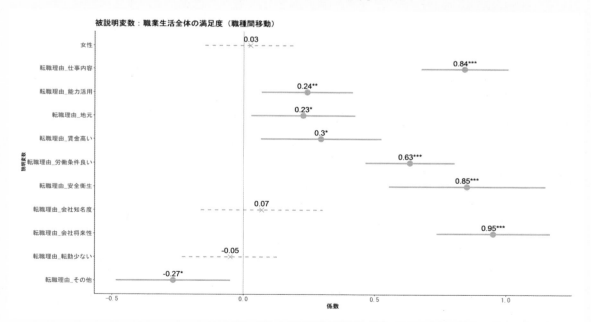

資料出所　厚生労働省「令和2年転職者実態調査（個人調査）」の個票を厚生労働省政策統括官付政策統括室にて独自集計
（注）　1）図中の数値は説明変数の係数、直線の横幅は係数の95％信頼区間を示す。赤線（実線）は5％水準で統計的に有意であり、灰色線（破線）は5％水準で有意でないことを示す。
　　　　2）***は有意水準0.1％未満、**は有意水準1％未満、*は有意水準5％未満を示す。
　　　　3）図中に示したもののほか、学歴、現職の企業規模、現職の職種等を説明変数として用いている。詳細な回帰分析の結果は厚生労働省HPを参照。

したい、転職により高い賃金を得たいという希望を労働者が持っている場合も、職種間移動により満足度は高くなりやすくなっている。このことからは、積極的なキャリアアップのためのキャリアチェンジが、ワーク・エンゲイジメント[6]の向上等を通じて、労働者の職業生活の充実につながる可能性が示唆される。

　労働者がキャリアチェンジを通じて、自らの能力をより適切に発揮して、高い満足度を感じながら働くことができるのであれば、労働者全体の生産性の向上にもつながることが期待される。労働者がその職業生活を通じて、その希望に応じて自らの能力発揮や、満足できる仕事で働くことを実現できるよう、キャリアチェンジを促進していくことが重要となるといえる。

●職種間移動をする者についても、キャリア見通しができていることや自己啓発によりスキルを向上させることで、転職後の仕事の満足度等が高くなりやすい傾向がある

　自らの能力を発揮できることや、満足できる仕事に就くことがワーク・エンゲイジメントの向上につながる可能性があることをみたが、自らの能力の発揮や、満足できる仕事への転職の実現に重要な要素は何だろうか。前節において、転職の実現に向けて、キャリアの見通しや自己啓発の取組の重要性について指摘した。職種間移動をする場合には、キャリアに関する具体的な展望や、新たなスキルを身につけるための取組が特に重要になると考えられるため、キャリア見通しと自己啓発の取組に着目して分析を行っていく。

　まず、第2-（3）-13図は、「全国就業実態パネル調査」を用いて、職種間移動をした者について、前職におけるキャリアの見通しの状況と、転職後における仕事の満足度、ワーク・エンゲイジメント（「生き生きと働くことができていた」のスコア）、仕事を通じた成長実感といった仕事の状況に関するスコアの分布の関係をみたものである。これによれば、いずれのスコアも、前職におけるキャリアの見通しが開けているほど、高い傾向がみられる。

第2-（3）-13図　前職におけるキャリアの見通しの状況と転職後の仕事の満足度等の関係

○　職種間移動をした者について、前職におけるキャリアの見通しの状況と、転職後における仕事の満足度、ワーク・エンゲイジメント（「生き生きと働くことができていた」のスコア）、仕事を通じた成長実感といった仕事の状況に関するスコアの関係をみると、いずれのスコアも、前職におけるキャリアの見通しが開けているほど、高い傾向がみられる。

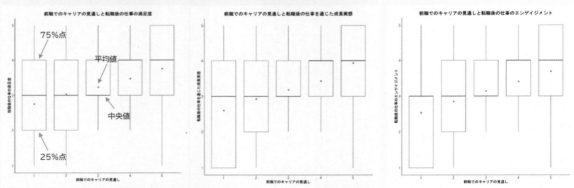

資料出所　リクルートワークス研究所「全国就業実態パネル調査」の個票を厚生労働省政策統括官付政策統括室にて独自集計
　（注）　1）2017年～2020年の間に転職した者のうち、前職と現職の職種（中分類）が異なる者について集計。
　　　　　2）2017年～2020年の間に転職をした者（現職と1年前の仕事が異なる者）を集計しているため、過去1年以内に複数回転職をしている場合は、「前職」には直前の仕事ではない場合も含まれることに留意が必要。

6　ワーク・エンゲイジメントについては、「令和元年版労働経済の分析」などで詳細な分析を行っているが、オランダ・ユトレヒト大学のSchaufeli教授らが提唱した概念であり、「仕事から活力を得ていきいきとしている」（活力）、「仕事に誇りとやりがいを感じている」（熱意）、「仕事に熱心に取り組んでいる」（没頭）の3つが揃った状態として定義される。（「令和元年版労働経済の分析」のp.172を参照。）

　次に、第2-（3）-14図において、「令和2年転職者実態調査」を用いて、職種間移動者について、転職後の職業生活全体や仕事内容・職種の満足度を被説明変数とし、転職準備として自己啓発を行ったか否か等の状況を説明変数として回帰分析（順序ロジット分析）を行った。これによれば、職種間移動を行った者について、仕事内容・職種の満足度を被説明変数とした場合（右図）、転職準備として自己啓発を行った場合の係数が正で統計的に有意となっており、転職準備としての自己啓発への取組が、仕事内容・職種の満足度にプラスの効果を及ぼす可能性が示唆されている。

第2-（3）-14図　　転職前の自己啓発の有無と転職後の職業生活全体や仕事内容・職種の満足度の関係についての回帰分析（職種間移動）

○　職種間移動を行った者が、転職準備として自己啓発を行った場合、転職後の職業生活や仕事内容・職種の満足度が高くなりやすい傾向がみられる。

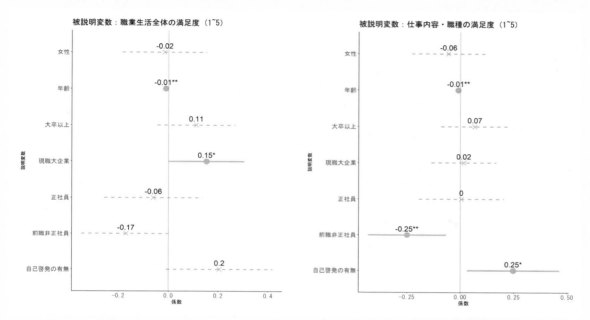

資料出所　厚生労働省「令和2年転職者実態調査（個人調査）」の個票を厚生労働省政策統括官付政策統括室にて独自集計
（注）　1）図中の数値は説明変数の係数、直線の横幅は係数の95％信頼区間を示す。赤線（実線）は5％水準で統計的に有意であり、灰色線（破線）は5％水準で有意でないことを示す。
　　　　2）＊＊＊は有意水準0.1％未満、＊＊は有意水準1％未満、＊は有意水準5％未満を示す。
　　　　3）図中に示したもののほか、現職の職種等を説明変数として用いている。詳細な回帰分析の結果は厚生労働省HPを参照。

●**キャリア相談によるキャリア見通しの向上や自己啓発によるスキルの向上を通じて、労働者が職種間移動する場合の自らの能力発揮や、満足できる仕事への転職の可能性を高める可能性がある**

　続いて、こうしたキャリア見通しに関する状況や自己啓発への取組状況と、先ほどみた、転職時の自らの能力発揮や満足できる仕事への就職の関係について考察する。
　第2-（3）-15図は、第2-（3）-14図と同様、「令和2年転職者実態調査」を用いて、職種間移動者について、転職先を選んだ各種の理由への該当の有無を被説明変数とし、キャリアに関する相談の有無や、自己啓発への取組の状況を説明変数としたロジスティック回帰分析を行ったものである[7]。これによれば、職種間移動をする場合、転職の準備としてキャリア相談を行っている者は「自分の技能・能力が活かせるから」「仕事の内容・職種に満足がいくから」

7　「令和2年転職者実態調査」には、キャリアの見通しに関する直接的な項目は無いため、キャリアに関する相談を行った否かを代替的な変数として用いている。

といった理由での転職を行いやすい傾向があるとともに、自己啓発に取り組んでいる者も「仕事の内容・職種に満足がいくから」という理由での転職を行いやすい傾向があることが分かる。この結果は、キャリア相談や自己啓発を行ったことが、これらの理由による転職につながったという因果関係を必ずしも示すものではないが、キャリア相談によるキャリアの見通しの向上や、自己啓発によるスキルの向上が、職種間移動する場合に、転職後の仕事での自らの能力発揮の実感や、満足できる仕事への転職の可能性を高める可能性があることを示唆している。

　これらの結果をまとめると、職種を変えて転職する場合、キャリア相談によるキャリア見通しの向上や自己啓発によるスキルの向上を通じて、自らの能力発揮や、満足できる仕事への転職の可能性を高める可能性がある。したがって、自らのそれまでのキャリアとは異なる職種への転職に当たっては、キャリアコンサルティングの活用、講座受講などによる自己啓発などの転職前の準備が、転職後のワーク・エンゲイジメントを高める上でも重要である可能性があると考えられる。

第2-(3)-15図　転職前のキャリア相談や自己啓発の有無と自己の技能・能力が発揮できる仕事や満足できる仕事への就職の関係についての回帰分析（職種間移動）

○　職種間移動をする場合、転職の準備としてキャリア相談を行っている者や、自己啓発に取り組んでいる者は、「自分の技能・能力が活かせるから」「仕事の内容・職種に満足がいくから」といった理由での転職を行いやすい傾向がある。

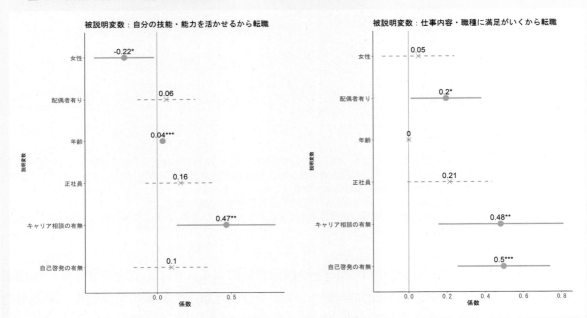

資料出所　厚生労働省「令和2年転職者実態調査（個人調査）」の個票を厚生労働省政策統括官付政策統括室にて独自集計
（注）　1）図中の数値は説明変数の係数、直線の横幅は係数の95％信頼区間を示す。赤線（実線）は5％水準で統計的に有意であり、青線（破線）は5％水準で有意でないことを示す。
　　　　2）＊＊＊は有意水準0.1％未満、＊＊は有意水準1％未満、＊は有意水準5％未満を示す。
　　　　3）図中に示したもののほか、現職の職種等を説明変数として用いている。詳細な回帰分析の結果は厚生労働省HPを参照。

●**キャリアチェンジをする場合、賃金が増加する者がいる一方で、賃金が減少した者も存在する**
　本節の最後に、自らの能力発揮や満足できる仕事に就くことと、キャリアチェンジによる賃金の変動との関係についてもみてみる。
　まず、キャリアチェンジによる賃金の変動の状況を概観する。第2-(3)-16図は、「転職者

実態調査」を用いて、産業間移動、職種間移動のそれぞれにおいて、賃金が増加した者、賃金の変動が無い者、賃金が減少した者の割合をみたものである。賃金の変動は景気動向にも大きく影響を受けると考えられるため、平成27年調査及び感染症の影響下である令和2年調査の状況を併せてみると、産業間移動、職種間移動のいずれも、産業や職種をまたいで移動した場合の方が、賃金が増加したと答える割合はやや高くなっている。他方、職種間移動については、2015年は職種をまたいで移動した場合の方が、そうではない場合よりも賃金が減少したと答える割合が若干高い一方、2020年には職種をまたぐ移動をしなかった場合の方がその割合がやや高くなっている。したがって、キャリアチェンジによる賃金への影響は一様ではなく、当該キャリアチェンジの態様によって異なることがうかがえる。

　第2-（3）-17図は、転職者実態調査の令和2年調査を用いて、男女別・雇用形態の変化別にキャリアチェンジによる賃金の変動状況をみたものである。正社員から正社員以外に転職する場合は一般に賃金が下がることが多いが、女性では、職種間移動をする場合に賃金が減少した者の割合が特に高くなっている。

第2-（3）-16図　キャリアチェンジの有無と賃金の変動状況

○　産業間移動、職種間移動のいずれも、産業や職種をまたいで移動した場合の方が賃金が増加したと答える割合がやや高くなっている。職種間移動については、2015年は職種をまたいで移動をした場合の方が、そうではない場合よりも賃金が減少したと答える割合が若干高い一方、2020年には職種をまたがない場合の方がその割合がやや高くなっている。

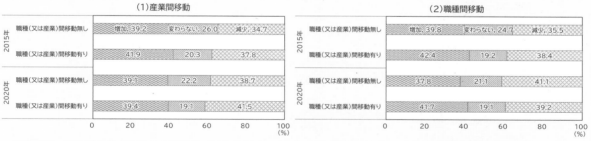

資料出所　厚生労働省「転職者実態調査（個人調査）」の個票を厚生労働省政策統括官付政策統括室にて独自集計

第2-（3）-17図　雇用形態の変化別キャリアチェンジによる賃金の変動状況

○　正社員から正社員以外に転職する場合は、女性で職種が変わる場合は特に、賃金が減少する者の割合が高くなっている。

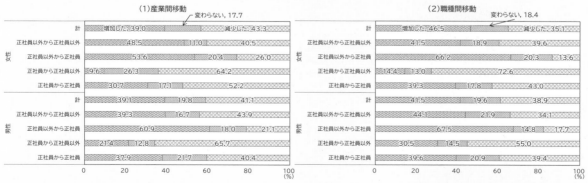

資料出所　厚生労働省「令和2年転職者実態調査（個人調査）」の個票を厚生労働省政策統括官付政策統括室にて独自集計

●**キャリアチェンジを賃金の増加に結びつけるためには、前職で蓄積したスキルや、自己啓発により新たに身につけた専門的なスキルを、自らが納得できる仕事でいかすことが重要である可能性がある**

　キャリアチェンジをした者のうち、職種間移動をした者の賃金が増加しやすいのはどのような場合だろうか。

　第2-（3）-18図は、「令和2年転職者実態調査」を用いて、職種間移動をした者について、前職・現職の職業の区分ごとに、賃金が増加した者の割合から、賃金が減少した者の割合を引いた賃金変動D.I.である。これによると、「専門的・技術的な仕事」から「販売の仕事」[8]「管理的な仕事」といった職種に移動した場合、賃金が増加した者の割合が高くなっている。また、「サービスの仕事」「事務的な仕事」から「専門的・技術的な仕事」「管理的な仕事」といった職種に移動した場合も賃金が増加した者の割合が高い。

　転職者実態調査においては、前職・現職の職種は職業大分類でしか把握することができないため、詳細な分析には限界があるものの、これらの職種変化の類型から、前職が「専門的・技

第2-（3）-18図　前職・現職の産業及び職種と賃金変動D.I.（職種間移動）

○　職種間移動をした者について、前職・現職の職種ごとの賃金変動D.I.をみると、「専門的・技術的な仕事」から「販売の仕事」「管理的な仕事」といった職種に移動した場合に賃金が増加した者の割合が高くなっている。また、「サービスの仕事」「事務的な仕事」から「専門的・技術的な仕事」「管理的な仕事」といった職種に移動した場合も賃金が増加した者の割合が高い。

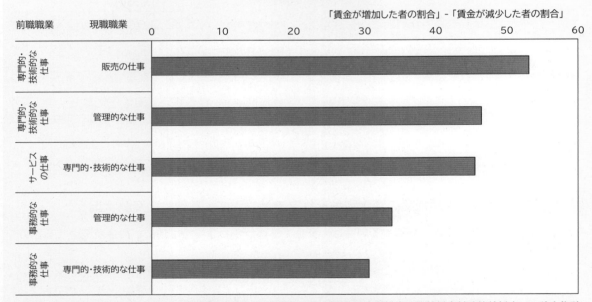

資料出所　厚生労働省「令和2年転職者実態調査（個人調査）」の個票を厚生労働省政策統括官付政策統括室にて独自集計
（注）　1）賃金変動D.I.は、転職の前後で賃金が増加した者（「3割以上増加」「1〜3割増加」「1割未満増加」の合計）の割合から、賃金が減少した者（「3割以上減少」「1〜3割減少」「1割未満減少」の合計）の割合を引いて算出したもの。
　　　　2）「前職職業」「現職職業」の組み合わせごとに転職者数が20人以上の場合について集計。
　　　　3）賃金変動D.I.が大きい前職と現職の組み合わせの上位5つを示している。

8　前職が「専門的・技術的な仕事」で現職が「販売の仕事」である者の産業別の内訳をみると、「卸売業」の者が最も多くなっている。したがって、これらの者の現職は、商品販売従事者ではなく、主に営業職業従事者である可能性が高いと考えられる。そういった者の例としては、製造業で技術職として勤務していた者が、技術職としての専門知識をいかし、いわゆる「技術営業」として営業職で働く場合などがあり得る。

術的な仕事」である者については、前職で培った専門知識を異職種でも活用し、仕事の付加価値を高めることで賃金の増加につながっている可能性が考えられる。また、前職が「サービスの仕事」や「事務的な仕事」など、非専門職や非管理職の者である場合にも、賃金が増加している割合が高くなる。これらの者の現職は、「専門的・技術的な仕事」や「管理的な仕事」であるため、新たに専門知識を身につけ、専門的な仕事にキャリアチェンジする場合や、キャリアアップにより管理職に昇進することで賃金が増加している可能性がある。

　これに関連して、職種間移動をする場合の転職先を選んだ理由と賃金の増加の関係をみてみる。第2-(3)-19図は、職種間移動をした者について、転職後に賃金が増加したか否かを被説明変数とし、転職先を選んだ理由の各項目について該当するか否かを説明変数としてロジスティック回帰分析を行ったものである。これによると、職種間移動をした場合、転職先を選んだ理由として「自分の技能・能力が活かせるから」「仕事の内容・職種に満足がいくから」に該当する場合の係数が正で統計的に有意となっており、これらの理由を選んだ者は賃金が増加しやすい傾向があることが分かる。第2-(3)-18図の分析と併せて考えると、前職の職業経験で培ったスキルや、新たに身につけたスキルをいかして、自らが満足できる仕事に転職できた場合には、賃金の増加につながりやすい可能性があることが指摘できる。

第2-(3)-19図	転職先を選んだ理由と賃金の増加の関係についての回帰分析（職種間移動）

○　職種間移動をした場合、転職先を選んだ理由として「自分の技能・能力が活かせるから」「仕事の内容・職種に満足がいくから」を選んだ者は賃金が増加しやすい傾向がある。

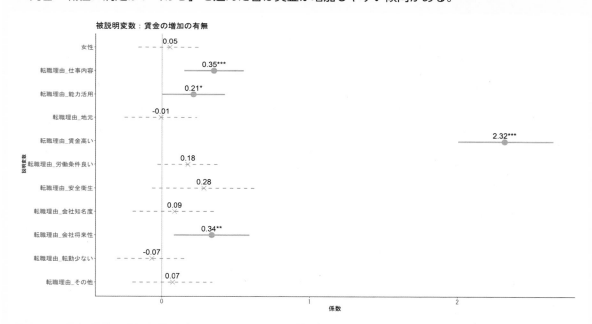

資料出所　厚生労働省「令和2年転職者実態調査（個人調査）」の個票を厚生労働省政策統括官付政策統括室にて独自集計
　（注）　1）図中の数値は説明変数の係数、直線の横幅は係数の95％信頼区間を示す。赤線（実線）は5％水準で統計
　　　　　　的に有意であり、灰色線（破線）は5％水準で有意でないことを示す。
　　　　2）***は有意水準0.1％未満、**は有意水準1％未満、*は有意水準5％未満を示す。
　　　　3）図中に示したもののほか、年齢、学歴、現職の職種等を説明変数として用いている。詳細な回帰分析の結
　　　　　　果は厚生労働省HPを参照。

●キャリアの見通しや自己啓発への取組は賃金の増加にもつながる可能性がある

　最後に、キャリアの見通しや自己啓発の取組が賃金の増加にも関係する可能性について指摘する。

　第2-(3)-20図は、リクルートワークス研究所「全国就業実態パネル調査」を用いて、前職におけるキャリアの見通しのスコア（1～5）と、転職前後の賃金の変化率の関係をみたものである。これによれば、前職におけるキャリアの見通しのスコアが高い（5）場合、スコアが低い（1）場合と比較して転職後の賃金の増加率が高い傾向がみられる。特に、キャリアの見通しができていると明確に感じている者は、キャリアチェンジをした場合に賃金の増加が起きやすい可能性がある。

　また、第2-(3)-21図は、「令和2年転職者実態調査」を用いて、職種間移動をした者について、賃金の増加の有無を被説明変数とし、キャリア相談や自己啓発への取組の有無を説明変数としてロジスティック回帰分析を行った結果である。これによれば、職種間移動において、転職の準備として自己啓発を行った者の方が、賃金が増加する確率が高くなっており、キャリアチェンジする場合、賃金増加と自己啓発の取組に相関があることが示されている。

　既にみたように、キャリアチェンジする場合に、キャリアの見通しがあることや、自己啓発をすることが、自らの能力を発揮できる仕事や満足できる仕事への転職に結びつける効果がある可能性が示唆されている。これらの分析の結果については、キャリア見通しや自己啓発の取組が賃金の増加につながるという因果関係を必ずしも示すものではないが、キャリア見通しや自己啓発の取組により、自らの能力発揮や満足できる仕事への転職の可能性が高まることで、結果として賃金の増加にもつながる可能性があると考えられる。

第2-(3)-20図　キャリアチェンジする場合の前職のキャリア見通しと転職前後の賃金変化の関係

○　前職におけるキャリアの見通しのスコアが高い（5）場合、スコアが低い（1）場合と比較して転職後の賃金の増加率が高い傾向がみられる。

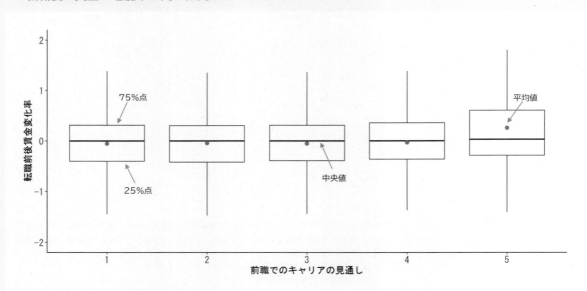

資料出所　リクルートワークス研究所「全国就業実態パネル調査」（2017年～2021年）の個票を厚生労働省政策統括官付政策統括室にて独自集計
（注）　1）2017年～2020年の間に、転職した者のうち、職種（中分類）が変わった者について集計。
　　　　2）2017年～2020年の間に転職をした者（現職と1年前の仕事が異なる者）を集計しているため、過去1年以内に複数回転職をしている場合は、「前職」には直前の仕事ではない場合も含まれることに留意が必要。
　　　　3）賃金変化率は、前年の時給（年収を年間総労働時間で除して算出）と当該年の時給の自然対数値の差。

第2-(3)-21図　自己啓発の有無と賃金の増加の関係についての回帰分析（職種間移動）

○　職種間移動をした場合、転職の準備として自己啓発を行った者の方が、賃金が増加する確率が高くなっている。

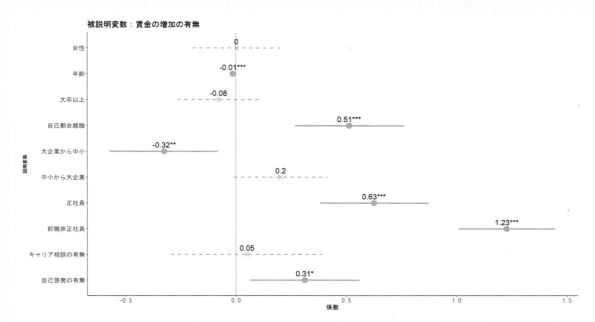

被説明変数：賃金の増加の有無

資料出所　厚生労働省「令和２年転職者実態調査」の個票を厚生労働省政策統括官付政策統括室にて独自集計
（注）　1）図中の数値は説明変数の係数、直線の横幅は係数の95％信頼区間を示す。赤線（実線）は5％水準で統計的に有意であり、灰色線（破線）は5％水準で有意でないことを示す。
　　　　2）***は有意水準0.1％未満、**は有意水準1％未満、*は有意水準5％未満を示す。
　　　　3）図中に示したもののほか、現職の職種等を説明変数として用いている。詳細な回帰分析の結果は厚生労働省ＨＰを参照。

第3章

第3節　介護・福祉分野やＩＴ分野へキャリアチェンジする者の特徴

　本章の最後に、今後労働力需要が高まってくる代表的な分野として、介護・福祉分野やＩＴ分野へのキャリアチェンジをする者についての特徴をみていく。介護・福祉分野及びＩＴ分野への転職の動向は詳細な職種の変化をとらえることが必要であるため、ここではリクルートワークス研究所「全国就業実態パネル調査」を用いて分析を行う。なお、他分野からこれらの分野に転職する者のサンプルサイズはかなり限定されているため、分析できる内容には制約が大きいことに留意が必要である。

●**介護・福祉職に他分野から転職する者は女性が多く、就業経験年数は比較的長い者が多い。**
前職の産業は「医療・福祉」等が多く、職種では「サービス職」からの転職が多い

　まず、介護・福祉分野にキャリアチェンジする者の特徴をみていく。第2-(3)-22図は、他職種から介護・福祉職[9]に転職した者について、男女別・就業経験年数別の割合をみたものである。他職種から介護・福祉職に転職する者は女性が多く、6割程度を占めている[10]。また、就業経験年数は比較的幅広く分布しているが、経験年数30年以上の長い者も多くなっている。

第2-(3)-22図	介護・福祉職に転職する者の特徴（男女別・就業経験年数別）

○　他種から介護・福祉職に転職する者は女性が多い。就業経験年数は比較的幅広く分布している。

資料出所　リクルートワークス研究所「全国就業実態パネル調査」の個票を厚生労働省政策統括官付政策統括室にて独自集計
（注）　1）2017年～2020年の間に、福祉職以外の職種から福祉職に転職した者について集計。（N＝123）
　　　　2）母集団が異なる複数年の調査サンプルを組み合わせて集計しているため、ウェイトバック集計は行っていない。

　次に、第2-(3)-23図（1）により、介護・福祉職にキャリアチェンジする者の前職の産業及び職種の状況についてみると、他職種から介護・福祉職に転職した者の前職の産業は「医療・福祉」が多く、「製造業」「教育・学習支援」の割合も比較的高くなっている。同図（3）により、前職の産業からの移行しやすさを比較するため、前職の産業別の転職者に占める介護・福祉職に転職した者の割合をみると、「教育・学習支援」の割合が最も高く、「医療・福祉」や「運輸業」が続いている。

　同図（2）により、他職種から福祉職に転職した者の前職の職種別の割合をみると、「営業販売職」で低いほかは同程度だが、同図（4）により、前職の職種別の転職者に占める介護・福祉職に転職した者の割合をみると、「サービス職」で高くなっており、「生産工程・労務関連」が続いている。

　これらによると、介護・福祉職にキャリアチェンジする者は、産業としては「医療・福祉」のほか、「教育・学習支援」のような対人コミュニケーションが求められる分野で多く、また、職種としては対人サービス職を含むサービス職から転職する者が多くなっていることがうかがえる。

9　ここでは、「全国就業実態パネル調査」の職種のうち、「介護士」「保育士」「福祉相談指導専門員」を「介護・福祉職」と定義している。
10　もともと介護・福祉職では女性が多いことが影響していると考えられることに留意が必要。

| 第2-（3）-23図 | 介護・福祉職に転職する者の特徴（前職の産業別・職種別） |

○　介護・福祉職に転職する者の前職の産業は「医療・福祉」が多く、「製造業」「教育・学習支援」の割合も比較的高くなっている。前職の産業別の転職者のうち、介護・福祉職に転職した者の割合では「教育・学習支援業」の割合が最も高く、「医療・福祉」や「運輸業」が続いている。

○　前職の職種別の割合は、「営業販売職」で低いほかは同程度だが、前職の職種別の転職者のうち、介護・福祉職に転職した者の割合は「サービス職」で高くなっており、「生産工程・労務関連」が続いている。

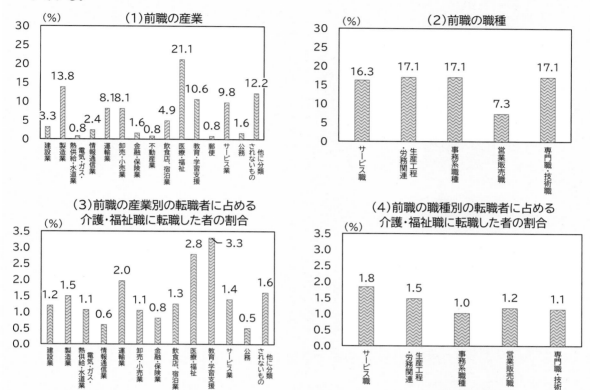

資料出所　リクルートワークス研究所「全国就業実態パネル調査」の個票を厚生労働省政策統括官付政策統括室にて独自集計

（注）　1）上段は、2017年～2020年の間に、介護・福祉職以外の職種から介護・福祉職に転職した者について集計。（N＝123）
　　　　2）下段は、2017年～2020年の間に転職した者について集計。（N＝8,046）
　　　　3）母集団が異なる複数年の調査サンプルを組み合わせて集計しているため、ウェイトバック集計は行っていない。

● **介護・福祉職に他分野から転職する者は非正規雇用から非正規雇用での転職をする者が多く、入職経路としてはハローワーク等が多くなっている**

　続いて、介護・福祉職に転職する者の雇用形態の変化や入職経路についてもみてみよう。第2-（3）-24図は、介護・福祉職に転職した者の雇用形態の変化の類型別の割合をみたものであるが、非正規雇用から非正規雇用での転職をしている者の割合が最も高くなっている。

　第2-（3）-25図は介護・福祉職に転職した者の入職経路別の割合をみたものであるが、入職経路は「ハローワーク（公共職業安定所）」のほか「家族や知人の紹介」が比較的多くなっている。介護・福祉職へのキャリアチェンジをするに当たり、ハローワークが比較的大きな役割を果たしていることがうかがえるほか、家族や知人の紹介のような、職業紹介事業を介さない縁故での入職も比較的多いことが分かる。

第3章

第2-（3）-24図　介護・福祉職に転職する者の特徴（雇用形態別）

○　福祉職に移動する者は雇用形態別では非正規雇用から非正規雇用に移る者が多い。

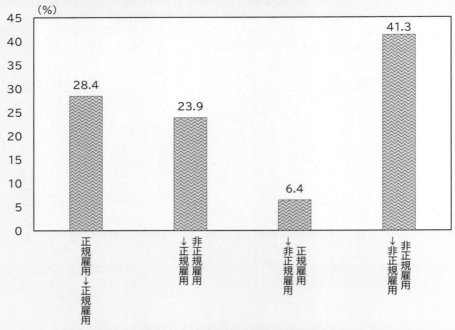

資料出所　リクルートワークス研究所「全国就業実態パネル調査」の個票を厚生労働省政策統括官付政策統括室にて独自集計
（注）　1）2017年～2020年の間に、介護・福祉職以外の職種から介護・福祉職に転職した者について、雇用形態無
　　　　　　回答を除いた者を集計。（N＝109）
　　　　2）母集団が異なる複数年の調査サンプルを組み合わせて集計しているため、ウェイトバック集計は行っていない。

第2-（3）-25図　介護・福祉職に転職する者の特徴（入職経路別）

○　介護・福祉職への入職経路はハローワークのほか家族や知人の紹介も比較的多くなっている。

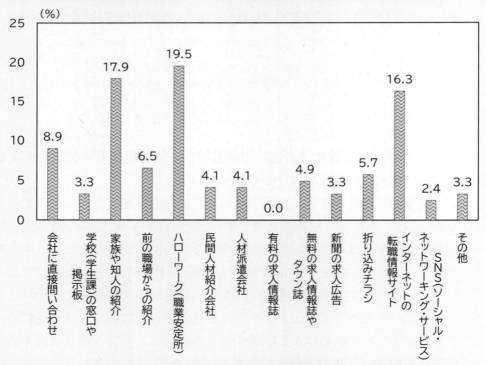

資料出所　リクルートワークス研究所「全国就業実態パネル調査」の個票を厚生労働省政策統括官付政策統括室にて独自集計
（注）　1）2017年～2020年の間に、介護・福祉職以外の職種から介護・福祉職に転職した者について集計。（N＝123）
　　　　2）母集団が異なる複数年の調査サンプルを組み合わせて集計しているため、ウェイトバック集計は行っていない。

●**介護・福祉職にキャリアチェンジする場合、前職が専門職・技術職の場合や前職とのタスク**
距離が遠い場合にワーク・エンゲイジメントは高くなりやすい。タスク距離が遠い場合、特
に就業経験が長い者の方がワーク・エンゲイジメントが高くなりやすい可能性がある

　次に、介護・福祉職にキャリアチェンジして、ワーク・エンゲイジメントが高くなりやすい
のはどのような人だろうか。一般に、ワーク・エンゲイジメントを高めることは早期離職を防
止する上で重要と考えられることから、離職率の高い介護・福祉職での人材確保を検討する上
でも重要である。

　ワーク・エンゲイジメントに影響を及ぼす要素は様々であると考えられるが、ここでは、介
護・福祉職にキャリアチェンジした者の分析に資する利用可能なデータとして、前職と介護・
福祉職とのタスク距離[11]に着目して分析を行う。タスク距離に着目したのは、介護・福祉職は、
他者に対するケアを行うといった対人サービスの要素が強いため、例えば、前職が対人ケアな
どの対人サービスの要素が強い職種の場合、介護・福祉職への潜在的な適性があり、ワーク・
エンゲイジメントが高まる可能性があるのではないかと考えられるからである[12]。

　第2-(3)-26図は、介護・福祉職にキャリアチェンジした者について、前職とのタスク距
離別に「近い」「中程度」「遠い」グループに分け、それぞれについて、転職後のワーク・エン
ゲイジメントスコアの分布をみたものである。これによれば、3つのグループの中央値には差
は無いが、平均値は前職と介護・福祉職との距離が中程度の場合に比べ、近い場合と遠い場合
の方が高くなっている。また、タスク距離が近いグループの職種をみると、前職が「専門職・
技術職」の場合にスコアが高い傾向があることが分かる。

　介護・福祉職との距離が遠いグループについては、どのような要因がワーク・エンゲイジメ
ントを高めることにつながっているだろうか。入手できるデータの範囲で考えると、就業経験
年数が関係する可能性がある。就業経験年数が長い者は自らの適性を把握しているため、仮に
タスク距離が遠い職種から介護・福祉職に移動しても、ワーク・エンゲイジメントが高くなり
やすいのではないだろうか。

　第2-(3)-27図は、介護・福祉職にキャリアチェンジした者について、ワーク・エンゲイ
ジメントスコアを被説明変数として、介護・福祉職と前職とのタスク距離や前職の職種及び就
業経験年数を説明変数として重回帰分析（順序ロジット分析）を行ったものである。これによ
ると、介護・福祉職との距離が遠い場合や、前職が専門職・技術職の場合にワーク・エンゲイ
ジメントスコアが有意に高くなっている。介護・福祉職との距離が近いグループにおいては、
主に医療・福祉分野において専門職として働いていた者において、介護・福祉職に転職した場
合のワーク・エンゲイジメントが高くなりやすくなっているのではないかと考えられる。

　一方、介護・福祉職との距離が遠い場合については、就業経験年数との交差項が正で有意と
なっている。したがって、介護・福祉職との距離が遠い者のうち、特に就業経験年数が長い場
合にワーク・エンゲイジメントが高くなりやすい傾向があることが分かる。この理由として
は、特に就業経験が長い者について、自ら把握している適性に応じて介護・福祉職に移動して
いるため、ワーク・エンゲイジメントが高くなりやすい可能性が示唆される。

11　タスク距離の算出方法は第2-(2)-30図～第2-(2)-33図と同様（付注2参照）。
12　なお、IT職については、O-NETのタスクのスコアでみた場合、介護・福祉職における、他者に
　　対するケアを行うといった、特有のタスク項目に着目することが難しいため、タスクの距離による分析
　　は行っていない。

第2-(3)-26図　介護・福祉職に転職する者のワーク・エンゲイジメント（前職とのタスク距離別）

○　介護・福祉職に他職種から転職した者の前職とのタスク距離別に現職の仕事のエンゲージメントスコアをみると、中央値には差は無いが、平均値は前職と介護・福祉職との距離が中程度の場合に比べ、近い場合及び遠い場合の方が高くなっている。
○　職種をみると、介護・福祉職との距離が近いグループでは前職が「専門職・技術職」の場合にスコアが高い傾向がある。

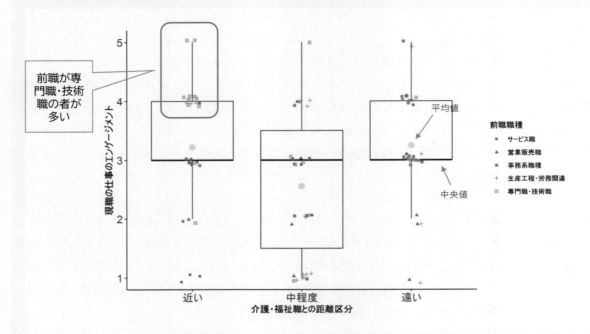

資料出所　リクルートワークス研究所「全国就業実態パネル調査」の個票を厚生労働省政策統括官付政策統括室にて独自集計
　（注）　1）2017年〜2020年の間に、介護・福祉職以外の職種から介護・福祉職に転職した者について集計。（N=94）
　　　　　2）前職が「家政婦（夫）、ホームヘルパーなど」である者については、前職の産業が「医療、福祉」である場合は除いている。
　　　　　3）「現職の仕事のエンゲージメント」は、各年の仕事に関する項目のうち「生き生きと働くことができていた」という項目に対して「当てはまる」と答えた場合を5、「当てはまらない」と答えた場合を1として1〜5までのスコアで算出。

第2-（3）-27図　介護・福祉職に転職する者のワーク・エンゲイジメントについての回帰分析

○　介護・福祉職に転職した者のエンゲージメントスコアについて就業経験年数との交差項を含めた回帰分析（順序ロジット分析）を行ったところ、介護・福祉職との距離が遠い場合や前職が専門職・技術職の場合、有意にエンゲージメントスコアが高くなっている。

○　介護・福祉職との距離が遠い場合、経験年数との交差項が正で有意となっている。したがって、介護・福祉職との距離が遠い者については、就業経験年数が長い場合にエンゲージメントが高くなりやすい傾向がある。

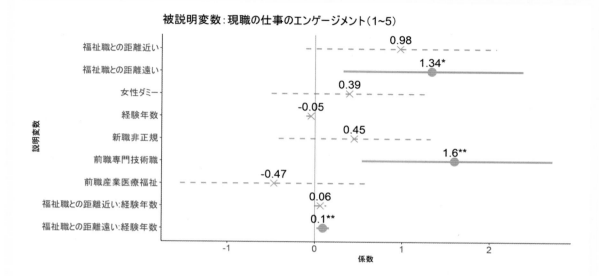

資料出所　リクルートワークス研究所「全国就業実態パネル調査」の個票を厚生労働省政策統括官付政策統括室にて独自集計

（注）　1）2017年～2020年の間に、介護・福祉職以外の職種から介護・福祉職に転職した者について集計。（N＝94）

　　　　2）前職が「家政婦（夫）、ホームヘルパーなど」である者については、前職の産業が「医療、福祉」である場合は除いている。

　　　　3）「現職の仕事のエンゲージメント」は、各年の仕事に関する項目のうち「生き生きと働くことができていた」という項目に対して「当てはまる」と答えた場合を5、「当てはまらない」と答えた場合を1として1～5までのスコアで算出。

　　　　4）経験年数は多重共線性を避けるため中心化処理を行っている。

　　　　5）図中の数値は説明変数の係数、直線の横幅は係数の95％信頼区間を示す。赤線（実線）は5％水準で統計的に有意であり、灰色線（破線）は5％水準で有意でないことを示す。

　　　　6）***は有意水準0.1％未満、**は有意水準1％未満、*は有意水準5％未満を示す。

　　　　7）詳細な回帰分析の結果は厚生労働省HPを参照。

第3章

●ⅠT職に他分野から転職する者は男性が多く、就業経験年数は比較的幅広い。前職の産業は「情報通信業」や「製造業」が多く、職種では「専門職・技術職」や「事務系職種」が多い

　次に、ⅠT職にキャリアチェンジする者の特徴についてもみていこう。第2-(3)-28図により、他職種からⅠT職にキャリアチェンジした者の男女別・就業経験年数別の割合をみると、他職からⅠT職に転職する者は男性が多くなっている。また、経験年数は幅広く分布しているものの、介護・福祉職と比較すると、経験年数10年未満の者の割合がやや高く、20年以上の者の割合はやや低くなっている。

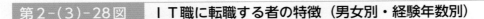

第2-(3)-28図　　ⅠT職に転職する者の特徴（男女別・経験年数別）

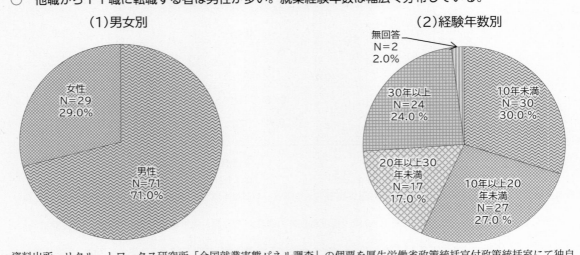

○　他職からⅠT職に転職する者は男性が多い。就業経験年数は幅広く分布している。

(1)男女別

女性
N＝29
29.0％

男性
N＝71
71.0％

(2)経験年数別

無回答
N＝2
2.0％

30年以上
N＝24
24.0％

10年未満
N＝30
30.0％

20年以上30
年未満
N＝17
17.0％

10年以上20
年未満
N＝27
27.0％

資料出所　リクルートワークス研究所「全国就業実態パネル調査」の個票を厚生労働省政策統括官付政策統括室にて独自集計
（注）　1）2017年〜2020年の間に、ⅠT職以外の職種からⅠT職に転職した者について集計。（N＝100）
　　　　2）母集団が異なる複数年の調査サンプルを組み合わせて集計しているため、ウェイトバック集計は行っていない。

　第2-(3)-29図により、ⅠT職にキャリアチェンジする者の前職の産業別・職種別の割合をみると、前職の産業は「情報通信業」のほか、「製造業」の割合がやや高く（同図（1））、同図（3）により前職の産業別の転職者に占めるⅠT職への転職者の割合をみても、「情報通信業」が高くなっている。職種別の状況をみると、同図（2）により前職の職種別にみた転職者の割合では「専門職・技術職」のほか「事務系職種」も比較的多くなっている一方、同図（4）により前職の職種別の転職者に占めるⅠT職への転職者の割合をみると、「専門職・技術職」でやや高いほか、「サービス職」で低くなっていることが分かる。

　これらのことから、介護・福祉職と異なり、ⅠT職にキャリアチェンジする者については、男性が多く、就業経験年数はやや短い者の割合が高くなっている。また、前職の分野としては、産業では「情報通信業」、職種では「専門職・技術職」が多く、前職でもⅠT分野で働いていた者や、専門的な技術職として働いていた者が比較的多い傾向があることがうかがえる。

第2-（3）-29図　ＩＴ職に転職する者の特徴（前職の産業別・職種別）

○　他職からＩＴ職に転職する者は、前職の産業は「情報通信業」のほか「製造業」の割合がやや高く、前職の産業別の転職者に占めるＩＴ職への転職者の割合をみても「情報通信業」が高くなっている。

○　職種別の状況をみると、前職の職種別にみた割合では「専門職・技術職」のほか「事務系職種」も比較的多くなっている一方、前職の職種別の転職者に占めるＩＴ職への転職者の割合は、「専門職・技術職」でやや高いほか、「サービス職」で低くなっている。

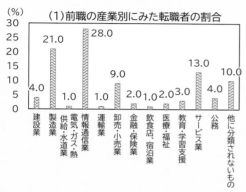

（1）前職の産業別にみた転職者の割合

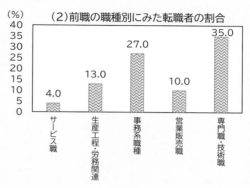

（2）前職の職種別にみた転職者の割合

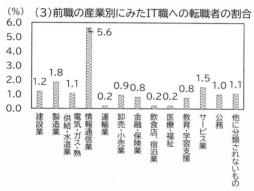

（3）前職の産業別にみたIT職への転職者の割合

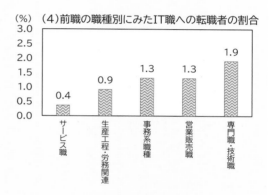

（4）前職の職種別にみたIT職への転職者の割合

資料出所　リクルートワークス研究所「全国就業実態パネル調査」の個票を厚生労働省政策統括官付政策統括室にて独自集計

（注）　1）上段は、2017年～2020年の間に、ＩＴ職以外の職種からＩＴ職に転職した者について集計。（N＝100）
　　　　2）下段は、2017年～2020年の間に転職した者について集計。（N＝8,046）
　　　　3）母集団が異なる複数年の調査サンプルを組み合わせて集計しているため、ウェイトバック集計は行っていない。

●ＩＴ職に他分野から転職する者は、正規雇用から正規雇用や非正規雇用から非正規雇用での転職をする者が多く、入職経路としてはインターネットの転職情報サイト等が多くなっている

　ＩＴ職に移動する者の雇用形態の変化や入職経路の状況をみてみる。第2-（3）-30図により、ＩＴ職にキャリアチェンジする者の雇用形態の変化別の割合をみると、正規雇用から正規雇用での転職をした者の割合が最も高く、続いて非正規雇用から非正規雇用での転職をした者の割合も高くなっている。介護・福祉職では非正規雇用から非正規雇用への転職が最も多くなっていたこととは異なっている。また、第2-（3）-31図により、入職経路別の割合をみると、ＩＴ職に転職する者は「インターネットの転職情報サイト」が多くなっている。介護・福祉職ではハローワークや家族・知人を介した転職が多くなっていたが、ＩＴ職にキャリアチェンジする者は民間の転職情報サイトを活用して転職をする者が多いことが特徴的である。

第2-（3）-30図　IT職に転職する者の特徴（雇用形態別）

○　IT職にキャリアチェンジする者の雇用形態の変化別の割合をみると、正規雇用から正規雇用での転職をした者の割合が最も高く、続いて非正規雇用から非正規雇用での転職をした者の割合も高くなっている。

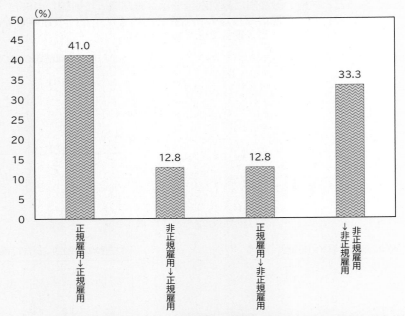

資料出所　リクルートワークス研究所「全国就業実態パネル調査」の個票を厚生労働省政策統括官付政策統括室にて独自集計
（注）　1）2017年～2020年の間に、IT職以外の職種からIT職に転職した者について、雇用形態無回答を除いた者を集計。（N＝78）
　　　　2）母集団が異なる複数年の調査サンプルを組み合わせて集計しているため、ウェイトバック集計は行っていない。

第2-（3）-31図　IT職に転職する者の特徴（入職経路別）

○　IT職に転職する者は「インターネットの転職情報サイト」での転職が多い。

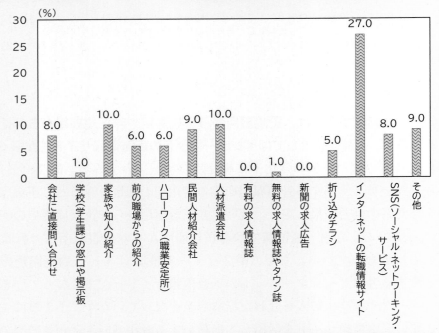

資料出所　リクルートワークス研究所「全国就業実態パネル調査」の個票を厚生労働省政策統括官付政策統括室にて独自集計
（注）　1）2017年～2020年の間に、IT職以外の職種からIT職に転職した者について集計。（N＝100）
　　　　2）母集団が異なる複数年の調査サンプルを組み合わせて集計しているため、ウェイトバック集計は行っていない。

| コラム2-4 | 産業界におけるDXの進展とIT人材需給の動向について |

第2-(1)-7図でもみたように、企業におけるDXの推進等を背景として、IT人材の供給は2030年までに最大80万人程度不足すると推計されている。他方で、IT人材といっても、その業務の領域やレベルによって必要なスキルや需給の状況は異なっている。

以下では、（独）情報処理推進機構（以下「IPA」という。）の「DX白書2021」及びIPAが実施したIT企業やユーザー企業を対象としたIT人材の動向に関する調査[13]を用いて、産業界におけるDXの進展の状況及びIT人材に求められるスキルや人材類型別の需給動向等について概観する。

1　産業界におけるDXの進展と求められるIT人材
（1）産業界におけるIT業務増減の見通しとDXの取組状況

まず、DXの進展の中で、産業界における具体的なIT業務の増加の見通しについて、事業会社におけるIT部門、事業部門それぞれの状況をみてみよう。コラム2-4-①図により、事業会社のIT部門におけるIT業務増減の見通しをみると、2020年度調査では、「データ分析などの高度化による情報活用」を除く全ての業務で「増加」する見通しであると回答する割合が2019年度調査より高くなっている。「全社ITの企画」「情報セキュリティリスク管理」における「増加」の割合が特に高く、5割前後となっている。

一方、コラム2-4-②図により、事業会社の事業部門等におけるIT業務増減の見通しをみると、2020年度調査ではIT部門と同様、ほぼ全ての業務で2019年度調査より「増加」の割合が高くなっているが、特に「新事業（業務）の実施」「社内業務プロセス設計」においてはそれぞれ10.1％ポイント、8％ポイント高くなっており、比較的大きく「増加」の割合が高まっている。事業部門においてはITを活用した新規事業の立ち上げや業務効率化の動きが活発になっていることがうかがえる。

第3章

13　本調査はIPAにより毎年実施されているもので、事業会社（有効回答数：2017年度974、2018年度967、2019年度821、2020年度878）及びIT企業（有効回答数：2017年度1,319、2018年度1,206、2019年度996、2020年度979）を対象とした、IT人材の現状やITの活用動向等に関する調査である。

【コラム2-4-①図　事業会社のIT部門におけるIT業務増減の見通しの推移】

○　2020年度調査では、「データ分析などの高度化による情報活用」を除く全ての業務で「増加」する見通しであると回答する割合が2019年度調査より高くなっている。特に、「全社ITの企画」「情報セキュリティリスク管理」における「増加」の割合が高く、5割前後となっている。

資料出所　（独）情報処理推進機構「DX白書2021」をもとに厚生労働省政策統括官付政策統括室にて作成
（注）　2019年度調査の項目「新事業（業務）の実施」は「その他（新事業（業務）の実施）など」を置き換えている。

【コラム2-4-②図　事業会社の事業部門等におけるIT業務増減の見通しの推移】

○　2020年度調査では、ほぼ全ての業務で2019年度調査より「増加」の割合が高くなっているが、特に「新事業（業務）の実施」「社内業務プロセス」の割合が高まっている。

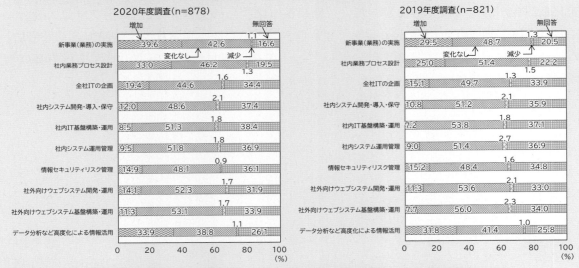

資料出所　（独）情報処理推進機構「DX白書2021」をもとに厚生労働省政策統括官付政策統括室にて作成
（注）　2019年度調査の項目「新事業（業務）の実施」は「その他（新事業（業務）の実施）など」を置き換えている。

　次に、我が国の企業における事業領域ごとのＤＸへの取組状況について、米国企業との比較をしてみてみる。コラム２-４-③図によれば、「すでに取組んでいる」「実証実験（ＰｏＣ）中である」を合わせた実際に何らかの取組を始めている企業の割合が、米国企業においては事業領域によらず５～６割となっている一方、日本企業においてはいずれの事業領域でも３割未満にとどまっていることが分かる。「すでに取り組んでいる」割合が最も高い事業領域は日米ともに「製品・サービスへの適用」で、日本企業は19.3％、米国企業は49.3％となっている。一方、日本企業においては、「サプライチェーン」「人事、人材採用など」において取組を始めている割合が２割未満と低く、米国企業との差も大きくなっている。

　また、コラム２-４-④図により、ＤＸの取組内容ごとの成果をみると、「すでに十分な成果が出ている」割合はいずれの取組内容でも、日本企業は米国企業より20％ポイント以上低くなっている。特に、「アナログ・物理データのデジタル化」においては、日米ともに「すでに十分な成果が出ている」割合が最も高いが、日本企業は17％なのに対して、米国企業は56.7％と大きな差がついている。さらに、日本企業においては、「顧客起点の価値創出によるビジネスモデルの根本的な変革」「企業文化や組織マインドの根本的な変革」といった、ＩＴによるビジネスの変革やＩＴリテラシーに関わる領域の課題について取組が遅れていることもうかがえる。

【コラム２-４-③図　ＤＸへの取組を実施している事業領域と取組状況】

○　「すでに取組んでいる」「実証実験（ＰｏＣ）中である」を合わせた実際に何らかの取組を始めている企業の割合が、米国企業においては事業領域によらず５～６割となっている一方、日本企業においてはいずれの事業領域でも３割未満にとどまっている。
○　日本企業においては、「サプライチェーン」「人事、人材採用など」において取組を始めている割合が２割未満と低く、米国企業との差も大きくなっている。

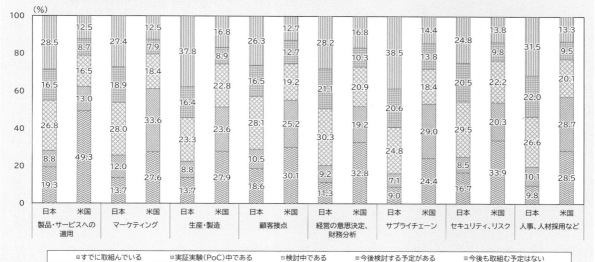

資料出所　（独）情報処理推進機構「ＤＸ白書2021」をもとに厚生労働省政策統括官付政策統括室にて作成
（注）　1）有効回答数は日本企業が「生産・製造」「経営の意思決定、財務分析」「セキュリティ、リスク」では532、
　　　　　そのほかの事業領域では533、米国企業が369である。
　　　　2）「その他」は非掲載。

【コラム2-4-④図　ＤＸの取組内容と成果】

○　「すでに十分な成果が出ている」割合はいずれの取組内容でも、日本企業は米国企業より20％ポイント以上低くなっている。
○　日本企業においては、「顧客起点の価値創出によるビジネスモデルの根本的な変革」「企業文化や組織マインドの根本的な変革」といった、ＩＴによるビジネスの変革やＩＴリテラシーに関わる領域の課題について取組が遅れていることもうかがえる。

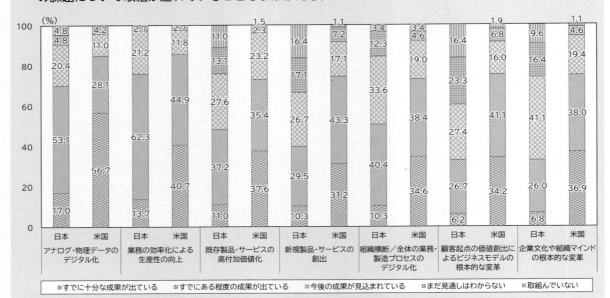

資料出所　（独）情報処理推進機構「ＤＸ白書2021」をもとに厚生労働省政策統括官付政策統括室にて作成
（注）　1）有効回答数は、日本企業が「アナログ・物理データのデジタル化」では147、「既存製品・サービスの高付加価値化」では145、そのほかの事業領域では146、米国企業が263である。
　　　　2）集計対象はＤＸ取組の成果において「成果が出ている」と回答した企業。

（2）企業において求めるＩＴ人材の人材像

　上記のようなＩＴ業務やＤＸ化の取組の動向を踏まえ、企業において求められるＩＴ人材の人材像についてみてみよう。コラム2-4-⑤表は「デジタル事業に対応する人材」としてＩＰＡが分類しているものである。この分類に基づき、コラム2-4-⑥図により、事業会社及びＩＴ企業のそれぞれにおいて最も重要と考え育成したいと答えたＩＴ人材の割合をみると、企業区分によらず「プロダクトマネージャー」の割合が最も高くなっている。そのほかの人材については、ＩＴ企業においては「先端技術エンジニア」「エンジニア／プログラマー」といったＩＴエンジニアの割合が比較的高いのに対し、事業会社においては「ビジネスデザイナー」「データサイエンティスト」といった人材の割合がＩＴ企業よりも高くなっており、事業会社においてはＩＴをビジネスに応用する人材のニーズが相対的に高いことがうかがえる。

【コラム２-４-⑤表　デジタル事業に対応する人材】

職種（人材名）	説明
プロダクトマネージャー	デジタル事業の実現を主導するリーダー格の人材
ビジネスデザイナー	デジタル事業（マーケティング含む）の企画・立案・推進等を担う人材
テックリード（エンジニアリングマネージャー、アーキテクト）	デジタル事業に関するシステムの設計から実装ができる人材
データサイエンティスト	事業・業務に精通したデータ解析・分析ができる人材
先端技術エンジニア	機械学習、ブロックチェーンなどの先進的なデジタル技術を担う人材
UI／UXデザイナー	デジタル事業に関するシステムのユーザー向けデザインを担当する人材
エンジニア／プログラマー	デジタル事業に関するシステムの実装やインフラ構築、保守・運用、セキュリティ等を担う人材

資料出所　（独）情報処理推進機構「ＤＸ白書2021」をもとに厚生労働省政策統括官付政策統括室にて作成
　（注）　デジタル事業とは、ＥＣ（電子商取引）やＡＩ（人工知能）やＩｏＴ（モノのインターネット）、ビックデータ（様々な種類や形式のデータを含む巨大なデータ群）をはじめとするデジタル技術を活用した事業のことをいう。

【コラム２-４-⑥図　最も重要と考え育成していきたいＩＴ人材】

○　企業区分によらず「プロダクトマネージャー」の割合が最も高くなっている。
○　ＩＴ企業においては「先端技術エンジニア」「エンジニア／プログラマー」といったＩＴエンジニアの割合が比較的高いのに対し、事業会社においては「ビジネスデザイナー」「データサイエンティスト」といった人材の割合がＩＴ企業よりも高くなっており、事業会社においてはＩＴをビジネスに応用する人材のニーズが相対的に高いことがうかがえる。

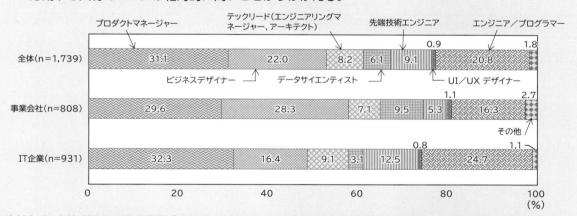

資料出所　（独）情報処理推進機構「デジタル時代のスキル変革等に関する調査：企業調査データ編」（2021年）をもとに厚生労働省政策統括官付政策統括室にて作成

2　IT人材の需給動向
（1）IT職種の分類と現在の人材推計結果

　IT人材の需給動向についてみていく。まず、現状の職種別の推計をみてみよう。

　コラム2-4-⑦表は、IPAがIT職種を11種類に分類しているものである。この分類に基づき、コラム2-4-⑧図により、事業会社、IT企業それぞれに在籍するIT人材の職種・レベル別推計をみると、まず、IT企業に在籍するIT人材の合計数は事業会社の約3倍となっており、現状我が国ではIT人材はIT企業により多く在籍していることが分かる。職種別の内訳は、事業会社とIT企業でそれほど大きな違いは無いが、事業会社では「プログラマー」の割合が最も高いのに対し、IT企業においては「エンベデッドシステム技術者・担当者」「アプリケーション技術者・担当者」の割合が事業会社よりもやや高くなっている。

【コラム2-4-⑦表　IT職種の分類】

職種（人材名）	説明
ITストラテジスト	IT戦略策定、IT企画を導くCIOやCTO、ITコンサルタントなど
システムアーキテクト	システム開発の上流工程を主導し、業務ニーズに適したデザインを設計するエンジニア
プロジェクトマネージャー	プロジェクト全体の意思決定、管理、統制を担う人材
ITサービスマネージャー	顧客ニーズを踏まえ、安全性と信頼性の高いITサービスを提供する人材
ネットワーク技術者・担当者	ネットワークシステムの企画・要件定義・設計・構築・運用・保守を担う人材
データベース技術者・担当者	データ資源及びデータベースの企画・要件定義・開発・運用・保守を担う人材
エンベデッドシステム技術者・担当者	IoTを含む組込みシステムに関するハードウェアとソフトウェアの要求仕様に基づき、開発・実装・テストを担う人材
情報セキュリティ技術者・担当者	情報システムの企画・設計・開発・運用におけるセキュリティ確保、対策の適用、セキュリティインシデント管理を担う人材
アプリケーション技術者・担当者	基本戦略立案又はITソリューション・製品・サービスを実現する業務を担う人材
プログラマー	システムの実装、保守・運用を担う人材
システム監査	専門的な立場で、情報システムや組込みシステムの監査を担う人材

資料出所　（独）情報処理推進機構「デジタル時代のスキル変革等に関する調査：企業調査データ編」（2021年）をもとに厚生労働省政策統括官付政策統括室にて作成

【コラム２-４-⑧図　事業会社、ＩＴ企業におけるＩＴ人材の職種・レベル別推計結果】

○　ＩＴ企業に在籍するＩＴ人材の合計数は事業会社の約３倍となっている。
○　事業会社では「プログラマー」の割合が最も高いのに対し、ＩＴ企業においては「エンベデッドシステム技術者・担当者」「アプリケーション技術者・担当者」の割合が事業会社よりもやや高くなっている。

事業会社のIT人材の職種・レベル別推計結果

	IT人材の割合(%)	社内・業界をリードする人材	指導者・リーダー	自律して業務を遂行できる人材	指導や補助が必要な人材	合計
ITストラテジスト	4.3	850	2,405	6,892	4,516	14,663
システムアーキテクト	5.1	1,009	2,852	8,174	5,356	17,391
プロジェクトマネージャー	14.8	2,927	8,277	23,720	15,544	50,468
ITサービスマネージャー	5.8	1,147	3,244	9,296	6,092	19,778
ネットワーク技術者・担当者	6.5	1,286	3,635	10,418	6,827	22,165
データベース技術者・担当者	3.6	712	2,013	5,770	3,781	12,276
エンベデットシステム技術者・担当者	3.0	593	1,678	4,808	3,151	10,230
情報セキュリティ技術者・担当者	4.7	930	2,628	7,533	4,936	16,027
アプリケーション技術者・担当者	12.4	2,452	6,935	19,873	13,023	42,284
プログラマー	16.4	3,244	9,172	26,284	17,225	55,924
システム監査	1.2	4,092				4,092
その他	22.2	75,702				75,702
事業会社に在籍するIT人材の合計数						341,000

IT企業のIT人材の職種・レベル別推計結果

	IT人材の割合(%)	社内・業界をリードする人材	指導者・リーダー	自律して業務を遂行できる人材	指導や補助が必要な人材	合計
ITストラテジスト	3.3	2,264	9,257	11,621	10,156	33,297
システムアーキテクト	3.0	2,058	8,415	10,564	9,232	30,270
プロジェクトマネージャー	12.7	8,714	35,624	44,722	39,084	128,143
ITサービスマネージャー	4.7	3,225	13,184	16,551	14,464	47,423
ネットワーク技術者・担当者	5.6	3,842	15,708	19,720	17,234	56,504
データベース技術者・担当者	2.7	1,853	7,574	9,508	8,309	27,243
エンベデットシステム技術者・担当者	8.7	5,969	24,404	30,636	26,774	87,783
情報セキュリティ技術者・担当者	2.5	1,715	7,013	8,804	7,694	25,225
アプリケーション技術者・担当者	21.5	14,752	60,308	75,710	66,165	216,935
プログラマー	17.8	12,213	49,929	62,681	54,779	179,602
システム監査	0.8	8,072				8,072
その他	16.7	168,503				168,503
IT企業に在籍するIT人材の合計数						1,009,000

資料出所　（独）情報処理推進機構「ＤＸ白書2021」をもとに厚生労働省政策統括官付政策統括室にて作成
（注）　推計ＩＴ人材数（人）の合計は百の単位を切り捨て表示しており、小数点以下を四捨五入しているため、合計が一致しないことがあり、留意が必要。

（２）企業におけるＩＴ人材の過不足の状況

　企業におけるＩＴ人材の過不足の状況についてもみてみよう。コラム２-４-⑨図により、事業会社におけるＩＴ人材の過不足の状況を「質」「量」の面から、「大幅に不足している」と感じる企業の割合をみると、「量」においては2017年度調査の結果から、「質」においては2018年度調査の結果から上昇し続けており、2020年度調査では約４割となっている。2020年度調査では、従来のＩＴ人材に加えて、ＩＴを活用して事業創造や製品・サービスの付加価値向上、業務のＱＣＤ（品質、費用、納期）向上等を行う人材も対象に含めて調査を行っているが、その結果、人材の「量」について「大幅に不足している」と感じる企業の割合の上昇幅がやや大きくなっている。

第3章

　一方、コラム２−４−⑩図により、ＩＴ企業におけるＩＴ人材の過不足の状況をみると、「量」「質」ともに、2019年度調査の結果から「大幅に不足している」割合が低下に転じており、2020年度調査では２割前後になっている。ＩＴ人材の過不足の状況については、近年、主に事業会社で量・質ともに不足感が強く、特にＩＴを活用して事業における付加価値の創造につなげることができる人材の量的な不足感が強くなっていることがうかがえる。

【コラム２−４−⑨図　事業会社におけるＩＴ人材の過不足の状況】

○　「大幅に不足している」と感じる企業の割合は「量」においては2017年度調査の結果から、「質」においては2018年度調査の結果から上昇し続けており、2020年度調査では約４割となっている。
○　2020年度調査では、従来のＩＴ人材に加えて、ＩＴを活用して事業創造や製品・サービスの付加価値向上、業務のＱＣＤ（品質、費用、納期）向上等を行う人材も対象に含めて調査を行っているが、その結果人材の「量」について「大幅に不足している」と感じる企業の割合の上昇幅がやや大きくなっている。

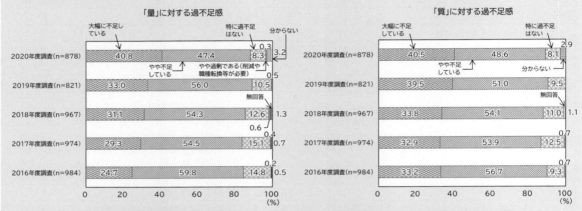

資料出所　（独）情報処理推進機構「ＤＸ白書2021」をもとに厚生労働省政策統括官付政策統括室にて作成
　（注）　2020年度調査では、従来のＩＴ人材（ＩＴ企業や事業会社の情報システム部門等に所属する人）に加えて、ＩＴを活用して事業創造や製品・サービスの付加価値向上、業務のＱＣＤ（品質、費用、納期）等を行う人も含む。

【コラム２−４−⑩図　ＩＴ企業におけるＩＴ人材の過不足の状況】

○　「量」「質」ともに、2019年度調査の結果から「大幅に不足している」割合が低下に転じており、2020年度調査では２割前後になっている。

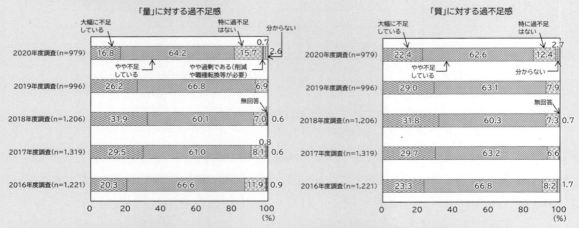

資料出所　（独）情報処理推進機構「ＤＸ白書2021」をもとに厚生労働省政策統括官付政策統括室にて作成
　（注）　2020年度調査では、従来のＩＴ人材（ＩＴ企業や事業会社の情報システム部門等に所属する人）に加えて、ＩＴを活用して事業創造や製品・サービスの付加価値向上、業務のＱＣＤ（品質、費用、納期）等を行う人も含む。

第4節　小括

　本章では、転職希望者が実際に転職活動へ移行し、転職を実現するに当たって、どのような要因が重要であるかについてみるとともに、特にキャリアチェンジを伴う転職をするに当たって重要な要因は何かについてみてきた。最後に分析結果をまとめる。

　まず、転職希望者が実際に転職活動に移行し、転職を実現にするに当たって、正社員や役職に就いているなどの場合、転職活動への移行や転職の実現がしづらい傾向があることがうかがえた。加えて、転職希望者が実際に転職活動へ移行するに当たっては、男女問わずキャリア見通しができていることや自己啓発の実施が重要である可能性が示唆されるとともに、転職の実現に当たっては、特に中堅層や正社員を中心にキャリア見通しが重要である可能性が示唆された。正社員や役職についている者などでも、普段からキャリアの棚卸し等を通じて自立的なキャリア形成の意識を高め、キャリアの見通しを良くすることで、転職の決断がしやすくなる可能性があると考えられる。

　次に、キャリアチェンジを伴う転職のうち、職種間移動は、ワークライフバランスを理由とする者が多い傾向があることが分かった。また、キャリアチェンジをする場合の職業生活の満足度は、ワークライフバランスのほか、自らの技能・能力の発揮、仕事内容、賃金の増加といった、積極的なキャリアアップを目的とした場合に向上しやすいことも示唆される。このため積極的なキャリアアップのためのキャリアチェンジを促進していくことは重要であると考えられる。また、キャリアチェンジにおいても、キャリア相談によるキャリア見通しの向上や自己啓発によるスキルアップを行う場合、自らの技能や能力を発揮し、満足できる仕事に転職しやすい可能性が示唆された。さらに、自己啓発やキャリア見通しの向上は、自らの能力を発揮できる適性のある仕事への就職を通じて、賃金の増加にも資する可能性があることも分かった。

　最後に、今後労働力需要の高まりが想定される介護・福祉分野やＩＴ分野にキャリアチェンジする者の特徴についても分析を行った。その結果、介護・福祉職へキャリアチェンジする場合、前職との距離が遠い場合に、就業経験の長い者でワーク・エンゲイジメントが特に高くなりやすい傾向があることが分かった。このことからは、介護・福祉分野への労働移動に当たり、タスク距離が遠い者も、介護・福祉職へのキャリアチェンジしうることが示唆された。また、就業経験の長い者の方が、自らの職業適性の的確な把握により、ミスマッチの少ない転職ができる可能性があると考えられる。ＩＴ分野については、他分野から転職する者は男性が多く、就業経験年数は比較的幅広い。前職の産業は「情報通信業」や「製造業」が多く、職種では「専門職・技術職」や「事務系職種」が多く、入職経路としてはインターネットの転職情報サイト等が多くなっていることが分かった。

第3章

第4章　主体的なキャリア形成に向けた課題

　前章においては、転職希望を持つ労働者が、その希望の実現に向けて転職活動へ移行することや、キャリアチェンジを伴う転職を行う上でどういった要因が影響するかについてみてきた。その結果、共通の要素として、キャリアの見通しや自己啓発の取組の重要性がうかがえた。

　自らのキャリアの見通しを高めたり、自己啓発を行うことは個人だけでできるわけではなく、これらのことができる環境が身近にあることが重要である。

　本章では、労働者のキャリアの見通しの向上や自己啓発の促進に向けて、効果的な取組や労使が取り組むべき課題等について検討する。

　まず、キャリアの見通しを向上するための取組として、キャリアコンサルティングの効果に着目して分析を行う。キャリアコンサルティングは労働者の職業の選択、職業生活設計又は職業能力の開発及び向上に関する相談に応じ、助言及び指導を行う活動を指す。キャリアコンサルティングを行う専門家として、国家資格を持つ「キャリアコンサルタント[1]」が企業内やハローワーク、民間職業紹介会社等の需給調整機関、大学や専門学校等の教育機関等で活動している。

　キャリアコンサルティングを通じて、自らの適性や能力、関心などに気づき、自己理解を深めるとともに、社会や企業内にある仕事について理解することにより、その中から自身に合った仕事を主体的に選択できるようになることが期待される。本章では、キャリアコンサルティングの経験により、労働者のキャリア形成意識やキャリア形成の状況がどう変化するかについてみていく。

　次に、労働者が自己啓発に取り組む上での課題や、企業として必要な支援についても考察を行う。労働者が自己啓発に取り組むに当たっては、その費用や自己啓発に必要な時間の確保など、企業による支援が必要な場面も多い。

　円滑な労働移動の支援に向けて、主に外部労働市場の活性化に向けた課題を分析対象としているが、ここで取り上げるキャリアコンサルティングや自己啓発は、転職の有無にかかわらず、広く労働者の自立的なキャリア形成意識の向上に資するものである。キャリア形成意識が高まった結果、労働者が企業内でキャリア形成をしていくことを選択した場合であっても、キャリアの展望に基づき目的意識を持って積極的に日々の業務や自己啓発に取り組むことができれば、企業や社会全体の生産性の向上につながることが期待される。

　最後に、本章では、主体的な労働移動の促進に向けた課題として、「労働市場の見える化」の促進や、公共職業訓練の効果と課題についての検証を行う。公共職業訓練については、失業者がスキルを身につけ、再就職することを支援する制度として、円滑な労働移動の促進においても重要な役割を果たしているが、これまでその効果や課題についての詳細な分析は十分にされてこなかった。

1　キャリアコンサルタント登録者数（技能検定キャリアコンサルティング職種の1級又は2級に合格した者の両方を含む）は、2022年3月末現在で60,562人である。

第2-(4)-5図 キャリアコンサルティング経験の有無別の職業生活等への満足感

○ キャリアコンサルティングを受けた経験がある者の方が、現在の仕事内容や職業生活全般について、「満足している」「おおむね満足している」と感じる者の割合が高くなっている。

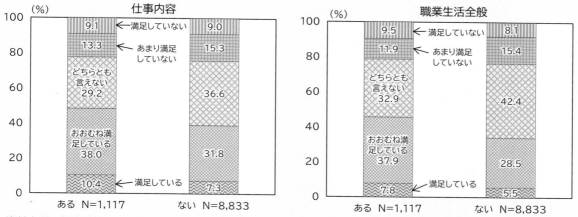

資料出所 （独）労働政策研究・研修機構「キャリアコンサルティングの実態、効果および潜在的ニーズ-相談経験者1,117名等の調査結果より」（2017年）をもとに厚生労働省政策統括官付政策統括室にて作成

●過去にキャリアコンサルティング経験のある者の方が転職回数は多い傾向にある

ここからは、キャリアコンサルティング経験が転職やキャリアチェンジの実現に及ぼす影響についてみていこう。

第2-(4)-6図は、キャリアコンサルティングを受けた経験の有無別に、労働者の転職回数の状況をみたものである。これによると、過去にキャリアコンサルティングを受けた経験がある者の方が、転職回数が「0回」である者の割合は低く、「1回」以上である者の割合は高くなっている。したがって、キャリアコンサルティング経験がある者の方が、転職回数が多い傾向があることが分かる。

第2-(4)-6図 キャリアコンサルティング経験の有無別の転職回数

○ 過去にキャリアコンサルティングを受けた経験がある者の方が、転職回数が「0回」である者の割合は低く、「1回」以上である者の割合は高くなっている。

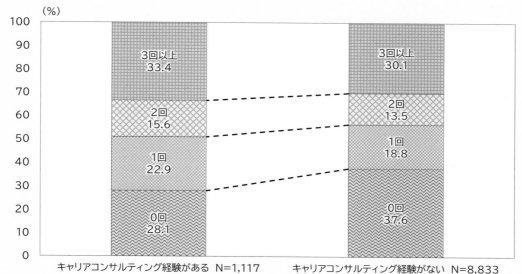

資料出所 （独）労働政策研究・研修機構「キャリアコンサルティングの実態、効果および潜在的ニーズ-相談経験者1,117名等の調査結果より」（2017年）をもとに厚生労働省政策統括官付政策統括室にて作成

●キャリアコンサルティング経験がある者の方が、特定の分野の仕事に限定した職業経験を積むよりも、異分野へのキャリアチェンジを積極的に行う傾向がある

　続いて、キャリアコンサルティングを受けることと異分野へのキャリアチェンジの関係についてもみてみよう。第2-(4)-7図は、キャリアコンサルティングを受けた経験の有無別に、労働者の職業経験についてみたものである。これによると、キャリアコンサルティングを受けた経験がある者は、キャリアコンサルティングを受けた経験がない者と比較して、「特定の分野・業種・業界で一つの仕事を長く経験してきている」者の割合がやや低い一方、「特定の分野・業種・業界でいろいろな仕事をたくさん経験してきている」「いろいろな分野・業種・業界でいろいろな仕事をたくさん経験してきている」「いろいろな分野・業種・業界で１つの仕事を長く経験してきている」の順に、キャリアコンサルティングを受けた経験がない者よりも割合が高くなっている。

　ここからは、キャリアコンサルティング経験がある者の方が、特定の分野の仕事に限定した職業経験を積むよりも、異分野へのキャリアチェンジを積極的に行う傾向があることがみてとれる。前節において、職種間移動をする者について、転職の準備としてキャリア相談を行った者においては、自らの技能や能力をいかせるからという理由で転職を行う傾向が強いことをみた。これらの結果を踏まえると、キャリアコンサルティングにより、自らの適性や能力がいかせる可能性を幅広く検討した結果、異分野へのキャリアチェンジをしやすくなっている可能性があると考えられる。

第2-(4)-7図　キャリアコンサルティング経験の有無別の職業経験

○　キャリアコンサルティングを受けた経験がある者は、経験がない者と比較して、「特定の分野・業種・業界で一つの仕事を長く経験してきている」者の割合がやや低い一方、「特定の分野・業種・業界でいろいろな仕事をたくさん経験してきている」「いろいろな分野・業種・業界でいろいろな仕事をたくさん経験してきている」「いろいろな分野・業種・業界で１つの仕事を経験してきている」の順に、キャリアコンサルティングを受けた経験がない者よりも割合が高くなっている。

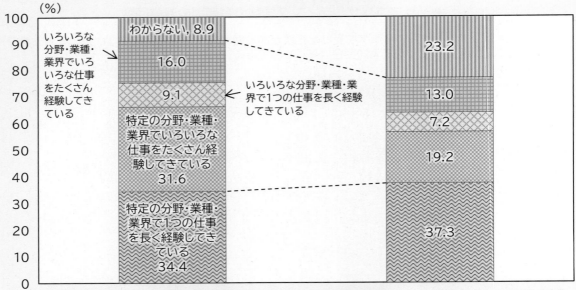

資料出所　（独）労働政策研究・研修機構「キャリアコンサルティングの実態、効果および潜在的ニーズ-相談経験者1,117名等の調査結果より」（2017年）をもとに厚生労働省政策統括官付政策統括室にて作成

● キャリアコンサルティングの経験がある者の方が、自らの職業能力が他社で通用すると考えている者の割合が高い。また、自らの職業能力が他社で通用すると考えている者には、キャリアコンサルティングを企業外で受けている者の割合が比較的高い傾向にある

　ここまでみたように、キャリアコンサルティングの経験がある者には、転職やキャリアチェンジをしやすい傾向があることが分かった。キャリアコンサルティングを受けることと転職やキャリアチェンジとの関係についてみてみよう。第2-(4)-8図の（1）は、キャリアコンサルティングを受けた経験の有無別に、自らの職業能力が他社で通用するかについて労働者の考え方をみたものである。これによると、キャリアコンサルティングの経験がある者の方が、自らの職業能力が他社で通用すると考えている者の割合が高いことが分かる。また、同図の（2）は、同図の（1）の回答別に、キャリアコンサルティングを受けた場所・機関の状況をみたものである。これによると、自らの職業能力が他社で通用すると考えている者では、キャリアコンサルティングを企業外で受けている者の割合が比較的高くなっている。

　このことから、キャリアコンサルティングを受けた者は、自らの職業能力を他社でいかすことができる可能性について気づきを得やすく、それにより転職やキャリアチェンジの実現をしやすくなっている可能性が考えられる。また、自らの職業能力が他社で通用すると考えている者には、企業外でキャリアコンサルティングを受けている者が多い。自社以外の第三者の視点からキャリアコンサルティングを受けることで、企業外も含め、自らのキャリア形成の可能性についてより客観的に考えることができる可能性があるといえる。

第2-(4)-8図　キャリアコンサルティング経験の有無別の職業能力が他社で通用するかについての考え方（相談場所・機関別）

○　キャリアコンサルティングの経験がある者の方が、自らの職業能力が他社で通用すると考えている者の割合が高い。
○　自らの職業能力が他社で通用すると考えている者においては、キャリアコンサルティングを企業外で受けている者の割合が比較的高くなっている。

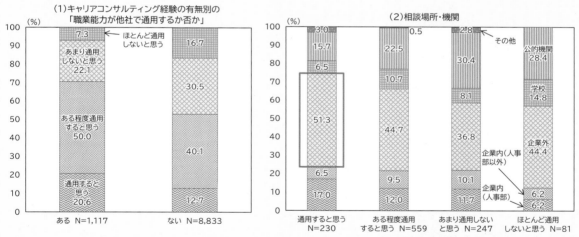

資料出所　（独）労働政策研究・研修機構「キャリアコンサルティングの実態、効果および潜在的ニーズ-相談経験者1,117名等の調査結果より」（2017年）をもとに厚生労働省政策統括官付政策統括室にて作成

● キャリアコンサルティングの経験がある者は自発的な能力向上の取組を行うことが必要と考える者の割合が高い。相談場所・機関別にみると、企業内よりも企業外や学校等でキャリアコンサルティングを受けた場合の方が自発的な能力向上の意識が高い者が多い傾向がみられる

　キャリアコンサルティングは自己啓発への取組姿勢にも影響を及ぼすことが考えられる。第2-(4)-9図の（1）は、キャリアコンサルティングを受けた経験の有無別に、職業能力の向

上の必要性の感じ方の状況をみたものである。キャリアコンサルティングを受けた経験がある者は、「自発的な能力向上のための取組を行うことが必要」と考える者の割合が高いことが分かる。また、同図の（2）により、キャリアコンサルティングを受けた場所・機関別に職業能力習得の必要性の感じ方の状況をみると、「企業内」よりも「企業外」や「学校」等でキャリアコンサルティングを受けた場合の方が、「自発的な能力向上のための取組を行うことが必要」と考える者の割合が高くなっている。

　これらのことから、キャリアコンサルティングを受けることで、自らの職業能力が他社で通用する可能性についての気づきに加え、自己啓発の必要性についても意識が高まる可能性があることが分かる。特に、企業外でキャリアコンサルティングを受けた場合、企業内の場合よりも自己啓発の必要性についての意識が高まる傾向がみられる。これは、第三者によるキャリアコンサルティングを受けることにより、自らのスキルの過不足についてもより客観的に評価することができ、結果として自己啓発の意識が高まることにつながっている可能性を示唆している。

第2-(4)-9図　キャリアコンサルティング経験の有無別の職業能力習得の必要性の感じ方（相談場所・機関別）

○　キャリアコンサルティングの経験がある者は自発的な能力向上の取組を行うことが必要と考える者の割合が高い。
○　相談場所・機関別にみると、企業内よりも企業外や学校等でキャリアコンサルティングを受けた場合の方が自発的な能力向上の意識が高い者が多い傾向がみられる。

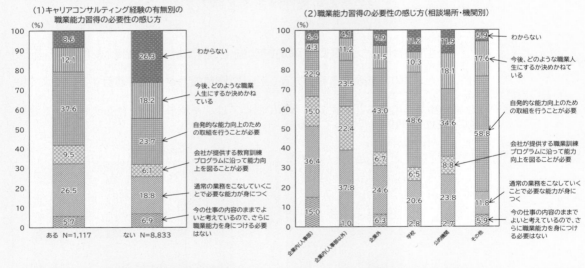

資料出所　（独）労働政策研究・研修機構「キャリアコンサルティングの実態、効果および潜在的ニーズ-相談経験者1,117名等の調査結果より」（2017年）をもとに厚生労働省政策統括官付政策統括室にて作成

● **キャリアコンサルティングにより、現在の仕事に対する影響に加え、「自分の目指すべきキャリアが明確になった」「自己啓発を行うきっかけになった」といった、キャリアに関する意識や行動への良い影響を感じている**

　キャリアコンサルティングによる効果について、男女別・雇用形態別の状況もみてみよう。第2-(4)-10図は、男女別・雇用形態別に、キャリアコンサルティングを受けたことがどのように役に立ったかについての状況をみたものである。これによれば、男女ともに、キャリアコンサルティングにより「仕事に対する意識が高まった」「上司・部下との意思疎通が円滑になった」といった現在の仕事に対する良い影響を感じているのに加え、「自分の目指すべきキャリアが明確になった」「自己啓発を行うきっかけになった」といった、キャリアに関する意識

や行動への良い影響を感じていることが分かる。また、雇用形態別にみると、男女ともに、正社員の方が「自己啓発を行うきっかけになった」と感じる者の割合がやや高くなっている。

第2-（4）-10図　キャリアに関する相談の効果（男女別・雇用形態別）

○　男女ともにキャリアコンサルティングにより「仕事に対する意識が高まった」「上司・部下との意思疎通が円滑になった」といった現在の仕事に対する良い影響を感じているのに加え、「自分の目指すべきキャリアが明確になった」「自己啓発を行うきっかけになった」といった、キャリアに関する意識や行動への良い影響を感じている。

○　雇用形態別にみると、男女ともに、正社員の方が「自己啓発を行うきっかけになった」と感じる者の割合がやや高い。

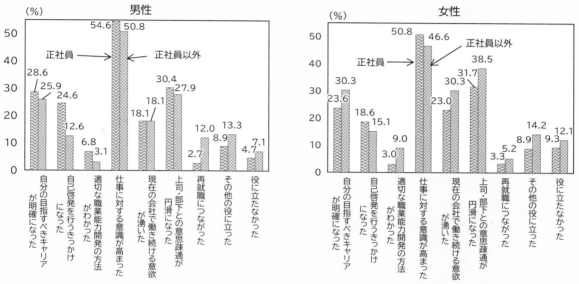

資料出所　厚生労働省「令和2年度能力開発基本調査（個人調査）」の個票を厚生労働省政策統括官付政策統括室にて独自集計
（注）　1）「令和元（2019）年度中にキャリアに関する相談をした」と回答した者に対して、「キャリアに関する相談をしたことは、どのように役に立ちましたか。」と尋ねたもの。
　　　　2）複数回答。

●企業内でキャリアコンサルティングを受ける場合は、キャリアの見通しの向上のほか、職業能力の向上、労働条件や人間関係の改善といった変化を感じている者が多い。企業外や公的機関でキャリアコンサルティングを受ける場合は、キャリアの見通しの向上のほか、就職や転職に結びつく者の割合が高い

　最後に、キャリアコンサルティングを受ける場所・機関別の効果の違いについてみておこう。第2-（4）-11図によると、「企業内（人事部）」や「企業内（人事部以外）」でキャリアコンサルティングを受ける場合は、「将来のことがはっきりした」と答える者の割合が高く、「職業能力がアップした」「労働条件がよくなった」「人間関係がよくなった」と感じている者の割合も高くなっている。一方、「企業外」や「公的機関」でキャリアコンサルティングを受けている者については、「将来のことがはっきりした」と答える者の割合が高いことに加え、「就職できた」「仕事を変わった・転職した」と答える者の割合も高い。

　この結果から、企業内におけるキャリアコンサルティングからは、キャリアの見通しの向上のほか、職業能力の向上、労働条件の改善など、現在の職場でキャリアを形成していく上で有益な効果が得られることがうかがえる。また、企業外でのキャリアコンサルティングは、キャリアの見通しの向上のほか、就職や転職に結びついたと答える割合が高いことが分かる。就職

活動や転職活動を行うことをきっかけとしてキャリアコンサルティングを受けている場合が多いことも当然あるが、キャリアコンサルティングの経験により、自らの職業能力が他社で通用する可能性への気づきや、自己啓発への意識の高まりを通じて、就職や転職の実現に結びついている可能性もあると考えられる。

第2-(4)-11図　相談場所・機関別のキャリアコンサルティングによる変化

○　企業内でキャリアコンサルティングを受ける場合は、「将来のことがはっきりした」と答える者の割合が高く、「職業能力がアップした」「労働条件がよくなった」「人間関係がよくなった」と感じている者の割合も高くなっている。一方、「企業外」や「公的機関」でキャリアコンサルティングを受けている者については、「将来のことがはっきりした」と答える者の割合が高いことに加え、「就職できた」「仕事を変わった・転職した」と答える者の割合も高い。

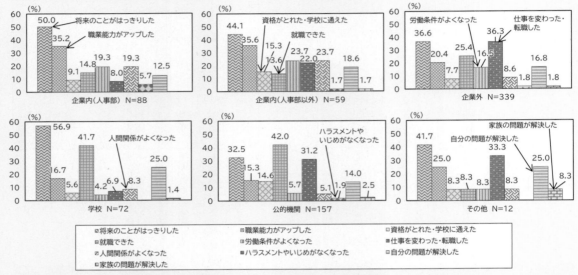

資料出所　（独）労働政策研究・研修機構「キャリアコンサルティングの実態、効果および潜在的ニーズ-相談経験者
　　　　　 1,117名等の調査結果より」(2017年)をもとに厚生労働省政策統括官付政策統括室にて作成
（注）　1）「企業外」は「民間人材サービス機関、再就職支援会社、キャリアコンサルティングサービス機関等」を含む。「学校」は「高校・大学、専門学校、各種学校その他」を含む。「公的機関」は「ハローワーク、その他の就労支援機関」を含む。
　　　　2）複数回答。

● キャリアに関する相談先は、相談先が企業外部の場合、正社員については「自分の目指すキャリアが明確になった」「自己啓発を行うきっかけになった」とする割合が、正社員以外については「自己啓発を行うきっかけになった」とする割合が高い

　第2-(4)-12図はキャリアコンサルティングの効果をみたものである。正社員については相談先が企業外部の方が「自分の目指すキャリアが明確になった」「自己啓発を行うきっかけになった」とする者の割合が高い。正社員以外については、相談先が企業外部の場合、「自己啓発を行うきっかけになった」とする者の割合が高い。

第2-（4）-12図　キャリアに関する相談先別の効果の違い（雇用形態別）

○　キャリアコンサルティングの効果について、正社員については相談先が企業外部の方が「自分の目指すキャリアが明確になった」「自己啓発を行うきっかけになった」とする者の割合が高い。正社員以外については、相談先が企業外部の場合、「自己啓発を行うきっかけになった」とする者の割合が高い。

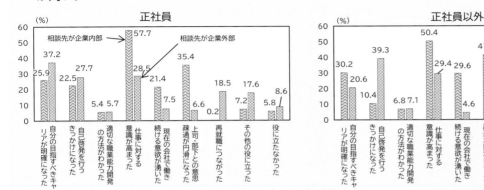

資料出所　厚生労働省「令和２年度能力開発基本調査（個人調査）」の個票を厚生労働省政策統括官付政策統括室にて独自集計
（注）　１）「令和元（2019）年度中にキャリアに関する相談をした」と回答した者に対して、「あなたはキャリアに関する相談を誰にしましたか。」「キャリアに関する相談をしたことは、どのように役に立ちましたか。」と尋ねたもの。
　　　　２）複数回答。
　　　　３）「相談先が企業内部」は「企業内の人事部」「企業内の人事部以外の組織またはキャリアに関する専門家（キャリアコンサルタント）」「職場の上司・管理者」を選択した者の合計。「相談先が企業外部」は「企業外の独立したキャリアコンサルタント」「企業外の機関等（再就職支援会社、キャリアコンサルティングサービス機関等）」を選択した者の合計。
　　　　４）キャリアコンサルタントとは、職業能力開発促進法（昭和44年法律第64号）第30条の３に規定するキャリアコンサルタント（キャリアコンサルタントの名称を用いて、キャリアコンサルティングを行うことを職業とする者）をいう。

第2節　自己啓発の取組の促進に向けた課題

● 自己啓発を行った者の割合は男性・女性の正社員・正社員以外ともに2012年度調査に比べて2020年度調査ではやや低下している

　次に、自己啓発の促進に向けた課題についてみていこう。まず、労働者の自己啓発への取組状況について概観する。

　第2-（4）-13図は、男女別・雇用形態別に2012年度調査及び2020年度調査における労働者の自己啓発の実施状況をみたものである。これによると、自己啓発を行った者の割合は男性においては正社員で2012年度調査では50.7％、2020年度調査では43.7％、正社員以外では2012年度調査では26.7％、2020年度調査では23.7％となっている。女性においては、正社員で2012年度調査では41.1％、2020年度調査では36.7％、正社員以外では2012年度調査では20.1％、2020年度調査では13.5％となっている。男女別では男性の方が女性よりも総じて自己啓発を実施している割合が高い。雇用形態別でみると、正社員の方が正社員以外よりも自己啓発をしている割合が高くなっている。

　2012年度調査と比較すると2020年度調査では自己啓発を実施した者の割合は全体的にやや低下しており、総じて自己啓発を実施している者の割合は近年大きく上昇している状況にはないことがうかがえる。

第4章

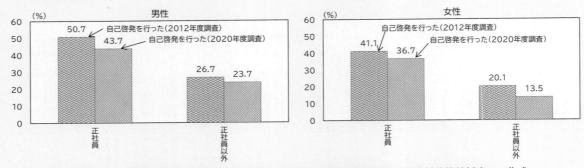

第２-（４）-13図　労働者の自己啓発の実施状況（男女別・雇用形態別）

○　2012年度調査と比較すると2020年度調査では自己啓発を実施した者の割合は全体的にやや低下しており、総じて自己啓発を実施している者の割合は近年大きく上昇している状況にはないことがうかがえる。

資料出所　厚生労働省「能力開発基本調査（個人調査）」をもとに厚生労働省政策統括官付政策統括室にて作成
（注）　1）自己啓発とは、労働者が職業生活を継続するために行う、職業に関する能力を自発的に開発し、向上させるための活動をいう（職業に関係ない趣味、娯楽、スポーツ健康増進等のためのものは含まない）。
　　　　2）調査年度の前年度の実施状況を尋ねたもの。

●自己啓発を行う上での課題は、正社員では「仕事が忙しくて自己啓発の余裕がない」「費用がかかりすぎる」と感じている者が多く、女性では「家事・育児が忙しくて自己啓発の余裕がない」と感じる者が男性よりも多い

　第２-（４）-14図は、労働者が自己啓発を行う上で感じている課題について男女別・雇用形態別にみたものである。これによると、正社員では男女ともに「仕事が忙しくて自己啓発の余裕がない」と感じる者の割合が最も高いほか、「費用がかかりすぎる」の割合も高くなっている。一方、女性では「家事・育児が忙しくて自己啓発の余裕がない」と感じる者の割合が男性よりも高い。また、正社員以外では正社員と同様、女性で「家事・育児が忙しくて自己啓発の余裕がない」の割合が男性よりも高いほか、「特に問題はない」とする者の割合が男女ともに正社員より高い。

　正社員においては、自己啓発に取り組むに当たっては、費用だけではなく、時間についての課題が大きく、業務の多忙が主な理由として挙がっており、女性においては、さらに家事・育児の負担が、自己啓発に取り組む上での支障になっていることがうかがえる。また、正社員以外では自己啓発を行う上で特に問題は無いと考える者の割合が高いが、自己啓発の取組に関する関心が低いために問題を感じていない者が多い可能性もあることに留意が必要である。

第2-(4)-14図　労働者が自己啓発を行う上で感じている課題（男女別・雇用形態別）

○　労働者が自己啓発を行う上で感じている課題について男女別・雇用形態別にみると、正社員では男女ともに「仕事が忙しくて自己啓発の余裕がない」の割合が最も高いほか、「費用がかかりすぎる」の割合も高くなっている。一方、女性では「家事・育児が忙しくて自己啓発の余裕がない」と感じる者の割合が男性よりも高い。

○　正社員以外では正社員と同様、女性で「家事・育児が忙しくて自己啓発の余裕がない」の割合が男性よりも高いほか、「特に問題はない」とする者の割合が男女ともに正社員より高い。

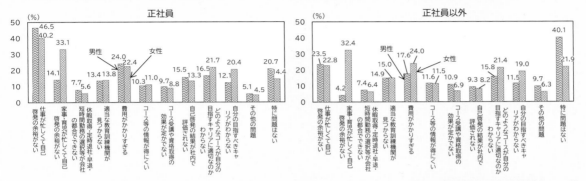

資料出所　厚生労働省「令和２年度能力開発基本調査（個人調査）」の個票を厚生労働省政策統括官付政策統括室にて独自集計
（注）　1）「自己啓発にあたって、どのような問題点を感じますか。」と尋ねたもの。
　　　　2）自己啓発とは、労働者が職業生活を継続するために行う、職業に関する能力を自発的に開発し、向上させるための活動をいう（職業に関係ない趣味、娯楽、スポーツ健康増進等のためのものは含まない）。
　　　　3）複数回答。
　　　　4）無回答は除く。

●2019年度において、ＯＦＦ－ＪＴ又は自己啓発支援に費用支出した企業の割合は５割となっている

　労働者が自己啓発に取り組む上での課題には、仕事や家事・育児の忙しさや費用の高さなどがあることが分かったが、労働者自身のみで解決できるものではなく、使用者側による支援も必要となる。ここからは費用面に着目して、企業が労働者のＯＦＦ-ＪＴや自己啓発に対して行っている支援の状況についてみていこう。

　第2-(4)-15図は、2019年度において、ＯＦＦ-ＪＴ又は自己啓発支援に費用支出した企業の割合をみたものである。これによると、ＯＦＦ-ＪＴ又は自己啓発支援に費用支出した企業は５割となっており、内訳をみると「両方支出」は20.4％、「ＯＦＦ-ＪＴのみ支出」は25.2％、「自己啓発支援のみ支出」は4.4％となっている。一方、どちらにも支出していない企業も約５割を占めており、従業員のＯＦＦ-ＪＴ又は自己啓発支援への費用支出を行っていない企業が多く存在することがうかがえる。

第4章

231

第2-(4)-15図　企業のOFF-JT又は自己啓発支援への費用支出の状況

○　2019年度において、OFF-JT又は自己啓発支援に費用支出した企業の割合は5割となっており、内訳をみると「両方支出」は20.4%、「OFF-JTのみ支出」は25.2%、「自己啓発支援のみ支出」は4.4%となっている。一方、どちらにも支出していない企業も約5割存在する。

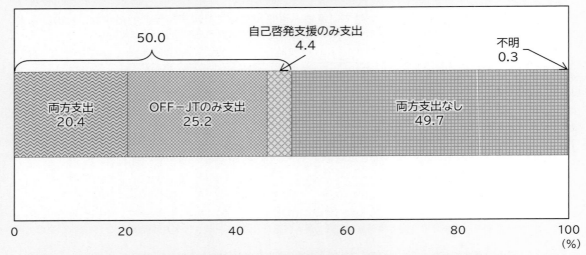

資料出所　厚生労働省「令和2年度能力開発基本調査（企業調査）」をもとに厚生労働省政策統括官付政策統括室にて作成
（注）　1）「貴社では、令和元（2019）年度に、OFF-JT又は自己啓発支援に費用を支出しましたか。」と尋ねたもの。
　　　　2）自己啓発とは、労働者が職業生活を継続するために行う、職業に関する能力を自発的に開発し、向上させるための活動をいう（職業に関係ない趣味、娯楽、スポーツ健康増進等のためのものは含まない）。

●企業がOFF-JTに支出した費用はおおむね横ばいで推移しており、自己啓発支援に支出した費用は2016年度調査以降やや減少し、2018年度調査以降、横ばいで推移している

　続いて、第2-(4)-16図は、企業のOFF-JT及び自己啓発支援に支出した費用の労働者一人当たり平均額（費用を支出している企業の平均額）の推移である。これによると、企業がOFF-JTに支出した費用の労働者一人当たり平均額は、2020年度調査では若干減少しているものの、3年移動平均はおおむね横ばいで推移している。一方、企業が自己啓発支援に支出した費用の労働者一人当たり平均額は2020年度調査においては0.3万円であり、2016年度調査以降やや減少し、2018年度調査以降、横ばいで推移している。

第2-(4)-16図　企業のOFF-JT及び自己啓発支援に支出した費用の労働者一人当たり平均額

○　企業がOFF-JTに支出した費用の労働者一人当たり平均額（費用を支出している企業の平均額）は、2020年度調査では若干減少しているものの、3年移動平均はおおむね横ばいで推移している。
○　一方、企業が自己啓発支援に支出した費用の労働者一人当たり平均額は2020年度調査においては0.3万円であり、2016年度調査以降やや減少し、2018年度調査以降、横ばいで推移している。

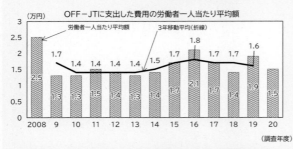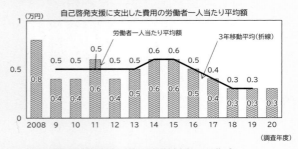

資料出所　厚生労働省「能力開発基本調査（企業調査）」をもとに厚生労働省政策統括官付政策統括室にて作成
（注）　1）自己啓発とは、労働者が職業生活を継続するために行う、職業に関する能力を自発的に開発し、向上させるための活動をいう（職業に関係ない趣味、娯楽、スポーツ健康増進等のためのものは含まない）。
　　　　2）調査年度の前年度の実績を尋ねたもの。

●**正社員・正社員以外のいずれも、ＯＦＦ－ＪＴ及び自己啓発の支援に支出する費用は増加した企業が減少した企業を上回る一方、費用支出を実施しない企業の割合が最も高い**

第２-（４）-17図は、企業のＯＦＦ－ＪＴ及び自己啓発支援費用の過去３年間における実績と、今後３年間における支出の見込みをみたものである。ＯＦＦ－ＪＴ及び自己啓発支援に企業が支出した費用の実績を雇用形態別にみると、正社員ではＯＦＦ－ＪＴ及び自己啓発ともに「増加」が「減少」を上回っているものの、「実績なし」の割合がいずれも半数程度を占めており、今後３年間の支出見込みも「実施しない予定」がいずれも半数以上を占めている。

正社員以外についてみると、ＯＦＦ－ＪＴ及び自己啓発ともに、過去３年間の実績、今後の見込みのいずれも、「実績なし」「実施しない予定」とする企業の割合が７割程度となっており、正社員よりも高い割合となっている。

正社員・正社員以外のいずれも、過去３年間におけるＯＦＦ－ＪＴ及び自己啓発の支援に支出した費用は増加した企業が減少した企業を上回る一方、今後３年間における費用支出を実施しない企業の割合が最も高いという結果になっている。

第２-（４）-17図　企業のＯＦＦ－ＪＴ及び自己啓発支援費用の実績等

○　企業がＯＦＦ－ＪＴ及び自己啓発支援に支出した費用の雇用形態別の実績（過去３年間）をみると、正社員ではＯＦＦ－ＪＴ及び自己啓発ともに「増加」が「減少」を上回っているものの、「実績なし」の割合がいずれも半数程度を占めており、今後３年間の支出見込みも「実施しない予定」がいずれも半数以上を占めている。

○　正社員以外についてみると、ＯＦＦ－ＪＴ及び自己啓発ともに、過去３年間の実績、今後の見込みのいずれも、「実績なし」「実施しない予定」とする企業の割合が７割程度となっており、正社員よりも高い割合となっている。

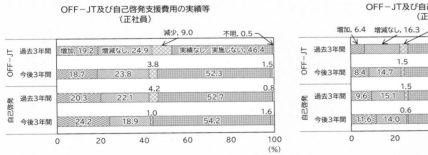
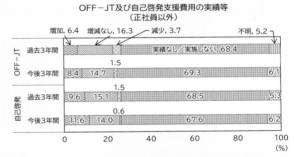

資料出所　厚生労働省「令和２年度能力開発基本調査（企業調査）」をもとに厚生労働省政策統括官付政策統括室にて作成
（注）　1）「貴社の労働者一人当たりの教育訓練費として、ＯＦＦ－ＪＴ又は自己啓発支援の費用について、過去３年間（平成29（2017）年度～令和元（2019）年度）の実績及び今後３年間（令和２（2020）年度～令和４（2022）年度）の見込み」について尋ねたもの。
　　　　2）自己啓発とは、労働者が職業生活を継続するために行う、職業に関する能力を自発的に開発し、向上させるための活動をいう（職業に関係ない趣味、娯楽、スポーツ健康増進等のためのものは含まない）。

第４章

●**企業が従業員に対して金銭的な援助や就業時間の配慮、情報提供等を行うことが自己啓発を促進する可能性がある**

　第2-（4）-17図までの分析から、費用面の支援についてみると、支援を増やしている企業もある一方で、いまだ多くの企業が特段の支援を行っていないという現状がうかがえた。では、費用面以外も含め、企業が何らかの支援を行った場合、労働者の自己啓発への取組の活性化につながるだろうか。

　第2-（4）-18図は、事業所における自己啓発に関する各種支援の実施状況別に自己啓発を行った労働者の割合をみたものであるが、これによると、正社員の「教育訓練休暇（有給、無給の両方を含む）の付与」以外の「受講料などの金銭的援助」「社内での自主的な勉強会等に対する援助」「就業時間の配慮」「教育訓練機関、通信教育等に関する情報提供」といった支援について、当該支援がある場合の方が、当該支援がない場合と比較して、自己啓発を行った割合が高くなっている。複数の支援を事業所が同時に行っている場合もあるため、当該支援以外の支援が影響している可能性もあることに留意が必要であるが、使用者が金銭的な援助や就業時間の配慮、情報提供等を行っている場合には、従業員の自己啓発への取組が促進される可能性があることが示唆される。

第2-（4）-18図	事業所における各種支援の実施状況別労働者の自己啓発を実施した割合（雇用形態別）

○　事業所における自己啓発に関する各種支援の実施状況別に自己啓発を行った労働者の割合をみると、正社員の「教育訓練休暇（有給、無給の両方を含む）の付与」以外の「受講料などの金銭的援助」「社内での自主的な勉強会等に対する援助」「就業時間の配慮」「教育訓練機関、通信教育等に関する情報提供」といった支援について、当該支援がある場合の方が、当該支援がない場合と比較して、自己啓発を行った割合が高くなっている。

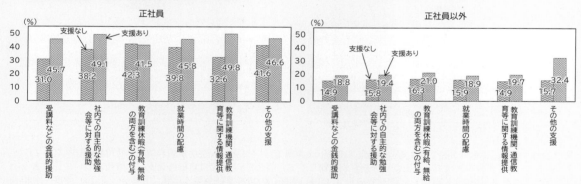

資料出所　厚生労働省「令和2年度能力開発基本調査（事業所調査）」「令和2年度能力開発基本調査（個人調査）」の個票を厚生労働省政策統括官付政策統括室にて独自集計
　（注）　1）自己啓発の実施状況は、個人票において「令和元（2019）年度に行った自己啓発についてうかがいます。あなたは自己啓発を行いましたか。」と尋ねたもの。
　　　　　2）事業所の支援の状況は、事業所票において「貴事業所では、労働者の自己啓発に対してどのような支援を行っていますか。」と尋ねたもの（複数回答）。
　　　　　3）自己啓発とは、労働者が職業生活を継続するために行う、職業に関する能力を自発的に開発し、向上させるための活動をいう（職業に関係ない趣味、娯楽、スポーツ健康増進等のためのものは含まない）。
　　　　　4）無回答は除く。

●キャリアコンサルティングを受けた者の方が、キャリアコンサルティングを受けていない者よりも自己啓発を行っている者の割合が高い

　自己啓発について、キャリアコンサルティングの効果との関係についてもみてみよう。第2-(4)-19図は、雇用形態別、キャリアコンサルティング実施状況別に労働者の自己啓発の実施状況をみたものである。これによると、正社員・正社員以外のいずれも、キャリアに関する相談をしている場合の方が、キャリアに関する相談をしていない場合よりも自己啓発を行っている者の割合が高い。自己啓発を行っている者はキャリア形成意識が高く、キャリアコンサルティングを積極的に受ける傾向も考えられるものの、キャリアコンサルティングを受けた者がキャリア形成意識を高めた結果、自己啓発への取組の促進につながっている可能性も示唆されている。

第2-(4)-19図　労働者の自己啓発の実施状況（雇用形態別・キャリアコンサルティング実施状況別）

○　雇用形態別、キャリアコンサルティング実施状況別に自己啓発の実施状況をみると、正社員・正社員以外のいずれも、キャリアに関する相談をしている場合の方が、キャリアに関する相談をしていない場合よりも自己啓発を行っている者の割合が高い。

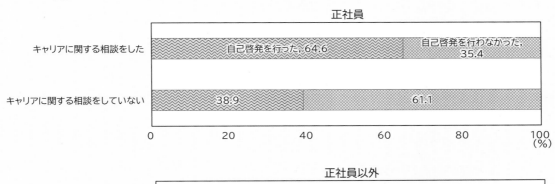

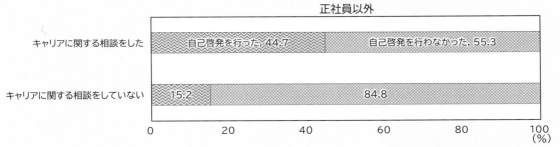

資料出所　厚生労働省「令和2年度能力開発基本調査（個人調査）」の個票を厚生労働省政策統括官付政策統括室にて独自集計
（注）1）「令和元(2019)年度に行った自己啓発についてうかがいます。あなたは自己啓発を行いましたか。」「あなたは、令和元(2019)年度中にキャリアに関する相談をした（キャリアコンサルティングを受けた）ことがありますか。」と尋ねたもの。
　　　2）自己啓発とは、労働者が職業生活を継続するために行う、職業に関する能力を自発的に開発し、向上させるための活動をいう（職業に関係ない趣味、娯楽、スポーツ健康増進等のためのものは含まない）。
　　　3）キャリアコンサルティングとは、職業能力開発促進法（昭和44年法律第64号）第2条第5項に規定するキャリアコンサルティング（労働者の職業の選択、職業生活設計又は職業能力の開発及び向上に関する相談に応じ、助言及び指導を行うこと）をいう。
　　　4）無回答は除く。

| コラム2−5 | 従業員の主体的なキャリア形成を目的とした取組について |

　ここまでみてきたように、労働移動の促進においては、労働者が主体的なキャリア形成の意識を持ち、その結果キャリアの見通しが出来ていることが重要であることが示唆される。他方で、労働者が主体的にキャリアを形成することができれば、社内でキャリアを積んでいく場合であっても、個人の能力をより適切に発揮することができ、企業や社会全体の生産性の向上にもつながることが期待される。ここでは、従業員の主体的なキャリア形成の支援に取り組む企業として、パーソルホールディングス株式会社、日置電機株式会社及び川相商事株式会社の取組について紹介する。

【パーソルホールディングス株式会社】
　パーソルホールディングス株式会社（東京都港区）は、労働者派遣事業・有料職業紹介事業等の事業を行うグループ会社の経営計画・管理等の業務を行う企業である（連結従業員数54,760名（2021年3月現在））。同社は社員一人ひとりのキャリア自律を目的として、パーソルグループ内でのキャリアの選択肢を広げたい従業員向けに「ジョブトライアル」「キャリアチャレンジ」を実施している。
　「ジョブトライアル」は2020年に導入された、グループ内の別会社や別部署の仕事を体験できる制度であり、本業とは異なる仕事の体験を通じて社員が自律的な学びとキャリア選択のきっかけを得ることを目的としている。最大で月8時間×3か月間、現業務をしながら異なる仕事を体験する。また、体験業務には実業務サポートとプロジェクト業務がある。リモートで可能な案件も複数あり地域の枠を超えた業務体験が可能である。全ての正社員（約26,000人）を対象に半期ごとに実施しており、半期に応募ポジション数50程度に約130名が参加する。参加者の半数程度は本業と異なる職種を体験しており、フロント職種（営業）の従業員がミドルバック職種（人事や経営企画、マーケティング、ＩＴ企画、広報等）を体験するケースが多い。そのほかにも、ミドルバック職種がフロント職種を体験するケースや、フロント職種が別のグループ会社のフロント職種を体験するケースもみられる。
　「キャリアチャレンジ」は2017年に導入されたグループ間の異動制度であり、全てのグループ会社が同制度でポジションを公募する権利を持っており、毎年約20社が実際に公募に参加する。「人気ポジションに応募者が集中することはある」そうだが、これは「市場の原理と捉えているため意図的に分散させるような仕組みは取り入れていない」ほか、「各組織には自組織のワーク・エンゲイジメントや組織風土を向上させるなどの取組を行い、応募者を集めるよう伝えている」と同社人事担当者は語る。課長クラスまでの正社員を対象としており、毎年応募者数数百名程度のうち数十名が実際に異動する。参加者の年齢は20歳台を中心に、近年30歳台、40歳台にも広がっている。参加者の選考には社内で保有している人事情報を提供せず、通常の採用と同様に応募時に提出された職務経歴書をもとに面接を行う。参加者は4月に応募した後、選考に合格すれば10月に異動となるが、異動時期は送り出し部署と受入部署で相談のもと、調整可能としている。

　「ジョブトライアル」参加者のうち数名は「キャリアチャレンジ」を利用して体験先に異動しているが、「ジョブトライアル」は異動を促進するための取組ではなく、業務体験を通じて社員が自律的な学びとキャリア選択のきっかけを得ることを目的とした取組である。参加者からは視座が上がった、物の見方や思考の仕方が変わった、自身の強みや今後伸ばせるところがあると再認識できたという声が挙がっているほか、参加者の上長からは参加前と後で活躍のレベルや発話の内容、組織に対するモチベーションが変わったという声が挙がっており、参加後に実際に昇進した者もいるという。また、いずれの制度においても利用者の退職率は全社員より低く、企業への帰属意識が向上しているとみられる。

　同社人事担当者によると、今後も、現在の制度だけにとどまらず、自律的な異動につながる仕組みを様々検討していきたいと考えているそうである。同社の事例は社員に主体的なキャリア形成の機会を提供することで、社員の成長や気づきにつなげるとともに、ワーク・エンゲイジメントを高め、企業の生産性の向上にもつながる魅力的な取組であるといえよう。

ジョブトライアルのイメージ

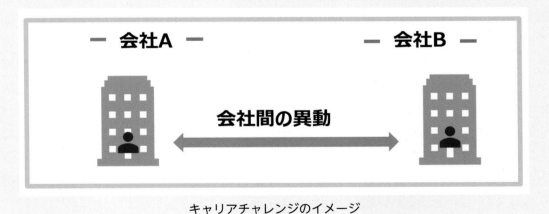

キャリアチャレンジのイメージ

第4章

【日置電機株式会社】

　日置電機株式会社（長野県上田市）は、電気計測器の開発、生産、販売・サービスを行う従業員数983名（2021年12月31日現在、連結）の企業である。2021年6月、同社の掲げる「ビジョン2030」[3]の下、戦略的に組織が連携しスキルを高め、文化を醸成することを目的とした新たなキャリア形成制度（Hiチャレンジ制度等）を設計した。

　Hiチャレンジ制度は、「誰もがソリューションクリエイターになる」「継続的な全社機能のイノベーションを起こす」ことを促進することを目的としており、全従業員を対象としている。従業員は自主的に応募するか、所属長の推薦を得た上で応募することができる。

　同制度には、「社内ジョブチェンジ」「社内プロジェクト」「社内ベンチャー」「社内インターン」の4つのカテゴリーがある。「社内ジョブチェンジ」は、部署を異動して新たな役割に挑戦するものであり、通常の人事異動と同様に部門や職種を超えた異動もあり得る。「社内プロジェクト」は、異動は伴わず、現状業務との兼務で社内プロジェクトに参加し、課題解決に取り組む。「社内ベンチャー」は現職とは異なる経営視点で新規ビジネスを考え、その実現に向け取り組むもので、「社内インターン」は現部署に所属したまま、前後工程や関係部署などで1週間〜半年を目安として課題解決に取り組むものである。会社からテーマを提示して参加者を公募する「社内ジョブチェンジ」「社内プロジェクト」は、不定期に随時公募（月1、2件程度）しており、募集期間は2週間〜1か月程度である。一方、本人が応募時にテーマを提案する「社内ベンチャー」「社内インターン」は、基本的にいつでも応募可能となっている。同制度を実施する際には、送り出し組織・受入組織・本人にとってプラスとなるよう、テーマに必要な時間や異動時期等について、3者で事前に打合せを行っている。

　これまでに海外販社への出向等の12テーマを公募して31名の応募があり、2022年1月現在20名が制度を利用している。参加者の年齢層は20歳台〜50歳台と幅広く、男女比や職種についても偏りはない。制度利用者は次につながるモチベーションや納得感が高いというデータが出ている。また、応募したが不採用となってしまった人も自分自身のキャリアを見詰め直す良い機会となって、現状の業務に新たに向き合うことができたという声が挙がっている。同社の人事担当者は「本制度で新たな挑戦をしてもらうことで、自立的かつ納得のいくかたちでの人事異動が図れると感じている」と語る。

　今後は応募が最も多かった「社内ジョブチェンジ」を中心に、更に応募者を拡大する目標を掲げている。そのため、参加者へのヒアリングや各部署から得ているフィードバックをもとに、参加者の成長ぶりを口コミなどで広めるとともに、自ら手を挙げやすい環境づくりをしていきたいと同社人事担当者は語る。

　社員の新たなチャレンジを後押しすることで主体的なキャリア形成を支援する同社の取組は、社員のモチベーションや納得感の向上につながる魅力的な取組であり、今後の進展にも注目したい。

3　日置電機株式会社が10年先の方向性として2020年に定めたもので、具体的には「「測る」の先へ。HIOKIは、業界のフロントランナーとして「測る」を進化させ続け、世界のお客様と共に持続可能な社会をつくるソリューションクリエイターになる。」としている。

【川相商事株式会社】

　川相商事株式会社（大阪府門真市）は、製造業務請負、人材派遣、ＢＰＯ（間接業務の委託）などを行う従業員数約330名（2022年1月現在）の企業であるが、これまでも「グッドキャリア企業アワード2017[4]」の大賞（厚生労働大臣表彰）を受賞しており、非正規社員の正規転換の推進等の取組で注目されている。

　同社は人材育成の取組として、有期労働契約から無期労働契約への転換制度である「SS社員制度」、正社員（管理者・リーダー業務を担当）への転換制度である「創喜感働塾」を実施している。取組の担当部署である「人材育成部」は、専任の担当者3名を配置して研修内容の作成にあたっているほか、研修を担当する社内講師を育成するための研修も行っている。

　「SS社員制度」は労働契約法と労働者派遣法の改正を見据えつつ、長期的なキャリア形成を図ることができる環境を提供するため、2015年に導入された。本制度は社内検定講座を設け、半年以上の勤務歴がある有期契約の労働者が当該社内検定試験に合格すれば、勤続5年未満の場合でも無期労働契約に転換されるものである。試験は「工具の取扱い、業務効率、5S、安全」といった技術に関連する科目、「健康・生活管理、コミュニケーション」といったモラルに関連する科目などから構成される。

　「創喜感働塾」は同社が2010年4月に立ち上げた、請負事業場の管理者養成のための社内スクールであり、職場でのＯＪＴと週1回のＯＦＦ－ＪＴを通じて必要なスキルを6か月間で学ぶこととされている。ＯＦＦ－ＪＴの受講は無償・有給として扱われ、内容は主に製造知識や収支管理、職長教育などの「テクニカルスキル」、キャリアビジョン作成やビジネスマナー、コミュニケーションなど社会人に求められる「ヒューマンスキル」から構成される。「創喜感働塾」の卒塾（正社員への転換）のためには、上記の研修を受講・修了することに加え、国家資格「第一種衛生管理者試験」（受験資格がない者は同社が作成した同水準の試験を受験）を取得することや、社長による面接試験に合格することが必要となる。

　これまでに、「SS社員制度」を利用して118名が無期転換を果たしており、各職場の現場作業を担う存在となっている。一方、「創喜感働塾」を利用して74名が正社員転換を果たしており、多くは請負事業場の管理者、工程リーダーを務めている。「創喜感働塾」で正社員となった人の年齢層は10歳台〜50歳台と様々だが、20歳台〜30歳台が6割超を占めており、男女比は8対2程度であった。

　これらの取組によって、各職場の管理者・リーダーが責任を持ち職場運営を行うようになった等の理由から、請負現場での粗利率の向上がみられたほか、従業員一人ひとりが働きやすい職場へと成長した。また、従業員のキャリア意識の向上がみられ、キャリアアップが実現できる会社となったことで入社希望者が増えた。顧客からは「突発的なイレギュラー対応依頼に対しても臨機応変に対応できる教育がなされているため心強い」「責任感が強く、改善の意識が高いため非常にありがたい」という声が挙がっている。

4　厚生労働省では、従業員の自律的なキャリア形成支援について他の模範となる取組を行っている企業等を表彰し、その理念や取組内容、具体の効果等を広く発信、普及することにより、キャリア形成支援の重要性を社会に広め、定着を期すことを目的に、「グッドキャリア企業アワード」を実施している。

　同社人事担当者によれば、「今後はＤＸ化に対応できる人材の育成が急務と考えており、2021年度よりＳＥ人材の育成に着手している」とのことである。同社の事例は社員に研修環境を提供することにより社員のキャリアアップを支援し、併せて企業の成長や顧客からの高い評価や信頼などを得ることにつなげた好事例であり、今後の進展にも注目したい。

第4章

第3節　企業における転職者の採用等に関する課題

　ここまで、労働者の主体的なキャリア形成への支援を通じた労働移動やキャリアチェンジの促進に当たって、キャリアコンサルティングの有効性や自己啓発の取組の促進に関する課題をみてきた。転職者が円滑に新しい職場での業務に適応し、能力を発揮するためには、転職者を受け入れる企業において適切な支援を行うことが重要である。本節では、企業が転職者を受け入れるに当たって必要な支援について考察するとともに、転職者を受け入れる企業や求職者が、転職に関してどのような課題を感じているかについてみていく。

●職種間のキャリアチェンジをした後に事業所でOJTやOFF-JTを実施すると転職者の満足度が高まる傾向がある

　転職者は、一般的に、職業経験が短い場合などを除けば、それまでのキャリアを通じて蓄積してきたスキルや経験を活用して働くことが期待されることが多いと考えられるが、前職と現職の職場における仕事の進め方や企業風土の違いなど、新たに適応しなければならないことも多い。特に、キャリアチェンジをする場合は、仕事内容の大きな変更を伴うことが想定されるため、自己啓発だけでなく、企業において十分な教育訓練を実施することが、転職者の新職への適応にとって重要であると考えられる。

　第2-(4)-20図は、職種間のキャリアチェンジをした者について、事業所でOJTを実施した場合、OFF-JT（入職時、継続的）を実施した場合、教育訓練を行わなかった場合で、転職者の職業生活全体や仕事内容・職種への満足度を比較したものである。職種間移動を行った転職者に事業所でOJT、OFF-JT（入職時、継続的）を行った場合、転職後訓練を実施していない場合と比較して、転職者の「職業生活全体」や「仕事内容・職種」に関する満足度が高い傾向がみられる。

　この結果から、キャリアチェンジをする転職者を受け入れる際には、企業がOJT・OFF-JTを適切に実施することが、転職者の職業生活や仕事内容への満足度を高める可能性があることが示唆される。

第2-(4)-20図　キャリアチェンジ（職種間移動）をした者の仕事の満足度の比較（教育訓練の実施状況別）

○　職種間を移動するキャリアチェンジをした者について、事業所でOJT、OFF-JT（入職時、継続的）を行った場合は、転職後訓練を実施していない場合と比較して、「職業生活全体」や「仕事内容」に対する満足度が高い傾向がみられる。

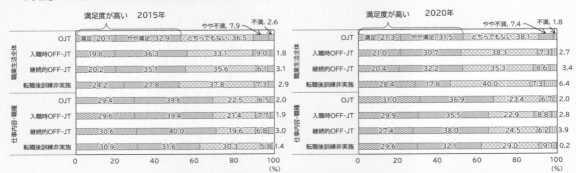

資料出所　厚生労働省「転職者実態調査（事業所調査）」「転職者実態調査（個人調査）」の個票を厚生労働省政策統括官付政策統括室にて独自集計
（注）　無回答は除く。

●転職者を採用するに当たり、「必要な職種に応募してくる人が少ない」「応募者の能力評価に関する客観的な基準がない」「採用時の賃金水準や処遇の決め方」といった課題を感じる事業所が多い

　企業が転職者を採用するに当たって抱えている課題は何だろうか。第2-(4)-21図は、2015年と2020年において、企業規模別に、転職者を採用する際の問題点についてみたものである。これによると、2015年と2020年で事業所が抱える課題の状況に大きな違いはみられないが、全ての企業規模において「必要な職種に応募してくる人が少ないこと」が3割超と最も高い割合となっているほか、「応募者の能力評価に関する客観的な基準がないこと」「採用時の賃金水準や処遇の決め方」の割合も比較的高い。また、企業規模の小さい事業所の方が「採用時の賃金水準や処遇の決め方」について課題を抱えている割合はやや高くなっている。

　「必要な職種に応募してくる人材が少ないこと」を課題として挙げている事業所が最も多いことについては、労働市場において供給される人材そのものが不足している可能性もあるが、「応募者の能力評価に関する客観的な基準がないこと」を挙げる事業所も多いことを考えると、自社に適した人材を労働市場において見つけることが難しいと感じている事業所が多い可能性も指摘できる。また、企業規模の小さい事業所ほど採用時の賃金水準や処遇の決め方について課題を抱えていることについては、大企業と比較して、規模の小さい企業では転職者の処遇を決定する際に基準とできる従業員の類型が少ないことが要因である可能性がある。

第2-(4)-21図　転職者を採用する際の問題点（企業規模別）

○　転職者を採用する際の問題点は、全ての企業規模において「必要な職種に応募してくる人が少ないこと」が3割超と最も多くなっているほか、「応募者の能力評価に関する客観的な基準がないこと」「採用時の賃金水準や処遇の決め方」の割合も比較的高い。また、企業規模の小さい事業所の方が「採用時の賃金水準や処遇の決め方」について課題を抱えている割合はやや高くなっている。

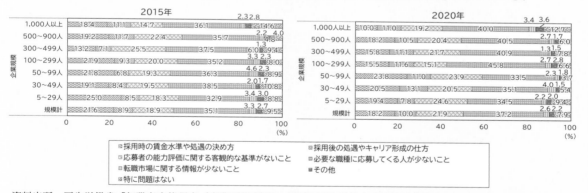

資料出所　厚生労働省「転職者実態調査（事業所調査）」の個票を厚生労働省政策統括官付政策統括室にて独自集計
　（注）　「転職者を採用する際に難しいと考えている問題がありますか。」と尋ねたもの。

●転職に関して転職者が行政に要望する事項は、「より多くの求人情報の提供」「企業年金・退職金が不利にならないような制度の改善」が多いほか、「職業紹介サービスの充実」「金銭面での職業能力開発・自己啓発の支援」を挙げる者も比較的多い

　最後に、転職に際してどのような課題を転職者が感じているかについてもみてみよう。第2-(4)-22図は、転職に関して転職者が行政に要望する事項について、2015年と2020年の状況をみたものである。「特に希望することはない」を除いて、2015年、2020年とも「より多くの求人情報の提供」「企業年金・退職金が不利にならないような制度の改善」が約3割と多いほか、「職業紹介サービスの充実」「金銭面での職業能力開発・自己啓発の支援」を挙げる者の割合も比較的高くなっている。

　求職者の要望をみると、より多くの求人情報の提供や職業紹介サービスの充実といった、労働力需給の調整機能の充実に加え、職業能力開発や自己啓発への支援へのニーズが高いことがうかがえる。

第2-(4)-22図　転職に関して転職者が行政に要望する事項

○　転職に関して転職者が行政に要望する事項は、「特に希望することはない」を除いて、2015年、2020年とも「より多くの求人情報の提供」「企業年金・退職金が不利にならないような制度の改善」が約3割と多いほか、「職業紹介サービスの充実」「金銭面での職業能力開発・自己啓発の支援」を挙げる者の割合も比較的高くなっている。

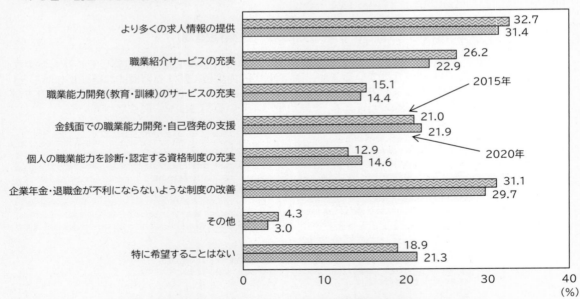

資料出所　厚生労働省「転職者実態調査（個人調査）」をもとに厚生労働省政策統括官付政策統括室にて作成
　（注）　1）「今後、行政が行う転職支援として何が必要であると思いますか。」と尋ねたもの。
　　　　　2）複数回答（2つまで）を集計したものであり、各項目の割合を足しても100にはならない。

コラム2-6　欧米における労働市場インフラ整備の状況

　第2-(4)-21図の分析において、企業が転職者を採用する際の問題点として、必要な職種に応募してくる人材が少ないことや、応募者の能力評価に関する客観的な基準がないことがあげられており、労働市場において求める人材を探すことに課題を感じている企業が多いことがうかがえる。労働市場における円滑なマッチングの促進のために、求職者の職業能力を可視化し、共有するための労働市場インフラへのニーズが高まっている可能性がある。

　海外では、公的な労働市場インフラとして、求職者の教育訓練や職業経験の履歴等や、その過程で得られたスキルや資格等に関する情報を包括的にデジタル情報として記録し、労働市場において共有できるツールの整備が進められている。ここでは、我が国の労働市場インフラ整備を考えるに当たって参考となる事例として、米国及び欧州の事例について紹介するとともに、我が国の取組について概観する。

1　米国における労働市場インフラ整備の状況
（1）ＬＥＲの概要[5]
　まず、米国における学習・雇用記録（Learning and Employment Record。以下「ＬＥＲ」という。)[6]の取組について紹介する。ＬＥＲは米国労働力政策諮問委員会（American Workforce Policy Advisory Board)[7]及び米国商工会議所財団（U.S. Chamber of Commerce Foundation)[8]が共同で運営しており、教育訓練機関、企業、個人間で、学習成果に関する情報をシームレスに記録し、共有することを可能とするシステムである。ＬＥＲの基本的理念や技術的要件は、米国労働力政策諮問委員会が2019年9月に「相互運用可能な学習記録に関する報告書（White Paper on Interoperable Learning Records)」において発表し、ＬＥＲを作成するために必要なオープンデータなどを含むリソースハブは、米国商工会議所財団が2020年7月に公開した。現在、民間企業が主体となり、ＬＥＲの実証実験を実施している。

5　本コラムの記載内容は、主にAmerican Workforce Policy Advisory Board Digital Infrastructure Working Group（2020)「Learning and Employment Records: Progress and the path forward」に記載された2020年9月時点の情報に基づいている。
6　米国労働力政策諮問委員会は当初「相互運用可能な学習記録（Interoperable Learning Record)」と呼称していたが、2020年9月に刊行した「Learning and Employment Records: Progress and the path forward」において、新しい用語としてＬＥＲを用いている。
7　米国労働力政策諮問委員会は米国商務省（U.S Department of Commerce）に2018年7月に設置され、同日に設置された米国労働者のための国家会議（National Council for the American Worker）に助言や提言を行う立場にある。
8　米国商工会議所財団は、米国企業約300万社が加盟する米国最大、世界最大の経済団体である米国商工会議所の支部である。

　コラム２-６-①図は、米国労働力政策諮問委員会が想定している、ＬＥＲエコシステムの主な活用方法である。学習者（労働者、学生、求職者）は、自ら受けた教育や訓練について、企業や教育訓練機関等からデジタル資格情報を収集して管理することができ、キャリア・パスの進展に応じて自身の強み・弱みを把握することができる。加えて、取得した資格情報を利用して、就職活動や教育訓練機関を受験する際に自身の記録を共有することも可能である。企業は、職場で得られたスキルや訓練等の達成記録として、ＬＥＲを通じて従業員にデジタル資格情報を発行できるほか、従業員採用においてＬＥＲを使用し求職者の資格情報やスキルの確認などを行うこともできる。教育訓練機関は、学生の登録にＬＥＲを使用できるほか、要件を満たした学習者に、教育訓練プログラムの修了に関するデジタル資格情報を発行することもできる。

　ＬＥＲのメリットとして、自身の学習の記録が自動的に同期されること[9]、統一的なシステムにより学習履歴や職務経歴といった情報が集約できること及び産業間で共通のスキル評価の枠組みを用いることで、個人が持つスキルの価値を客観的に評価できるとともに、個人も自らのスキルに関連したキャリア・パスの見通しを得られることなどが挙げられる。

【コラム２-６-①図　ＬＥＲのエコシステム】

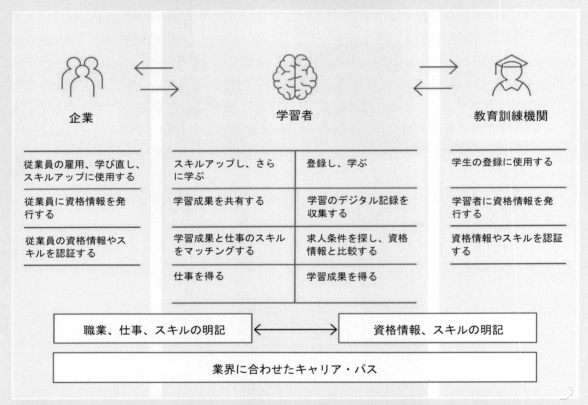

資料出所　American Workforce Policy Advisory Board Digital Infrastructure Working Group(2020)「Learning and Employment Records: Progress and the path forward」をもとに厚生労働省政策統括官付政策統括室にて作成

9　2020年９月時点では、自動的に同期されるのは、実証実験に参加している教育機関から発行される情報のみである。

（2）米国ＩＢＭによるＬＥＲ実証実験の内容と事例

　ＬＥＲは、現状では民間企業と教育訓練機関が提携して行う実証事業として実施されている。以下では、米国の大手ＩＴ企業であるＩＢＭが特定の大学と協力して取り組んでいるＬＥＲの実証実験について、事業内容と実際にＬＥＲを利用した労働者の事例を紹介する。

　米国ＩＢＭは実証実験において、サイバーセキュリティ分野でのＬＥＲの活用に取り組んでいる。サイバーセキュリティ教育のための国家イニシアチブ[10]（National Initiative for Cybersecurity Education。以下「ＮＩＣＥ」という。）は、同分野で必要な知識やスキル、能力などを定義した枠組みを開発している。実証実験では、米国ＩＢＭが管理するブロックチェーンベースのプラットフォーム「学習資格ネットワーク（Learning Credential Network）」や、国立学生クリアリングハウス[11]が提供する「Myhub」などを通して、教育訓練機関から発行される資格情報をＮＩＣＥの枠組みを用いてインターネット上に記録することで、学習者が持つスキルの価値を客観的に示すことができる。学習者は自身の資格情報を企業などと共有できるほか、自身のスキルをいかした教育や仕事の機会を探すこともできる。

　コラム２-６-②図は、米国ＩＢＭによるＬＥＲ実証実験のインターネットページ画面である。同図の（１）にあるとおり、ＬＥＲに受講した講座名や修了資格の発行者である教育訓練機関、修了日等が記録されるとともに、学習者は自身が保有するスキルや資格を採用企業に公開するかどうかを選択することができる（「Discoverable?」の部分）。また、同図の（２）にあるように、採用企業は求職者を「業界の専門知識」「コンピテンシー（行動特性）」「スキル」などの条件を用いて絞り込み、採用候補者を検索することもできる。

【コラム２-６-②図　米国ＩＢＭによるＬＥＲ実証実験のインターネットページ画面】

（１）学習者が修了した講座や修了資格の発行機関等の情報に加え、企業への情報開示の可否を選択するページ画面

10　ＮＩＣＥは、サイバーセキュリティ分野の教育、訓練、労働力開発を目的とした、政府、学会、民間企業間のパートナーシップであり、米国商務省の国立標準技術研究所（National Institute of Standards and Technology）によって主導されている。

11　国立学生クリアリングハウス（National Student Clearinghouse）は、同組織のプログラムに加盟している高等教育機関の学生の学位や成績等のデータの入手、保管、提供等をネットワークを介して行う非営利組織である。

（2）採用企業が資格情報などで絞り込み、求職者を検索するページ画面

資料出所　IBM(2020)「The IBM Cybersecurity LER Pilot: The learner's journey from High School to a best fit job in cybersecurity」をもとに厚生労働省政策統括官付政策統括室にて作成

　米国ＩＢＭのＬＥＲ実証実験のサービスを利用してサイバーセキュリティ分野の求人情報を見つけた例や、キャリアを積むためにＮＩＣＥの枠組みにおいて必要なスキルを知った例、学習成果の情報を企業に公表して就職に結びつけた例もあるという。

2　欧州における労働市場インフラ整備の状況

　次に、欧州におけるユーロパス（Europass）の取組について紹介する。ユーロパスとは、自身のスキルを管理し、欧州[12]での学習やキャリアを計画するための無料のオンラインツールセットであり、欧州委員会の雇用・社会問題・共生総局（Directorate-General for Employment, Social Affairs and Inclusion）が主体となって開発・運用している。ユーロパスを利用することで、個人の職業経験やボランティア活動経験、教育訓練の経験に加え、語学やデジタル等のスキル情報を記録し、共有することができるほか、自身のプロフィールに記録された経験に基づくスキルや能力のリストや、興味がありそうな仕事の提案を受け取ることもできる。また、欧州委員会が2019年から特定の国々と協力して試験運用を行い、2021年10月に正式運用を開始した学習に関する欧州デジタル資格情報（European Digital Credentials for Learning。以下「ＥＤＣＬ」という。）[13]をユーロパスに保管し、共有することもできる。

　ＥＤＣＬは、学習者の学習内容を証明する情報であり、教育を行った組織から学習者に発行される。ＥＤＣＬは電子印鑑で署名されているため、教育・訓練機関は、卒業証書、成績証明書、その他様々なタイプの学習達成証明書など様々な形式の資格情報を容易に認証することができる。

12　ユーロパスが利用可能な範囲は、欧州35か国（EU加盟国に加え、ボスニア・ヘルツェゴビナ、アイスランド、モンテネグロ、北マケドニア、ノルウェー、セルビア、スイス、トルコ）である。
13　欧州委員会は2019年の試験運用開始時点では「ユーロパスデジタル資格情報インフラ（Europass Digital Credentials Infrastructure)」と呼称していたが、2021年10月の本格運用開始時点よりＥＤＣＬに改名した。

　ＥＤＣＬを利用することで、個人（従業員、学生、求職者）は就職活動や訓練に申し込む際に自身のスキル、資格、経験等のプロフィールのリンクを共有できる。企業は採用プロセスの簡素化が期待できるほか、従業員のスキルを明確化し能力開発をサポートするためにも使用できる。教育訓練機関は資格証明書の発行にかかるコストを削減し、発行手続きを迅速化できる。

　2022年1月18日現在、ユーロパスのプロフィール総数は3,084,107件であり、ＥＤＣＬの実証実験に参加した機関の一つであるクロアチアのスプリト大学は、試験運用期間中に437人にＥＤＣＬを発行している（2021年5月現在）。

3　我が国での取組

　我が国においても、厚生労働省において、労働者の職業経験や職業能力を就職にいかせるよう、取組が行われている。

　まず、労働者の職業経験や職業能力を可視化するツールとして、ジョブ・カードの取組を行っている。ジョブ・カードは個人のキャリアアップや、多様な人材の円滑な就職等を促進することを目的とした「生涯を通じたキャリア・プランニング」及び「職業能力証明」のツールであり、2021年3月末現在のジョブ・カード作成者数は約277万人となっている。

　次に、2022年3月より、職業情報提供サイト「job tag」（日本版O-NET）において、適職の診断などを行えるツールを公開している。このサイトでは、個人が持つスキルや知識などから適職を探索する「しごと能力プロフィール検索」や、ミドルシニア層のホワイトカラー職種を想定して、職業能力を測定し本人の特性をいかせる職務や職位を提示する「ポータブルスキル[14]見える化ツール」を提供している。また、自分の強みや弱みを分析したい方向けに、経験した職業と希望する職業のスキルと知識を比較する「キャリア分析」や、ホワイトカラー職種の職務に必要な能力のうち、自分ができること、できるようにしていく必要があることを整理する「職業能力チェック」といった機能を提供している。

　さらに、ハローワークにおいては、2020年より求職情報提供サービスを実施している。当該サービスは、民間の職業紹介事業者や地方自治体等にハローワークの全国ネットワークの求職情報を提供するもので、一定の条件をクリアした職業紹介事業者等が、ハローワークシステムに登録された求職者の希望職種や希望条件、資格、職歴等の情報を閲覧[15]し、求職者に対して職業紹介案内等を送信することができる。

　欧米における労働市場インフラの整備の取組は、求職者、企業、教育訓練機関が統一的に利用できるスキル評価のためのプラットフォームとして参考になるものである。我が国においても、これまでの取組を有機的につなげていくとともに、デジタルでの履修証明を活用するなど「労働市場の見える化」を一層促進していくことが重要である。

第4章

14　職種の専門性以外に、業種や職種が変わっても持ち運びができる職務遂行上のスキル。
15　求職者本人が希望する場合のみ、これらの情報が求人・求職情報提供サービスサイトに掲載される。

コラム2-7	民間企業による労働市場インフラへの取組について

コラム2-6で紹介した、欧米におけるLERやユーロパスは、主に採用する企業側からみて求職者のスキルや経験を可視化するための労働市場インフラの例として示唆に富むものである。他方で、転職希望者が安心して転職に踏み切ることができるためには、求職者側から、応募する企業の情報を十分に得られることが重要であるが、職場の雰囲気や労働環境など、実際に当該企業に入社した後の具体的な働くイメージができる情報が得られることは、入社後の能力発揮やミスマッチの防止の観点から非常に重要であると考えられる。こうした、求職者にとって有益だが得にくい企業の「現場の声」を、実際に当該企業で働く従業員からの評価（クチコミ）という形で提供しているのがオープンワーク株式会社である。

【オープンワーク株式会社】

オープンワーク株式会社（東京都渋谷区、従業員数82名（2022年5月現在））は転職・就職のための情報プラットフォーム「OpenWork」の開発・運用業務を行う人材サービス企業である。「OpenWork」は会社員（退職者、現職者）による社員クチコミ、企業評価スコア、年収データ、求職者（社会人・学生）のWeb履歴書に加え、企業による求人情報、企業情報、応募・選考履歴といった「働く」に関するデータを蓄積している。

同社が「OpenWork」事業を開始した背景には、日本の労働者のキャリアに対する満足度や熱意が国際的にみても低水準である一方[16]、転職者数は少なく、転職する決意ができている層しか転職活動をしていないのではないかという問題意識がある。転職を考えるに当たって感じている懸念や不安を同社で調査した結果によると、年収や職位など転職時の条件だけでなく、新しい職場の人間関係や風土への適応といった、転職後のミスマッチへの不安を回答する人が多かったという。「OpenWork」は、利害関係の無いフラットなクチコミ情報を個人に提供することで、個人が安心して転職に挑戦できるジョブマーケット・インフラになることを目的としており、さらに、転職への不安・不満が減ることで、常に良い環境で高いモチベーションを持って働く人が増え、一人ひとりの生産性が高まる市場の構築を目指しているという。

社員クチコミは「年収」や「組織体制・企業文化」「働きがい・成長」「ワーク・ライフ・バランス」など9項目別に社員の声を掲載しており、企業評価スコアも「待遇面の満足度」「社員の士気」「風通しの良さ」など社員クチコミとは別の8項目で企業を数値評価している。「OpenWork」はこれら蓄積したデータをもとに個人、企業、投資家向けにそれぞれ以下のサービスを展開している。

16　ランスタッド株式会社「労働者意識に関するグローバル調査（2021年）」、米ギャロップ社「State of the Global Workplace: 2021 Report」に基づくオープンワーク株式会社提供資料による。

①社員クチコミ及び関連データの閲覧

　求職者（社会人／学生）などの個人には蓄積した社員クチコミ等を開示し、キャリアを考えるきっかけや転職・就職活動に利用してもらう。個人が社員クチコミを閲覧するには、Web履歴書を登録するという経路のほか、自身の所属若しくは過去の所属企業に関する社員クチコミを投稿するという経路、又は月額1,100円の有料プログラムに登録するという経路などがある。

②ユーザーと企業の求人マッチングプラットフォーム

　求人企業や人材紹介エージェントには個人のデータを開示し、Web履歴書を登録しているユーザーの中から、求人条件に当てはまる方に対して直接スカウトを送ったり、求人をOpenWork上で公開したりすることで、ユーザーが能動的に応募ができるようにする求人マッチングサービスを提供している。

③投資家向け人的資本データの提供

　投資家には蓄積した企業評価スコアや社員クチコミ等の人的資本データを開示し、ＥＳＧ投資[17]に活用してもらう。具体的には、ＥＳＧ投資の「社会」「ガバナンス」の指標分析に活用可能なデータとして、「人事評価の適正感」「法令順守意識」をはじめとした企業評価スコアや「女性の働きやすさ」をはじめとした社員クチコミに加え、「有休消化率」「残業時間」などの項目を提供している。

　同社は社員クチコミ情報の信頼性向上と担保のため、厳しい投稿条件を設定しているほか、掲載前審査や掲載後のチェックを実施している。投稿条件は、正社員や契約社員として１年以上勤務していることのほか、500文字以上であることなどである。掲載前審査として、オンライン審査や社員・審査スタッフによる目視審査を行う。掲載前審査を通過した社員クチコミは、企業と同社の契約の有無にかかわらず公開しており、クチコミ掲載後にサイト閲覧者から不適切報告や投稿先企業から削除申請があった場合には、当該クチコミの再審査・検討を行う。企業評価スコアの数値は投稿件数が少ない場合に外れ値が出る可能性を考慮し、中心化するようアルゴリズムを構築しているほか、クチコミの最新性や乖離性も重視している。

　2022年５月現在、同サービスの利用者（本登録ユーザー）数は約485万人である。利用者の年齢層は20歳台と30歳台が７割超を占めており、利用者の経験職種は多様である。一方、同社と直接契約を結んでいる1,500社以上の企業や転職エージェントは求人情報を無料で掲載でき、採用が決まった際に一人当たり決まった額の報酬を支払う。2022年５月現在、その求人数は15,000件を超えるまでに急成長している。

17　財務情報だけでなく、環境（Environment）・社会（Social）・ガバナンス（Governance）要素を考慮した投資。

　転職後にギャップを感じた経験はあるかどうかを利用者に尋ねた結果、「ギャップあり」と回答した割合は、「OpenWork」での転職者の場合は９％と一般的な転職者よりも少ないという[18]。企業からは、同サービスを利用した転職者の場合は社員クチコミを見た上で入社するため、活躍している方が多いという声も挙がっているとのことである。クチコミ情報の掲載にあたっては、特段当該企業の承諾は得ていないため、創業以来、クチコミを削除してほしいという依頼もあり、また、創業当初は求人情報の掲載を企業に依頼しても断られることが多かったとのことだが、直近では契約企業が急増しているという。同社の担当者は、ソーシャルネットワーキングサービス（ＳＮＳ）などで個人が自由に発信できる現代においては、企業の実態を隠すよりも、OpenWorkで情報を公開した方が良いと考える企業が増えてきていると感じるとのことである。

　同社の代表取締役社長は、「今後は個人のキャリアについて蓄積しているデータを使用して、どのようなリスキルをすればキャリアにつながるかを利用者に提示するサービスに挑戦したい」と語っている。外部からは見えにくい、企業の働く「現場の声」を可視化する同社の事業は、経済産業省の推進する「人的資本経営」[19]にも沿うものであり、転職者の不安を解消し、ミスマッチの防止や入社後の能力発揮に資する魅力的な事例であることから、今後の展開を注視していきたい。

サイトで公開している企業データ（イメージ）

18　オープンワーク株式会社が2020年９月、2021年３月及び８月に行った調査結果。
19　人的資本経営とは、人材を「資本」として捉え、その価値を最大限に引き出すことで、中長期的な企業価値向上につなげる経営の在り方をいう。経済産業省はこれまでに「持続的な企業価値の向上と人的資本に関する研究会」（2020年１月～）及び「人的資本経営の実現に向けた検討会」（2021年７月～）を開催しており、その成果を「人材版伊藤レポート」「人材版伊藤レポート2.0」としてまとめている。

第4節　公共職業訓練の効果と課題に関する分析

　これまで、労働者の主体的なキャリア形成やそれを通じた労働移動を促進する上で、労働者の自己啓発の重要性について言及してきた。本来、多くの国民が生活に不安を感じることなく働き続けるためには「失業なき労働移動」が行われることが望ましい。また、在職者に対する教育訓練給付等の制度の充実も、企業や労働者の生産性や付加価値を高める上で重要である。他方、一旦、失業状態になった者でも、外部労働市場を利用し、円滑に労働移動ができるよう、職業訓練等により新たにスキルを身につけ、早期に再就職が可能となる環境を充実することも、社会のセーフティネットとして重要な機能である。

　公的職業訓練は、これまで、失業者等に対する政策的な支援の中核として、国や都道府県の責任の下、公共職業能力開発施設・民間教育訓練機関等で実施されており、重要な役割を果たしている。しかし、厚生労働省においては、行政記録情報として失業保険の給付や公共職業訓練受講者の訓練受講状況や就職状況についての業務データを保有している一方、近年重要性が高まっている根拠に基づく政策形成（Evidence Based Policy Making。以下「ＥＢＰＭ」という。）に基づく客観的な課題の検討は十分に行われていなかった。

　厚生労働省においては、このような問題意識の下、行政記録情報を用いて、労働経済学に関する有識者の助言も得ながら[20]、公共職業訓練の効果と課題について詳細な分析を行った。一連の分析により、公共職業訓練の受講により、失業者について再就職の可能性を高める一定の効果があることが確認されるとともに、介護・福祉分野やＩＴ分野といった、労働力需要が高まる分野の訓練についても、効果や今後の課題に関する一定の知見が得られた。今回の分析は、それ自体が公共職業訓練の在り方について一定の政策的含意を示すものであるが、同時に、労働政策の分野において、行政が自ら保有するデータを有効に活用し、ＥＢＰＭによる不断の改善を図っていく上での嚆矢となることが期待される。以下で今回の具体的な分析内容と政策的含意について紹介していく。

●分析の目的及び利用したデータセットの構築について

　まず、今回の分析の主な目的について説明する。今回は、公共職業訓練の効果について、主に以下の点について明らかにするべく分析を行った。

・公共職業訓練の受講により、公共職業訓練を受講していない場合と比較して再就職できる確率が高まるか
・公共職業訓練の受講により、介護・福祉分野やＩＴ分野など、労働力需要が高まる分野への労働移動が促進されるか

　第2-(4)-23図は、今回の分析に用いたデータセットの概要である。公共職業訓練の再就職に及ぼす効果を分析するに当たって、公共職業訓練の受講有無、再就職の有無に応じて以下のグループA～グループDのカテゴリに区別できるよう、データセットを構築した。分析に当たっては、データの観察期間を2021年7月末までとし、就職に必要な期間も考慮して、前職

で雇用保険が適用されていた者で、2020年1月～6月において離職した後、ハローワークに求職申込をした者に限定して分析を行った。その結果、2020年1月～6月において前職を離職した者でハローワークに求職申込をした母集団が約120万人となった。これを、公共職業訓練の受講の有無及び再就職の有無により4つのカテゴリに区分したところ、訓練受講者でかつ再就職した者が約2.5万人、訓練受講者でかつ再就職していない者が約1.0万人、訓練非受講者でかつ再就職した者が約32.8万人、訓練非受講者でかつ再就職していない者が約83.3万人となった。以降の分析は、このデータセットを用いて行っている。

第2－(4)－23図　公共職業訓練の効果分析において活用するデータ

○　公共職業訓練の受講有無、再就職の有無に応じて以下のグループA～グループDに区別できるようデータセットを構築した。前職が雇用保険の適用者で、2020年1月～6月において離職した後、ハローワークに求職申込をした者に限った分析を行う。

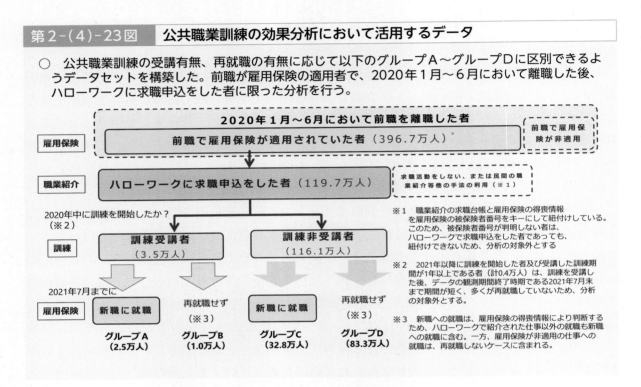

254

コラム2-8　厚生労働省におけるＥＢＰＭの取組について

　政府全体で進めているＥＢＰＭとは、政策目的を明確化させ、その目的のため本当に効果が上がる行政手段は何かなど、当該政策の拠って立つ論理を明確にし、これに即してデータ等の証拠（エビデンス）を可能な限り求め、「政策の基本的な枠組み」を明確にする取組と定義される[21]。厚生労働省においては、独自の取組として、ＥＢＰＭの推進に係る若手・中堅プロジェクトチーム（以下「ＥＢＰＭ若手チーム」という。）を2019年12月に設置し、ＥＢＰＭに関心のある有志の厚生労働省職員が、政策立案に貢献するような分析を実施してきた。ＥＢＰＭ若手チーム設置の目的は、実践を通じた統計の利活用を推進し、職員が統計データに係る分析手法を習得できるようにし、統計やエビデンスに対するリテラシーを高めることである。本コラムでは、ＥＢＰＭ若手チームが取りまとめた分析結果についていくつか紹介する。

①　障害者雇用の促進[22]

　障害者雇用を促進させる施策の一つとして、従業員数が一定以上の企業に対し、常時雇用する従業員の一定割合以上の人数の障害者の雇用を義務付ける障害者雇用率制度がある。2018（平成30）年4月より、民間企業の法定雇用率がそれまでの2.0％から2.2％に引き上げられた。このことにより、障害者を追加的に1人以上雇い入れる必要が出てきた企業（以下「処置群」という。）と、追加的に雇い入れる必要のない企業（以下「対照群」という。）との間で、実際に雇用している労働者に占める障害者の割合（実雇用率）の推移にどのような違いがみられるかを検討した。

　処置群と対照群で前後の差を検討する、差の差（Difference-in-Difference）分析の結果はコラム2-8-①図のとおりである。その結果によると、法定雇用率引上げの実施前の2017年以前は、処置群も対照群も実雇用率は同水準であったが、引上げ実施後の2018（平成30）年以降の実雇用率は、処置群が対照群よりも大きく上昇している。制度変更前後の変化と、処置群と対照群の関係をみることで、制度変更の影響がみられたことが確認できる。

第4章

21　内閣官房ＥＢＰＭ推進委員会第4回（令和元年9月9日）資料1より
　　https://www.kantei.go.jp/jp/singi/it2/ebpm/dai4/siryou1.pdf
22　レポート本文はhttps://www.mhlw.go.jp/content/000773751.pdf

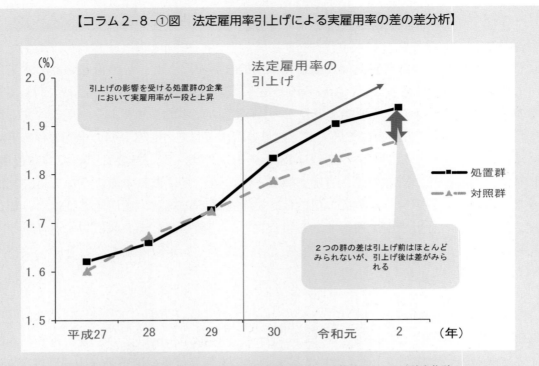

【コラム2-8-①図　法定雇用率引上げによる実雇用率の差の差分析】

資料出所　厚生労働省「障害者雇用状況報告」の個票を厚生労働省ＥＢＰＭ若手チームにて独自集計
（注）　算定基礎労働者数が455人を超えると、法定雇用率引上げによって必ず追加的に一人以上の障害者を雇用する
　　　必要が出てくることを考慮し、算定基礎労働者数が455人未満の企業を対象に集計。

② 　時間外労働の上限規制[23]

　　長時間労働の是正を目的として、時間外労働の上限規制[24]が2019（平成31）年4月に大企業[25]に適用され、中小企業にはその1年後（2020（令和2）年4月）に適用された。大企業のみに適用されていた時期には、大企業か中小企業かを決める境界（以下「閾（しきい）値」という。）の近辺においては、規制の適用の有無のみに違いがみられ、経営環境等その他の要因は大きな違いがないと想定されることから、回帰不連続デザイン（Regression Discontinuity Design）と呼ばれる手法を用いて、閾値より少しだけ上回る事業所と少しだけ下回る事業所との違いをみることで、時間外労働の上限規制の効果を検証した。

23　レポート本文はhttps://www.mhlw.go.jp/content/000871639.pdf
24　時間外労働の上限を原則として月45時間、年360時間とし、臨時的な特別の事情が無ければこれを超えることができないとした上で、臨時的な特別の事情があって労使が合意する場合でも、年720時間以内、複数月の平均で80時間以内、月100時間未満を超えることはできないとした。
25　時間外労働の上限規制の適用における大企業と中小企業の要件は、業種ごとに従業員数及び資本金額によって定められている。

　コラム２-８-②図は、大企業か中小企業かを決める指標の一つである資本金に注目し、資本金が閾値より少し上回る事業所と、下回る事業所で比較すると、閾値近辺においては矢印で示した段差がみられた。一方、他の年のデータも確認したところ、閾値近辺の段差がみられなかったことから、コラム２-８-②図の段差は、上限規制適用の効果を示しているといえる。

【コラム２-８-②図　長時間労働割合に関する回帰不連続デザイン（事業所単位)】

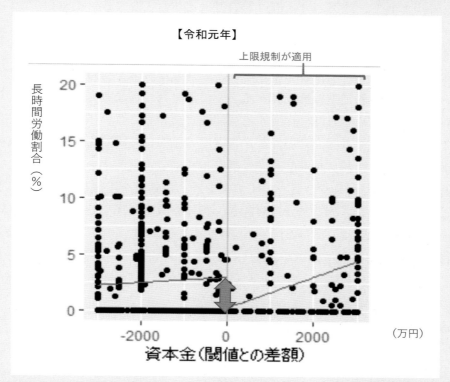

資料出所　厚生労働省「賃金構造基本統計調査」、総務省統計局・経済産業省「経済センサス-活動調査」の個票を厚生労働省ＥＢＰＭ若手チームにて独自集計
　（注）　１）長時間労働割合とは、時間外労働（推計）月45時間超の正社員の割合である。
　　　　　２）時間外労働は、（超過実労働時間数＋所定内労働時間数-８×実労働日数）を計算することで、推計している。
　　　　　３）企業規模の要件を満たしている事業所のみを集計対象とし、時間外労働の上限規制に係る除外産業・除外職業を含む建設業、運輸業、医療・福祉は集計対象外としている。
　　　　　４）資本金（閾値との差額）は、閾値（小売業・サービス業は5,000万円、卸売業１億円、その他３億円）との差額であり、いずれの年においても「経済センサス-活動調査」（平成28年）の値を用いている。
　　　　　５）本分析レポートでは、閾値から3,000万円前後において比較した結果を示している。また、赤線は、各資本金における時間外労働（推計）月45時間超の正社員割合の平均の分布を取ったものである。

第4章

●公共職業訓練の受講により、離職者の再就職の確率は高まる可能性

　まず、公共職業訓練の受講による再就職への効果について分析を行う。

　第2-(4)-24図（左図）は、いわゆるサバイバル分析の手法を用いて、公共職業訓練の受講者と非受講者のそれぞれについて、前職離職日からの再就職までの期間を推定したものである。これによれば、訓練受講者は離職後150日前後から大きく無業者割合が低下し、最終的に再就職した者の割合は訓練非受講者と比較して高くなっている。

　公共職業訓練に限らず、政策の実施とその結果の因果関係について分析を行う上で注意しなければならない点として、政策の介入群（対象者）と非介入群（非対象者）についてのセレクションバイアス[26]の問題がある。公共職業訓練についていえば、公共職業訓練を受講する者は、公共職業訓練を受講していない者と比較して、就職に対する意欲が高く、結果として就職率も高くなりやすい傾向がある可能性がある。逆に、公共職業訓練を受講しない者には、もともとスキルが高いために公共職業訓練を受講する必要が無い者が含まれている可能性があり、その場合も再就職の確率を高める方向に作用する可能性がある。こういった、公共職業訓練の受講によるものではない、労働者個人の属性等が再就職の確率に及ぼす影響がセレクションバイアスであり、単純に訓練の受講グループと非受講グループで再就職率を比較すると、純粋な公共職業訓練の効果ではなく、セレクションバイアスを含んだ効果を推定してしまうおそれがある。

　セレクションバイアスをできるだけ取り除き、純粋な政策の因果効果を推定する一連の統計的な手法は因果推論（Causal Inference）と呼ばれ、近年様々な手法が開発されている。今回の分析では、代表的な因果推論の手法として、傾向スコアマッチング（Propensity Score Matching）と呼ばれる手法を用いることとした。傾向スコアマッチングの概念を簡単に説明すると以下のとおりである。

　まず、訓練を受講したか否かを被説明変数とし、訓練の受講確率に影響を及ぼすと考えられる要素を説明変数として回帰分析（今回はロジスティック回帰分析を用いた）を行い、各個人について、訓練の受講確率を推定するモデルを構築する。構築したモデルに、再び説明変数を代入することで、各個人の訓練受講確率が算出される。これが傾向スコア（Propensity Score）と呼ばれるものである。最後に、訓練非受講者グループのうちから、訓練受講者グループの各サンプルと、傾向スコアが近い者同士をマッチングし、マッチしたサンプルを分析対象とする。これにより、訓練受講者グループと訓練非受講者グループで、モデルの構築に使用した要素が、グループの平均でみれば偏りが無くなっている状況を作ることができる[27]。その上で、訓練受講グループと非受講グループで再就職確率を比較することで、セレクションバイアスをある程度補正した訓練効果を推定することができる[28]。

　右図は、傾向スコアマッチングを行う前と傾向スコアマッチングによる調整を行った後の、訓練受講グループと非受講グループの再就職率の差を回帰分析によりみたものである[29]。これ

26　政策の介入群と非介入群が無作為に決まっていない時、両方の群への振り分け（セレクション）において何らかの偏り（バイアス）が生じる可能性があり、政策の効果として介入群と非介入群の差を単純に比較すると、バイアスによって純粋な政策の効果を把握できない可能性があることを指す。
27　傾向スコアマッチングにより各変数の偏りが補正された結果は付2-(4)-1図に示している。
28　傾向スコアマッチングによりバイアスを補正できるのは、条件付き独立の仮定（介入が割り振られる確率である傾向スコアが同一になるようなサンプルの中では、介入の有無は被説明変数と独立に割り振られている）が成立している場合であり、この仮定が成立しているかは検証不可能であるため、できるだけ多くの変数を傾向スコアの算出の際に説明変数に追加して分析を行っている。
29　傾向スコアマッチングの詳細な結果については付注3を参照。

によれば、傾向スコアマッチングによる調整を行う前には、訓練受講者グループの再就職確率は約44%ポイント訓練非受講者グループよりも低くなっている。一方、傾向スコアマッチングによる調整を行った上での回帰分析の結果をみても、訓練受講者は訓練非受講者と比較して約29%ポイント再就職する確率が高くなっている。この結果からは、傾向スコアマッチングによる調整を行う前の段階においては、訓練受講グループには、訓練の受講以外にも、再就職の確率を高める何らかのバイアスが存在したことがうかがえる。ただし、当該バイアスを除去した上でも、再就職確率は訓練受講グループの方が大きく上回っていることから、公共職業訓練の受講により再就職の確率を高める一定の効果があると考えることができる。

第2-（4）-24図　訓練受講による再就職への影響

○　前職離職日からの再就職までの期間をみると、訓練受講者は離職後150日前後から大きく無業者割合が低下し、再就職した者の割合は高い。また、傾向スコアマッチングによる回帰分析の結果をみても、訓練受講者は訓練非受講者と比較して再就職する確率が高くなっている。

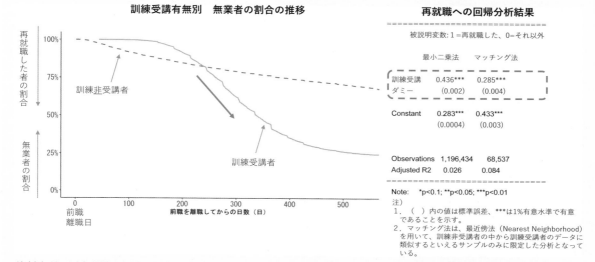

資料出所　厚生労働省行政記録情報（雇用保険・職業紹介・職業訓練）をもとに厚生労働省政策統括官付政策統括室にて作成
（注）　1）Kaplan-Meyer法によってグラフを表示している。
　　　　2）分析の対象サンプルは第2-（4）-23図で示したとおりだが、再就職への影響をみるために、訓練受講後の日数をある程度確保する観点から、訓練期間が1年以上、訓練開始が2021年以降の者は対象外とする。
　　　　3）未就職者（右側打ち切り）については離職日から観察期間の最終日（2021年7月31日）までの日数である。

●公共職業訓練による再就職への効果は分野を問わず確認される

　一般的に公共職業訓練の受講が再就職の確率を高めることが示唆されたが、再就職への効果は訓練分野ごとに異なるだろうか。第2-（4）-25図は、第2-（4）-24図でも実施したサバイバル分析による再就職確率の推移について、訓練分野別に分析したものである。代表的な訓練種別ごとに訓練終了後（訓練非受講者については離職後）の無業者の割合の推移をみると、いずれの訓練分野についても、訓練非受講者と比較すると無業者の割合は速やかに低下しており、特に介護・医療・福祉分野や機械・金属・電気分野においては、他の訓練分野と比較しても訓練終了後に比較的早く再就職する傾向がある。このことから、訓練分野により、再就職のしやすさに多少の違いはあるが、総じて、いずれの訓練分野でも、訓練非受講者と比較すると再就職への効果は一定程度認められると考えられる。

第2-（4）-25図　訓練種別再就職への影響

○　代表的な訓練種別ごとに訓練終了後（訓練非受講者については離職後）の無業者の割合の推移をみると、いずれの訓練分野についても、訓練非受講者と比較すると無業者の割合は速やかに低下しており、特に介護・医療・福祉分野や機械・金属・電気分野においては、他の訓練分野と比較しても訓練終了後に比較的早く再就職する傾向がある。

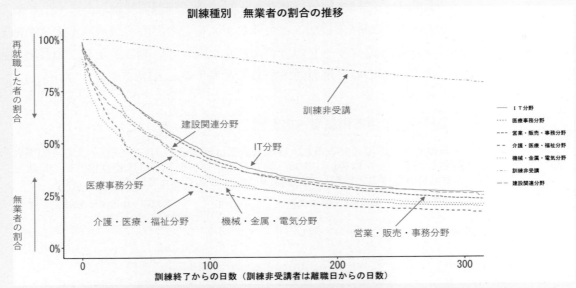

訓練種別　無業者の割合の推移

資料出所　厚生労働省行政記録情報（雇用保険・職業紹介・職業訓練）をもとに厚生労働省政策統括官付政策統括室にて作成
（注）　第2-（4）-24図「訓練受講による再就職への影響」の注1～3と同じ。

●介護・福祉分野の訓練については、他分野からの労働移動を促進している可能性がある

　これまでの分析により、公共職業訓練の受講が、非受講者と比較して再就職の確率を一定程度高める効果があると考えられることが分かった。ここからは、2つ目の分析目的として、職業訓練を受講することで、当該訓練分野への他分野からの労働移動が促進されているかをみていく。その際、今後労働力需要が高まると考えられる介護・福祉分野やIT分野の訓練について、更に分析を行う。

　第2-（4）-26図は、主な訓練種別において、新職の就職者のうち、他の産業又は職業からの移動者割合をみたものである[30]。当該分野の訓練を受けたことによる他分野からの労働移動の効果をみるため、比較対象として、訓練を受講していない場合に加え、当該分野以外の訓練を受けた場合についての状況とも比較している。これによれば、新職が医療・福祉のサービス職（介護・福祉職員を想定）である者の他分野からの移動者割合は、新職に関連した介護等の訓練を受けた者において、他の分野の訓練受講者や訓練非受講者よりも高い傾向がみられる[31]。一方、新職が情報通信業の専門的・技術的職業（以下「情報技術者」という。）である場合の他分野からの移動者割合は、IT分野の訓練を受講した者の場合、訓練非受講者と比較すると高いものの、他分野の訓練を受講した場合との比較では顕著な差がみられない。

30　ここで分析している訓練受講による他産業・他職種からの移動の状況のほか、訓練受講者・非受講者の新職の就職先産業及び「IT分野」「介護・医療・福祉分野」訓練受講者の就職先産業別の割合について付2-（4）-2図及び付2-（4）-3図に示している。
31　再就職の状況を把握できる雇用保険のデータにおいては、再就職後の職種は職業大分類でしか把握できないため、介護・福祉職やIT職を正確に把握することはできない。したがって、ここでは便宜上、産業と職種の組み合わせにより介護・福祉職やIT職を区別している。

　この結果からは、介護・福祉分野の訓練については、訓練を受講した場合に、他分野からの労働移動を促進する可能性があることが示唆される一方、ＩＴ分野の訓練については、ＩＴ分野の訓練を受講した場合と他分野の訓練を受講した場合で、他分野からの労働移動者の割合に明確な差が無いことから、ＩＴ分野の訓練を受講したことが他分野からＩＴ分野への労働移動を促進しているというエビデンスは確認できない。

第2－（4）－26図　新職の産業・職種と主要な訓練種別　他産業・職種からの移動者割合

○　主な訓練種別において、新職の就職者のうち他の産業・職種からの移動者割合をみると、新職が医療・福祉のサービス職（介護・福祉職員を想定）である者の移動者割合は、新職に関連した介護等の訓練を受けた者において、他の訓練受講者や訓練非受講者よりも高い傾向がみられる。

○　一方、新職が情報通信業の技術職である場合の他分野からの移動者割合は、ＩＴ分野の訓練を受講した者の場合、訓練非受講者と比較すると高いものの、他分野の訓練を受講した場合との比較では顕著な差がみられない。

新職の産業・職種、訓練受講の有無別　他の産業・職種からの移動者割合

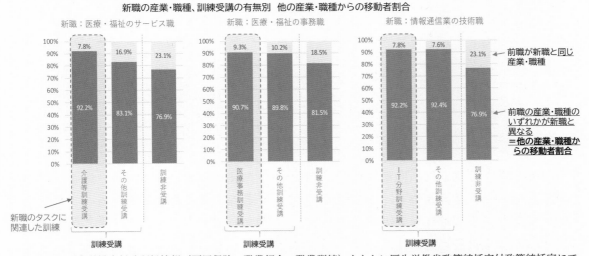

資料出所　厚生労働省行政記録情報（雇用保険・職業紹介・職業訓練）をもとに厚生労働省政策統括官付政策統括室にて
　　　　　作成
　（注）　「新職」とは、離職者で再就職した者の再就職先を指す。

●介護・福祉分野の訓練については、応募倍率や定員充足率が他分野の訓練と比較して低く、訓練受講者を如何に増やすかが課題である

　ここからは、介護・福祉分野及びＩＴ分野について、それぞれ個別に深掘りした分析を行っていく。まず介護・福祉分野についてみていく。介護・福祉分野の訓練については、これまでみたように、訓練受講者の再就職の確率を高める効果や、他分野からの労働移動を促す効果があることが示唆されており、訓練を受講した場合の再就職や労働移動の効果はある程度認められると考えられる。他方で、第2－（4）－27図によれば、「情報系」など他の分野と比較すると、「介護系」の訓練の応募倍率・定員充足率は低く、どのように訓練受講者を増やしていくかという点で課題があると考えられる。

　訓練の受講者を増やしていくに当たっては、介護・福祉分野への適性がある者に対して訓練の受講を促していく必要がある。介護・福祉分野への適性について、前章では、介護・福祉分野にキャリアチェンジをした者の分析において、転職後のワーク・エンゲイジメントに着目して分析を行った。しかし、行政記録情報においては転職後のワーク・エンゲイジメントを測る指標が無いため、今回の分析では、訓練を受講した者が介護・福祉分野に就職したかどうかを

適性の有無を測る代理指標の一つとして用いることとする[32]。

○　「情報系」など他の分野と比較すると、「介護系」の訓練の応募倍率・定員充足率は低く、どのように訓練受講者を増やしていくかという点で課題があると考えられる。

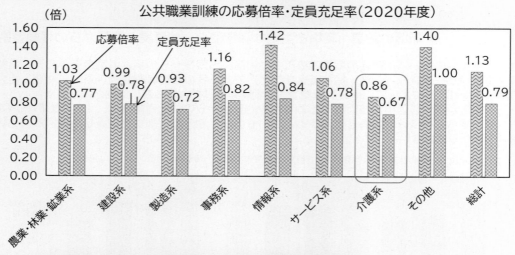

公共職業訓練の応募倍率・定員充足率（2020年度）

資料出所　厚生労働省資料をもとに厚生労働省政策統括官付政策統括室にて作成

●**介護・福祉職のタスクは、他者に対する支援・ケアや同僚とのコミュニケーション、人間関係の構築といった要素が強く、生活衛生サービスの職業などとの類似性が高い**

　介護・福祉分野への適性を分析するに当たり、前職の仕事の内容（タスク）と介護・福祉分野のタスクの類似性が当該適性に影響することが考えられる。そこで、前章と同様、日本版Ｏ－ＮＥＴにおける職業ごとの「仕事の内容」スコアを用いて分析を行っていくこととする。具体的には、「介護・医療・福祉分野」の訓練受講者の前職の職業と介護・福祉職との「仕事内容の近さ」（タスク距離）を算出し、「介護・医療・福祉分野」の受講者のターゲッティングについて考察する。

　第2-（4）-28図は、介護・福祉職の仕事の内容41項目のスコアをみたものである。これによると、介護・福祉職では、「他者に対する支援・ケア」、「同僚とのコミュニケーションや人間関係の構築・維持」といった項目のスコアが比較的高くなっている。

32　介護・福祉分野への適性を測るための指標としては、就職後の定着率を用いることも考えられるが、今回の分析ではデータの観察期間を2021年7月末までとしており、定着率を評価する上では短すぎるため、定着率は用いていない。

第2-(4)-28図　日本版Ｏ－ＮＥＴによる「仕事の内容」スコアを用いた分析について

○　日本版Ｏ－ＮＥＴに掲載予定の職種ごとの「仕事の内容」スコアを用い、「介護・医療・福祉分野」の訓練受講者の前職の職種と介護・福祉職との「仕事内容の近さ」（タスク距離）を算出し、「介護・医療・福祉分野」の受講者のターゲッティングについて考察する。
○　介護・福祉職の仕事の内容スコアをみると、他者に対する支援・ケア、同僚とのコミュニケーションや人間関係の構築・維持といった項目のスコアが高い。

活動項目	介護福祉平均値	活動項目	介護福祉平均値
1 クオリティを判断する	2.678	21 情報の文書化と記録を行う	2.705
2 コンサルティングと他者へのアドバイスを行う	2.283	22 情報やデータを処理する	2.572
3 コンピュータを用いて作業を行う	2.227	23 情報やデータを分析する	2.660
4 スケジュールを作成する	2.996	24 情報を取得する	3.193
5 チームを構築する	2.919	25 人間関係を構築し.維持する	3.415
6 メンバーの仕事量や活動内容を調整する	2.836	26 数値の算出.推計を行う	2.217
7 意思決定と問題解決を行う	2.997	27 設備.構造物.材料を検査する	2.577
8 管理業務を遂行する	2.481	28 全身を使って身体的な活動を行う	3.354
9 機械.および機械製造のプロセスをコントロールする	2.189	29 組織の人事管理を行う	2.216
10 機械装置の修理と保守を行う	1.848	30 組織外の人々とコミュニケーションを取る	3.020
11 継続的に状況を把握する	3.387	31 創造的に考える	2.769
12 公共の場で一般の人々のために働いたり.直接応対する	2.574	32 装置.部品.機器の図面を作成する.配列や仕様を設定する	1.816
13 仕事に関連する知識を更新し.活用する	3.239	33 他者に対して売り込む.または他者の思考.行動が変容するよう働きかける	2.457
14 仕事を整理.計画する.優先順序を決める	3.160	34 他者に対する支援とケアを行う	3.656
15 資源.資材.財源の監視と管理を行う	2.117	35 他者の訓練と教育を行う	2.830
16 手と腕を使って物を取り扱い動かす	3.055	36 他者をコーチし.能力開発を行う	2.660
17 上司.同僚.部下とコミュニケーションを取る	3.451	37 対立を解消させる.他者と交渉する	2.830
18 乗り物を運転.操縦する	2.014	38 電子機器の修理と保守を行う	1.791
19 情報の意味を他者に説明する	2.760	39 部下への指導.指示.動機づけを行う	2.778
20 情報の整理と検知を行う	3.316	40 法律や規定.基準を適用する	2.859
		41 目標と戦略を策定する	2.936

資料出所　JILPT資料シリーズNo240「職業情報提供サイト（日本版Ｏ－ＮＥＴ）のインプットデータ開発に関する研究（2020年度）」よりダウンロードした職種別の「仕事の内容」スコアをもとに厚生労働省政策統括官付政策統括室にて作成
　（注）　「介護・福祉職」は、直接処遇の職である「訪問介護員／ホームヘルパー」、「施設介護員」、「保育士」のスコアを単純平均して算出。

また、第2-(4)-29図は、介護・福祉職とのタスク距離が近い職種（左図）及び介護・福祉職とのタスク距離が遠い職種（右図）をそれぞれ列挙したものである。これによると、介護・福祉職とのタスク距離が近い職種には、医療・福祉関係の職種を除けば、「トリマー」「あん摩マッサージ指圧師」「旅館・ホテル支配人」などの生活衛生サービスの職種や「教員」など教育関係の職種が多くなっている。また、介護・福祉職とのタスク距離が遠い職種には「ビル・建物清掃員」のほか、「医療・介護事務員」「その他の外勤事務の職業」などの事務系職種などが含まれている。

第4章

第2-（4）-29図　介護・福祉職とのタスクの距離が近い職種・遠い職種

○　介護・福祉職とのタスク距離が近い職種には、医療・福祉関係の職種を除けば、「トリマー」「あん摩マッサージ指圧師」「旅館・ホテル支配人」などの生活衛生サービスの職種や「教員」など教育関係の職種が多い。

○　介護・福祉職とのタスク距離が遠い職種には「ビル・建物清掃員」のほか、「医療・介護事務員」「その他の外勤事務の職業」などの事務系職種などが含まれる。

介護・福祉職とのタスク距離が近い職種上位20

厚労省職業	福祉職との距離
1 トリマー	1.591
2 その他の保健医療サービスの職業	1.661
3 幼稚園教員	1.664
4 小学校教員	1.868
5 高等学校教員	1.898
6 福祉施設指導専門員	1.983
7 柔道整復師	2.006
8 栄養士、管理栄養士	2.109
9 その他の営業・販売関連事務の職業	2.114
10 葬儀師、火葬係	2.133
11 歯科衛生士	2.149
12 薬剤師	2.165
13 医師	2.244
14 個人教師	2.270
15 あん摩マッサージ指圧師、はり師、きゅう師	2.305
16 通信・情報システム営業員	2.333
17 旅館・ホテル支配人	2.340
18 獣医師	2.354
19 その他の販売類似の職業	2.378
20 歯科医師	2.389

介護・福祉職とのタスク距離が遠い職種上位20

厚労省職業	福祉職との距離
1 ビル・建物清掃員	6.313
2 選別作業員	5.953
3 データ入力係員	5.535
4 荷造作業員	5.534
5 家政婦（夫）、家事手伝	5.485
6 製品包装作業員	5.427
7 会社の管理職員	5.366
8 著述家	5.249
9 倉庫作業員	5.084
10 輸送用機械器具整備・修理工（自動車を除く）	4.998
11 公認会計士	4.9
12 マンション・アパート・下宿管理人	4.896
13 駐車場・駐輪場管理人	4.773
14 医療・介護事務員	4.771
15 軽作業員	4.696
16 その他の外勤事務の職業	4.526
17 情報処理プロジェクトマネージャ	4.511
18 弁護士	4.428
19 画家、書家、漫画家	4.377
20 電車運転士	4.342

※その他、介護・福祉職とのタスク距離が比較的近い職種の例
美容師、美容サービス職（エステティシャン等）、旅館・ホテル・乗物接客員、他に分類されないサービスの職業（リフレクソロジスト等）

資料出所　厚生労働省行政記録情報（雇用保険・職業紹介・職業訓練）をもとに厚生労働省政策統括官付政策統括室にて作成
（注）　1）介護・福祉職との距離は第2-（4）-28図の活動項目41項目を用い、ユークリッド距離（各項目のスコアの差の2乗の合計の平方根）により算出。
　　　　2）「介護・福祉職とのタスク距離が近い職種上位20」からは介護・福祉職に含まれる3職種（「訪問介護職」「施設介護員」「保育士」）は除いている。

●介護・福祉職とのタスク距離が近い者においては訓練受講後に介護・福祉分野に関連した就職をする割合が高いが、介護・福祉職とのタスク距離が遠い者についても、一定程度介護・福祉分野に関連した就職をしている

　それでは、介護・福祉分野の訓練受講者について、前職の職種と介護・福祉職とのタスクの距離と、介護・福祉分野に関連する就職のしやすさとの関係をみてみよう。第2-（4）-30図は、介護・福祉分野の訓練受講者について、横軸に前職と介護・福祉職とのタスク距離をとり、縦軸に前職の職業ごとの、介護・福祉分野に関連した就職をした者の割合をとったものである。バブルの大きさは、当該職種における介護・福祉分野の訓練受講者数を表している。これによると、緑色の、介護・福祉職とのタスクの距離が近いグループにおいては、訓練に関連した就職をしている者が多くなっている。

　他方で、赤色の前職と介護・福祉職とのタスク距離が遠いグループの関連就職割合をみても、当該割合が介護・福祉職とのタスク距離が近いグループや中程度のグループと比較して低いという傾向は特段みられない。

　これに関連して、前職の職種と介護・福祉職とのタスク距離と介護・福祉分野の訓練を受講した場合の再就職率や訓練に関連した就職をする確率の関係について回帰分析を行ってみた結果が第2-（4）-31図である。（1）は、訓練非受講者も含めた全サンプルを対象として、再就職の有無を被説明変数とした結果である。（2）は、訓練受講者を対象として、介護・福祉分野の訓練に関連した就職をしたか否かを被説明変数とした結果である。いずれも、福祉分野の

訓練を受講したか否か及び前職と福祉職との距離や、それらの交差項を説明変数に用いている。回帰分析の結果をみると、介護・福祉職とのタスク距離と介護・福祉分野の訓練受講の交差項の係数は統計的に有意ではなく、介護・福祉職とのタスク距離の近さによって再就職率や訓練に関連した就職の確率に明確な差はみられないという結果になっている。したがって、第2-（4）-30図の結果とも合わせると、前職と介護・福祉職との距離によって、介護・福祉分野の訓練受講者が介護・福祉分野に関連した就職をするか否かに統計的に有意な差は無く、前職と介護・福祉職とのタスク距離が遠いからといって、必ずしも介護・福祉分野への適性が低いわけではないという可能性が示唆される。

第2-（4）-30図　前職職種の介護・福祉職とのタスク距離と関連就職割合の関係

○　介護・福祉分野の訓練受講者について、前職の職種と介護・福祉職とのタスクの距離と、訓練に関連した就職者割合の関係をみると、介護・福祉職とのタスクの距離が近いグループでは訓練に関連した就職をしている者が多い。

○　他方で、前職の介護・福祉職とのタスク距離が遠いグループでも、訓練に関連した就職をしている者の割合が特段低いという傾向はみられない。

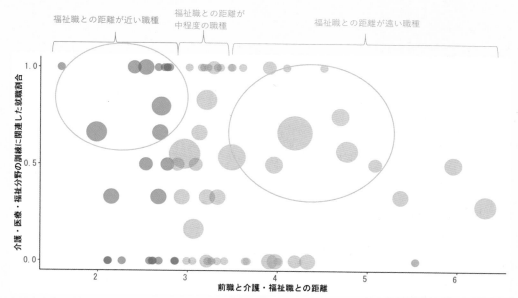

資料出所　厚生労働省行政記録情報（雇用保険・職業紹介・職業訓練）をもとに厚生労働省政策統括官付政策統括室にて作成

（注）　1）前職の職種と介護・福祉職とのタスクの距離に対して、「介護・医療・福祉分野」の訓練に関連した仕事に就職をした者の割合を縦軸にプロットしたもの。円の大きさは訓練受講者数を示す。

　　　2）介護・福祉職と前職とのタスク距離は、JILPT資料シリーズNo240「職業情報提供サイト（日本版O-NET）のインプットデータ開発に関する研究（2020年度）」よりダウンロードした職種別の「仕事の内容」41項目のスコアを使用し、以下のとおりユークリッド距離により算出した。

$$D_J = \sqrt{(W_1 - J_1)^2 + (W_2 - J_2)^2 + \cdots + (W_{41} - J_{41})^2}$$ 　D_J：職種Jと福祉職Wとのタスク距離

　　　W_i, J_i：福祉職W、職種Jの活動項目iのスコア（1～5）

　　　3）前職が介護・福祉職に含まれる3職種（「訪問介護職」「施設介護員」「保育士」）である者は除いている。

　　　4）介護・福祉職との距離に応じて（33パーセンタイル、66パーセンタイル、100パーセンタイル）3つのグループに区別している。

第4章

第2-(4)-31図	前職職種の介護・福祉職とのタスク距離と再就職率・関連就職率の関係

○　前職職種と介護・福祉職とのタスク距離に応じて、介護・福祉分野の訓練を受講した場合の再就職率や訓練に関連した就職をする確率の変化をみると、介護・福祉職とのタスク距離と介護・福祉分野の訓練受講の交差項の係数は統計的に有意ではなく、福祉分野の訓練受講者について、介護・福祉職とのタスク距離の近さによって再就職率や訓練に関連した就職の確率に明確な差はみられない。

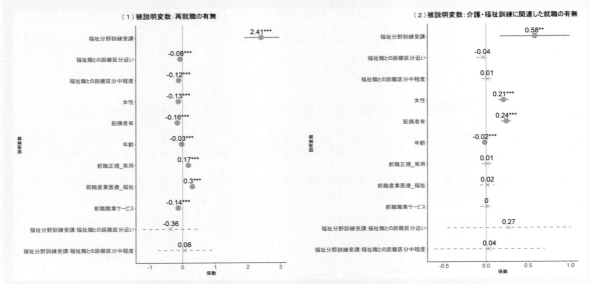

資料出所　厚生労働省行政記録情報（雇用保険・職業紹介・職業訓練）をもとに厚生労働省政策統括官付政策統括室にて作成
（注）　1）図中の数値は説明変数の係数、直線の横幅は係数の95％信頼区間を示す。赤線（実線）は5％水準で統計的に有意であり、灰色線（破線）は5％水準で有意でないことを示す。
　　　　2）***は有意水準0.1％未満、**は有意水準1％未満、*は有意水準5％未満を示す。
　　　　3）前職が介護・福祉職に含まれる3職種（「訪問介護職」「施設介護員」「保育士」）である場合は除いている。
　　　　4）介護・福祉職との距離区分は前職と介護・福祉職との距離（33パーセンタイル、67パーセンタイル、100パーセンタイル）に応じて「近・中・遠」の3つにカテゴライズしており、距離区分が遠い場合を基準としている。
　　　　5）詳細な回帰分析の結果は厚生労働省ＨＰを参照。

●介護・福祉分野の訓練の受講者には介護・福祉職とのタスク距離が近い者だけでなく、タスク距離が遠い者も含まれる

　前職の職種と介護・福祉職とのタスク距離と介護・福祉分野の関連就職の関係からは、介護・福祉職との距離が近いグループではやや介護・福祉分野への関連就職割合が高いものの、介護・福祉職とのタスク距離が遠い者でも関連就職割合は一定程度あることが分かった。それでは、実際に介護・福祉分野の訓練を受講している者のタスク距離の状況はどうなっているだろうか。

　第2-(4)-32図は、介護・福祉分野の訓練を受講する割合が高い前職の職種をみたものである。これによると、介護・福祉分野の訓練を受講する割合が高い職種には、タスクの距離が近い医療・福祉系の職種が多く含まれていることが分かる。他方、医療・福祉系の職種以外をみると、「ビル・建物清掃員」や「医療・介護事務員」「総合事務員」など、必ずしも介護・福祉職とのタスク距離が近くない職種の者も含まれている。

第２-（４）-32図　介護・福祉分野の訓練を受ける者の割合が高い前職職種の状況

○　介護・福祉分野の訓練を受講する割合が高い前職職種をみると、タスクの距離が近い医療・福祉系の職種が多くなっている。
○　他方、医療・福祉系の職種以外では、必ずしも介護・福祉職とのタスク距離が近くない職種（ビル・建物清掃員や事務職など）の者も含まれている。

介護・福祉分野の訓練を受けている者の割合が高い前職職種上位

離職前職業小分類	職業訓練受講者数	訓練受講者に占める割合	福祉職との距離
1 看護助手	13	0.066	3.488
2 ビル・建物清掃員	7	0.048	6.313
3 福祉施設指導専門員	6	0.021	1.983
4 他に分類されないサービスの職業	5	0.018	2.703
5 施設介護員	16	0.016	1.322
6 保育士	6	0.009	1.227
7 医療・介護事務員	7	0.008	4.771
8 小売店販売員	18	0.008	2.965
9 総合事務員	24	0.008	4.190
10 調理人	6	0.008	3.209
11 営業・販売事務員	6	0.006	3.066

介護・福祉職とのタスク距離が遠い職種上位20（再掲）

厚労省職業	福祉職との距離
1 ビル・建物清掃員	6.313
2 選別作業員	5.953
3 データ入力係員	5.535
4 荷造作業員	5.534
5 家政婦（夫）、家事手伝	5.485
6 製品包装作業員	5.427
7 会社の管理職員	5.366
8 著述家	5.249
9 倉庫作業員	5.084
10 輸送用機械器具整備・修理工（自動車を除く）	4.998
11 公認会計士	4.9
12 マンション・アパート・下宿管理人	4.896
13 駐車場・駐輪場管理人	4.773
14 医療・介護事務員	4.771
15 軽作業員	4.696
16 その他の外勤事務の職業	4.526
17 情報処理プロジェクトマネージャ	4.511
18 弁護士	4.428
19 画家、書家、漫画家	4.377
20 電車運転士	4.342

資料出所　厚生労働省行政記録情報（雇用保険・職業紹介・職業訓練）をもとに厚生労働省政策統括官付政策統括室にて作成
（注）　1）「介護・福祉分野の訓練を受けている者の割合が高い前職職種上位」は、前職職種別の訓練受講者のうち、介護・福祉分野の訓練を受講している者の割合が高い職種を上位から並べたもの。
　　　　2）「介護・福祉分野の訓練を受けている者の割合が高い前職職種上位」は、介護・福祉分野の訓練受講者数が5人以上の職種について集計している。

●介護・福祉職とのタスク距離が近い者、遠い者のそれぞれの特徴に応じて介護・福祉分野の訓練の受講を促していくことが考えられる

　ここまで、介護・福祉分野の訓練について分析を行ってきたが、一連の分析のまとめと、分析結果の政策的な含意について述べる。まず、介護・福祉分野の訓練については、「医療，福祉」以外の産業・職種の離職者が訓練を受講することで、「医療，福祉」への移動に及ぼす効果がみられ、他産業・他職種からの労働移動を促進する効果がみられた。このことから、人手不足の介護・福祉の現場を支える人材確保のために、介護・福祉分野の職業訓練の量的拡充も選択肢として考えられるものの、他方で、介護・福祉分野の訓練の定員の充足率が相対的に低い現状を鑑みれば、受講者をどのように確保していくかが重要な課題であると考えられる。

　介護・福祉職への適性が前職と介護・福祉職とのタスクの類似性と関連しているという仮説に基づき、介護・福祉職とのタスクの距離に着目した分析を行った結果によれば、前職と介護・福祉職とのタスク距離が近い者だけでなく、介護・福祉職とのタスク距離が遠い者も含めて、幅広い求職者が潜在的に介護・福祉分野の訓練対象者となり得ると考えられる。このことから、介護・福祉職とタスクの類似性が高い職種以外の職種の者もより容易に訓練を受けられるようにするため、例えば、現在講じている短期間・短時間訓練等の特例措置の効果を見極めた上で、感染収束後も継続するなど、受講者の裾野を広げる取組も有効ではないかと考えられる。

　また、介護・福祉職と前職とのタスクの距離が近い者では、介護・福祉分野に関連した就職をした者の割合が高く、訓練効果もより高い可能性がある（介護・福祉職により適性がある可能性がある）一方で、タスク距離が近い職種の経験者は介護・福祉の訓練を必ずしも受講していない傾向がみられた。このため、タスク距離が近い職種の求職者に対して、介護の魅力に加え、タスクの類似性も伝えるなどして、介護・福祉分野の訓練を紹介する工夫も必要ではないかと考えられる。

第４章

●ⅠT分野の訓練の受講者は、訓練に関連した就職をする割合が他の分野と比較してそれほど高くない

　介護・福祉分野に続いて、ⅠT分野の公共職業訓練の効果や課題についても分析を行っていく。ⅠT分野については、デジタル分野における人手不足を背景に、公共職業訓練を強化する動きがある[33]。他方で、これまでの分析によれば、ⅠT分野の公共職業訓練の受講者は、他の訓練分野と同様、訓練非受講者と比較すると再就職がしやすくなっているものの、他分野から情報技術者への労働移動を促進しているというエビデンスは確認できなかった。また、第2-（4）-33図は、訓練分野別に、当該訓練に関連した就職をした者の割合をみたものであるが、これによれば、ⅠT分野の訓練の受講者のうちで訓練に関連した就職をしている割合は、他の分野と比較してそれほど高い数値にはなっていない。

　ⅠT分野の訓練受講者について、訓練に関連した就職をした者の割合が高くないという事実は、ⅠT分野の公共職業訓練の在り方についてどのような政策的含意を有しているだろうか。この点について以降の分析を進めていくが、その際重要な点として、ⅠT分野の訓練については、ⅠTに関する専門技術を持った人材の育成を目的とする訓練と、ⅠTをビジネスにおいて活用できる人材を育成することを目的とする訓練に分けることができる。これらの訓練は、想定している受講者層や就職先の職種が異なるため、ⅠT分野の訓練効果について議論するに当たっては、こうした、訓練目的の違いを意識して分析を進める必要がある。

| 第2-（4）-33図 | 訓練分野別訓練に関連した就職をした者の割合 |

○　ⅠT分野の訓練の受講者のうちで訓練に関連した就職をしている割合は、他の分野と比較してそれほど高い数値にはなっていない。

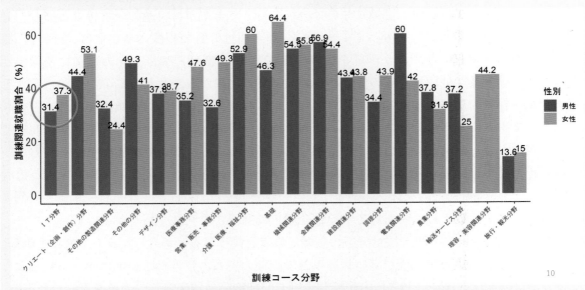

資料出所　厚生労働省行政記録情報（雇用保険・職業紹介・職業訓練）をもとに厚生労働省政策統括官付政策統括室にて作成
　（注）　各訓練分野の受講者で再就職した者のうち、当該訓練の内容に関連した仕事に就職したと答えた者の割合を示している。

---

[33]　厚生労働省では、2021年度より、ⅠT人材の質的・量的な確保を図る観点から、公共職業訓練（委託訓練）及び求職者支援訓練において、ⅠTスキル標準（ITSS）レベル1以上に相当する資格取得を目指す訓練コースについての訓練実施機関に対する訓練委託費等の上乗せ等により、ⅠT分野の訓練コース設定の促進を図っている。

●ＩＴ分野の訓練の受講者は、事務職に就職している割合が最も高い一方、事務職でも訓練に関連した就職をしている者が一定割合みられる

　まずは、ＩＴ分野の訓練受講者について、再就職した場合の具体的な就職先の状況をみてみよう。第２-（４）-34図は、ＩＴ分野の訓練受講者が就職した産業・職業の状況（左図）及び新職の産業・職業別の訓練に関連した就職者の割合（右図）をみたものである。左図をみると、ＩＴ分野の訓練受講者のうち、情報技術者に就職した者の割合は5.8％となっている一方、サービス業の事務的職業や公務の事務的職業に就職した者の割合はそれぞれ13.7％、8.2％となっており、ＩＴ分野の訓練受講者のうち、情報技術者に就職する者よりも事務職に就職する者の割合の方が高くなっている。他方で、右図によると、ＩＴ分野の訓練受講者で再就職した者のうち、訓練に関連した仕事に就職したとする者の割合は、情報技術者で59.5％と高い。一方、事務職においては、３～５割程度とやや幅があるが、一定割合みられる。

　第２-（４）-33図で、ＩＴ分野の訓練受講者について、訓練分野に関連した就職をしたとする者の割合が高くないことを指摘したが、ＩＴ分野の訓練受講者の就職先をみても、情報技術者に就職した者よりも事務職に就職した者の割合が高くなっている。また、訓練に関連した就職をした者の割合は情報技術者と比較すると事務職に就職した者の方がおおむね低くなっている。他方で、事務職に就職した者であっても、「製造業」や「医療，福祉」業などでは、訓練に関連した就職をした者の割合が比較的高くなっている場合もある。それでは、ＩＴ分野の訓練受講者で事務職に就職する者にはどのような特徴があるだろうか。

第２-（４）-34図　ＩＴ分野訓練受講者の新職産業・職種と訓練に関連した就職割合

○　ＩＴ分野の訓練受講者が就職した産業・職種をみると、情報通信業の専門的・技術的職業（情報技術者）は5.8％だが、新職産業・職種の上位であるサービス業や公務等の事務職においても、関連就職をしている者が一定割合みられる。

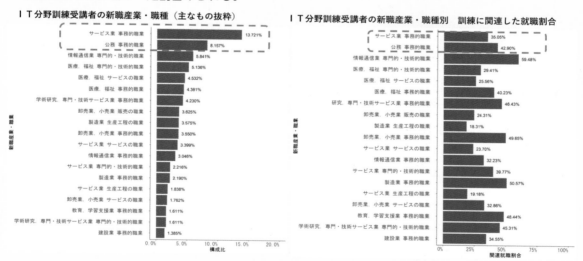

資料出所　厚生労働省行政記録情報（雇用保険・職業紹介・職業訓練）をもとに厚生労働省政策統括官付政策統括室にて作成

●ＩＴ分野の訓練の受講者のうち、前職が事務職である場合は再び事務職に就職する傾向がみられるとともに、女性の場合ＩＴ分野の訓練を受講しても情報技術者になりにくい傾向がみられる

　ＩＴ分野の訓練受講者のうち、事務職に就職する者や情報技術者に就職する者の特徴について分析していく。

　第2-(4)-35図は、ＩＴ分野の訓練受講者について、「サービス職の事務職」に就職するか否か及び情報技術者に就職するか否かを被説明変数とし、訓練受講者の様々な属性を説明変数として回帰分析を行ったものである。まず、サービス職の事務職に就職する確率については（左図）、前職が「事務職」である場合や「派遣労働者」である場合に係数が正で統計的に有意となっている。したがって、前職が事務職であると、ＩＴ分野の訓練を受講した場合に再び事務職に就職する傾向が強いことが分かる。この結果と、第2-(4)-34図でみた結果を併せて考えると、事務職として働いていた者が、ＩＴ分野の訓練を受講することで応用的なＩＴスキルを身につけ、新たに事務職において当該スキルを活用した仕事をしているという実態がうかがえる。

　また、ＩＴ分野の訓練受講者が情報技術者に就職する確率をみると（右図）、年齢が高くなるにつれて情報技術者に就職しにくい傾向がみられるとともに、女性は情報技術者に就職しにくい傾向があることが分かる。特に女性が情報技術者になりにくいという点について、既にみたＩＴ分野の訓練受講者が事務職から事務職に移行しやすいという点と関連しているため、以下で更に詳細にみていく。

第2-(4)-35図　ＩＴ分野訓練受講者の事務職や情報技術者になる確率に関する回帰分析

○　ＩＴ分野の訓練受講者について、前職が派遣労働者や事務職であると、新職はサービス業の事務職になりやすい傾向がある。
○　新職が情報技術者になる確率についてみると、女性は情報技術者になりにくい傾向がうかがえる。また、年齢が高くなるにつれて情報技術者になりにくい傾向もみられる。

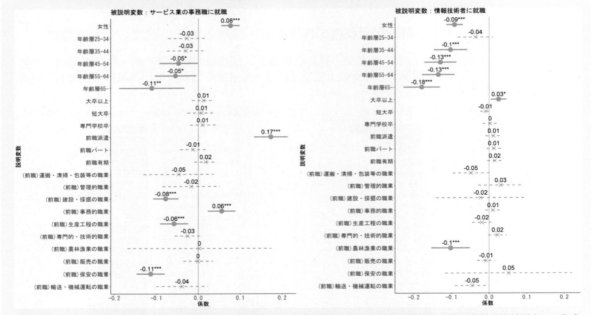

資料出所　厚生労働省行政記録情報（雇用保険・職業紹介・職業訓練）をもとに厚生労働省政策統括官付政策統括室にて作成
　（注）　1）図中の数値は説明変数の係数、直線の横幅は係数の95％信頼区間を示す。赤線（実線）は５％水準で統計的に有意であり、灰色線（破線）は５％水準で有意でないことを示す。
　　　　　2）＊＊＊は有意水準0.1％未満、＊＊は有意水準１％未満、＊は有意水準５％未満を示す。
　　　　　3）標準誤差は分散不均一に頑健なものを使用。
　　　　　4）詳細な回帰分析の結果は厚生労働省ＨＰを参照。

● ＩＴ分野の訓練の受講者の訓練科別の割合は、「情報ビジネス科」が最も高く、特に女性で高い割合となっている

　第2-(4)-35図でみたように、女性はＩＴ分野の訓練を受けても情報技術者になりにくい傾向がみられた。この背景にはどのような要因があるだろうか。ここからは、男女の傾向の違

いに着目して、ＩＴ分野の訓練受講や就職の傾向を細かくみていく。

　第2－（4）－36図は、男女別にＩＴ分野の訓練受講者の訓練科別の受講割合をみたものである。ここまでの分析で「ＩＴ分野の訓練」と一括りにしていたが、その中には様々な内容・レベルのものが含まれている。これを細分化すると、男女ともにＩＴのユーザーレベルのスキルを学ぶ「情報ビジネス科」の受講者割合が最も高く、特に、女性では6割を超えている。「情報ビジネス科」の訓練は、ＩＴをビジネスにおいて活用できる人材を育成することを主な目的とする訓練である。訓練内容は実際に開講される講座ごとに異なっているが、ＰＣやソフトウェアの操作なども含まれることから、事務職等でも活用できるものとなっている。

第2－（4）－36図　　ＩＴ分野訓練受講者の男女別訓練科別受講者割合

○　ＩＴ分野の訓練の中には様々な内容・レベルのものがあることから、訓練科を細分化して内訳をみると、男女ともにＩＴのユーザーレベルのスキルを学ぶ「情報ビジネス科」（※）の受講者の割合が最も高く、特に女性で高くなっている。
※　「情報ビジネス科」はカリキュラムにＰＣやソフトウエアの操作が含まれる訓練。

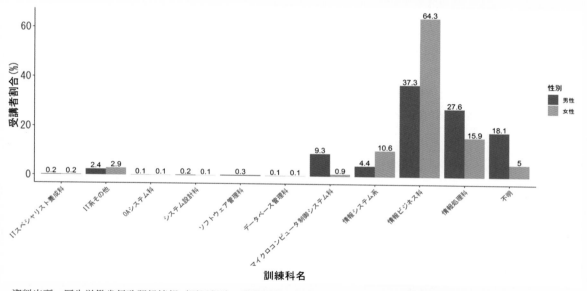

資料出所　厚生労働省行政記録情報（雇用保険・職業紹介・職業訓練）をもとに厚生労働省政策統括官付政策統括室にて作成

●**女性がＩＴの専門的な訓練を受講した場合は情報技術者になる確率が高まる傾向があり、その効果に性別による差は確認できない**

　女性のＩＴ分野の訓練受講者は、ＩＴのユーザーレベルのスキルを身につける訓練コースへのニーズが高いことがうかがえたが、ＩＴの専門的な訓練を受講した場合、女性が情報技術者になる確率への効果は、男性と異なるだろうか。

　第2－（4）－37図は、再就職した者について、情報技術者になるか否かを被説明変数とし、ＩＴ専門訓練を受講した場合、情報ビジネス科の訓練を受講した場合及び訓練を受講しなかった場合といった、訓練受講に係る状況を説明変数として、ロジスティック回帰分析を行った結果である。これによると、女性は男性と比較して情報技術者になりにくい傾向はあるものの、ＩＴの専門訓練を受講した場合は、非ＩＴ分野の訓練を受講した場合と比較して情報技術者への就職確率は有意に高まっている。また、女性ダミーとＩＴ専門訓練受講の交差項が統計的に有意ではないことから、その効果には性別による統計的な有意な差はみられない。

　したがって、女性も、ＩＴの専門訓練を受講した場合は情報技術者になりやすくなる傾向があり、その効果について、男性との間に性別による差があるとはいえない。

| 第2-（4）-37図 | ＩＴ専門訓練の受講と情報技術者になる確率の関係についての回帰分析 |

○　再就職した者が情報技術者になる確率について、ロジスティック回帰分析を行ったところ、①女性は男性と比較して訓練分野にかかわらず情報技術者に就職する確率が低い傾向があるものの、②ＩＴの専門訓練を受講した場合は、非ＩＴ分野の訓練を受講した場合と比較して情報技術者への就職確率は有意に高まっており、かつ③女性ダミーとＩＴ専門訓練受講の交差項が有意ではないことから、その効果には性別による有意な差は無い。

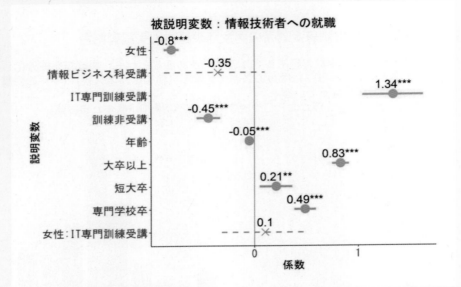

被説明変数：情報技術者への就職

資料出所　厚生労働省行政記録情報（雇用保険・職業紹介・職業訓練）をもとに厚生労働省政策統括官付政策統括室にて作成
　（注）　1）図中の数値は説明変数の係数、直線の横幅は係数の95％信頼区間を示す。赤線（実線）は5％水準で統計的に有意であり、灰色線（破線）は5％水準で有意でないことを示す。
　　　　　2）＊＊＊は有意水準0.1％未満、＊＊は有意水準1％未満、＊は有意水準5％未満を示す。
　　　　　3）図に示しているもののほか、前職の産業や職業等を説明変数として用いている。詳細な回帰分析の結果は厚生労働省ＨＰを参照。

● **女性のＩＴ訓練受講者はＩＴの専門訓練の受講者でも、事務職への就職意向が強い**

　女性も、ＩＴの専門訓練を受けた場合は情報技術者に就職する確率が高まり、かつ、その効果には性別による差が無い可能性が示唆された。それでもなお女性が情報技術者になりにくい傾向がある背景としては、女性の就職意向が関係している可能性がある。

　第2-（4）-38図（1）は、ＩＴ分野の訓練受講者について、男女別に「情報ビジネス科」の受講者と、それ以外のＩＴ専門訓練の受講者のそれぞれについて、ハローワークにおける求職申込時の希望職種の割合をみたものである。これによれば、「情報ビジネス科」の受講者は男女ともに「一般事務の職業」を希望する割合が高いが、特に、女性では6割程度を占めている。さらに、ＩＴ専門訓練の受講者についてみても、男性は「情報処理・通信技術者」を希望する割合が高いのに対し、女性では「一般事務の職業」を希望する者が半数以上を占めており、「情報処理・通信技術者」の希望者は1割程度となっている。

　続いて、同図（2）は、ＩＴ分野の訓練受講者で再就職した者について、「情報ビジネス科」とＩＴ専門訓練の受講者に分けて、男女別に前職と新職の職種の組み合わせごとの割合をみたものである。これによると、「情報ビジネス科」の受講者の就職先は、男性では「生産工程の

職業」や「サービスの職業」など幅広いが、女性は事務職への就職が半数近くを占めている。

　ＩＴ専門訓練の受講者については、男性は「専門的・技術的職業」への就職割合が比較的高くなっているが、女性では「情報ビジネス科」の受講者と同様、事務職への就職割合が高くなっている。

　これらの結果を併せてみると、女性のＩＴ訓練受講者は男性と比較して、ＩＴの専門訓練の受講者であっても求職申込時には事務職への就職を希望する者が多く、また、ハローワークの働きかけによりＩＴ専門訓練を受講した者であっても、情報技術職に就職することが少ないことが分かる。このように、女性は男性と比較して、事務職に就職する意向が強いことが、女性が情報技術者になりにくいことの主な要因の一つとなっている可能性が示唆される。

第2-（4）-38図　ＩＴ分野訓練受講者の訓練種別希望職種及び就職状況（男女別）

○　ＩＴ分野の訓練を「情報ビジネス科」とより専門的な知識を学ぶ「ＩＴ専門訓練」に分けて、ＩＴ訓練受講者のハローワークにおける求職申込時の希望職種をみると、情報ビジネス科の受講者は男女ともに「一般事務の職業」を希望する割合が高い。ＩＴ専門訓練の受講者については、男性は「情報処理・通信技術者」を希望する割合が高いが、女性では「一般事務」の希望者の割合が高く「情報処理・通信技術者」の割合が低い。

○　ＩＴ訓練を受講して再就職した者の前職と新職の状況をみると、情報ビジネス科の受講者は男性では「生産工程の職業」、「サービスの職業」など幅広いが、女性は事務職への就職が半数近くを占める。ＩＴ専門訓練の受講者について、男性は「専門的・技術的職業」への就職割合が高いが、女性では事務職への就職の割合が高く、ハローワークでの働きかけ等によりＩＴ専門訓練を受講したにもかかわらず情報技術者として就職することが少ない。

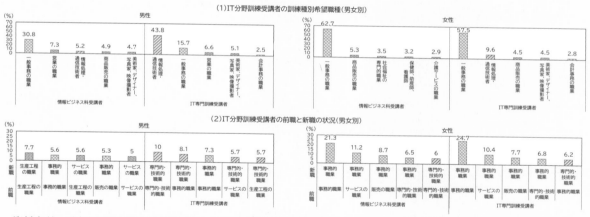

資料出所　厚生労働省行政記録情報（雇用保険・職業紹介・職業訓練）をもとに厚生労働省政策統括官付政策統括室にて作成
　（注）　1）「ＩＴ専門訓練受講者」はＩＴ分野の訓練のうち「情報ビジネス科」以外の訓練科目（「情報処理科」「マイクロコンピュータ制御システム科」「ＯＡシステム科」「ソフトウェア管理科」「データベース管理科」「システム設計科」「ＩＴスペシャリスト養成科「ＩＴ系その他」「情報システム系」）の受講者。
　　　　2）希望職種は、求職台帳データにおける「希望する仕事」をみたものであり、ハローワークにおける求職申込時の希望職種である。
　　　　3）それぞれの訓練種別ごとに①は希望者割合が高い上位5職種を、②は前職と新職の組み合わせの割合が高い上位5区分を列挙している。

●**女性の情報技術者への就職を促すためには、ＩＴの専門訓練の充実に加え、女性の情報技術者への就職に対する関心を高めるための支援が求められる**

　一連の分析を踏まえ、ＩＴ分野の訓練についても政策的含意をまとめる。ＩＴ分野については、他の職業から情報技術者への移動を促進しているエビデンスは確認できなかった。また、ＩＴ分野の受講者は事務職から事務職への転職をしやすく、事務職における関連就職をしている（ＩＴ分野の訓練が就職に役立っている）者が一定割合みられる。

　また、ＩＴ分野の訓練を受けた女性が情報技術者に就職しにくい状況にある傾向もみられた。これについては、女性はＩＴ分野の訓練受講者であっても、ユーザーレベルのスキルを身につける訓練コースへのニーズが高いことや、事務職への就職意向が強い傾向があることが主な要因である可能性がある。現在、企業のＤＸやデジタル化が加速しており、今後は更に高度なＩＴリテラシーが事務職にも求められることが想定されることから、ＩＴのユーザーレベルのスキルを身につける機会は社会的にも求められるところであり、こうした訓練コースの意義は大きいものと考えられる。

　他方、政府も、デジタル人材を育成・確保していく上で、ジェンダーギャップの解消に向けた取組を進めており[34]、女性の情報技術者への就職を更に促進していくという観点からは、女性の情報技術者への就職への関心を高めていくことが重要であると考えられる。例えば、ハローワークにおいて、ＩＴ専門訓練受講後に応募可能な求人に関する情報提供を行うことや、訓練受講期間中の企業実習を通じて女性に情報技術者として実際に働くイメージを持ってもらうことなど、女性が情報技術者として働くことへの関心を高められるような支援を行っていくことが求められる。

コラム２−９	民間企業によるＩＴスキルの学び直しに向けた取組について

　これまでみてきたように、産業界におけるＤＸの推進等により、ＩＴ人材に関する労働力需要は一層高まっていくことが見込まれている。また、コラム２−４でみたように、事業会社を中心として、ＩＴの専門人材だけでなく、ＩＴをビジネスに活用して付加価値を生むことができる人材の重要性が高まっていることがうかがえ、広く社会全体において、労働者がそれぞれの層に応じたＩＴスキルを身につけることが求められているといえる。こうした状況下においては、労働者が自らのニーズに応じたＩＴスキルの学び直しができる環境の充実が求められるが、民間企業において、ＩＴスキルの学び直しのためのプラットフォームを提供する動きが広がりつつある。ここでは、先進的な取組の事例として、株式会社セールスフォース・ジャパン、青山学院大学及び丸紅株式会社の取組を紹介する。

34　「女性デジタル人材育成プラン」（令和４年４月26日男女共同参画会議決定）参照。

【株式会社セールスフォース・ジャパン】

　セールスフォースは、1999年に米国にて設立されたクラウドによるサブスクリプション型のＣＲＭ[35]プラットフォームを提供する企業である。日本法人は2000年に設立され、従業員数は約3,590人である（2022年1月末現在）。

　「Pathfinder」プログラムは、2018年から米国本社が米デロイト社と共同で開始したＤＸ人材育成のための再就職プログラムであり、米国では当初退役軍人等を対象にSalesforce認定資格の取得などの就業に向けた支援を行ってきた。

　日本においても、感染症の影響によってＣＲＭ領域におけるＤＸ人材のニーズが急速に高まったことを背景に、ＣＲＭの知識のほか、「Salesforce認定アドミニストレーター」[36]資格を取得、学習した知識を元に演習により実践力を習得することで、市場価値の高いＤＸ人材を市場に排出することを目的として、2021年から開始された。日本法人がオンラインのプログラムや学習コンテンツの提供を行い、共同で運営するデロイトトーマツコンサルティングがＣＲＭビジネスの基礎やシステム要件定義等のビジネススキルについてトレーニングを行う。

　同プログラムはフェーズ1からフェーズ3があり、以下のような内容となっている。

フェーズ1：オンライントレーニング・講習・試験対策、Salesforce 認定アドミニストレーター試験（13週間）

フェーズ2：総合演習（8週間）

フェーズ3：キャリアサポート（2週間）

　フェーズ1では同社の提供するＣＲＭプラットフォームの使用方法や、ＣＲＭ、ＩＴ等の基礎知識を身に付け、その後にSalesforce認定アドミニストレーター試験を受験し、合格した受講生がフェーズ2に進む。フェーズ2では仮想の企業を設定し、受講生がオンラインで課題解決に向けた設計、開発等の演習を行い、フェーズ3ではパートナー企業（同社の製品を活用した事業を展開する企業）と受講生のマッチングイベントを企画し、知識の習得から就職に結びけられるような流れを構築している。

　2022年2月現在、これまでの受講生は102名であり、男女別の内訳では女性が多いのも特徴である。同社は、ＩＴ業界全体では女性の比率は非常に少ない状況にあるが、就職氷河期世代や結婚出産を機に就業から離れた場合など、女性のＩＴ分野における就業の拡大に関しては潜在的な可能性があり、ＩＴ業界全体の人材を拡大することにも貢献できると考えている。

第4章

35　Customer Relationship Management（顧客関係管理）。

36　同社が独自に認定している資格のうちの一つで、Salesforce 認定アドミニストレーター試験では、Salesforce ＣＲＭ システム管理者を認定し、Salesforce組織のメンテナンスや、業務要件に基づいた管理機能を実行できる能力が求められるとしている。

　プログラムを実施する上での工夫として、オンラインでの自己学習や隙間時間を活用した学習が中心である場合、受講者の理解度を把握しづらい等の課題があるが、同社のコミュニケーションツール（Slack）を用いたサポートのほか、オンラインでの質問の場を設けて実際の画面を見ながら指導し、受講生に解説を行っている。また、パートナー企業からも資格取得に係る情報提供を受けているほか、パートナー企業の就業者に座談会へ参加してもらい、受講生が働くイメージを持てるよう、仕事上の具体的事例を交えた話をしてもらっている。

　受講生からは、「無料で有益な知識が習得でき、スケジュールがしっかり組まれている」「セールスフォースを通してＤＸを推進するための先進的なシステム構築を学ぶことができてよかった」等の声があったという。また、今後の展望について、同社担当者によれば、今後も規模を拡大しつつ同プログラムを継続して実施していく予定であるとのことである。

　きめ細かい教育プログラムと就職支援が一体となった同社の取組は、女性のＩＴ分野への就職を促進する上でも注目すべき事例であり、今後の進展にも注目したい。

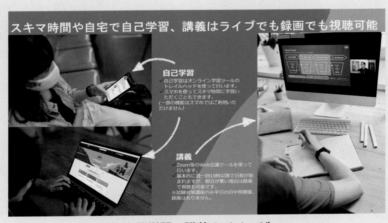

自己学習・講義のイメージ

プログラムの実施スケジュール

【青山学院大学】

　青山学院大学社会情報学部（神奈川県相模原市）では、2019年に社会人向け教育プログラム「青山・情報システムアーキテクト育成プログラムADPISA」を開始した。ADPISAは、情報システムを企画・開発・運営できる人材「情報システムアーキテクト」を育成する社会人向け教育プログラムであるが、感染拡大により女性が大きな影響を受けていること、DX時代のIT人材への期待が高まっていること等から、2021年に「女性向けのITリカレント教育プログラムADPISA-F」を新たに創設した。2021年度のADPISA及びADPISA-Fは、文部科学省の「就職・転職支援のための大学リカレント教育推進事業」[37]に採択されている。

　ADPISA-Fの対象者は、IT系の知識を学んだことがない女性の離職者、転職希望者、未就労者であり、年齢制限はない。プログラムは主にオンラインで行われ、受講後はITパスポート、基本情報技術者、AWS認定資格等を受験できるレベルへの到達を目標としている。250時間のプログラムは、①自分のライフを振り返り、継続的にキャリアコンサルティングを行ってマインドを醸成する「女性向けライフデザイン科目群」（必修18時間）、②まず演習を通してITの面白さを体験する「IT実践力強化科目群」（必修50時間）、③ITの実践的な基礎知識・スキルを習得する「IT基礎科目群」（必修91時間）、④様々なIT系の職種で即戦力になれる知識・スキルを習得する「IT職種対応科目群」（科目選択制、91時間）の4つの科目群から構成されている。①の女性向けライフデザイン科目群では、講義に加え、キャリアコンサルタントによる個人面談を行い、個別の悩みに対応している。③のIT基礎科目群では、受講者がいつでも質問できる体制を整え、必要であればマンツーマン指導を行うといった手厚いサポートを行っている。本科目群受講後、受講生は、Webデザイナー、プログラマー、システムエンジニア、クラウドサーバー運用者といった選択肢の中から職種選択を行い、IT職種対応科目群を受講する。

　本プログラムの定員は30名であるが、2021年度は142名の応募があり、ニーズは高いと本プログラム担当者は語る。2021年度の受講生27名のうち、年齢別では30歳台及び40歳台で全体の3分の2を占めた。受講時の就労状況は、無職、非正規雇用労働者、感染症の影響を受けて休業中の正規雇用労働者や、専業主婦などである。

　本プログラムの受講生による満足度は、5点満点で4.8という結果であった。ADPISA-Fの、自ら学び続ける人材を育成するというねらいどおり、修了後も学習を継続した受講生が多く、その成果として、修了後4か月半までの間にITパスポート8名、基本情報技術者2名、AWSクラウドプラクティショナー1名といった資格試験への合格が報告されている。

[37]「就職・転職支援のための大学リカレント教育推進事業」は、全国の大学が企業・経済団体・ハローワーク等と連携し、2か月～6か月程度の短期間で就職・転職に繋がるプログラムを受講料無料（テキスト代等を除く）で提供するものである。公募及び審査の結果、2021年度には40大学63プログラムが採択されている。

　本プログラムでは就労支援を行っており、地元企業や教員の企業ネットワークを通じて、会社説明会を実施した。修了時点で無職だった受講者のうち、3か月後の時点で63%が正規雇用、非正規雇用、自営等で就労した。

　本プログラムへの社会的ニーズは非常に高いため、今後も継続して実施していくと本プログラム担当者は話す。様々な理由により職を離れている、又は学び直しを必要としている女性が、自らの働き方を柔軟に選び取っていけるよう、本プログラムの今後の展開に期待したい。

青山学院間島記念館

青山学院大学相模原キャンパスB棟（メディアセンター）

【丸紅株式会社】

　総合商社の丸紅株式会社（東京都千代田区、従業員数4,389人（2021年3月現在））は、2021年2月に公表したＤＸ戦略に記載されているように、デジタル人材基盤・ＩＴ基盤を整備・充実させ、必要なデジタル技術を活用することで、成長戦略を実行している。デジタル人材基盤とは、ビジネスナレッジ、データサイエンス、デザイン思考を併せ持つデジタル人材のことであり、2023年までに社内で200名育成するという目標を設定している。

　同社では、会社のデジタル戦略やイノベーション戦略を立案・実行しているデジタル・イノベーション室を設置しているが、本室において2020年7月に全社横断プロジェクト「丸紅デジタルチャレンジ（通称：デジチャレ）」を開始した。デジチャレの目的は、デジタルを「理論的に分かる」から「具体的・技術的に分かる」へ個人のデジタルスキルを深化させることであり、参加費用は無料でプログラムは全てオンラインで実施となっている。2020年度に実施された第1回のプログラムでは、デジチャレ準備期間（2か月）においてテーマ及び参加者の募集、ＡＩビジネス研修、ＡＩ技術自主学習が実施され、続くデジチャレ期間（2か月）において参加者向けの実践研修が実施されるとともに、受講生自身が選択したテーマに取り組んだ。2021年度に実施した第2回では、第1回の内容をブラッシュアップし、初級コース、中級コースを設け、期間も延長している。

　参加者がモデル構築やデータ利活用を行う課題（テーマ）は、社内から募集し、実際の事業・業務における課題を取り上げ、研修・学習内容は、本室が作成したデジチャレ参加者向けのオリジナル学習プログラムを活用し、参加者に対し説明会や成果物への個別フォローアップを実施してきめ細かく対応している。同社では、15％ルール（社員個人の意思によって就業時間の15％を目安として、新たな取組や事業の創出に向けた活動に充てられるルール）を設けており、参加者はこの時間を利用してデジチャレに参加しているという。

　デジチャレ修了後は、成績優秀者を表彰しているが、経験やスキルをうまくいかせるよう、デジチャレ修了者を最適な部署に配置できるような仕組みも検討している。

　デジチャレには、様々な年齢層から参加があり、今までは見えてこなかった隠れたデジタルスキルを持った社員を把握することができた。現在では、デジチャレ優秀者が各部署にて講習を実施したり、また、新プロジェクトを任せようといった動きが生まれつつある。修了者の満足度は非常に高いとデジチャレ担当者は話している。デジチャレ担当者によると、プログラムを受講する環境の整備、参加者が初級者か中級者かによるタイプ別の育成フォローアップ、難易度を考慮した研修の企画が必要とのことであり、今後は研修内容を更にアップデートし、ＡＩやデータサイエンス以外の分野の研修を設定し、脱落者をゼロにしたいと意気込みを語っていた。

　同社の事例は、社員に研修環境を提供することにより社内での活躍の場を広げ、併せて会社の企業価値の向上が期待できる魅力的な取組であり、今後の展開を注視していきたい。

第4章

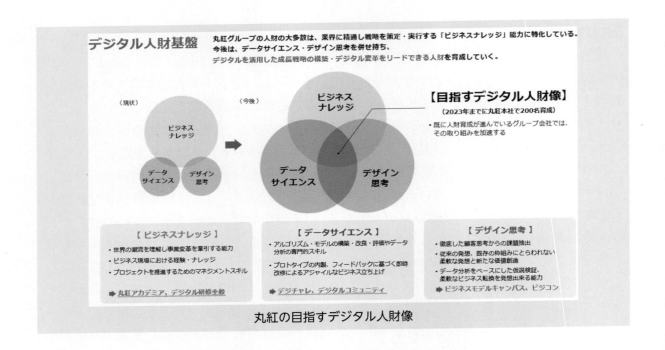

丸紅の目指すデジタル人財像

第5節 小括

　本章では、転職の実現やキャリアチェンジの促進に当たって、前章でみたキャリア見通しや自己啓発等の重要性を踏まえて、キャリアコンサルティングの効果や自己啓発の促進に当たっての課題についてみるとともに、労働市場政策として、「労働市場の見える化」の重要性や、公共職業訓練の効果と課題についても分析してきた。最後に本章の分析結果をまとめる。

　まず、キャリアコンサルティングについては、キャリアコンサルティング経験のある者の方が、職業生活の設計について主体性が高い傾向があり、転職行動や異分野へのキャリアチェンジも活発に行っている傾向がある。また、企業内部よりも、企業外や公的機関によるキャリアコンサルティングを受けた場合、自らの能力が他社に通用する可能性や、継続的な自己啓発の必要性についての意識が高い傾向があり、客観的な第三者への相談により、自らの市場価値の把握や自己啓発に向けた意識の向上につながる可能性があることが示唆された。キャリアコンサルティングによりキャリアの棚卸しを行い、自己の今後のキャリアの見通しが明確になった労働者は、主体的なキャリア形成の意識がより高く、現在の職場でキャリアを形成していく上で有益な効果を感じているとともに、結果として円滑な転職やキャリアチェンジの実現につながる可能性があるといえる。

　次に、自己啓発を行うに当たって労働者が抱えている課題としては、仕事が忙しすぎて時間が取れないとする者や費用がかかるとする者が多い。また、女性では家事や子育てを理由とする者が多く、女性の家事負担の軽減は自己啓発を行う上でも課題となっていることがうかがえる。他方で、企業による労働者のOFF-JTや自己啓発に対する費用面の支援の状況をみると、特段支援を行っていない企業も多く、企業側の支援を増やしていくことが課題であることがうかがえる。一方、労働者の課題に対して、企業が従業員に対して自己啓発に必要となる費用の援助や、就業時間や休暇等の配慮、情報提供等を行うことで、自己啓発を促進する可能性がある。自己啓発の促進は労働者個人の意識だけで改善できるものではない。また、労働者が自己啓発により職業能力を高めることは、企業にとっても生産性や付加価値の向上といった大

きなメリットをもたらすものである。企業による従業員の自己啓発に対する適切な支援が期待される。

　転職者が入社後に新たな職場に円滑に適応できることは、円滑な労働移動を促進する上でも重要であるが、転職者がキャリアチェンジをする場合、受入企業がＯＪＴ・ＯＦＦ－ＪＴのいずれかを実施した方が、転職者の職業生活や仕事に対する満足度は高くなる傾向があり、受入企業において適切な教育訓練による支援を実施することが重要であると考えられる。

　また、転職者を採用する企業は、必要な職種に応募してくる人材が少ないことや、応募者の能力評価に関する客観的な基準が無いこと、採用時の処遇等について課題を抱える企業が多く、求職者側でも求人情報や職業紹介サービスの充実について課題として感じている者が多いことが分かった。「労働市場の見える化」を進めることで、転職時のミスマッチを防止し、企業・求職者の双方が安心して転職を実現できるようにすることが、円滑な労働移動を促進する上で重要になるといえる。

　公的職業訓練についても、失業者等が外部労働市場を利用し、早期に再就職できるようにするための社会の重要なセーフティネットであるが、これまでＥＢＰＭに基づく効果や課題の検証は十分行われてこなかった。今回、厚生労働省において、行政記録情報を用いて自ら分析を行い、一般的に職業訓練を受講することで再就職に対する効果が一定程度あると数量的に示した。

　訓練分野別の分析も行ったところ、介護・福祉分野については、訓練受講者をいかに増やすかが主な課題であり、介護・福祉職と遠い職種の経験者も含め、幅広く受講者を集めていくことが求められると考えられる。また、ＩＴ分野については、特に女性で情報技術者になりにくい傾向があるが、ＩＴの専門訓練を受講した場合の効果は男性と変わらないことが示唆された。

　女性は事務職への就職意向が強いことが主な要因である可能性があることから、女性の情報技術者として働くことへの関心を高めるための支援が求められると考えられる。

第4章

まとめ

まとめ

第Ⅰ部　労働経済の推移と特徴

　2021年の我が国の経済は、感染拡大以降、経済社会活動の足かせとなっている感染症の影響が依然として残る中、半導体不足などの供給面での制約や年後半にかけての原材料価格の上昇もあった。緊急事態宣言等が発出された１月〜９月のＧＤＰの水準は、名目・実質ともに第Ⅰ四半期（1-3月期）でマイナス成長、第Ⅱ四半期（4-6月期）でプラス成長、第Ⅲ四半期（7-9月期）でマイナス成長と一進一退の動きとなった。９月末の緊急事態宣言等の解除以降は、ワクチン接種の進展などの感染症対策の効果もあり、経済社会活動が徐々に活発化したため、第Ⅳ四半期（10-12月期）は実質ＧＤＰで大幅なプラス成長となった。年平均でみると、2021年は前年比でプラス成長となり、実質ＧＤＰはおおむね感染拡大前の水準まで回復した一方で、感染状況などによる下振れリスクも存在している。また、企業の業況や経常利益の動向については、多くの産業で持ち直しの動きがみられる中、緊急事態宣言下において断続的な行動制限が続いたことから、「宿泊業，飲食サービス業」などの対人サービス業では2020年に続き厳しい状況となった。

　雇用・失業情勢は、１月〜９月は、一進一退の動きとなったが、９月末の緊急事態宣言の解除後は、経済社会活動が徐々に活発化していく中で求人等について回復に向けた動きがみられるなど、各指標が改善傾向で推移した。年平均では、完全失業率は2020年から横ばいの2.8％、有効求人倍率は前年差0.05ポイント低下の1.13倍と底堅さがみられた。雇用情勢が持ち直していく中で、感染拡大前からみられる人手不足を背景に、多くの産業では経済社会活動の活発化に伴い再び人手不足の状況に転じており、新規求人数もおおむね増加傾向にある。一方、転職者数は2020年に続き大幅な減少となったほか、失業期間が１年以上に及ぶ長期失業者の増加がみられるなど、感染拡大後の労働市場における課題もうかがわれた。

　労働時間の動向をみると、感染症を踏まえた働き方や事業活動が徐々に定着したことから、緊急事態宣言等の対象期間における直接的な影響は2020年と比較すると限定的となり、月間総実労働時間は前年差でプラスとなった。一方、一般労働者、パートタイム労働者のいずれも、所定内・所定外労働時間ともに、感染拡大前の2019年と比較して低い水準で推移した。賃金の動向をみると、経済社会活動や労働時間の動きを反映し、現金給与総額は前年差でプラスとなったものの、一般労働者では特別給与、パートタイム労働者では所定外給与で2020年からの減少がみられた。また、年次有給休暇の取得率の上昇や長時間労働者の割合の低下、いわゆる「同一労働同一賃金」の取組に伴うパートタイム労働者の特別給与の増加など、「働き方改革」の取組の進展もみられた。

　このように、2021年の労働経済は、緊急事態宣言等の対象期間が長期に及ぶ中で、「宿泊業，飲食サービス業」などの対人サービス業では厳しい状況が続いたものの、経済社会活動が徐々に活発化していく中で持ち直しの動きが続き、「働き方改革」の取組の進展もみられた。一方、一般労働者、パートタイム労働者ともに現金給与総額の水準は依然として2019年を下回っているほか、転職者数の大幅な減少や、高年齢層の非労働力人口及び長期失業者の増加がみられるなど、引き続き感染症の影響を含め、労働市場の動向を注視していく必要がある。

第1章　我が国の労働力需給の展望と労働移動をめぐる課題

●我が国の労働力需給の展望

　我が国の労働市場においては、少子高齢化に伴う生産年齢人口や新規学卒者数の減少が進んでおり、今後労働力の供給に制約が生じることが想定される。我が国の就業構造は、ポスト工業社会が進展し、商品やサービスの高付加価値化が求められる。工場における生産ラインの人員や、小売店の販売業務など、定型の業務を行う人材のニーズは減少する一方、高度な専門知識や技術を用いて付加価値を生み出す人材や、非定型のサービスを提供する人材のニーズが高まっている。特に、介護・福祉やITといった分野の労働力需要は今後一層高まっていくことが予想される。このような労働力需要の変化に対して、新規学卒者等の労働市場への新規参入だけではなく、女性や高年齢層を中心とした労働参加が促されてきたが、今後は、労働者の主体的な転職など外部労働市場を通じた労働力需給の調整機能が更に重要になると考えられる。

●日本経済の成長と労働移動

　我が国の経済成長や賃上げを実現するためには、TFPや労働生産性の上昇が重要である。我が国の労働移動の活発さは他国と比較すると低い水準にあるが、労働移動の活発さとTFPや労働生産性の上昇には正の相関がみられ、労働移動による技術移転や会社組織の活性化が行われることで生産性の向上につながる可能性がある。

第2章　我が国の労働移動の動向

●労働移動の概況

　我が国の労働移動の動向を、転職入職率や転職者数、離職者数でみると、女性やパートタイム労働者で離転職者が増加している傾向もみられるが、男性や一般労働者を含めた労働者全体では労働移動が活発化している傾向は顕著にみられない。また、諸外国と比較すると、我が国では勤続年数が10年以上の雇用者の割合が比較的高く、一つの職場で長期間働く雇用者が多い傾向にある。

●キャリアチェンジを伴う労働移動の動向

　産業間や職種間などのキャリアチェンジを伴う労働移動については、男女ともに学歴が高く、若い層でやや活発化している可能性がある。職種間の労働移動においては、就業構造の変化への寄与度が高まっている傾向がみられ、第1章でみたような就業構造の変化に対して、外部労働市場を通じた労働移動の役割が高まっている可能性がある。産業間や職種間の労働移動性向をみると、対人サービス業間や、販売従事者とサービス職業従事者の間といった、類似する分野への労働移動をしやすい傾向があることがうかがえる。また、感染症の影響下において、労働力需要が高まっている福祉分野やIT分野への労働移動の状況をみると、「医療，福祉」「情報通信業」といった産業へ他産業から転職する者が増加している傾向はあまりみられず、介護・福祉職についても、他職種からの労働移動が大きく増加している傾向はみられない。

●転職者の実態

　転職経験者は雇用形態を問わず女性の方が多くなっている。女性では労働条件や家庭の事情等を理由に転職する者が多い傾向があり、パートタイム労働者からパートタイム労働者への転職が多い。パートタイム労働者から一般労働者へと転職をしている者の増加もみられるものの、役職がアップする者は男性と比較して少ない傾向がある。

　キャリアチェンジを伴う転職をする者について、前職と新職のタスク距離を用いて、前職の職業経験が転職先の選択に及ぼす影響について分析した。これによると、就業経験年数が長いほどタスク距離が小さい職種への移動をする傾向があり、就業経験を重ねるにつれて、就業経験から把握した適職に類似する職種に転職を行うようになる傾向がうかがえる。特に、専門・技術職の者は、専門知識を活用して同一又は類似の職種間での移動を行う傾向が強い。また、タスク距離が近い職種への転職をする傾向がある場合でも、事務職については事務職の範囲内で移動をする傾向が強いのに対し、営業販売職とサービス職では相互の移動が多いなど、前職の職業経験に応じて、職種間移動の態様が異なる傾向もうかがえる。

第3章　主体的な転職やキャリアチェンジの促進において重要な要因

●転職希望者の転職活動への移行や転職の実現に向けた課題

　転職希望者の実際の転職活動への移行や、転職の実現に当たって影響する要因について分析した。特に、労働者が係長・主任や課長などの役職に就いている場合、転職活動への移行や転職の実現がしづらい傾向があることが分かった。加えて、転職希望者が実際に転職活動へ移行するに当たっては、男女問わずキャリア見通しができていることや自己啓発の実施が重要である可能性が示唆されるとともに、転職の実現に当たっては、中堅層や正社員を中心にキャリア見通しが重要である可能性が示唆された。現職において、正社員や役職に就いている者などでも、普段からキャリアの棚卸し等を通じて自立的なキャリア形成の意識を高め、キャリアの見通しを良くしておくことで、転職の決断がしやすくなる可能性があると考えられる。

●キャリアチェンジを伴う転職の促進に向けた課題

　キャリアチェンジを伴う転職において、職種間移動の場合、ワークライフバランスを理由とする者が多い傾向があることが分かった。また、キャリアチェンジをする場合の職業生活の満足度は、自らの技能・能力の発揮、仕事内容、賃金の増加といった、積極的なキャリアアップを目的とした場合にも向上しやすいことも示唆される。労働者がキャリアチェンジにより自らの能力をより適切に発揮し、ワーク・エンゲイジメントを高めることは、社会全体の生産性の向上にも資するため、積極的なキャリアアップのためのキャリアチェンジを促進していくことは重要であると考えられる。また、キャリアチェンジに際し、キャリア相談によるキャリア見通しの向上や自己啓発によるスキルアップを行う場合、自らの技能や能力を発揮し、満足できる仕事に転職しやすい可能性が示唆された。さらに、自己啓発やキャリア見通しの向上は、自らの能力を発揮できる適性のある仕事への就職を通じて、賃金の増加にも資する可能性がある。

●介護・福祉分野やＩＴ分野へキャリアチェンジする者の特徴

　今後、労働力需要が高まってくる分野である介護・福祉分野やＩＴ分野にキャリアチェンジする者の特徴についても分析を行った。介護・福祉職へキャリアチェンジする場合、前職との

距離が遠い場合に、特に就業経験の長い者でワーク・エンゲイジメントが高くなりやすい傾向があることが分かった。このことから、タスク距離が遠い者も含めて、介護・福祉職へキャリアチェンジしうること、就業経験の長い者の方が、自らの職業適性の的確な把握により、ミスマッチの少ない転職ができる可能性があることが考えられる。

　ＩＴ分野に他分野から転職する者は男性が多く、就業経験年数は比較的幅広い。前職の産業は「情報通信業」や「製造業」が多く、職種では「専門職・技術職」や「事務系職種」が多く、入職経路としてはインターネットの転職情報サイト等が多くなっていることが分かった。

第4章　主体的なキャリア形成に向けた課題

●キャリアコンサルティングが労働者のキャリア形成意識やキャリア形成に及ぼす影響

　キャリアコンサルティング経験のある者の方が、職業生活の設計について主体性が高い傾向があり、転職行動や異分野へのキャリアチェンジも活発に行っている傾向がある。また、企業内よりも、企業外や公的機関のキャリアコンサルティングを受けた者は、自らの能力が他社に通用する可能性や、継続的な自己啓発の必要性についての意識が高まる傾向があり、客観的な第三者への相談により、自らの市場価値の把握や自己啓発に向けた意識の向上につながる可能性があることが示唆された。キャリアコンサルティングによりキャリアの棚卸しを行い、自己の今後のキャリアの見通しが明確になった労働者は、より主体的なキャリア形成の意識が高く、現在の職場でキャリアを形成していく上で有益な効果を感じているとともに、結果として円滑な転職やキャリアチェンジの実現につながる可能性があるといえる。

●自己啓発の取組の促進に向けた課題

　自己啓発を行うに当たって労働者が抱えている課題としては、仕事が忙しすぎて時間が取れないとすることや費用がかかることとする者が多い。また、女性では家事や子育てを理由とする者が多く、女性の家事負担の軽減は自己啓発を行う上でも課題となっていることがうかがえる。他方で、企業によるＯＦＦ－ＪＴや自己啓発に対する費用面の支援などを特段行っていない企業も多く、企業の支援を増やしていくことが課題であることがうかがえる。企業による自己啓発費用の援助、就業時間や休暇等の配慮、情報提供等を行うことで、自己啓発を促進する可能性がある。労働者が自己啓発により職業能力を高めることは、企業にとっても生産性や付加価値の向上といった大きなメリットをもたらすものであり、企業による従業員の自己啓発に対する適切な支援が期待される。

●企業における転職者の採用等に関する課題

　転職者が入社後に新たな職場に円滑に適応できることは、円滑な労働移動を促進する上でも重要である。キャリアチェンジをする場合、受入企業がＯＪＴ・ＯＦＦ－ＪＴのいずれかを実施した方が、転職者の職業生活や仕事に対する満足度は高くなる傾向がある。

　また、転職者を採用する企業は、必要な職種に応募してくる人材の少なさや、応募者の能力評価に関する客観的な基準が無いことや、また、採用時の処遇等について課題を抱える企業が多く、求職者でも求人情報や職業紹介サービスの充実について課題を感じている者が多いことが分かった。「労働市場の見える化」を進めることで、転職時のミスマッチを防止し、企業・求職者の双方が安心して転職を実現できるようにすることが、円滑な労働移動を促進する上で重要になるといえる。

●**公共職業訓練の効果と課題に関する分析**

　公的職業訓練については、失業者等が外部労働市場を利用し、早期に再就職できるようにするための社会の重要なセーフティネットであるが、これまでＥＢＰＭに基づく効果や課題の検証は十分行われてこなかった。厚生労働省において、行政記録情報を用いて自ら分析を行ったことで、一般的に職業訓練を受講することで再就職に対する効果が一定程度あると数量的に示すことができた。

　訓練分野別の分析も行ったところ、介護・福祉分野については、訓練受講者をいかに増やすかが主な課題であり、介護・福祉職と遠い職種の経験者も含め、幅広く受講者を集めていくことが求められると考えられる。また、ＩＴ分野については、特に女性で情報技術者になりにくい傾向があるが、ＩＴの専門訓練を受講した場合は男性と変わらない傾向であることが示唆された。女性は事務職への就職意向が強いことが主な要因である可能性があることから、女性の情報技術者として働くことへの関心を高めるための支援が求められると考えられる。

付属統計図表

付1-(1)-1表　新型コロナウイルス感染症をめぐる主な動き

	新型コロナウイルス感染症をめぐる主な動き		緊急事態宣言・まん延防止等重点措置の適用状況	
2020年				
1月	15日	国内で初の感染者を確認		
	30日	政府の新型コロナウイルス感染症対策本部を設置		
2月	1日	中国湖北省に滞在歴がある外国人等を対象に上陸拒否とする措置を開始（対象地域は順次拡大し最大162の国・地域となった）		
	13日	新型コロナウイルス感染症に関する緊急対応策（財政措置１５３億円）を決定		
	26日	全国規模のイベントの中止、延期、規模縮小等の対応を要請		
	27日	小中学校、高校等に3月2日から春休みまでの臨時休校を要請		
3月	10日	新型コロナウイルス感染症に関する緊急対応策第2弾（財政措置4,308億円、金融措置1.6兆円）を決定		
	13日	新型インフルエンザ等対策特別措置法の改正		
	24日	東京オリンピック・パラリンピックの1年延期を決定		
	26日	新型インフルエンザ等対策特別措置法に基づく新型コロナウイルス感染症対策本部設置		
4月	20日	新型コロナウイルス感染症緊急経済対策（国費33.9兆円、事業規模117.1兆円）※4月7日の決定を変更	7日	緊急事態宣言の発出（対象地域：首都圏、大阪府、兵庫県、福岡県の7都府県、期限：5月6日）
		特別定額給付金事業の実施を発表（支給開始時期は自治体によって異なる）		
	30日	令和2年度補正予算（第1号）が成立	16日	緊急事態宣言の対象地域を全都道府県に拡大
5月			4日	緊急事態宣言の期限を5月末まで延長
			14日	緊急事態宣言の対象地域を縮小（北海道、首都圏、関西3府県（京都府、大阪府、兵庫県）の8道府県を除く39県を解除）
			21日	緊急事態宣言の対象地域を縮小（関西3府県を解除）
			25日	緊急事態宣言の全面解除
6月	12日	令和2年度補正予算（第2号）が成立		
	19日	都道府県をまたぐ移動について全国的に緩和		
7月	22日	Go To トラベル事業の開始		
8月	28日	「新型コロナウイルス感染症に関する今後の取組」を決定（検査体制、医療提供体制の確保・拡充等）		
9月				
10月	1日	Go To イート事業の開始		
		東京都でGo To トラベル事業の開始		
11月	1日	外国人の上陸拒否にかかる対象について計9か国・地域を除外		
	12日	催物の開催制限を2021年2月末まで継続する方針を決定		
12月	2日	改正予防接種法成立		
	8日	国民の命と健康を守る安心と希望のための総合経済対策（国費30.6兆円、事業規模73.6兆円）を決定		
	28日	Go To トラベル事業の全国一斉停止		
2021年				
1月	14日	外国人の新規入国の原則停止	7日	緊急事態宣言の発出（対象地域：首都圏、期限：2月7日）
	28日	令和2年度補正予算（第3号）が成立	13日	緊急事態宣言の対象地域を拡大（愛知県、岐阜県、関西3府県、福岡県、栃木県の7府県を追加、期限：2月7日）
2月	3日	まん延防止等重点措置の創設などを含む改正新型インフルエンザ等対策特別措置法成立	2日	緊急事態宣言の期限を3月7日まで延長（栃木県を除く10都府県）
	14日	ファイザー社製のワクチンを特例承認	8日	緊急事態宣言の対象地域を縮小（栃木県を解除）
	17日	医療従事者等向けにワクチンの先行接種開始	28日	緊急事態宣言の対象地域を縮小（愛知県、岐阜県、関西3府県、福岡県を解除）
3月			5日	緊急事態宣言の期限を3月21日まで再延長（首都圏）
	26日	令和3年度予算が成立	21日	緊急事態宣言の解除（首都圏）
4月			5日	まん延防止等重点措置の発出（対象地域：大阪府、兵庫県、宮城県の3府県、期限：5月5日）
	12日	高齢者等を優先接種対象に一般向けワクチン接種開始	12日	まん延防止等重点措置の対象地域を拡大（東京都、京都府、沖縄県の3都府県の追加、期限：東京都は5月11日、京都府及び沖縄県は5月5日）
			20日	まん延防止等重点措置の対象地域を拡大（千葉県、埼玉県、神奈川県、愛知県の4県の追加、期限：5月11日）
	20日	国内で初めてデルタ株を確認	23日	まん延防止等重点措置の期限を5月11日まで延長（宮城県、沖縄県の2県）
			25日	緊急事態宣言の発出（対象地域：東京都、関西3府県の4都府県、期限：5月11日）
				まん延防止等重点措置の対象地域を拡大（愛媛県の追加）

	新型コロナウイルス感染症をめぐる主な動き	緊急事態宣言・まん延防止等重点措置の適用状況
5月	21日 アストラゼネカ社製及びモデルナ社製のワクチンを特例承認 24日 ジョンソン・エンド・ジョンソン社製ワクチンを特例承認 自衛隊大規模センター等でのワクチン接種開始	7日 緊急事態宣言の期限を5月31日まで延長（東京都、関西3府県） まん延防止等重点措置の期限を5月31日まで延長（埼玉県、千葉県、神奈川県、愛媛県、沖縄県） 9日 まん延防止等重点措置の対象地域を拡大（北海道、岐阜県、三重県の3道県の追加、期限：5月31日） 11日 まん延防止等重点措置の対象地域を縮小（宮城県を解除） 12日 緊急事態宣言の対象地域を拡大（愛知県、福岡県の2県の追加、期限：5月31日） 16日 緊急事態宣言の対象地域を拡大（北海道、岡山県、広島県の3道県の追加、期限：5月31日） まん延防止等重点措置の対象地域を拡大（対象地域：群馬県、石川県、熊本県の3県の追加、期限：6月13日） 22日 まん延防止等重点措置の対象地域を縮小（愛媛県を解除） 23日 緊急事態宣言の対象地域を拡大（沖縄県の追加、期限：6月20日） 28日 緊急事態宣言の期限を6月20日まで再延長（北海道、東京都、愛知県、関西3府県、岡山県、広島県、福岡県の9都府県） まん延防止等重点措置の期限を6月20日まで再延長（埼玉県、千葉県、神奈川県、岐阜県、三重県の5県）
6月	21日 ワクチンの職域接種の開始	13日 まん延防止等重点措置の対象地域を縮小（群馬県、石川県、熊本県の3県を解除） 17日 緊急事態宣言の期限を7月11日まで延長（沖縄県） まん延防止等重点措置の期限を7月11日まで再延長（埼玉県、千葉県、神奈川県） 20日 緊急事態宣言の対象地域を縮小（北海道、東京都、愛知県、関西3府県、岡山県、広島県、福岡県の9都道府県） まん延防止等重点措置の対象地域を縮小（岐阜県、三重県の2県） 21日 まん延防止等重点措置へ移行（北海道、東京都、愛知県、関西3府県、福岡県の7都道府県）
7月	23日 東京オリンピック開催（～8月8日） 31日 高齢者のワクチンの2回目接種率おおむね8割を達成	8日 緊急事態宣言の期限を8月22日まで延長（沖縄県） まん延防止等重点措置の期限を8月22日まで再延長（埼玉県、千葉県、神奈川県、大阪府） 11日 まん延防止等重点措置の対象地域を縮小（北海道、愛知県、京都府、兵庫県、福岡県の5道府県の解除） 12日 緊急事態宣言の対象地域を拡大（対象地域：東京都、期限：8月22日） 30日 緊急事態宣言の期限を8月31日まで延長（東京都、沖縄県）
8月	24日 東京パラリンピック開催（～9月5日）	2日 緊急事態宣言の対象地域を拡大（埼玉県、千葉県、神奈川県、大阪府の4府県の追加、期限：8月31日） まん延防止等重点措置の対象地域を拡大（北海道、石川県、京都府、兵庫県、福岡県の5道府県の追加、期限：8月31日） 8日 まん延防止等重点措置の対象地域を拡大（福島県、茨城県、栃木県、群馬県、静岡県、愛知県、滋賀県、熊本県の8県の追加、期限：8月31日） 17日 緊急事態宣言の期限を9月12日まで延長（首都圏、大阪府、沖縄県） まん延防止等重点措置の期限を9月12日まで延長（北海道、福島県、石川県、愛知県、滋賀県、熊本県） 20日 緊急事態宣言の対象地域を拡大（茨城県、栃木県、群馬県、静岡県、京都府、兵庫県、福岡県の7府県を追加、期限：9月12日） まん延防止等重点措置の対象地域を拡大（宮城県、富山県、山梨県、岐阜県、三重県、岡山県、広島県、香川県、愛媛県、鹿児島県の10県の追加） 25日 まん延防止等重点措置の期限を9月12日まで延長（福島県、富山県、石川県、山梨県、香川県、愛媛県、熊本県、鹿児島県） 27日 緊急事態宣言の対象地域を拡大（北海道、宮城県、岐阜県、愛知県、三重県、滋賀県、岡山県、広島県の8県の追加） まん延防止等重点措置の対象地域を拡大（高知県、佐賀県、長崎県、宮崎県の4県の追加、期限：9月12日）
9月	12日 ワクチンの2回目接種率が全国民の50%超	9日 緊急事態宣言の期限を9月30日に延長（北海道、茨城県、栃木県、群馬県、首都圏、岐阜県、静岡県、愛知県、三重県、滋賀県、京都府、大阪府、兵庫県、広島県、福岡県、沖縄県の19都道府県） まん延防止等重点措置の期限を9月30日まで延長（福島県、石川県、香川県、熊本県、宮崎県、鹿児島県） 13日 緊急事態宣言からまん延防止等重点措置へ移行（対象地域：宮城県、岡山県の2県、期限：9月30日） 30日 緊急事態宣言及びまん延防止等重点措置の解除
10月	26日 ワクチンの2回目の接種率が全国民の70%超	
11月	8日 外国人の新規入国制限の見直し 12日 「次の感染拡大に向けた安心確保のための取組の全体像」の決定（ワクチン接種、検査、治療薬等の普及による予防、発見から早期治療までの強化等） 19日 コロナ克服・新時代開拓のための経済対策（国費43.7兆円、事業規模78.9兆円）を決定 30日 国内で初めてオミクロン株を確認	
12月	1日 ワクチンの3回目接種開始 20日 令和3年度補正予算成立 24日 経口薬「モルヌピラビル」を特例承認	

資料出所　各種報道、政府資料等をもとに厚生労働省政策統括官付政策統括室にて作成

付1-(1)-2図　新型コロナウイルス感染症の新規感染者数の推移

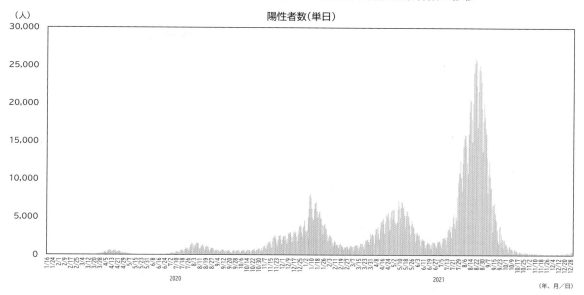

資料出所　厚生労働省資料をもとに厚生労働省政策統括官付政策統括室にて作成
　（注）　1）各報告日時点の集計値を記載しているため、各自治体のホームページ等で公表されている数値と異なる場合
　　　　　　がある。
　　　　　2）チャーター便を除く国内事例については、令和2年5月8日公表分から、データソースを従来の厚生労働
　　　　　　省が把握した個票を積み上げたものから、各自治体がウェブサイトで公表している数等を積み上げたものに
　　　　　　変更した。
　　　　　3）国内事例には、空港検疫にて陽性が確認された事例を国内事例としても公表している自治体の当該事例数
　　　　　　は含まれていない。

付1-(2)-1表　地域別有効求人倍率の動向

		全国計	北海道	東北	南関東	北関東・甲信	北陸	東海	近畿	中国・四国	九州・沖縄
2018	I	1.59	1.19	1.52	1.62	1.56	1.83	1.82	1.55	1.72	1.44
	II	1.60	1.17	1.53	1.63	1.60	1.86	1.87	1.57	1.75	1.46
	III	1.63	1.20	1.54	1.66	1.61	1.90	1.88	1.63	1.79	1.48
	IV	1.63	1.19	1.53	1.64	1.60	1.87	1.86	1.63	1.79	1.46
2019	I	1.63	1.24	1.53	1.62	1.58	1.84	1.87	1.61	1.80	1.45
	II	1.62	1.24	1.50	1.63	1.60	1.85	1.86	1.62	1.81	1.46
	III	1.59	1.25	1.46	1.62	1.56	1.81	1.81	1.61	1.78	1.45
	IV	1.58	1.24	1.44	1.59	1.51	1.75	1.72	1.59	1.75	1.42
2020	I	1.44	1.17	1.33	1.46	1.40	1.58	1.49	1.46	1.62	1.30
	II	1.20	1.02	1.16	1.23	1.22	1.35	1.23	1.21	1.40	1.11
	III	1.05	0.96	1.08	1.01	1.06	1.21	1.03	1.05	1.26	1.01
	IV	1.05	0.97	1.11	0.97	1.09	1.22	1.03	1.02	1.22	1.01
2021	I	1.09	0.97	1.17	0.98	1.17	1.30	1.10	1.05	1.26	1.05
	II	1.11	1.01	1.23	0.98	1.24	1.38	1.16	1.06	1.32	1.10
	III	1.15	1.01	1.30	1.01	1.29	1.45	1.25	1.07	1.34	1.13
	IV	1.17	1.01	1.30	1.01	1.28	1.48	1.26	1.07	1.36	1.14

資料出所　厚生労働省「職業安定業務統計」をもとに厚生労働省政策統括官付政策統括室にて作成
（注）　1）数値は四半期の受理地別有効求人倍率（季節調整値）。
　　　　2）各ブロックの構成県は、以下のとおり。
　　　　　北海道：北海道
　　　　　東北：青森県、岩手県、宮城県、秋田県、山形県、福島県
　　　　　南関東：埼玉県、千葉県、東京都、神奈川県
　　　　　北関東・甲信：茨城県、栃木県、群馬県、山梨県、長野県
　　　　　北陸：新潟県、富山県、石川県、福井県
　　　　　東海：岐阜県、静岡県、愛知県、三重県
　　　　　近畿：滋賀県、京都府、大阪府、兵庫県、奈良県、和歌山県
　　　　　中国・四国：鳥取県、島根県、岡山県、広島県、山口県、徳島県、香川県、愛媛県、高知県
　　　　　九州・沖縄：福岡県、佐賀県、長崎県、熊本県、大分県、宮崎県、鹿児島県、沖縄県

付1-(2)-2表　地域別完全失業率の動向

		全国計	北海道	東北	南関東	北関東・甲信	北陸	東海	近畿	中国・四国	九州・沖縄
2018	I	2.47	3.0	2.6	2.6	2.0	2.1	2.0	2.8	2.2	2.9
	II	2.37	2.9	2.5	2.5	2.1	1.9	1.8	2.7	2.3	2.6
	III	2.43	3.0	2.6	2.4	2.2	1.9	1.8	2.9	2.3	2.6
	IV	2.47	2.9	2.4	2.4	2.5	2.1	1.7	3.1	2.4	2.7
2019	I	2.47	2.8	2.7	2.5	2.3	1.9	1.8	2.8	2.4	2.9
	II	2.33	2.8	2.2	2.3	2.6	2.0	1.9	2.7	2.4	2.4
	III	2.33	2.2	2.5	2.2	2.3	1.9	1.9	2.4	2.3	2.7
	IV	2.30	2.4	2.7	2.2	2.0	1.9	2.0	2.4	2.2	2.6
2020	I	2.43	2.5	2.4	2.5	2.5	2.0	2.0	2.8	2.3	2.7
	II	2.73	3.1	3.0	3.0	2.3	2.2	2.1	2.9	2.3	3.0
	III	2.97	2.9	3.0	3.2	2.5	2.2	2.6	3.1	2.6	3.0
	IV	3.03	3.3	3.0	3.2	2.6	2.5	2.5	3.2	2.8	3.1
2021	I	2.87	3.0	3.0	2.9	2.8	2.6	2.6	3.2	2.5	3.1
	II	2.87	2.7	2.9	3.1	2.9	2.0	2.6	3.2	2.5	3.1
	III	2.80	3.5	2.6	3.0	2.5	2.2	2.2	3.0	2.4	2.8
	IV	2.73	3.0	2.5	3.0	2.6	2.2	2.3	2.9	2.3	2.6

資料出所　総務省統計局「労働力調査（基本集計）」をもとに厚生労働省政策統括官付政策統括室にて作成
（注）　1）数値は四半期の季節調整値。
　　　　2）全国の完全失業率の四半期値は、月次の季節調整値を厚生労働省政策統括官付政策統括室にて単純平均したもの。
　　　　3）各ブロックの構成県は、以下のとおり。
　　　　　北海道：北海道
　　　　　東北：青森県、岩手県、宮城県、秋田県、山形県、福島県
　　　　　南関東：埼玉県、千葉県、東京都、神奈川県
　　　　　北関東・甲信：茨城県、栃木県、群馬県、山梨県、長野県
　　　　　北陸：新潟県、富山県、石川県、福井県
　　　　　東海：岐阜県、静岡県、愛知県、三重県
　　　　　近畿：滋賀県、京都府、大阪府、兵庫県、奈良県、和歌山県
　　　　　中国・四国：鳥取県，島根県，岡山県，広島県，山口県，徳島県，香川県，愛媛県，高知県
　　　　　九州・沖縄：福岡県、佐賀県、長崎県、熊本県、大分県、宮崎県、鹿児島県、沖縄県

付1-(2)-3表　産業別の雇用者数　前年同月差

(前年同月差、万人)

年	月	建設業	製造業	情報通信業	運輸業,郵便業	卸売業,小売業	宿泊業,飲食サービス業	生活関連サービス業,娯楽業	医療,福祉	サービス業(他に分類されないもの)	その他	総数
2019	1	-29	9	18	13	6	4	7	11	18	22	79
	2	-3	-9	18	4	-23	7	8	48	11	33	94
	3	7	-20	-1	1	20	1	1	41	2	30	82
	4	10	1	-6	5	6	2	-2	15	15	3	49
	5	7	4	-5	10	2	11	4	-11	17	29	68
	6	-8	16	9	21	9	-11	7	5	2	39	89
	7	-7	21	21	14	-40	-11	11	11	28	40	88
	8	1	25	16	11	-39	2	9	7	13	33	78
	9	-8	10	4	7	-35	29	0	20	-3	34	58
	10	-2	-17	-8	5	-9	12	6	14	8	47	56
	11	13	0	13	-8	7	-4	-4	-10	8	55	70
	12	13	3	20	-8	14	11	-5	1	1	36	86
20	1	-8	10	16	-9	19	-1	-3	35	1	11	71
	2	12	-8	-3	-2	47	3	-4	30	1	-6	70
	3	4	-16	4	12	22	-7	3	42	-5	9	68
	4	-15	-9	19	17	-25	-36	-8	19	-4	12	-30
	5	-8	-22	14	14	-33	-27	-29	7	17	1	-66
	6	-23	-7	1	-12	-23	-35	-22	5	12	16	-88
	7	-23	-4	5	-7	-17	-26	-18	-5	-19	28	-86
	8	-18	-47	11	-10	-12	-30	-11	10	-2	36	-73
	9	-5	-36	19	-7	5	-47	1	15	0	5	-50
	10	2	14	8	3	6	-37	-7	14	1	-39	-35
	11	-5	-14	15	3	4	-25	8	25	1	-27	-15
	12	10	-5	15	1	-14	-37	-8	32	-16	-24	-46
21	1	19	-9	4	13	-20	-42	-13	30	-15	0	-33
	2	-10	-23	8	3	1	-47	-5	23	-11	34	-27
	3	-9	0	21	-8	1	-42	-7	18	-10	9	-27
	4	0	9	14	-12	5	-15	-3	35	1	3	37
	5	-7	-5	10	-16	11	-9	-1	48	13	0	44
	6	-6	6	27	0	48	10	-9	7	12	-30	65
	7	-6	-1	8	6	66	1	-12	2	5	-6	63
	8	-12	16	10	-3	22	-20	-7	28	-1	4	37
	9	-2	-1	18	-3	2	-26	-23	24	7	30	26
	10	-11	5	22	15	-27	-35	-26	17	6	23	-11
	11	-31	-19	24	19	-7	-16	-28	17	1	-4	-44
	12	-28	-2	15	8	-5	-9	-3	17	5	7	5

資料出所　総務省統計局「労働力調査（基本集計）」をもとに厚生労働省政策統括官付政策統括官室にて作成
（注）　1）数値は原数値。
　　　　2）「その他」は、「農，林，漁業」「鉱業，採石業，砂利採取業」「電気・ガス・熱供給・水道業」「金融業，保険業」「不動産業，物品賃貸業」「学術研究，専門・技術サービス業」「複合サービス事業」「教育，学習支援業」「公務」「分類不能の産業」の合計。

付1-(2)-4表　産業別の雇用者数　前年同月比

(前年同月比、％)

年	月	建設業	製造業	情報通信業	運輸業,郵便業	卸売業,小売業	宿泊業,飲食サービス業	生活関連サービス業,娯楽業	医療,福祉	サービス業(他に分類されないもの)	その他	総数
2019	1	-6.94	0.80	8.96	3.88	0.51	0.84	3.35	1.29	4.30	1.78	1.24
	2	-0.74	-0.97	8.78	1.20	-2.39	1.72	3.93	6.22	2.53	2.62	1.48
	3	1.73	-2.03	-0.47	0.31	1.95	0.28	0.55	5.21	0.50	2.24	1.29
	4	2.46	0.00	-2.75	1.57	0.50	0.56	-1.06	1.76	3.86	0.00	0.73
	5	1.74	0.29	-2.29	3.07	0.10	3.19	2.08	-1.47	4.49	2.10	1.05
	6	-2.14	1.39	3.88	6.06	0.83	-3.01	3.72	0.49	0.50	3.21	1.40
	7	-1.92	1.90	9.48	3.99	-4.13	-3.00	5.98	1.20	7.24	3.23	1.36
	8	0.00	2.37	7.28	3.07	-3.97	0.55	5.06	0.73	3.29	2.69	1.21
	9	-2.14	0.88	1.46	1.83	-3.54	8.08	0.00	2.37	-0.74	2.68	0.85
	10	-0.73	-1.80	-4.07	1.22	-0.99	3.20	3.17	1.60	2.03	3.75	0.83
	11	2.94	-0.10	5.88	-2.67	0.61	-1.08	-2.13	-1.33	2.01	4.33	1.05
	12	3.07	0.20	9.18	-2.63	1.32	3.06	-2.69	0.00	0.24	2.89	1.34
20	1	-2.31	0.89	6.85	-2.87	1.82	-0.28	-1.62	4.33	0.24	0.80	1.08
	2	2.75	-0.88	-1.79	-0.89	4.70	0.85	-2.16	3.61	0.25	-0.48	1.07
	3	0.73	-1.68	1.40	3.37	2.11	-1.94	1.65	5.07	-1.23	0.65	1.03
	4	-3.84	-1.10	8.49	4.94	-2.58	-10.08	-4.30	2.22	-0.99	1.05	-0.60
	5	-2.20	-2.35	6.10	3.87	-3.41	-7.58	-14.80	0.75	4.29	0.08	-1.22
	6	-5.60	-0.78	0.47	-3.43	-2.47	-9.86	-11.28	0.49	3.01	1.01	-1.56
	7	-5.64	-0.49	2.16	-2.06	-1.89	-7.30	-9.23	-0.71	-4.58	1.96	-1.52
	8	-4.32	-4.62	4.98	-2.98	-1.34	-8.20	-5.88	1.09	-0.49	2.62	-1.31
	9	-1.21	-3.61	9.13	-2.10	0.41	-12.11	0.54	1.71	0.00	0.16	-0.93
	10	0.25	1.22	4.25	0.90	0.40	-9.82	-3.59	1.33	0.00	-3.31	-0.79
	11	-1.19	-1.57	7.41	0.91	0.20	-6.85	4.35	2.69	0.00	-2.62	-0.48
	12	2.48	-0.69	7.08	0.30	-1.70	-9.97	-4.42	3.58	-4.10	-2.26	-0.98
21	1	5.00	-1.08	1.71	3.85	-2.18	-11.73	-7.14	3.42	-3.87	-0.32	-0.73
	2	-2.68	-2.47	3.65	0.60	-0.20	-13.45	-2.76	2.40	-2.95	2.32	-0.73
	3	-2.41	-0.30	9.68	-2.37	-0.10	-11.90	-4.32	1.77	-2.99	0.56	-0.68
	4	-0.25	0.70	6.09	-3.53	0.31	-4.98	-1.69	3.99	0.00	-0.24	0.37
	5	-1.75	-0.80	4.87	-4.58	1.04	-3.04	-1.20	5.68	2.66	-0.40	0.51
	6	-1.55	0.39	12.56	0.00	4.75	2.81	-5.20	0.73	2.43	-2.70	0.86
	7	-1.82	-0.30	2.97	1.81	6.86	0.00	-7.34	0.00	1.01	-0.61	0.84
	8	-2.51	2.22	5.17	-0.31	2.83	-5.65	-3.41	3.96	0.00	0.77	1.14
	9	0.00	0.51	8.81	-0.31	0.71	-7.33	-11.76	3.48	2.00	2.92	0.97
	10	-1.96	1.20	10.41	5.06	-2.09	-9.46	-13.30	2.87	1.99	2.47	0.47
	11	-6.99	-1.20	10.78	6.34	-0.10	-4.41	-14.06	2.85	0.74	0.63	-0.05
	12	-6.30	0.49	6.61	2.99	0.20	-2.40	-1.16	2.86	1.76	1.36	0.75

資料出所　総務省統計局「労働力調査（基本集計）」をもとに厚生労働省政策統括官付政策統括官室にて作成
（注）　1）数値は原数値。
　　　　2）「その他」は、「農,林,漁業」「鉱業,採石業,砂利採取業」「電気・ガス・熱供給・水道業」「金融業,保険業」「不動産業,物品賃貸業」「学術研究,専門・技術サービス業」「複合サービス事業」「教育,学習支援業」「公務」「分類不能の産業」の合計。

付1-(2)-5表　産業別の新規求人　前年同月差

(前年同月差、人)

年	月	建設業	製造業	情報通信業	運輸業,郵便業	卸売業,小売業	宿泊業,飲食サービス業	生活関連サービス業,娯楽業	医療,福祉	サービス業(他に分類されないもの)	その他	合計
2019	1	5,354	485	-465	4,075	986	2,493	-1,097	11,787	3,581	1,417	28,616
	2	4,271	-3,444	320	525	4,161	1,368	-96	9,373	1,441	3,465	21,384
	3	-1,290	-10,798	-1,040	-1,809	-14,522	-5,417	-3,258	-1,736	-15,316	-5,923	-61,109
	4	4,464	-4,517	-527	1,197	-6,018	891	-3,051	10,134	-3,931	-1,648	-3,006
	5	-1,624	-8,590	-844	269	-1,536	2,615	-4,278	3,426	-10,515	-2,708	-23,785
	6	-16	-12,600	-1,117	-2,915	-8,398	-4,599	-912	3,512	-12,381	-1,005	-40,431
	7	6,004	-5,921	1,248	956	673	5,775	-1,020	17,638	-2,812	956	23,497
	8	-1,887	-16,378	-1,638	-4,477	-13,347	-1,080	-3,137	-1,255	-10,931	-3,674	-57,804
	9	294	-11,288	381	97	-4,325	-2,329	-360	9,440	-7,448	1,350	-14,188
	10	2,015	-17,693	-2,114	-5,428	-8,177	1,155	-1,666	7,576	-12,814	-5,456	-42,602
	11	-3,351	-18,742	-1,125	-3,907	-14,023	-539	-1,220	-3,844	-17,159	-1,087	-64,997
	12	2,958	-10,213	-46	-581	-708	-960	-193	14,206	-2,965	16,996	18,494
20	1	-9,839	-27,671	-5,104	-13,186	-33,977	-18,375	-6,225	-21,435	-32,834	-916	-169,562
	2	-9,243	-24,333	-3,378	-7,597	-26,063	-9,983	-7,508	-16,400	-28,907	-6,390	-139,802
	3	-4,955	-21,103	-2,143	-7,863	-20,015	-16,896	-5,938	-7,536	-22,538	-6,132	-115,119
	4	-12,716	-37,802	-9,342	-17,822	-47,290	-40,776	-15,368	-48,330	-47,852	-29,871	-307,169
	5	-8,369	-38,043	-8,198	-21,045	-50,676	-47,194	-16,515	-38,810	-46,691	-25,804	-301,345
	6	2,075	-30,271	-4,732	-14,291	-35,054	-24,471	-12,969	-19,720	-27,397	-2,790	-169,620
	7	-8,047	-38,742	-9,284	-17,539	-45,941	-38,586	-12,072	-49,138	-42,887	-17,845	-280,081
	8	-4,532	-33,180	-8,668	-16,446	-46,173	-39,420	-15,088	-35,195	-38,680	-17,944	-255,326
	9	4,585	-24,369	-5,151	-13,871	-36,819	-26,064	-11,581	-17,137	-21,936	-6,740	-159,083
	10	-2,051	-28,155	-7,735	-14,697	-47,379	-35,448	-13,665	-37,264	-33,139	-19,231	-238,764
	11	-3,150	-19,527	-8,472	-14,686	-34,944	-27,178	-11,868	-25,845	-26,712	-20,716	-193,098
	12	4,621	-13,981	-6,372	-12,365	-33,232	-23,452	-9,744	-26,873	-17,868	-26,266	-165,532
21	1	8,287	-8,826	-3,578	-5,291	-20,133	-26,609	-8,480	-11,461	-7,340	-19,296	-102,727
	2	6,818	-7,263	-5,202	-10,444	-28,252	-30,492	-7,930	-17,300	-13,567	-17,162	-130,794
	3	11,799	6,046	-2,377	-3,086	-14,372	-4,104	-4,402	-2,791	7,106	379	-5,802
	4	12,124	18,328	2,438	3,345	7,530	1,270	4,925	22,486	15,801	11,651	99,898
	5	5,086	15,403	873	1,716	-4,835	3,797	4,527	5,801	12,161	4,361	48,890
	6	5,044	22,852	468	4,120	861	-6,217	338	4,609	14,686	-6,033	40,728
	7	3,129	22,827	1,135	4,172	1,518	-435	1,313	16,934	10,358	-3,185	57,766
	8	3,808	21,052	2,729	3,222	1,980	5,033	2,533	10,950	15,174	-183	66,298
	9	4,722	21,659	1,658	2,447	3,012	-4,086	-614	8,947	13,508	-1,200	50,053
	10	2,036	24,289	2,139	4,083	4,058	4,720	2,311	11,114	10,642	3,104	68,496
	11	4,514	22,449	3,292	3,412	3,609	11,910	4,194	14,082	14,739	5,285	87,486
	12	5,373	22,043	3,534	5,932	8,889	6,493	731	16,545	13,664	4,995	88,199

資料出所　厚生労働省「職業安定業務統計」をもとに厚生労働省政策統括官付政策統括室にて作成
　（注）　「その他」は、「農,林,漁業」「鉱業,採石業,砂利採取業」「電気・ガス・熱供給・水道業」「金融業,保険業」「不動産業,物品賃貸業」「学術研究,専門・技術サービス業」「複合サービス事業」「教育,学習支援業」「公務」「分類不能の産業」の合計。

付 1 -（2）-6 表　産業別の新規求人　前年同月比

(前年同月比、%)

年	月	建設業	製造業	情報通信業	運輸業, 郵便業	卸売業, 小売業	宿泊業, 飲食 サービス業	生活関連 サービス業, 娯楽業	医療, 福祉	サービス業 (他に分類さ れないもの)	その他	合計
2019	1	7.3	0.5	-1.7	7.0	0.7	2.9	-2.8	5.0	2.6	1.2	2.8
	2	5.8	-3.4	1.3	0.9	2.9	1.6	-0.2	4.2	1.1	2.7	2.1
	3	-1.6	-10.4	-4.2	-3.3	-9.8	-6.0	-8.3	-0.8	-11.0	-5.3	-6.0
	4	5.9	-4.6	-2.0	2.1	-4.2	1.1	-8.0	4.8	-2.9	-1.7	-0.3
	5	-2.2	-8.8	-3.3	0.5	-1.1	3.2	-10.3	1.6	-7.8	-2.9	-2.5
	6	0.0	-12.5	-4.5	-5.2	-6.1	-5.2	-2.4	1.6	-9.3	-1.1	-4.2
	7	7.9	-5.9	4.8	1.7	0.5	7.0	-2.8	8.1	-2.1	1.1	2.5
	8	-2.6	-15.9	-6.1	-7.7	-8.9	-1.3	-7.8	-0.6	-8.3	-4.0	-5.9
	9	0.4	-11.0	1.6	0.2	-3.2	-2.8	-1.0	4.5	-6.0	1.6	-1.5
	10	2.5	-15.6	-7.3	-8.0	-5.3	1.3	-4.1	3.2	-8.6	-5.1	-4.0
	11	-4.5	-19.3	-4.2	-6.7	-9.9	-0.7	-3.3	-1.8	-13.1	-1.1	-6.7
	12	4.3	-11.6	-0.2	-1.2	-0.6	-1.3	-0.6	6.8	-2.7	18.3	2.1
20	1	-12.4	-26.1	-18.8	-21.1	-22.5	-20.6	-16.1	-8.6	-23.6	-0.8	-16.0
	2	-11.9	-24.7	-13.1	-13.2	-17.6	-11.8	-18.0	-7.0	-21.0	-4.8	-13.5
	3	-6.4	-22.8	-9.0	-14.6	-15.0	-19.9	-16.6	-3.4	-18.1	-5.8	-12.1
	4	-15.8	-40.3	-36.0	-30.6	-34.8	-47.9	-44.0	-21.7	-36.5	-31.5	-31.9
	5	-11.3	-42.8	-33.6	-37.0	-35.9	-55.9	-44.2	-17.9	-37.7	-28.3	-32.1
	6	2.6	-34.2	-19.7	-26.8	-26.9	-29.4	-34.8	-9.0	-22.6	-3.1	-18.3
	7	-9.8	-40.9	-34.1	-30.7	-33.4	-44.0	-34.5	-21.0	-32.2	-19.4	-28.6
	8	-6.4	-38.3	-34.6	-30.7	-34.0	-49.1	-41.0	-16.0	-32.2	-20.2	-27.8
	9	5.9	-26.7	-21.8	-25.1	-28.3	-32.2	-32.9	-7.8	-18.9	-7.7	-17.3
	10	-2.5	-29.4	-28.6	-23.4	-32.6	-38.2	-35.4	-15.1	-24.3	-19.1	-23.2
	11	-4.4	-24.9	-33.4	-27.1	-27.4	-34.7	-32.9	-12.0	-23.5	-20.3	-21.4
	12	6.5	-18.0	-26.8	-25.2	-28.3	-31.4	-30.8	-12.0	-16.5	-23.9	-18.6
21	1	11.9	-11.3	-16.3	-10.7	-17.2	-37.5	-26.2	-5.1	-6.9	-16.5	-11.6
	2	10.0	-9.8	-23.2	-21.0	-23.2	-41.0	-23.2	-7.9	-12.5	-13.7	-14.6
	3	16.3	8.5	-11.0	-6.7	-12.6	-6.0	-14.8	-1.3	7.0	0.4	-0.7
	4	17.9	32.8	14.7	8.3	8.5	2.9	25.2	12.9	19.0	17.9	15.2
	5	7.8	30.3	5.4	4.8	-5.3	10.2	21.7	3.3	15.8	6.7	7.7
	6	6.2	39.3	2.4	10.5	0.9	-10.6	1.4	2.3	15.6	-6.9	5.4
	7	4.2	40.8	6.3	10.6	1.7	-0.9	5.7	9.2	11.5	-4.3	8.3
	8	5.8	39.3	16.7	8.7	2.2	12.3	11.7	5.9	18.7	-0.3	10.0
	9	5.7	32.4	9.0	5.9	3.2	-7.5	-2.6	4.4	14.3	-1.5	6.6
	10	2.5	35.9	11.1	8.5	4.1	8.2	9.3	5.3	10.3	3.8	8.7
	11	6.6	38.0	19.5	8.6	3.9	23.3	17.3	7.5	16.9	6.5	12.3
	12	7.1	34.6	20.4	16.2	10.6	12.7	3.3	8.4	15.1	6.0	12.2

資料出所　厚生労働省「職業安定業務統計」をもとに厚生労働省政策統括官付政策統括室にて作成
　（注）　「その他」は、「農，林，漁業」「鉱業，採石業，砂利採取業」「電気・ガス・熱供給・水道業」「金融業，保険業」「不動産業，
　　　物品賃貸業」「学術研究，専門・技術サービス業」「複合サービス事業」「教育，学習支援業」「公務」の合計。

付 1-(2)-7図　日米の非労働力人口の推移

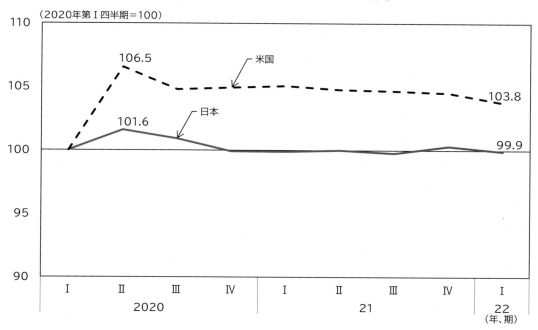

資料出所　OECD.Statをもとに厚生労働省政策統括官付政策統括室にて作成
（注）　データは季節調整値。

付 1-(3)-1図　パートタイム労働者の時給の推移

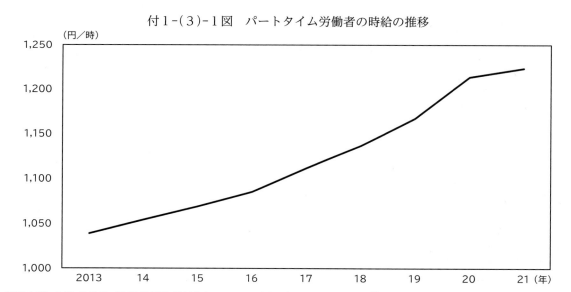

資料出所　厚生労働省「毎月勤労統計調査」をもとに厚生労働省政策統括官付政策統括室にて作成
（注）　1 ）調査産業計、事業所規模5 人以上の値を示している。
　　　　2 ）パートタイム労働者の所定内給与指数、所定内労働時間指数にそれぞれの基準数値（2020年）を乗じ、
　　　　　　100で除し、時系列接続が可能となるように修正した実数値を用いている。

付2-(2)-1図　男女別・年齢階級別にみた入職者に占める転職入職者の割合の推移

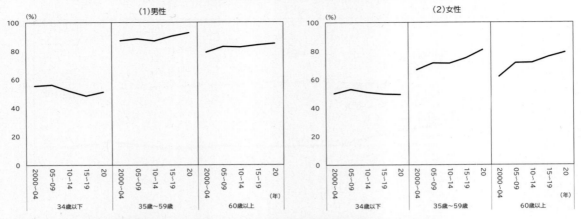

資料出所　厚生労働省「雇用動向調査」をもとに厚生労働省政策統括官付政策統括室にて作成

付2-(4)-1図　傾向スコアマッチングによる共変量のバランス

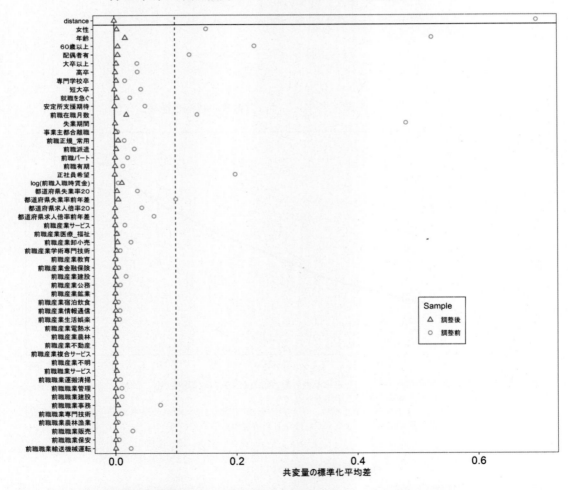

資料出所　厚生労働省行政記録情報（雇用保険・職業紹介・職業訓練）をもとに厚生労働省政策統括官付政策統括室にて作成
（注）　傾向スコアマッチングによる調整前と調整後における、訓練受講グループと訓練非受講グループの各共変量の標準化平均差の絶対値を示している。

付2-(4)-2図　訓練受講の有無別・男女別の再就職者の新職産業別割合

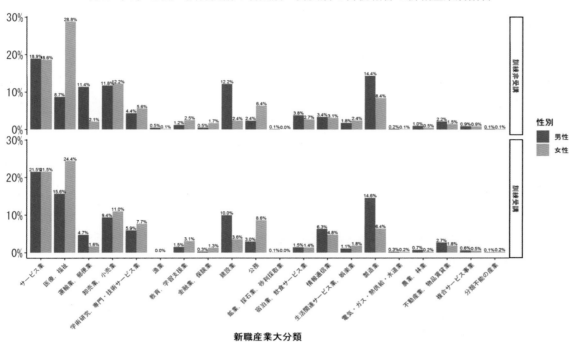

資料出所　厚生労働省行政記録情報（雇用保険・職業紹介・職業訓練）をもとに厚生労働省政策統括官付政策統括室にて
　　　作成
　（注）　再就職した者について、訓練の受講有無別に就職先の産業別の割合を示している。

付2-(4)-3図　ＩＴ分野及び介護・医療・福祉分野訓練受講者の新職産業別割合

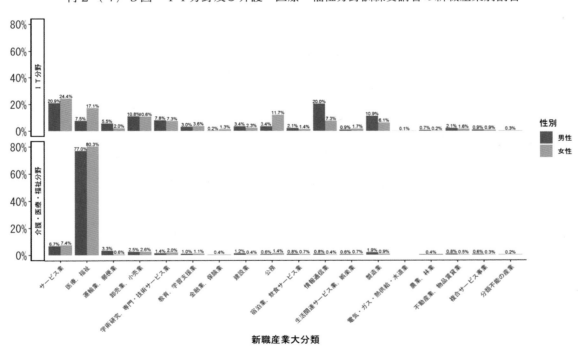

資料出所　厚生労働省行政記録情報（雇用保険・職業紹介・職業訓練）をもとに厚生労働省政策統括官付政策統括室にて
　　　作成
　（注）　各訓練分野の受講者のうち再就職した者について、就職先の産業別の割合を示している。

付注1　求人・求職のミスマッチの推計について
(コラム1-2-③図関係)

　求人・求職のミスマッチの程度を測定するに当たり広く用いられている手法としては、労働市場の各区分（職業別や地域別等）において、求人数全体に占める当該区分の求人数割合と、求職者数全体に占める当該区分の求職者数割合の差の絶対値を求め、その合計を2で割って算出したものをミスマッチ指標とする方法がある。しかし、この方法は、川田（2019）が指摘しているように、全ての市場が均一であるという仮定のもとに算出されているものの、マッチングの効率性（マッチングのしやすさ）は、地域や職業等の労働市場によって異なることが想定される。こうした労働市場によるマッチングの効率性の違いを考慮に入れるため、ここでは、川田（2019）、川田（2020）及びそれらを応用した川上（2021）の手法を用いて、ミスマッチ指標及び職種別の求人・求職の超過数の推計を行った。
　具体的な推計の手法は以下のとおりである。

　労働市場における最適な求人と求職の配分を、マッチング関数の最適化問題から算出する。マッチング関数は、コブ＝ダグラス型の関数型を仮定して、次のような式で表される。

$$\mathrm{h}_{it} = a_{it} v_{it}^{\beta} u_{it}^{1-\beta} \quad \cdots (1)$$

h_{it}：t期の市場iにおける就職件数
α_{it}：t期の市場iにおけるマッチングの効率性
v_{it}：t期の市場iにおける求人数
u_{it}：t期の市場iにおける求職者数

　この式において、各労働市場における就職件数h_{it}は、マッチングの効率性α_{it}により影響を受ける。この式におけるα_{it}とβを推定するため、マッチング関数を厚生労働省「一般職業紹介状況」の求人数、求職者数、就職件数のデータを用いて推定し、その推定結果からパラメータを得る。
　具体的には、（1）式の両辺を求職者数u_{it}で除し、対数変換を行うことで以下の推定式を得る。

$$\mathrm{lnp}_{it} = \beta ln\theta_{it} + f_i + f_t + ln\varepsilon_{it} \cdots (2)$$

p_{it}：t期の市場iにおける就職確率（$= h_{it}/u_{it}$）
θ_{it}：t期の市場iにおける有効求人倍率（$= v_{it}/u_{it}$）
f_i, f_t：市場i及びt期の固定効果
$ln\varepsilon_{it}$：誤差項

（2）式について、「一般職業紹介状況」の都道府県、職業分類（大分類及び中分類）及び雇用形態（一般労働者及びパートタイム労働者）レベルの集計データ（2017年9月～2021年9月）を用いて回帰分析を行うことで、以下のパラメータを得た。

	係数／t値
有効求人倍率対数値	0.496 / 290.73
定数項	-2.5411823 / -1407.4
サンプルサイズ	227605
自由度調整済み決定係数	0.271

マッチングの効率性 $\ln a_{it}$ は、$f_i + f_t + \ln \varepsilon_{it}$ として推定する。

ここで計算された値から、最適配分されたときの各市場における求職者数 u_{it}^* を求め、これを再びマッチング関数に代入することで、t期の市場iにおける最適就職件数 h_{it}^* を求めた。これをすべての市場iで合計して h_t^* を求め、実際の就職件数 h_t との差の割合（$(h_t^* - h_t)/h_t$）をミスマッチ指標とした。

また、職種別の求人・求職の超過状況の推計に当たっては、各労働市場における最適な配分時の求職者数である u_{it}^* と実際の配分である u_{it} との差を職種ごとに集計することで推計した。

付注2　転職時の前職と新職のタスク距離の分析
（第2-（2）-30図～第2-（2）-33図関係）

　　JILPT資料シリーズNo240「職業情報提供サイト（日本版O-NET）のインプットデータ開発に関する研究（2020年度）」において、職種（525職種）ごとに「仕事の内容」41項目（下記参照）のスコア（1～5の範囲）を示している。前職と新職のタスク距離の算出に当たっては、日本版O-NETの職種を「全国就業実態パネル調査」の職種（224職種）に当てはめた上で、以下のとおりユークリッド距離により算出した。

$$D = \sqrt{(P_1 - N_1)^2 + (P_2 - N_2)^2 + \cdots + (P_{41} - N_{41})^2}$$

D：前職と新職のタスク距離

P_i , N_i：前職P、新職Nの活動項目iのスコア（1～5）

（日本版O-NETにおける仕事の内容41項目）

1	情報を取得する	22	機械装置の修理と保守を行う
2	継続的に状況を把握する	23	電子機器の修理と保守を行う
3	情報の整理と検知を行う	24	情報の文書化と記録を行う
4	設備、構造物、材料を検査する	25	情報の意味を他者に説明する
5	数値の算出・推計を行う	26	上司、同僚、部下とコミュニケーションを取る
6	クオリティを判断する	27	組織外の人々とコミュニケーションを取る
7	法律や規定、基準を適用する	28	人間関係を構築し、維持する
8	情報やデータを処理する	29	他者に対する支援とケアを行う
9	情報やデータを分析する	30	他者に対して売り込む、または他者の思考・行動が変容するよう働きかける
10	意思決定と問題解決を行う	31	対立を解消させる、他者と交渉する
11	創造的に考える	32	公共の場で一般の人々のために働いたり、直接応対する
12	仕事に関連する知識を更新し、活用する	33	メンバーの仕事量や活動内容を調整する
13	目標と戦略を策定する	34	チームを構築する
14	スケジュールを作成する	35	他者の訓練と教育を行う
15	仕事を整理、計画する、優先順序を決める	36	部下への指導、指示、動機づけを行う
16	全身を使って身体的な活動を行う	37	他者をコーチし、能力開発を行う
17	手と腕を使って物を取り扱い動かす	38	コンサルティングと他者へのアドバイスを行う
18	機械、および機械製造のプロセスをコントロールする	39	管理業務を遂行する
19	乗り物を運転・操縦する	40	組織の人事管理を行う
20	コンピュータを用いて作業を行う	41	資源、資材、財源の監視と管理を行う
21	装置、部品、機器の図面を作成する、配列や仕様を設定する		

付注3　公共職業訓練の受講による再就職への効果についての傾向スコアマッチング法を用いた分析

（第2-（3）-27図関係）

　公共職業訓練の受講による再就職への効果を分析するに当たって用いた傾向スコアマッチング法の詳細は以下のとおりである。

　傾向スコアマッチング法により、以下のように訓練を受講したグループ（介入を受けたサンプル）における介入効果の期待値（ATT＝Average Treatment Effect on the Treated）を推定する。

$$ATT = E\{E[Y|P(X), Z = 1] - E[Y|P(X), Z = 0]|Z = 1\}$$

　傾向スコア（P(X)）の算出に当たっては、以下のとおりロジスティック回帰分析を実施し、マッチングには最近傍法（Nearest Neighbor Matching）を用いた。

$$Z_i = \sigma(\beta X_i + \mu_i)$$

$$\sigma(x) = \frac{1}{(1 + e^{-x})}$$

$$\hat{P}(X_i) = \hat{Z}_i = \sigma(\hat{\beta}X_i)$$

ただし、

Z_i・・・求職者iが介入（訓練受講）を受けたかどうかを表す変数（1,0）

X_i・・・説明変数となる求職者iの属性（表1で説明）

$\hat{\beta}$・・・ロジスティック回帰により推定された回帰係数

$\hat{P}(X_i)$及び$\hat{Z}_i$・・・介入を受ける確率（傾向スコア）

　ロジスティック回帰分析に用いた説明変数の定義を付注3表1に示すとともに、ロジスティック回帰分析の結果を付注3表2に示している。

付注3表1　説明変数の一覧

変数	定義
女性	女性の場合に1、それ以外の場合に0をとるダミー変数
年齢	年齢（訓練受講者は訓練終了時、訓練非受講者は求職受理時）
60歳以上ダミー	年齢が60歳以上の場合に1、それ以外の場合に0をとるダミー変数
配偶者有無ダミー	配偶者が有る場合に1、それ以外の場合に0をとるダミー変数
学歴ダミー	最終学歴について、大学・大学院卒、高校卒、高専卒、専門学校卒のそれぞれの区分について、当てはまる場合に1、それ以外の場合に0をとるダミー変数
前職雇用形態ダミー	前職の雇用形態について、正規雇用又は常用、派遣、パート、有期雇用の各形態について、当てはまる場合に1、それ以外の場合に0をとるダミー変数

変数	定義
就職緊要度ダミー	就職緊要度から、就職を急いでいるかどうか、安定所の支援を期待するかどうかのそれぞれに当てはまる場合に1、それ以外の場合に0をとるダミー変数
事業主都合離職ダミー	前職の雇用保険資格の喪失原因が3（事業主都合離職）の場合に1、それ以外の場合に0をとるダミー変数
前職在職月数	前職の雇用保険資格取得日から離職日までの期間（月数）
失業期間	前職の離職日から、再就職者は新職の資格取得日まで、未就職者は観察期間の最終日（2021年7月31日）までの日数
前職入職時賃金	前職の入職時の賃金（自然対数値）
正社員希望ダミー	正社員就職を希望している場合に1、それ以外の場合に0をとるダミー変数
居住都道府県の2020年失業率	居住地の都道府県の2020年平均の完全失業率
居住都道府県の失業率前年差（2019→2020）	居住地の都道府県の2020年平均の完全失業率の前年差（%ポイント）
居住都道府県の2020年有効求人倍率	居住地の都道府県の2020年平均の有効求人倍率
居住都道府県の求人倍率前年差（2019→2020）	居住地の都道府県の2020年平均の有効求人倍率の前年差（ポイント）
前職産業ダミー	前職の産業（大分類）ダミー
前職職業ダミー	前職の職業（大分類）ダミー

付注３表２　ロジスティック回帰分析の結果

	被説明変数
	訓練受講の有無
女性	0.533***
	(0.014) ※1
年齢	0.004***
	(0.001)
60歳以上	-1.294***
	(0.024)
配偶者有	-0.276***
	(0.012)
大卒以上	0.699***
	(0.030)
高卒	0.466***
	(0.029)
専門学校卒	0.517***
	(0.032)
短大卒	0.726***
	(0.032)
就職を急ぐ	-0.373***
	(0.012)
安定所支援期待	0.170***
	(0.015)
前職在職月数	0.001***
	(0.0001)
失業期間	-0.002***
	(0.00003)
事業主都合離職	0.025
	(0.015)
前職正規_常用	-0.057*
	(0.027)
前職派遣	0.112***
	(0.034)
前職パート	0.017
	(0.032)
前職有期	0.106***
	(0.029)
正社員希望	0.558***
	(0.014)
前職入職時賃金（対数値）	-0.038*
	(0.016)
都道府県失業率（2020年）	-0.066***
	(0.015)
都道府県失業率前年差	-0.353***
	(0.029)
都道府県求人倍率（2020年）	0.232***
	(0.041)

都道府県求人倍率前年差	0.765***
	(0.051)
前職産業サービス（※2）	-0.043
	(0.023)
前職産業医療_福祉（※2）	-0.313***
	(0.024)
前職産業卸小売（※2）	-0.037
	(0.022)
前職産業学術専門技術（※2）	-0.079**
	(0.029)
前職産業教育（※2）	-0.250***
	(0.038)
前職産業金融保険（※2）	0.006
	(0.038)
前職産業建設（※2）	-0.223***
	(0.038)
前職産業公務（※2）	-0.206***
	(0.035)
前職産業鉱業（※2）	-0.478
	(0.338)
前職産業宿泊飲食（※2）	-0.190***
	(0.032)
前職産業情報通信（※2）	0.016
	(0.033)
前職産業生活娯楽（※2）	-0.012
	(0.034)
前職産業電熱水（※2）	-0.037
	(0.124)
前職産業農林（※2）	-0.163
	(0.120)
前職産業不動産（※2）	-0.150***
	(0.043)
前職産業複合サービス（※2）	0.026
	(0.051)
前職産業不明（※2）	-0.006
	(0.139)
前職職業サービス（※3）	0.164***
	(0.023)
前職職業運搬清掃（※3）	-0.123*
	(0.048)
前職職業管理（※3）	0.018
	(0.042)
前職職業建設（※3）	-0.187**
	(0.067)
前職職業事務（※3）	0.236***
	(0.021)
前職職業専門技術（※3）	0.055*
	(0.024)
前職職業農林漁業（※3）	-0.330**
	(0.104)
前職職業販売（※3）	0.238***
	(0.025)
前職職業保安（※3）	0.109
	(0.073)
前職職業輸送機械運転（※3）	-0.259***
	(0.037)
定数項	-3.238***
	(0.205)
サンプルサイズ	1,196,434
有意水準	*p<0.05; **p<0.01; ***p<0.001

（※1）表中の（）は標準誤差を表す。
（※2）前職産業ダミーは「製造業」を基準にしている。
（※3）前職職業ダミーは「生産工程従事者」を基準にしている。

図表索引

第 Ⅰ 部　労働経済の推移と特徴

第1章　一般経済の動向

第2章　雇用・失業情勢の動向

第3章　労働時間・賃金等の動向

第4章　消費・物価の動向

付属統計図表索引

参考文献一覧

第Ⅰ部
（第2章について）
○ 川田恵介・佐々木勝（2012）「雇用ミスマッチの概念の整理」『日本労働研究雑誌』2012年9月号（No.626）
○ 厚生労働省（2002）「平成14年版労働経済の分析」
○ Sahin, A., Song, J., topa, G., & Violante, G. L. (2014). Mismatch Unemployment. American Economic Review, 104(11), 3529-3564
○ Jackman and Roper, S. (1987). STRUCTURAL UNEMPLOYMENT. Oxford Bulletin of Economics and statistics, 49(1), 9-36
○ 川田恵介（2019）「日本の労働市場におけるミスマッチの測定」内閣府経済社会総合研究所『経済分析』第199号, 122-151
○ 川田恵介（2020）「COVID-19下の雇用創出　マッチング関数を用いた考察」『経済セミナー』2020年12月・2021年1月号, 53-58
○ 川上淳之（2021）「コロナショックによる労働市場の変化」宮川努編著『コロナショックの経済学』第7章, 11-138

（第3章について）
○ 厚生労働省（2021）「令和3年版労働経済の分析」
○ 内閣府政策統括官室（経済財政分析担当）（2012）「日本経済2012-2013」
○ 玄田有史（2017）「人手不足なのになぜ賃金が上がらないのか」慶應義塾大学出版会

第Ⅱ部
（第1章について）
○ Ikenaga and Kambayashi(2016)「Task Polarization in the Japanese Labor Market: Evidence of a Long-Term Trend」
○ 厚生労働省（2016）「平成28年版労働経済の分析」
○ 滝澤美帆（2020）「産業別労働生産性水準の国際比較～米国及び欧州各国との比較」公益財団法人日本生産性本部『生産性レポート（Vol.13）』
○ 森川正之（2016）「サービス産業の生産性と労働市場」『日本労働研究雑誌』2016年1月号（No.666）
○ 深尾京司・池内健太・滝澤美帆（2018）「質を調整した日米サービス産業の労働生産性水準比較」公益財団法人日本生産性本部『生産性レポート（Vol.6）』
○ ILO「World Employment Social Outlook Trends2019」
○ 山本勲・黒田祥子（2016）「雇用の流動性は企業業績を高めるのか：企業パネルデータを用いた検証」『RIETI Discussion Paper Series 16-J-062』

（第2章について）
○ 勇上和史（2011）「転職-日本における適職選択構造」三谷直紀編『労働供給の経済学』第6章
○ 勇上和史、牧坂亮祐（2021）「長期雇用社会のゆくえ－脱工業化と未婚化の帰結」労働政策研究報告書（No.210）

（第3章について）
○ 酒井（2022）「労働力のミドルエイジ化と地位・能力向上意欲」『労働政策研究報告書（No.221）』73-96
○ 厚生労働省（2019）「令和元年版労働経済の分析」
○ （独）情報処理推進機構（2021）「DX白書2021」
○ （独）情報処理推進機構（2021）「デジタル時代のスキル変革等に関する調査：企業調査データ編」

（第4章について）
○ American Workforce Policy Advisory Board, Data Transparency Working Group(2019)「White paper on interoperable learnings records」
○ American Workforce Policy Advisory Board Digital Infrastructure Working Group(2020)「Learning and Employment Records: Progress and the path forward」
○ IBM(2020)「The IBM Cybersecurity LER Pilot: The learner's journey from High School to a best fit job in cybersecurity」

令和4年版 労働経済白書
── 労働者の主体的なキャリア形成への支援を通じた労働移動の促進に向けた課題 ──

令和4年10月7日　発行　　　　　　定価は表紙に表示してあります。

編　集	厚 生 労 働 省 〒100-8916 東京都千代田区霞が関 1 - 2 - 2 TEL 03 (5253) 1111 URL：http://www.mhlw.go.jp/
発　行	日 経 印 刷 株 式 会 社 〒102-0072 東京都千代田区飯田橋2 - 15 - 5 TEL 03 (6758) 1011
発　売	全 国 官 報 販 売 協 同 組 合 〒100-0013 東京都千代田区霞が関1-4-1 TEL 03 (5512) 7400

落丁・乱丁本はお取り替えします。

ISBN978-4-86579-342-0